Sicherheit und Gesellschaft

Grundlagen und Materialien
für die Erwachsenenbildung

Sicherheit und Gesellschaft

Ein Projekt zur politischen Bildung

Band 3

Innere Sicherheit – mehr als Staatssicherheit

Deutscher Bundeswehr-Verband

Sicherheit und Gesellschaft
Ein Curriculum zur politischen Bildung in 6 Bänden

Herausgeber:
Deutscher Bundeswehr-Verband e.V. (DBwV),
Ressort Sicherheits- und Gesellschaftspolitik

Erarbeitet durch:
Projektgruppe beim DBwV
Wissenschaftliche Projektleitung: Werner Erdsack

Mitglieder der Projektgruppe:
Will Cremer
Werner Erdsack
Alois Friedel
Henning Hoffmann
Walter Hoffmann
Frank S. Rödiger

Wissenschaftliche Mitarbeiter:
Ludwig Bußmann
Dieter S. Lutz
Henning Schierholz
Günter Walpuski

Projekt-Sekretärin:
Edeltraud Klepzig

Produktion:
Osang Verlag GmbH, Bonn

Satz:
Compotex-Satzstudio, Linz/Rhein

Hersteller:
Mintzel-Druck, Hof/Saale

ISBN: 3 — 92 13 52 — 68 — 1

© 1980 by Bundeszentrale für politische Bildung und Deutscher Bundeswehr-Verband

Der Innenteil dieses Buches besteht zu 100 Prozent aus Umweltpapier

Gewidmet allen, denen Freiheit und Sicherheit zu kostbar sind, daß man sie allein den Experten überlassen dürfte.

„Wenn wir der Staat sind, so sind wir auch der Verteidiger dieses Staates."
(Bundespräsident Heuss, 1954)

„Die freien Bürger unseres Staates dürfen es nicht zulassen, daß Ihnen durch Gewaltanwendung oder Gewaltandrohung ein fremder Wille aufgezwungen wird."
(Aus dem Grundsatzprogramm des Deutschen Bundeswehr-Verbandes, 1977)

Vorwort
der
Bundeszentrale für politische Bildung

Seit 1973 fördert die Bundeszentrale für politische Bildung Curriculumprojekte mit dem Ziel, die politische Erwachsenenbildung durch den Aufbau strukturierter und thematischer Lernmaterialien effizienter und transparenter zu gestalten. Erste Anstöße dazu gaben die Richtlinien des Bildungsgesamtplans der Bund-Länder-Kommission vom Juni 1973 und der 2. Kongreß für politische Bildung vom Februar 1973, der in seinen Arbeitsberichten feststellte: „Bildungspolitisch ist darauf zu achten, daß die Entwicklung der Curricula durch interessierte Trägerorganisationen in Zusammenhang mit wissenschaftlichen Institutionen erfolgt. Das Ergebnis ist nicht in einem einzigen, allgemein verbindlichen Curriculum, sondern in einer Vielzahl konkurrierender Angebote zu sehen, die teils im Baukastensystem zu ergänzen sind, in anderen Bereichen aber auch unvereinbar kontrovers bleiben."

Diese Empfehlungen und die grundsätzliche Bereitschaft der Bundeszentrale und einiger Landeszentralen für politische Bildung, Förderungsmittel bereitzustellen, ermutigten einzelne Bildungsträger, das problemreiche Neuland curricularer Entwicklung zu betreten. Von seiten der Bundeszentrale für politische Bildung wurde dafür Sorge getragen, daß die Gesamtheit aller Projekte politische und weltanschauliche Ausgewogenheit widerspiegelt. Das plurale Spektrum der Bildungsträger zeigt sich in den folgenden 14 Curriculumprojekten, die bereits abgeschlossen oder noch in Arbeit sind:

1. Gewerkschaften und Mitbestimmung	Deutscher Gewerkschaftsbund (DGB)	Veröffentlicht: Oktober 1977
2. Gestalt, Standort und Funktion der Familie in der Gesellschaft	Arbeitsgemeinschaft katholisch-sozialer Bildungswerke (AKSB)	Veröffentlicht: März 1978
3. Bildungspolitik als Gegenstand politischer Bildung	Leiterkreis der evangelischen Akademien in Deutschland (LEAD)	Veröffentlicht: März 1978
4. Kommunale Politik	Friedrich-Ebert-Stiftung (FES)	Veröffentlicht: Dezember 1978
5. Wirtschaft, Staat, Gesellschaft	Konrad-Adenauer-Stiftung (KAS)	Veröffentlicht: Dezember 1978
6. Lernen in Bürgerinitiativen	Friedrich-Naumann-Stiftung (FNS)	Veröffentlicht: 1979
7. Weiterbildung zur Sekretärin	Deutscher Volkshochschul-Verband (DVV)	Veröffentlicht: 1979
8. Europäische Integration	Institut für europäische Politik (IEP)	Veröffentlicht: 1979
9. Soziale Marktwirtschaft	Institut der deutschen Wirtschaft (IW)	Veröffentlicht: 1980
10. Sicherheit und Gesellschaft	Deutscher Bundeswehr-Verband (DBwV)	liegt mit diesem Band vor
11. Demokratie und Recht	Hanns-Seidel-Stiftung (HSS)	Abschluß 1980
12. Arbeiterbildung — Lebenslage und Interessen abhängig Beschäftigter	Arbeit und Leben (A. u. L.)	Abschluß 1980

13. Schulmitwirkung und politische Bildung	Arbeitsgemeinschaft Demokratischer Bildungswerke (ADB)	Abschluß 1980
14. Der öffentliche Dienst in der Bundesrepublik Deutschland	Bildungs- und Sozialwerk des Deutschen Beamtenbundes (BiSoWe)	Abschluß 1980

Die Bundeszentrale für politische Bildung hat aus prinzipiellen Gründen und haushaltsmäßigen Gründen nicht die volle Förderung der Projekte übernommen. Die Übernahme eines Projektes brachte deshalb auch erhebliche finanzielle, personelle und organisatorische Belastungen für den jeweiligen Bildungsträger, der darüber hinaus die Verantwortung für Organisation, Ablauf und Ergebnis der inhaltlichen Arbeiten trägt. Die Vorteile liegen eindeutig in den neugewonnenen Erfahrungen und Erkenntnissen aus der Curriculumarbeit an Hand eines zentralen Themas der politischen Bildung.

Aufbauend auf jahrelangen Erfahrungen, die die verschiedenen Bildungsträger auf bestimmten thematischen Feldern in zahlreichen Seminaren gesammelt haben, stellen die Projekte in der politischen Erwachsenenbildung ein Novum dar, da durch sie der Versuch unternommen wird, zentrale Themen der politischen Bildungsarbeit trägerspezifisch, d.h. vom jeweiligen politischen oder weltanschaulichen Standort her, didaktisch aufzuarbeiten. Dadurch werden die Projektträger herausgefordert, ihre eigene Bildungspraxis zu untersuchen. Politische Bildung wird so für alle am Lernprozeß Beteiligten transparent und überprüfbar. Durch die Legitimationsversuche der politischen und weltanschaulichen Zielsetzungen in einem begrenzten thematischen Rahmen erhält die Formel „Lernzielautonomie" der Bildungsträger eine inhaltliche Füllung. Das ist ein Politikum und eine neue politisch-qualitative Dimension für die Praxis der politischen Erwachsenenbildung in der Bundesrepublik Deutschland.

Einen ersten Schritt in die politische Öffentlichkeit hat das vorliegende Projekt bereits im März 1979 getan, als es im Rahmen eines Fortbildungsseminars der Bundeszentrale in der Europäischen Akademie Neuburg den Bildungsträgern vorgestellt wurde. Die Offenheit und trägerübergreifende Verwendbarkeit der Projektmaterialien wurden mit großer Zustimmung aufgenommen.

Die Bundeszentrale für politische Bildung, die die Entwicklung des vorliegenden Projekts finanziell unterstützt hat und in der Projekt- und Trägergruppe vertreten war, dankt allen, die mitgearbeitet und inhaltliche, politische und finanzielle Verantwortung getragen haben.

Durch die Konkurrenz der verschiedenen Projekte wird sich zeigen, welche Impulse das vorliegende Projekt auslösen wird. Mit der Veröffentlichung fällt der Bundeszentrale für politische Bildung die alle Projekte umfassende Aufgabe zu, bildungspolitische Impulse festzustellen und die Effizienz der verschiedenen Projekte für die politische Erwachsenenbildung kritisch zu überprüfen.

Auf die hohen Erwartungen der ersten Jahre schauen wir heute zwar mit einer gewissen Ernüchterung zurück, aber auch in der Erkenntnis, daß es keine überzeugende Alternative gibt und daß die Ergebnisse brauchbare Lernmaterialien für die politische Bildungspraxis darstellen. Zu dieser Überzeugung ist auch der wissenschaftliche Beirat der Bundeszentrale für politische Bildung gelangt, der in den modifizierten Förderungsgrundsätzen für die Entwicklung von Curricula feststellte, daß

— Curriculumarbeit auch in Zukunft unentbehrlich für die politische Bildung ist;
— Curricula der Vermittlung der Fähigkeit dienen, Aussagen rational zu überprüfen, zu einem sachlichen Urteil und zu einer selbständigen Stellungnahme zu gelangen;
— durch optimale Kooperation aller am Projekt Beteiligten Standpunktlosigkeit und Verabsolutierung des eigenen Standpunkts vermieden werden sollen;
— durch Veröffentlichung der Ergebnisse eine trägerübergreifende Wirkung erzielt werden kann.

Bundeszentrale für politische Bildung

Vorwort
des
Deutschen Bundeswehr-Verbandes (DBwV)

Mit dem Curriculum „Sicherheit und Gesellschaft" legt der Deutsche Bundeswehr-Verband der Öffentlichkeit sein bisher größtes Projekt zur politischen Bildung vor. Er will damit eine Lücke im sicherheitspolitischen Bewußtsein unserer Gesellschaft schließen helfen, die seit Jahren von vielen beklagt wird.

Als größte Interessenvertretung für Soldaten in der westlichen Welt ist der Deutsche Bundeswehr-Verband den materiellen wie den ideellen, den wirtschaftlichen wie den sozialen und beruflichen Interessen seiner Mitglieder gleichermaßen verpflichtet. Schon aus diesem in der Satzung verankerten Selbstverständnis verbietet sich für ihn eine Scheuklappen-Sicht der Sicherheit des einzelnen Bürgers und der Gesellschaft. Eine Verengung des Sicherheitsbegriffs auf den rein militärischen Aspekt wäre nach unserer Auffassung ebenso gefährlich wie die Vernachlässigung der sicherheitspolitischen Bildungsarbeit überhaupt.

Mit seinem Grundsatzprogramm, beschlossen von der 10. Hauptversammlung im Oktober 1977, hat der Deutsche Bundeswehr-Verband sein Verständnis von einem umfassenden Sicherheitsbegriff und einer entsprechenden Sicherheitspolitik öffentlich und verbindlich für die Verbandspolitik präzisiert. In der politischen Bildungsarbeit für die Mitglieder wie bei gemeinsamen Bildungsveranstaltungen mit anderen Partnern wurde dieses verbandspolitische Sicherheitsverständnis schon früh in die Praxis umgesetzt. Ich bekenne an dieser Stelle gern, daß der ständige Gedankenaustausch mit der Curriculum-Projektgruppe, deren Leitung der DBwV seinem hauptamtlichen Ressortleiter für Sicherheits- und Gesellschaftspolitik übertrug, auch manche Anregung für die Formulierung verbandspolitischer Positionen gab. Auch bei der Diskussion in der Entstehungsphase unseres Grundsatzprogramms bewährte sich diese Personalunion und stellte den ständigen Kontakt zwischen der gewählten verbandspolitischen Führung und der Projektgruppe sicher.

Unter der Überschrift „Sicherheitspolitik für eine freie Gesellschaft" heißt es im Grundsatzprogramm des Deutschen Bundeswehr-Verbandes einleitend:

„Äußere und innere, nationale und internationale, wirtschaftliche und soziale Sicherheit sind nicht voneinander zu trennen. Sicherheitspolitik muß darauf zielen, den äußeren Bestand und die innere Ordnung unseres sozialen Rechtsstaates so zu bewahren, daß alle Bürger ihre verfassungsmäßigen Rechte gesichert wissen und ihr Leben in Frieden frei gestalten können."

Dieser enge Zusammenhang und die wechselseitigen Abhängigkeiten der vielfältigen Sicherheitsbereiche werden heute in Politik und Wissenschaft oft betont. Aber von einer Umsetzung dieses breiten Ansatzes in den Alltag der sicherheitspolitischen Bildungsarbeit war bisher nur wenig zu spüren. Umso dankbarer bin ich der Projektgruppe, daß sie diesen Versuch unternommen hat. Besonders gefreut habe ich mich über die faire Zusammenarbeit der Mitarbeiter untereinander, von der auch das vertrauensvolle Verhältnis zwischen der gewählten Verbandsführung und der Gruppe insgesamt geprägt wurde. Ich betone dies umso mehr, als der Deutsche Bundeswehr-Verband darin selbst nur mit einer Minderheit von zwei Mitarbeitern vertreten war.

Ich danke der Bundeszentrale für politische Bildung, die unser Curriculum-Projekt nicht nur mit einem finanziellen Beitrag, sondern auch durch aktive Mitgliedschaft und Mitarbeit in unserem Team gefördert hat. Allen Mitgliedern und Mitarbeitern der Projektgruppe „Sicherheit und Gesellschaft" danke ich auch für die von ihnen praktizierte Solidarität, mit der sie unserem Verband und anderen ein Beispiel gegeben haben: Als Wissenschaftler und Praktiker mit unterschiedlichen politischen und weltanschaulichen Standpunkten, aus unterschiedlichen Berufen, politischen Parteien und anderen Organisationen haben sie durch ihre Zusammenarbeit untereinander und mit dem DBwV bewiesen, daß unser Verfassungsprinzip der wehrhaften Demokratie bei gutem Willen lebendiger ist und von mehr Solidarität auch über Parteigrenzen hinweg getragen wird, als es die öffentlichen Schaukämpfe auf der großen politischen Bühne vermuten lassen.

Ich wünsche mir, daß das Angebot an alle interessierten Organisationen und Personen, das nun aus dieser Zusammenarbeit erwachsen ist, von den künftigen Verwendern im gleichen Geiste der Toleranz und der Pluralität der Meinungen und Überzeugen angenommen und weitergegeben wird. Wenn wir uns darin einig sind, daß wir als Demokraten verschiedener Couleur gleichwohl miteinander unter dem Schutze der freiheitlichsten Verfassung leben, die es je auf deutschem Boden gab, dann müssen wir auch gemeinsam so viel Solidarität aufbringen und bewahren, daß niemand uns jemals durch Gewaltanwendung oder Gewaltandrohung von innen oder von außen an der friedlichen, demokratischen Fortentwicklung unserer Staats- und Gesellschaftsordnung hindern kann.

Bonn, im November 1980 **Heinz Volland**
Bundesvorsitzender

Inhaltsübersicht
der Bände 1 — 6

Band 1:

Auf der Suche nach Sicherheit
Theoretische Grundlagen, Werkstattbericht
und Hinweise für den Verwender

Band 2:

Baugruppe I
Sicherheit — was ist das?

> **Baustein 1**
> Das Phänomen der Angst
> **Baustein 2**
> Gesellschaftliche Sicherheit
> **Baustein 3**
> Sicherheit und Staat
> **Baustein 4**
> Ökonomische (soziale/wirtschaftliche) Sicherheit
> **Baustein 5**
> Innere Sicherheit
> **Baustein 6**
> Äußere/militärische Sicherheit
> **Baustein 7**
> Alternativen und Perspektiven

Band 3:

Baugruppe II
Innere Sicherheit — mehr als Staatssicherheit

> **Baustein 1**
> Staat — Öffentliche Ordnung — Öffentliche Sicherheit —
> Innere Sicherheit: Zur Abgrenzung und Definition

Baustein 2
Sicherheit und Freiheit im demokratischen Staat –
ein Spannungsfeld. Die Notstandsgesetzgebung
Baustein 3
Schutz vor Gewalt und Kriminalität
Baustein 4
Staatsschutz
Baustein 5
Verfassungsschutz
Baustein 6
Politischer Extremismus und politischer Terrorismus –
zwei Phänomene als Herausforderung an den demokratischen Staat und seine Bürger
Baustein 7
Wer wahrt die Innere Sicherheit? Organe, Institutionen und...?
Baustein 8
Innere Sicherheit – Gesicherte Freiheit – Gesicherte Handlungsfähigkeit. Eine abschließende Betrachtung

Band 4:

Baugruppe III
Äußere Sicherheit – mehr als militärischer Schutz

Baustein 1
Grundlagen: Äußere und militärische Sicherheit im Rahmen globaler Interdependenzen / Die unterschiedlichen Sicherheitsbegriffe in Ost und West
Baustein 2
Die Zielsetzungen der Sicherheitspolitik der Bundesrepublik Deutschland
Baustein 3
Die nordatlantische Verteidigungsorganisation
(Entstehung / Grundlagen / Entwicklung / Probleme)
Baustein 4
Militärausgaben / Militärhilfe / Waffenexport
(Die „Dynamik des Wettrüstens")
Baustein 5
Die Entspannungspolitik: Von der Konfrontation zur Kooperation (Grundlagen, Möglichkeiten, Grenzen)
Baustein 6
Entspannungspolitik als Konferenzdiplomatie
(KSZE / MBFR / SALT)

Band 5:

Baugruppe IV
Wirtschaftliche und soziale Sicherheit — mehr als Wohlstand

>**Baustein 1**
>Wirtschaftliche Stabilität
>**Baustein 2**
>Soziale Sicherheit
>**Baustein 3**
>Wirtschaftliche und soziale Gerechtigkeit
>**Baustein 4**
>Sicherheit durch Entwicklungspolitik

Band 6:

Baugruppe V
Alternativen und Perspektiven —
Denkanstöße und Denkmodelle

>**Baustein 1**
>Konflikt-Potentiale und Konfliktaustragung in Staat und Gesellschaft
>**Baustein 2**
>Was ist Friedenspolitik? Kritische Überlegungen zur militärischen Sicherheit
>**Baustein 3**
>Frieden durch Kooperation und internationale Vereinbarungen
>**Baustein 4**
>Die Theorie der „Einseitigen Abrüstung" und die Praxis der Rüstungskontrollverhandlungen
>**Baustein 5**
>Wehrhafte Demokratie und soziale Verteidigung

Innere Sicherheit –
mehr als Staatssicherheit

Baugruppe II des Curriculum Sicherheit und Gesellschaft

Innere Sicherheit — mehr als Staatssicherheit
Baugruppe II des Curriculum Sicherheit und Gesellschaft

Inhalt dieses Bandes

Vorwort der Bundeszentrale für politische Bildung	7
Vorwort des Deutschen Bundeswehr-Verbandes (DBwV)	11
Inhaltsübersicht der Bände 1 — 6	13
Inhalt dieses Bandes	19
Vorbemerkung für den eiligen Leser	21
A Didaktische und methodische Hinweise	25
1. Zur Einführung	27
2. Zur Didaktik	28
3. Erarbeitung des Themas / Inhaltliche Hinweise zu den Bausteinen	30
4. Lernziele	33
5. Zu den Bausteinen / Methodische Hinweise zur Behandlung des Themas	37
B Basistexte zu den einzelnen Bausteinen mit Einführungen	45
Baustein 1: Staat — öffentliche Ordnung — öffentliche Sicherheit — Innere Sicherheit: zur Abgrenzung und Definition	47
Baustein 2: Sicherheit und Freiheit im demokratischen Staat — ein Spannungsfeld. Die Notstandsgesetzgebung	51
Baustein 3: Schutz vor Gewalt und Kriminalität	63
Baustein 4: Staatsschutz	67
Baustein 5: Verfassungsschutz	72
Baustein 6: Politischer Extremismus und politischer Terrorismus — zwei Phänomene als Herausforderung an den demokratischen Staat und seine Bürger.	75
Baustein 7: Wer wahrt die Innere Sicherheit? Organe, Institutionen und...?	87
Baustein 8: Innere Sicherheit — gesicherte Freiheit — gesicherte Handlungsfähigkeit. Eine abschließende Betrachtung.	88
C Arbeitspapiere, Materialien und Quellenhinweise	93
D Literatur- und Medienhinweise	277

Für den eiligen Leser

Das Curriculum „Sicherheit und Gesellschaft" wurde als Standard-Angebot für die politische Erwachsenenbildung an alle interessierten Institutionen zur Verwendung in einem üblichen Wochen-Seminar — in der Praxis meist viereinhalb Tage — entwickelt. Es soll aber auch in anderen Seminar-Typen verwendet werden können, zum Beispiel in Wochenend-Seminaren oder in einem wöchentlich oder monatlich einmal stattfindenden Kurs oder Gesprächskreis. Deshalb ist es nach einem Baukastenprinzip konstruiert, das je nach Interessenlage verschiedene Schwerpunktbildungen erlaubt:

Theorie-Teil und allgemeine Hinweise für den Verwender		
Baugruppe I: Sicherheit — was ist das?		
Baugruppe II: Innere Sicherheit	Baugruppe III: Äußere/militärische Sicherheit	Baugruppe IV: wirtschaftliche/soziale Sicherheit
Baugruppe V: Alternativen und Perspektiven		

In diesem Baukastensystem ist die Baugruppe I als genereller Einstieg und Einführungsteil vorgesehen. Sie steht dem Gesamtcurriculum voran und sollte mit wesentlichen Teilen bei jedem Seminartyp vorgeschaltet werden — unabhängig von der nachfolgenden Schwerpunktbildung mit Hilfe der weiteren Baugruppen.

Ihr Ziel ist nicht nur die Darstellung unserer freiheitlich-demokratischen Grundordnung als wehrhafte Demokratie im Spannungsfeld zwischen Sicherheit und Freiheit, sondern zugleich die Verdeutlichung des Strebens nach Sicherheit als Urbedürfnis jeden Individuums sowie die Einprägung der Interdependenzen zwischen den vielfältigen Sicherheitsbereichen.

Betroffenheit

Wenn es nicht gelingt, dem Seminarteilnehmer seine tatsächlich vorhandene persönliche Betroffenheit von „Sicherheit" in allen Lebensbereichen auch subjektiv bewußt zu machen, um vom „Sicherheitsobjekt" anderer Kräfte zum bewußten Mitgestalter der individuellen und gemeinschaftlichen Sicherheit und der zu sichernden Werte zu werden — dann ist ein wichtiger Zweck politischer Bildung nach unserem Demokratieverständnis verfehlt. Aber nicht nur das — auch das Seminar selbst wird höchst schleppend ablaufen, wenn der zündende Funke der individuellen Betroffenheit nicht rechtzeitig auf die Teilnehmer überspringt. Der Direktor einer katholischen Akademie, Heinz Tiefenbacher, hat dieses Problem in ganz anderem Zusammenhang einmal drastisch beim Namen genannt:

"Dem Zuhörer muß das Problem, um das es geht, auf den Nägeln brennen. Neugierig zu erfahren, wie die Lösung aussehen kann, begierig auf die möglichen Antworten, das macht den aufmerksamen Hörer! Es hat keine Zweck, dem Menschen Fragen zu beantworten, die er gar nicht gestellt hat."

Für welchen thematischen Schwerpunkt aus unserem Angebot Sie sich für Ihre aktuelle Planung auch immer entscheiden — in jeder Baugruppe werden Sie den Aspekt der „Betroffenheit" entdecken. Sie sollten aber bei keinem Thema darauf verzichten, sich mit der Einführung sowie den didaktischen und methodischen Hinweisen auch zur Baugruppe I zu befassen. Dieser Gesamt-Hintergrund ist selbst dann unerläßlich, wenn Sie sich aus zeitlichen Gründen in Ihrer Bildungsveranstaltung nur auf einen eng umrissenen thematischen Schwerpunkt konzentrieren müssen.

Arbeitsmaterialien und Aktualität

Zu jeder Baugruppe finden Sie Arbeitsmaterialien, wie wir sie in unseren Testseminaren verwendet haben. Wir haben unter diesem Begriff bewußt nicht streng klassifiziert, was zur Ausgabe an den Teilnehmer und was nur für den Vermittler zur Arbeitsplanung bestimmt ist. Da wir keinen "Lehrgang" im Sinne eines geschlossenen Curriculums anbieten wollen, bleibt nicht nur die Auswahl des Themas, sondern auch die Auswahl der zu verteilenden Papiere dem Leiter bzw. Vermittler überlassen, der sich ja auf seine speziellen Teilnehmer einstellen muß.

Natürlich können Sie je nach Zweckmäßigkeit auch die von uns erarbeiteten und zunächst für Sie bestimmten Basistexte auszugsweise Ihren Teilnehmern, z.B. für die Gruppenarbeit, überlassen. Was Sie an Materialien für geeignet halten, können Sie selbstverständlich auch zwischen den einzelnen Baugruppen austauschen. Dies gilt insbesondere für die Materialien zu Baugruppe I "Sicherheit — was ist das?", die ja ihrer Anlage entsprechend sämtliche Sicherheitsbereiche mit ihren wechselseitigen Verflechtungen zusammenfaßt. Sie finden Materialien mit Gliederungsvorschlägen und Thesen, die man sicher "zeitlos" einsetzen kann. Aber grundsätzlich bleibt es Ihre Aufgabe, für die teilnehmerorientierte Aktualität Ihrer Veranstaltung zu sorgen. Auch das gehört zum Wesen unseres Curriculum-Angebotes.

Sowohl an die Bundeszentrale für politische Bildung als auch an unsere Projektgruppe ist oft der Gedanke und der Wunsch herangetragen worden, das ganze Curriculum, zumindest aber die Arbeitsmaterialien, als Lose-Blatt-Sammlung herauszugeben und laufend zu aktualisieren, um Ihnen die Arbeit zu erleichtern. Dies ist aus personellen und aus technischen Gründen leider nicht zu leisten. Aber selbst wenn dies eines Tages gelänge, so könnte Ihnen doch niemand die

Mühe abnehmen, Zeitungen und Zeitschriften Ihrer Wahl als nach wie vor bestes Medium zur politischen Bildung gezielt auszuwerten bzw. von Ihren Teilnehmern auswerten zu lassen.

"Nichts ist so alt wie die Zeitung von gestern", diese Journalisten- und Verleger-Weisheit gilt auch für Seminare. Mit einer Ausnahme: alte Zeitungsartikel — in unserem Falle zum Thema "Sicherheit" — können in Arbeitsgruppen hin und wieder ganz lohnend eingesetzt werden, um kritisch zu überprüfen, ob ein dramatisches Ereignis von damals aus heutiger Sicht als "Eintagsfliege" anzusehen ist, oder ob langfristige Linien erkennbar sind und vielleicht heute noch weiterwirken.

Wer kann Ihnen helfen?

Es gibt viele Stellen, die Ihnen gern Ihre Arbeit erleichtern. Bundeszentrale und Landeszentralen für politische Bildung kennen Sie selbst. Daneben gibt es eine Vielzahl von staatlichen und nichtstaatlichen Institutionen, die zum Thema "Sicherheit" etwas zu sagen haben und auch gern Material zur Verfügung stellen. Aber denken Sie daran: Je gezielter Sie fragen, desto präziser ist die Auswahl, die Sie erhalten, desto mehr Vorarbeit ist Ihnen abgenommen. Presseämter der Bundes- und Landesregierungen, Bundes- und Landesministerien, Parteien und Verbände, Parlamente und Fraktionen, Gewerkschaften und Arbeitgeber — sie alle beschäftigen Profis für die Presse- und Öffentlichkeitsarbeit. Vergessen Sie dabei auch nicht das dem Bundesministerium für innerdeutsche Beziehungen nachgeordnete Institut für Gesamtdeutsche Fragen in Bonn, wenn Sie Ost-West-Vergleiche anstellen wollen. Dort gibt es nicht nur fast alle DDR-Zeitungen in der Präsenzbibliothek, sondern auch einen kurzgefaßten DDR-Pressespiegel mit Originalabdrucken im Versand und eine beträchtliche Auswahl von Filmen zur politischen Bildung.

Oft helfen Ihnen die Kollegen in den Pressestellen auch, Referenten für bestimmte Themen zu gewinnen. Auch hier gilt: Je präziser Sie Ihre Themenwünsche (und die voraussichtliche Zusammensetzung der Teilnehmer) bekanntgeben, desto mehr Aussicht besteht, daß Sie auch tatsächlich den richtigen Gesprächspartner finden.

Die Basistexte

Bitte erschrecken Sie nicht vor dem Umfang der Basistexte zu den einzelnen Baugruppen. Weder Sie noch Ihre Seminarteilnehmer oder Schüler sollen die dort angebotenen Informationen etwa "lernen". Die praktische Erfahrung bei sicherheitspolitischer Bildungsarbeit im weitesten Sinne hat uns aber ermuntert, nicht nur Literaturangaben zu machen (die Sie bei jeder Baugruppe natürlich auch finden), sondern ein möglichst großes Angebot an unmittelbarer Sachinformation weiterzugeben, das von Mitgliedern und externen Mitarbeitern unserer Projektgruppe erarbeitet wurde. Uns selbst haben die Texte in unseren Testseminaren sehr geholfen; und auch externe Referenten haben damit bereits gearbeitet. Bei der Bewertung der Inhalte dürfen Sie davon ausgehen, daß sie von allen Mitgliedern der Projektgruppe gemeinsam getragen werden.

Theorie und Werkstatt

Wer selbst an einem Curriculum zur politischen Bildung arbeitet, oder wer unsere Projekt-Arbeit in ihren verschiedenen Phasen gedanklich nachvollziehen möchte, wer gern über Legitimationsfragen nachdenkt oder über Grenzen und Möglichkeiten der Evaluation, dem sei der Theorieteil mit Werkstattbericht in Band I ans Herz gelegt.

Dort haben wir nicht nur unsere grundlegenden Lernzielentscheidungen, sondern auch die Entwicklungsgeschichte des Projekts "Sicherheit und Gesellschaft" mit all ihren Problemen offen ausgebreitet. Selbst wenn es vielleicht nicht jeden Verwender im einzelnen interessiert — wir meinen doch, daß auch diese Art von Transparenz dazugehört, wenn eine Organisation wie der Deutsche Bundeswehr-Verband in unserer pluralistischen Bildungslandschaft sich mit ihrem Bildungsangebot weit über die eigenen Mitglieder hinaus an die Bürger unseres Landes wendet.

Bonn, im November 1980   **Werner Erdsack**

A
Didaktische und methodische Hinweise

1. Zur Einführung

Sicherheit ist — darauf wurde in Baugruppe I mehrfach hingewiesen — ein komplexes, mit weitreichenden Interdependenzen versehenes Gerüst menschlichen Daseins. Um so mehr erstaunt es, daß sich die Literatur relativ wenig mit Fragen der Sicherheit beschäftigt. Diese Feststellung trifft allerdings nicht für den Bereich der Äußeren Sicherheit zu, denn diese wird breit und ausführlich diskutiert, weil deutlich erkennbare machtpolitische, ökonomische und existenzbedrohende Probleme damit verbunden sind.

Manchmal allerdings findet auch die Innere Sicherheit besondere Berücksichtigung und rückt stärker in das Bewußtsein der Bürger: Immer dann, wenn spektakuläre Ereignisse und medienwirksame Vorgänge die Innere Sicherheit in Frage zu stellen scheinen! Dabei ist, wie noch darzustellen sein wird, die Innere Sicherheit ein gleichwertiger Faktor im Geflecht der Interdependenzen verschiedener Sicherheitsfelder. Sicher sein zu können, daß heißt zum Beispiel, daß es nicht zu gewaltsamen Macht- und Verteilungskämpfen im wirtschaftlichen Bereich kommt, daß Kriminalität nicht unser Leben bedroht, daß vom Straßenverkehr bis zu der Versorgung mit lebensnotwendigen Gütern oder der Arbeitsfähigkeit unserer Medien alles reibungslos funktioniert.
Innere Sicherheit, häufig wird auch von öffentlicher Sicherheit gesprochen, umfaßt also zunächst einmal das gesamte innerstaatliche Leben.
In dieser Baugruppe nun kann natürlich nicht dieser Gesamtbereich vollständig behandelt werden. Einige wesentliche Aspekte der Inneren Sicherheit sollen ausgewählt werden.
Die Baugruppe II kann wie alle anderen Baugruppen getrennt von den anderen Baugruppen Verwendung finden, wobei die Vorschaltung der Baugruppe I empfohlen ist.
Die Baugruppe II besteht aus vier Teilen. In Teil A wird die Baugruppe vorgestellt und in ihrer Zielsetzung erläutert, didaktische Grundlinien, Lernziele, methodische Hinweise und die Vorstellung der Baugruppe sind hier zu finden.
In Teil B werden die Bausteine durch problemorientierte Basistexte, denen jeweils eine Zusammenfassung vorangestellt ist, inhaltlich behandelt. Wie auch bei den anderen Baugruppen sind diese Texte als Problemaufriß, wissenschaftliche Analyse und allgemeiner Überblick zum Diskussionsstand des Themas für den Referenten oder Teamer bestimmt.

Sie können aber ebenso gut als "hand-out" oder Arbeitsmaterial den verschiedenen Adressatengruppen zur Verfügung gestellt werden. Diese Entscheidung ist "vor Ort" zu treffen und kann nicht im Curriculum vorkonzipiert sein.
Im Teil C finden sich die Arbeitsmaterialien, die nur ein Anhalt oder ein Beispiel sein können und vom Teamer nach neuestem Stand ergänzt werden müssen.

In Teil D finden sich die Bibliographie und Medienhinweise.

Die Baugruppe II **Innere Sicherheit** besteht aus folgenden Bausteinen:

- Baustein 1 **Staat — Öffentliche Ordnung — Öffentliche Sicherheit: Zur Abgrenzung und Definition**
- Baustein 2 **Sicherheit und Freiheit im demokratischen Staat — ein Spannungsfeld. Die Notstandsgesetzgebung.**
- Baustein 3 **Schutz vor Gewalt und Kriminalität**
- Baustein 4 **Staatsschutz**
- Baustein 5 **Verfassungsschutz**
- Baustein 6 **Politischer Extremismus und politischer Terrorismus. Zwei Phänomene als Herausforderung an den demokratischen Staat und seine Bürger.**
- Baustein 7 **Wer wahrt die Innere Sicherheit? Organe, Institutionen und ... ?**
- Baustein 8 **Innere Sicherheit — Gesicherte Freiheit — Gesicherte Handlungsfähigkeit. Eine abschließende Betrachtung.**

Bei der Erstellung des Basistextes wurde ebenso wie bei der empfohlenen Literatur die Verwertbarkeit an erste Stelle vor die anderen Kriterien wie flächendeckende wissenschaftliche Aufarbeitung oder lückenlose Auflistung der gesamten Literatur gesetzt.

Vorgetestet und im Rahmen der Erwachsenenbildung angewendet wurde diese Baugruppe in zahlreichen Seminaren des Gesamtdeutschen Instituts und der Europäischen Bildungs- und Aktionsgemeinschaft, bei Seminaren der Studiengesellschaft für Zeitprobleme, bei Seminaren des DBwV und zuletzt im Grundlehrgang C der Führungsakademie der Bundeswehr.

2. Zur Didaktik

Bei der Behandlung des Themas Innere Sicherheit kann davon ausgegangen werden, daß bei den Adressaten ein gewisser Grundfundus von Kenntnissen und auch Betroffenheit vorhanden ist; denn mit den Fragen Terrorismus, Extremismus oder mit Fragen der Kriminalität sind alle schon in Berührung gekommen. Das Problem liegt hier vielmehr darin, verhältnismäßig naive und simple Deutungsmuster, die oft auch in der Reaktion auf die eben genannten Phänomene in eine falsche Richtung laufen, zu korrigieren. Insgesamt aber muß man davon ausgehen, daß wenig fundierte Kenntnisse und Einstellungen in diesem Bereich vorhanden sind.

Der Inhalt dieser Baugruppe ist zu bestimmen als

Situationsfeld
+ Gesellschaftliche Vielfalt von Sicherheit
+ weitreichende Interdependenzen von Sicherheit
+ existenzrelevante Probleme durch Sicherheitsdefizit

Inhalt
− Beschreibung der Sicherheit
− Darstellung der Bereiche und Entwicklungen von Sicherheit
− Analyse der Interdependenzen
− Probleme, Gefahren, Zwänge und Alternativen der Sicherheit

Handlungsintention
+ Bewußtseinsprozeß zur Bedeutung und Vielfalt von Sicherheit
+ Erkennen der Interdependenzen und folgerichtiges Verhalten
+ Partizipation und Engagement für Sicherheit
+ Politische Mündigkeit und Unabhängigkeit

Der Inhalt dieser Baugruppe ist somit durch folgende Grundbedingungen gekennzeichnet:
1. Notwendigkeit und Bedürfnis nach Innerer Sicherheit ist eine Grundvoraussetzung staatlicher Stabilität und Kontinuität.
2. Die Funktion des gesamten innerstaatlichen Lebens setzt Innere Sicherheit voraus.
3. Die Wirksamkeit Innerer Sicherheit hat Konsequenzen für die staatliche Handlungsfreiheit auch im äußeren, internationalen Bereich.
4. Alle Bürger sind von Innerer Sicherheit betroffen und haben Erfahrungen gemacht.
5. Innere Sicherheit tritt meistens erst als ein Sicherheitsdefizit ins Bewußtsein der Bürger.
6. Lösungsmöglichkeiten bei Sicherheitsdefiziten bringen bei der Inneren Sicherheit die Gefahr undemokratischen Handelns mit sich.
7. Sicherheit und Freiheit sind hier in besonderer Weise als zwei in einem Spannungs- und Abhängigkeits- oder auch Bedingungsverhältnis zueinander stehende gesellschaftliche Werte zu sehen.

8. Innere Sicherheit kann nur durch die Mitbeteiligung und Mitwirkung der Bevölkerung erfolgen, vor allem in Bereichen, wo es darum geht, Situationen, in denen die Voraussetzungen für Sicherheitsdefizite entstehen, zu vermeiden oder in ihrem Ablauf zu korrigieren.
9. Organisationen und staatliche Institutionen der Inneren Sicherheit bedürfen einer grundsätzlichen Kontrolle auf Effektivität und Gesetzlichkeit.

Es ist nicht besonders schwierig, an Hand von Tageszeitungen oder an der exemplarischen Erläuterung aktueller Ereignisse das hohe Maß von Betroffenheit von Innerer Sicherheit darzustellen und sogar bei Adressaten zu erreichen. Aber diese Betroffenheit wird immer dazu neigen, sich zu isolieren auf Schlagworte und Stereotype wie "Die Terroristen bedrohen uns" oder "Keine Kommunisten in den Öffentlichen Dienst" oder "Härtere Strafen für Kriminelle". Eine differenzierte Betrachtung der die Sicherheitsdefizite hervorrufenden Phänomene geht in der letzten Konsequenz ja auf eine Beteiligung aller bei der Vermeidung der Defizite hinaus. Dagegen wird sich der einzelne möglicherweise unter Hinweis auf die entsprechenden staatlichen Organe sträuben. Hier werden auch unterschiedliche Adressatengruppen sehr verschiedene Reaktionen zeigen. Dies hängt von Alter, sozialer Herkunft, Schulbildung und auch vom Beruf ab.

Der Einstieg in die Fragen der Inneren Sicherheit wird in jedem Falle leichter und schneller erfolgen können, wenn eine Adressatengruppe bereits durch die Baugruppe I vorsensibilisiert worden ist.

3. Erarbeitung des Themas

Aus dem gesamten Bereich der Inneren Sicherheit wurden einige wesentliche Aspekte, die sich besonders für die Erwachsenenbildung eignen und auch eine aktuelle Dimension aufweisen, ausgewählt. Sie werden im folgenden kurz angedeutet und erläutert.

Baustein 1
Staat — Öffentliche Ordnung — Öffentliche Sicherheit — Innere Sicherheit: zur Abgrenzung und Definition.

Es wird hier, ausgehend von den auf wenige aktuelle Ereignisse beschränkten Kenntnissen und Interessen der Allgemeinheit, zunächst eine Definition der Inneren Sicherheit angerissen, die sich an der Aufgabenstellung des Bundesministeriums des Inneren orientiert.

Die Abgrenzung orientiert sich dann teilweise an der Struktur der Abteilung IS (= Innere Sicherheit) im BMI.

Es werden die beiden unterschiedlichen Auslegungen für Innere Sicherheit, nämlich eine weitergefaßte und eine engere Auslegung, dargestellt.

Die engere Definition, nämlich
- Schutz von Gewalt und Kriminalität
- Staatsschutz
- Verfassungsschutz allgemein
- Verfassungsschutz durch Schutz vor politischem Extremismus und Terrorismus

weist auch bereits auf die inhaltlichen Aspekte dieser Baugruppe insgesamt hin.

In einem weiteren Schritt werden die Probleme zwischen Staat und seinem Auftrag zur Erhaltung der öffentlichen Ordnung angesprochen.

Baustein 2
Sicherheit und Freiheit im demokratischen Staat — ein Spannungsfeld. Die Notstandsgesetzgebung.

Das Spannungsverhältnis zwischen Sicherheit und Freiheit steht im Mittelpunkt dieses Bausteins. Denn beides sind wichtige und von allen Menschen beanspruchte Werte. Zu klären wird sein, welcher der Werte möglicherweise einen Vorrang erfährt und wann (wenn das so ist) dies geschieht.

Diese eigentlich theoretische Überlegung wird an einigen konkreten Beispielen wie der Begründung für das Verbot der KPD festgemacht. In einer kleinen Matrix werden hinsichtlich des Stellenwerts von Sicherheit und Freiheit am Beispiel der Inneren Sicherheit die unterschiedlichen Interessenlagen bei der Abwägung zwischen Sicherheit und Freiheit dargestellt.

Und schließlich wird die Notstandsgesetzgebung als Beispiel für die Bewältigung dieses Konflikts ausführlich erläutert, kommentiert und auch der Einsatz der Streitkräfte im inneren Notstand als ein besonders kritischer Punkt gewürdigt. Ein besonderer Schwerpunkt liegt auf der Diskussion der Frage der Legitimation der Einführung der Notstandsgesetze und der damit nicht unproblematischen Änderung unserer Verfassung.

Baustein 3
Schutz vor Gewalt und Kriminalität

Ausgehend von einer definitorischen Fassung dessen, was unter Kriminalität zu verstehen ist, wird dieser Fragenbereich zunächst auf die Diskussion des Begriffes "Gewalt" reduziert. Es zeigt sich sehr bald, daß weit im Vorfeld krimineller Gewalt Spielarten von Gewalt wirksam sind, die aufgrund ihrer subtilen Erscheinungsform nicht ohne weiteres deutlich werden, aber für die Innere Sicherheit durchaus Defizite schaffen können. Es werden Hinweise auf die Verhinderung krimineller Gewalt durch die Beseitigung der Formen von Gewalt im Vorfeld der kriminellen Gewalt gegeben.

Ähnliches trifft auch für die Kriminalität ganz allgemein zu. Hier folgt aus den Überlegungen, daß die Verhinderung der Kriminalität, dargestellt am Beispiel der Jugendkriminalität, nicht nur den staatlichen Organen überlassen bleiben darf.

Hieran schließt sich eine kurze Diskussion des gegenwärtigen Strafvollzugs.

Baustein 4
Staatsschutz

Der Staatsschutz mit seinen Organen wird erläutert und in seiner Relevanz für Innere Sicherheit und in der besonderen Beziehung zur Äusseren Sicherheit und dem Erhalt der außenpolitischen Handlungsfreiheit des Staates beschrieben. Hier werden die Interdependenzen zur Äußeren Sicherheit und vom Innenbereich zum Außenbereich eines Staates in besonderer Weise deutlich.

Baustein 5
Verfassungsschutz

Der Verfassungsschutz, der im Zusammenhang mit der Extremisten- und Terroristendiskussion im Brennpunkt des öffentlichen Interesses steht, wird zunächst an Hand seiner Aufgabenstellung untersucht. Zudem wird die Berechtigung der Existenz und Arbeitsweise des Verfassungsschutzes hinterfragt. Die Bindung der Arbeit des Verfassungsschutzes an Recht und definierte Verfassung wird am Beispiel der vom Bundesverfassungsgericht formulieren 8 Grundprinzipien unserer Verfassung, die als unabdingbar anzusehen sind, aufgezeigt.

Baustein 6
Politischer Extremismus und politischer Terrorismus —
zwei Phänomene als Herausforderung an den demokratischen
Staat und seine Bürger

Der Begriff und Inhalt von "Extremismus" werden ausführlich untersucht. Es werden links- und rechtsextremistische Organisationen mit den sie kennzeichnenden Aussagen und Ideen vorgestellt und in Zusammenhang damit einige spezielle Probleme behandelt, wie zum Beispiel Neonazismus im Bereich des Rechtsextremismus und die Frage von Taktik und Strategie im Bereich des orthodoxen Linksextremismus. Es wird auch kritisch das Verhältnis der Demokraten zu Extremisten diskutiert.

Die Haupttendenzen des Terrorismus werden aufgezeigt und die Gründe für diese Entwicklung untersucht. Hierbei wird auch die besondere Gefährdung der Demokratie bei der Bekämpfung dieses Phänomens in Form der Überreaktion des Staates kritisch gewürdigt.

Baustein 7
Wer wahrt die Innere Sicherheit ? Organe, Institutionen

In diesem Baustein, der sich im wesentlichen auf die vorhandenen Arbeitsmaterialien beziehungsweise die in der angegebenen Literatur nachlesbaren Organigramme und Gliederungs- und Aufgabenbeschreibungen beschränkt, wird noch einmal auf die Notwendigkeit der Beteiligung des Bürgers an der Erhaltung der Inneren Sicherheit hingewiesen.

Baustein 8
Innere Sicherheit – Gesicherte Freiheit – Gesicherte Handlungsfähigkeit. Eine abschließende Betrachtung.

In diesem Baustein wird die Formel "So viel Freiheit wie möglich – so viel Sicherheit wie nötig" kritisch untersucht. Es wird abschließend die wertgleiche Funktion von Innerer Sicherheit und Freiheit erläutert. Es wird auch die Interdependenz dargestellt und damit die Bedeutung von Innerer Sicherheit für andere Sicherheitsfelder wie die Äußere Sicherheit. Und es werden an Beispielen die möglichen Konsequenzen von starken Sicherheitsdefiziten für die anderen Sicherheitsfelder erläutert. Die Konsequenz dieses Bausteins: Innere Sicherheit ist die Voraussetzung und zugleich Folge der "Inneren Freiheit" eines Staates und seiner Bürger.

4. Lernziele

Diesen thematischen Schwerpunkten und Inhalten liegen folgende allgemeinen Richtziele zugrunde:
– Fähigkeit, Begriff und Umfang der Inneren Sicherheit zu verstehen und die damit verbundenen Teilbereiche zu kennen
– Fähigkeit und Bereitschaft, sich mit den staatlichen Sicherungs- und Ordnungsaufgaben und den damit verbundenen grundsätzlichen und in der Praxis zu lösenden Problemen auseinanderzusetzen und kritisch Stellung zu beziehen
– Fähigkeit und Bereitschaft, Sicherheit und Freiheit auch im Bereich der Inneren Sicherheit und ihrem Spannungsverhältnis zu erkennen und als Herausforderung und Auftrag für jeden Bürger in der Demokratie zu verstehen
– Fähigkeit und Bereitschaft, Innere Sicherheit als einen wesentlichen staatlichen Lebensfaktor zu verstehen, der bereits weit im Vorfeld staatlicher und institutioneller Maßnahmen durch alle Bürger vorstrukturiert wird, und die Einsicht, daß es notwendig ist, diese Erkenntnis in tägliche Praxis zu übertragen
– Fähigkeit und Bereitschaft, mit Personen oder Gruppen von Personen, die Sicherheitsdefizite hervorrufen, differenziert und demokratisch umzugehen

— Fähigkeit und Bereitschaft, diese Demokratie als eine wehrhafte oder streitbare Demokratie zu begreifen und die Überzeugung, daraus die Konsequenzen ziehen zu müssen.

Diese Richtlinien gehen aus von den Prinzipien
- der Schutzwürdigkeit des freiheitlich demokratischen und pluralistischen System politischer Staatsorganisation
- der streitbaren Demokratie
- der Notwendigkeit der Mündigkeit, des freiwilligen Engagements, der Beteiligung und der Mitverantwortung der Bürger
- der Toleranz und der Einsicht in die Notwendigkeit friedlicher Konfliktbewältigung
- der Mehrdimensionalität der Probleme moderner Konfliktgesellschaften.

Diese Prinzipien bedeuten, daß Freiheit, Demokratie und Pluralismus die Maximen der Organisation unseres Staates in der Bundesrepublik sind. Diese Maximen sollen unter dem Gesichtspunkt der 7 Grundprinzipien, die das Bundesverfassungsgericht im Verbotsurteil gegen die KPD festgestellt hat, im Rahmen einer streibaren demokratischen Haltung verteidigt werden. Die Demokratie soll nicht so "demokratisch" oder "frei" sein, daß sie den Feinden ihrer Staatsform erlaubt, sie abzuschaffen! Dazu bedarf es aber, will man Demokratie praktizieren und verteidigen, der Mündigkeit, Selbständigkeit, des Interesses, Einsatzes, der Mitverantwortung und der Beteiligung aller Bürger. Allerdings soll man sich immer darüber im Klaren sein, daß stets ein hohes Maß von Toleranz gegenüber andersdenkenden Mitbürgern, auch vor allem gegenüber Minoritäten und ihren Interessen erforderlich ist, will man Demokratie und ihre Werte glaubhaft machen. Und schließlich kann die Ursache oder das Problem von Konflikten heute nicht mehr in einem Tatbestand gesucht werden, sondern in unseren Industriegesellschaften gibt es stets zahlreiche Gründe.

Einzellernziele zu Baustein 1
Staat — Öffentliche Ordnung — Öffentliche Sicherheit —
Innere Sicherheit: zur Abgrenzung und Definition

- Kenntnis des Inhalts der unterschiedlichen Begriffe von Innerer Sicherheit
- Fähigkeit und Bereitschaft, Innere Sicherheit nicht nur als einen Teilbereich oder ein zeitlich begrenztes aktuelles Problem zu sehen, sondern die zahlreichen Gesichtspunkte der Inneren Sicherheit als ständige Aufgabe für staatliche Institutionen und für alle Bürger zu verstehen.

Einzellernziele zu Baustein 2
Sicherheit und Freiheit im demokratischen Staat – ein Spannungsfeld. Notstandsgesetzgebung

- Fähigkeit und Bereitschaft, das Verhältnis von Innerer Sicherheit und Freiheit zu begreifen
- Fähigkeit und Bereitschaft, die unterschiedlichen Konflikte beim Interessenausgleich zwischen einzelnen Personengruppen und staatlichen Institutionen unter verschiedenen historischen, gesellschaftlichen und ökonomischen Bedingungen im Bereich der Inneren Sicherheit und Freiheit problembewußt zu erkennen
- Fähigkeit, die Entwicklung und Bedeutung sowie die Probleme der Notstandsgesetzgebung zu verstehen und die Bereitschaft, sich mit diesen Problemen auseinanderzusetzen und als für jeden einzelnen Bürger jederzeit wirksam und bedeutend zu begreifen.

Einzellernziele zu Baustein 3
Gewalt und Kriminalität

- Fähigkeit und Bereitschaft, die Ursachen und Formen von Gewalt zu kennen und kritisch zu unterscheiden
- Fähigkeit, vor allem aber Bereitschaft, den Erkenntnissen über Gewalt im Vorfeld der Kriminalität, sozusagen im täglichen Leben eines jeden Menschen, persönlich Rechnung zu tragen
- Fähigkeit und Bereitschaft, die Entwicklung und die besonderen Probleme im Bereich der Kriminalität zu kennen und ihre Verhinderung auch als Auftrag an jeden Bürger zu begreifen
- Fähigkeit und Bereitschaft, sich an einer kritischen Betrachtung des Strafvollzuges in der Bundesrepublik zu beteiligen und möglicherweise Folgerungen daraus zu ziehen und sich an einer Verbesserung in diesem Bereich zu beteiligen als Beitrag zur Schaffung von mehr Innerer Sicherheit.

Einzellernziele zu Baustein 4
Staatsschutz

- Fähigkeit, Legitimation, Aufgaben und Struktur des Staatsschutzes zu verstehen
- Bereitschaft, Staatsschutz kritisch, aber auch frei von den üblichen auf spektakuläre Geheimdienst-Affären reduzierten Bildern zu verstehen und als berechtigte Anliegen des Staates zu begreifen
- Fähigkeit und Bereitschaft, Staatsschutz als ein besonderes Erscheinungsbild der Interdependenz von Innerer und Äußerer Sicherheit zu begreifen.

Einzellernziele zu Baustein 5
Verfassungsschutz

- Fähigkeit und Bereitschaft, Legitimation, Aufgaben und Organisation des Verfassungsschutzes zu verstehen
- Fähigkeit und Bereitschaft, Verfassungsschutz als einen besonderen Faktor im Spannungsfeld von Freiheit und Sicherheit zu begreifen
- Fähigkeit und Bereitschaft, die durch die Arbeit des Verfassungsschutzes möglichen Einschränkungen demokratischer oder pluralistischer Garantien und Freiheiten als notwendigen Beitrag der Verteidigung der Demokratie zu verstehen und kritisch zu analysieren.

Einzellernziele zu Baustein 6
Politischer Extremismus und politischer Terrorismus —
zwei Phänomene als Herausforderung an den Staat und seine Bürger

- Fähigkeit und Bereitschaft, die Begriffe Extremismus und Terrorismus klar umrissen zu verstehen und zu gebrauchen
- Fähigkeit und Bereitschaft, die Entwicklung des Extremismus und Terrorismus in der Bundesrepublik zu kennen und zu verstehen
- Fähigkeit und Bereitschaft, die Konsequenzen aus der Entstehung des Extremismus und des Terrorismus auch für die Bekämpfung dieser beiden Phänomene zu ziehen
- Überzeugung, daß nur eine emotionsfreie und sachbezogene Mitarbeit der Bürger den Konflikt der Demokratie und diesen Phänomenen bewältigen kann
- Fähigkeit und Bereitschaft zu erkennen, daß Extremismus und Terrorismus eine besondere Herausforderung für die Demokratie dadurch sind, daß die Reaktion der Demokratie ihren eigenen Grundprinzipien zuwiderlaufen kann.

Einzellernziele zu Baustein 7
Wer wahrt die Innere Sicherheit?
Organe, Institutionen

- Fähigkeit, die Organe und Institutionen der Inneren Sicherheit zu kennen und ihre Arbeits- und Funktionsweise zu verstehen
- Fähigkeit und Bereitschaft zu verstehen, daß die Mitarbeit aller Bürger eine wichtige und nicht an staatliche Institutionen zu delegierende Aufgabe bei der Schaffung und Wahrung der Inneren Sicherheit ist.
- Fähigkeit und Bereitschaft, die Interdependenzen zu den anderen Sicherheitsbereichen vor dem Hintergrund dieses Spannungsverhältnisses zu verstehen
- Fähigkeit und Bereitschaft, die Wertgleichheit und Wertbedeutung von Innerer Sicherheit und Freiheit zu begreifen und als beachtenswert zu verstehen

— Fähigkeit und Bereitschaft, sich aufgrund der gewonnenen Erkenntnisse und Überzeugungen in jenen Bereichen, in denen der Bürger aufgefordert ist zur Wahrung und Schaffung Innerer Sicherheit beizutragen, sich auch tatsächlich einzusetzen.

Einzellernziele zu Baustein 8
Innere Sicherheit — Gesicherte Freiheit — Gesicherte Handlungsfähigkeit: eine abschließende Betrachtung

— Fähigkeit und Bereitschaft, das Spannungsfeld zwischen Innerer Sicherheit und Freiheit in seinen Konsequenzen zu kennen und dem Rechnung zu tragen.

5. Zu den Bausteinen

Methodische Hinweise zur Behandlung des Themas

Bei der Verwendung dieser Baugruppe ist zu unterscheiden, ob diese Baugruppe isoliert verwendet wird, also ohne Hinzunahme anderer Baugruppen, ob sie unter Vorschaltung der Baugruppe I eingesetzt wird oder ob sie zusammen mit noch weiteren Baugruppen dieses Curriculums Verwendung findet.

Ist die Baugruppe I aus zeitlichen Gründen ausnahmsweise nicht vorgeschaltet, sollte in einer ersten Einstiegsphase auf jeden Fall der Begriff "Sicherheit" analog zum Vorgehen in Baugruppe I erarbeitet werden. Dafür scheint ein Stundenansatz von zwei Unterrichtsstunden bei einer Tagesveranstaltung als Mindestzeit erforderlich zu sein.

Bei einer Verwendung mit weiteren Baugruppen ist darauf zu achten, daß man die Möglichkeit wahrnimmt, immer wieder auf die Verbindungen und Abhängigkeiten zwischen den Inhalten der einzelnen Baugruppen einzugehen, um so das besondere Geflecht der Interdependenzen zum Ausdruck zu bringen.

In den folgenden methodischen Hinweisen wird von der Vorschaltung der Baugruppe I ausgegangen. Das bedeutet, daß eine Vorsensibilisierung der Adressaten in Sachen "Sicherheit" schon erfolgt ist.

Es wird als eine Möglichkeit von vielen folgender Phasenablauf vorgeschlagen:

1. **Einstiegsphase:**	Ist dieser Staat sicher?
2. **Definitionsphase:**	Was ist Innere Sicherheit?
3. **Arbeitsphase A:**	Die Entscheidung für Sicherheit oder Freiheit
4. **Ergebnisphase A:**	Variierender Stellenwert von Sicherheit und Freiheit
5. **Arbeitsphase B:**	Notstandsgesetzgebung als Erosion des Grundgesetzes?
6. **Ergebnisphase B:**	Die wehrhafte Demokratie
7. **Anwendungsphase B:**	Die Bundeswehr im Inneren Notstand
8. **Arbeitsphase C:**	Entwicklung und Erscheinungsformen von Gewalt und Kriminalität

9. Ergebnisphase C:		Sinn und Zweck des Strafvollzuges
10. Arbeitsphase D:		Staatsschutz und Verfassungsschutz
11. Ergebnisphase D:		Spitzel in der Demokratie?
12. Arbeitsphase E:		Entwicklung des Extremismus
13. Ergebnisphase E:		Sinnvolle Begegnung des Extremismus
14. Anwendungsphase E:		Zusammenarbeit mit Kommunisten?
15. Arbeitsphase F:		Entwicklung des Terrorismus
16. Ergebnis- und Anwendungsphase F:		Kein Nachwuchs für Terroristen
17. Arbeitsphase G:		Organe der Inneren Sicherheit
18. Arbeitsphase H:		Innere Sicherheit und Freiheitssicherung
19. Ergebnisphase H:		Die falsche Formel von "So viel Freiheit wie möglich und so viel Sicherheit wie nötig"
20. Anwendungsphase H:		Was geht mich Innere Sicherheit an!? (Diskussion mit ausgewählten Fragestellungen)

1. Zur Einstiegsphase

Diese Phase sollte mit einer offenen Aussprache beginnen, bei der die Teilnehmer unter einer Fragestellung wie "Ist dieser Staat sicher?" oder "Wovon fühlen Sie sich bedroht?" ihr Verständnis von den Sicherheitsdefiziten im Bereich der Inneren Sicherheit formulieren können. Die Ergebnisse sind an der Tafel oder von einem Protokollführer zu sammeln und vom Referenten nach Sachgebieten zu strukturieren. Hier dürfte es nicht schwerfallen, sehr schnell ein hohes Maß von Betroffenheit bei den Teilnehmern zu erreichen.

Eine andere Möglichkeit eines Einstieges bietet sich durch das Aufgreifen eines besonders aktuellen und möglicherweise kontrovers diskutierten Ereignisses wie Terroranschlag, Kontaktsperrengesetz oder Extremisten im öffentlichen Dienst u. dergl.

Diese Phase endet mit einer Vielfalt von Einzelbereichen, bei denen sich die Frage ergibt "Gehört Arbeitslosigkeit noch zur Inneren Sicherheit, oder ist dies ein Problem der Wirtschaftlichen Sicherheit allein?" Am Ende soll die offene Frage „Was ist eigentlich alles Innere Sicherheit?" stehen.

2. Zur Definitionsphase

Hier empfiehlt es sich, daß der Referent unter Rückgriff auf die bereits erwähnten, von den Teilnehmern genannten Faktoren in einem Kurzreferat analog zum Basistext Innere Sicherheit definiert und schließlich für die bevorstehenden Phasen abgrenzt.

3. Zur Arbeitsphase A

Diese Phase kann mit einer Befragung der Teilnehmer nach ihrer persönlichen Präferenz von Sicherheit oder Freiheit eingeleitet werden. Es ist auch möglich, zu Beginn einige Beispiele für die Notwendigkeit von mehr Freiheiten oder einige Beispiele von mehr Sicherheitsvorkehrungen zu geben. Immer aber muß dabei deutlich werden, daß, wenn der Spielraum für Freiheiten ausgedehnt wird, die absolute Sicherheit um diesen Ausdehnungsbereich abnimmt, und daß entsprechend bei einer Vermehrung von Sicherheit in gleicher Weise Freiheiten in Mitleidenschaft gezogen werden. Dies läßt sich besonders deutlich am Beispiel der Bekämpfung von Kriminalität oder Terrorismus erläutern. Folgendes Bild veranschaulicht diesen Vorgang:

Als nächster Schritt im Rahmen dieser Phase wäre darzustellen, daß aus begründbaren Überlegungen bezüglich der Sicherheit des Erhalts der Staatsordnung Freiheiten reduziert werden müssen. Dies kann nur unter bestimmten Bedingungen geschehen (Baustein 2!). An dieser Stelle sind die besondere Situation und die Bedingungen in spezieller Weise hervorzuheben.

Bei genügend Zeitansatz kann auch über die Problematik der Aufhebung bestimmter im Grundgesetz verbriefter Rechte diskutiert werden. Schließlich kann eine Diskussion erfolgen über die Frage, ob eine verfassungsfeindliche Partei verboten werden soll oder nicht.

Mit Hilfe der Matrix soll in einem weiteren Schritt die sich verändernde Wertschätzung von Sicherheit und Freiheit im Gespräch mit den Teilnehmern unter Zuhilfenahme möglichst vieler realer Beispiele erarbeitet werden.

Diese Matrix kann bei ausreichendem Zeitansatz auf das Verhältnis von anderen politischen und gesellschaftlichen Wirkungsfaktoren zu Sicherheit und Freiheit erweitert werden. Solche Wirkungsfaktoren wären Innovation, Demokratie, Partizipation oder Militär.

Der Schritt zu den Notstandsgesetzen ist mit dem historischen Blickwinkel auf die Weimarer Verfassung zu beginnen. Von hier aus läßt sich mit den Teilnehmern leicht der Grund für die Vermeidung der Notstandsgesetzgebung bei der Schaffung des Grundgesetzes finden.

Warum wir dennoch die Notstandsgesetzgebung eingeführt haben, ist mit einer ganz offenen und sehr kritischen Diskussion zu beginnen. Wenn die kritischen Beiträge nicht von den Teilnehmern kommen, sollte der Referent diese selbst einbringen und die Frage nach dem Titel der nächsten Phase stellen.

5. Zu Arbeitsphase B

Die Frage nach der Möglichkeit der allmählichen Abtragung des Grundgesetzes durch Grundgesetzänderungen und speziell durch die einschneidende Änderung im Rahmen der Norstandsgesetzgebung soll den Teilnehmern zeigen, daß diese Maßnahmen keine gewöhnlichen, alltäglichen bürokratischen Hoheitsakte sein dürfen, sondern wirklich nur die große und nicht zu umgehende Ausnahme.

Die Legitimation kann durch eine Erarbeitung von möglichen Fallbeispielen eines Notstandes und die Diskussion der möglichen Reaktionen und der Gefahren dieser unkontrollierten Reaktionen des Staates oder der Gesellschaft erläutert werden.

Bei ausreichendem Zeitansatz ist auch eine Pro- und Kontra-Debatte anzustreben.

Die Frage des Einsatzes der Streitkräfte ist durch eine provozierende Spielsituation, die sich an den geläufigen Vorwürfen gegen die Bundeswehr orientiert, einzuleiten.

Danach können die Einschränkungen und weiteren Probleme, die hier zu berücksichtigen sind, referiert und erarbeitet werden.

6. Zu Ergebnisphase B

Diese Phase bezieht sich noch einmal auf den gesamten Baustein 2. Es soll die Wehrhaftigkeit der Demokratie an Beispielen des täglichen Lebens erarbeitet werden vor dem Hintergrund der mehr theoretischen Erörterungen über das Verhältnis von Innerer Sicherheit und Freiheit.

Hier bietet sich die Durchführung einer kurzen Podiumsdiskussion an oder die Durchführung eines kurzen vorbereiteten Planspiels, bei dem es um die streitbare Verteidigung der Demokratie gegen Feinde im Innern oder gegen eine Entwicklung, die die Merkmale des Nostandes aufweist, geht.

7. Zu Anwendungsphase B

Bei Durchführung des o.g. Planspiels ist der Einsatz der Bundeswehr im Innern mit einzuplanen, ansonsten ist diese Frage auch hier durch eine provozierende Spielsituation, die sich an den geläufigen Vorwürfen gegen die Bundeswehr im Rahmen der Notstandsgesetzgebung orientiert (z. B. "Bundeswehr-Einsatz gegen streikende Arbeiter") einzuleiten.

Kritische Beiträge sind auch auf Kosten der Zeit ausführlich zu behandeln. Es empfiehlt sich hier, lieber an anderer Stelle zu straffen als da, wo die Betroffenheit (ob nach Ansicht des Referenten oder Teamers berechtigt oder unberechtigt, spielt da keine Rolle) am größten oder am besten wahrnehmbar ist.

8. Zu Arbeitsphase C

Mit der Frage danach, was die Teilnehmer unter "Gewalt" verstehen und der zu erwartenden Antwort, die Gewalt in den Bereich eher krimineller Spielarten der Gewalt rückt, muß durch Beispiele aus dem täglichen Leben Gewalt in ihrer strukturellen und in ihrer personalen Ausprägung verdeutlicht werden (Beispiel: Fließband und "unmittelbare" Prügelei). Wichtig ist hier, daß das Vorfeld von Kriminalität sorgfältig behandelt wird. Dazu gehört auch das Stichwort Kindererziehung!

9. Zu Ergebnisphase C

Nach der am Beispiel der Jugendkriminalität exemplarischen Darstellung der Erscheinungsform von Kriminalität und der Erarbeitung von Gründen für die Entstehung von Kriminalität sollte diese Phase die Erarbeitung eines Strafvollzugskonzeptes der Teilnehmer enthalten. Wichtig dabei ist eine sorgfältige Differenzierung der unterschiedlichen Arten von Straftätern. Eine Aufteilung in entsprechende Arbeitsgruppen, die sich mit je einem Tätertyp befassen, empfiehlt sich.
Das Ergebnis ist dann an der Realität zu messen.

10. Zu Arbeitsphase D

Hier bietet sich der Einstieg mit der Frage "Was ist ein Spion?" an. Es liegt nahe, daß entweder sehr diffuse und an filmischen Vorbildern orientierte Antworten erfolgen, oder daß besonders bekannte Personen wie Guillaume genannt werden. Durch die intensive Nachfrage nach der Aufgabe, den Auftraggebern und dem Interesse (Aufklärungsauftrag) der Auftraggeber kann zu dem Begriff des Staatsschutzes übergeleitet werden.

Ähnlich kann bei dem Begriff Verfassungsschutz verfahren werden, indem man zunächst nach den Vorstellungen über Verfassungsschutz fragt und schließlich an Hand eines Verfassungsschutzberichtes des Bundesinnenministeriums (wird jährlich veröffentlicht!) mit Hilfe des Inhaltsverzeichnisses darstellt, womit sich der Verfassungsschutz beschäftigt. Hierbei ist klarzumachen, daß Verfassungsfeinde sowohl offen als auch verdeckt nach konspirativen Regeln arbeiten.

11. Zur Ergebnisphase D

Aus der letztgenannten Feststellung geht hervor, daß man von Seiten des Staats- und auch des Verfassungsschutzes ebenfalls verdeckt vorgehen muß. Dabei sollte in einer kurzen Pro- und Kontra-Diskussion erörtert werden, ob es nötig ist, daß sich eine Demokratie der Spitzel und der Geheimniskrämerei bedient. Eine andere provozierendere Fragestellung wäre, ob es ehren- oder unehrenhaft ist, als "normaler Bürger" dem Verfassungsschutz Hinweise auf verfassungsfeindliche Aktivitäten zu geben oder sogar aktiv als Informant mitzuarbeiten.

12. Zu Arbeitsphase E

Diese Phase erlaubt einen großen Spielraum methodischer Möglichkeiten, die je nach Zeitansatz genutzt werden sollten. Zu Beginn hat auf jeden Fall eine sorgfältige Darstellung der Entwicklung des Rechts- und Linksextremismus in der Bundesrepublik zu stehen. Dieser erste Schritt ist mit einer sorgfältigen Unterscheidung und Erklärung des Begriffes "Extremismus" und des Begriffes "Radikalismus" einzuleiten. Je nach Bildungs- und Interessenstand der Teilnehmer kann hier auch unter Verwendung entsprechender Literatur der informatorische Input in Arbeitsgruppen erfolgen. Es lassen sich auch Rollenspiele (Orthodoxer Kommunist, nicht-orthodoxer Kommunist, "normaler" Rechtsextremist – NPD-Mitglied – Neo-Nazi) zu bestimmten Problemen unseres Staates durchführen. Die jeweiligen Gruppen können aber auch eine Form der Selbstdarstellung im Rahmen der Mitgliederwerbung als Auftrag erhalten. Aktuelle Presseerzeugnisse sind dabei eine anschauliche und wertvolle Hilfe.

Der Teamer oder Referent sollte bei der DKP besonderen Wert auf die Unterscheidung zwischen reformdemokratischer Taktik und antidemokratischer (antimonopolistischer) Strategie legen.

13. Zu Ergebnisphase E

Auf dieser Grundlage läßt sich dann auch erarbeiten, wie man Extremisten begegnet. Hierzu bieten sich bestimmte Fallbeispiele an, z.B. Diskussion in einem Betrieb mit einem Funktionär der KPD zur Frage von Entlassungen oder Diskussion mit einem NPD-Mitglied zur Frage der Bekämpfung des Terrorismus oder über "Anstand und Sitte".

Der Referent sollte hier auch das Bild des Extremisten aus dem Funke-Beitrag *) noch einmal aufnehmen und durch einen eingeschobenen theoretischen Kurzvortrag darauf hinweisen, daß es wichtig ist, immer wieder mit diesen Leuten zu diskutieren, um sie nicht aus der Gesellschaft zu verstoßen und ihnen die Rückkehr zu den Normen der demokratischen Gesellschaft zu erleichtern, zu ermöglichen! Dies betrifft besonders junge Extremisten.

14. Zu Anwendungsphase E

Die vorangegangenen Diskussionen leiten sehr schnell zu der Frage der Zusammenarbeit mit Kommunisten über. Diese Frage ist entweder in einer Podiums- oder allgemeinen Plenumsdiskussion zu untersuchen, sie kann aber auch in Arbeitsgruppen, die unterschiedliche Organisationen darstellen, untersucht werden (eine Arbeitsgruppe: Gewerkschaft; eine andere Arbeitsgruppe: Betriebsrat; eine andere Arbeitsgruppe: Sportverein; eine weitere Arbeitsgruppe: Bürgerinitiative).

15. Zu Arbeitsphase F

Über eine kurze Erörterung des Widerstandsrechts und der möglichen Maßnahmen gegen eine Unrechtsregierung läßt sich sehr gut eine Teilnehmergruppe in Richtung der Thematik Terrorismus sensibilisieren. Dieser Einstieg mag auf den ersten Blick ungewöhnlich erscheinen, **zwingt aber alle Teilnehmer zu der anfänglichen theoretischen Erörterung der Begriffe Terror und Terrorismus (orientiert an Hacker).**

In einem straffen Kurzreferat ist die faktische Entwicklung des Terrorismus in der Bundesrepublik am besten durch den Referenten selbst darzustellen.

Anschließend empfiehlt sich zudem eine Befragung der Teilnehmer nach ihren Kenntnissen über Terrorismus, der sich nicht nur auf Deutschland bezieht. Diese nun mögliche Aufzählung ist vom Teamer so an der Tafel zu strukturieren, daß eine Unterscheidung der verschiedenen Spielarten von Terrorismus erfolgen kann.

---

*) siehe Literatur und Materialien zu Baustein 6

Anschließend sind Personen und Aussagen deutscher Terroristen zu untersuchen, und es ist die Frage zu stellen, wo der Punkt lag, an dem die bis zu irgendeinem Zeitpunkt unbescholtenen Bürger in die Kriminalität gingen. Diese Frage und die Motivation dafür ist besonders sorgfältig zu diskutieren, um dann überzuleiten zu dem Problem, was man gegen Terroristen unternehmen kann. Hierbei ist besonders auch auf die Gefahren des "Back-lash", also der undemokratischen, vielleicht ungesetzlichen Reaktion des demokratischen Staates hinzuweisen. Neben der gut und effektiv ausgerüsteten Exekutive müssen im Vorfeld des Terrorismus Maßnahmen ergriffen werden, die weit über die Möglichkeiten der gesetzlichen Handhabe hinausgehen.

16. Zu Ergebnis- und Anwendungsphase F

Diese Überlegung führt den Teamer zu einem Rollenspiel "Schulklasse"; ein Teilnehmer ist der Lehrer, ein anderer ein Extremist, zwei andere sind heftige Verteidiger von Terroristen und möchten diese auch unterstützen, der Rest der Teilnehmer sind Schüler. Im Rahmen einer Gegenwartskundestunde soll über das Thema "Demokratie und Freiheit" ein Streit mit den Terroristenvertretern entstehen. Je nach Möglichkeiten der Teilnehmer muß auch eventuell der Referent oder/und ein Mitarbeiter den Part des Terroristen übernehmen.

Dabei ist besonders zu beachten, daß demokratische Vorstellungen, Rechte und Prinzipien rückhaltlos vertreten werden, daß jeder Diskussionspartner des intoleranten Terroristen aber selbst sich bemühen muß, auch dem Terroristen die Rückkehr in eine demokratische und pluralistische Gesellschaft zu ermöglichen. Die Argumentationen der "Terroristenvertreter" sollten sich möglichst an Zitaten, die zugänglich (Innenministerien) sind und von Terroristen stammen, orientieren.

Eine ausführliche Aussprache über dieses Spiel sollte zu der Feststellung gelangen: Es ist alles zu tun, damit die Terroristengruppen keinen Nachwuchs, keinen neuen Zulauf erhalten.

17. Zu Arbeitsphase G

An Hand von Folien oder Merkblättern sollten vom Referenten den Teilnehmern die Organe der Inneren Sicherheit anschaulich dargestellt werden. Diese Arbeit läßt sich aber auch als Auftragsverteilung an Arbeitsgruppen bewältigen. Wichtiges Ergebnis: auch Bürger sind zuständig!

18. Zu Arbeitsphase H

In dieser letzten Arbeitsphase soll noch einmal mit den Teilnehmern die Grundsatzdiskussion vom Anfang aufgegriffen und das Verhältnis von Sicherheit im Innern eines Landes und Freiheit untersucht werden. Dies könnte durch einen Kurzvortrag eines Teilnehmers mit einem Korreferat (insgesamt 5 Minuten) erfolgen.

19. Zu Ergebnisphase H

In einer an den Kurzvortrag anschließenden Diskussion läßt der Referent die Formel "So viel Freiheit wie möglich, so viel Sicherheit wie nötig" untersuchen. Es erscheint wichtig, daß die variierende, aber nicht rangmäßig einzustufende Wertigkeit von Sicherheit und Freiheit klar herausgearbeitet wird. Eine Fortführung der Matrix aus Baustein 2 ist hier als "krönender Abschluß" denkbar.

20. Zu Anwendungsphase H

Abschließend lassen sich am aktuellen Geschehen ausgewählte Fragestellungen unter Einsatz der neu gewonnenen Erkenntnisse diskutieren und analysieren.

Die Teilnehmer können zum Beispiel aufgefordert werden, zu einem Bericht über eine Veranstaltung (oder Verurteilung) von Extremisten oder über einen Bericht zum Einsatz der Polizei einen Kommentar zu schreiben (als Journalist) oder im Fernsehen zu sprechen.

Wichtigstes Hilfsmittel hier und bei der Bearbeitung der gesamten Baugruppe ist für den Teamer oder Referenten die aktuelle Berichterstattung. Zeitungen sind in diesem Zusammenhang das beste und billigste Werkzeug.

Anmerkung:

Diese didaktisch-methodischen Hinweise sind lediglich als Hinweise zur Schwerpunktbildung zu verstehen. Zugleich sind sie ein Vorschlag aus vielen anderen Möglichkeiten. Einen vollständigen Ablauf aufzuzeichnen, widerspräche dem "offenen" Charakter dieses Curriculums.

Oberstes Leitprinzip sollten besonders in dieser Baugruppe für den Teamer und/oder Referenten die folgenden Überlegungen sein:

- Betroffenheit schaffen!
- Selbständiges Arbeiten fördern!
- Am aktuellen Ereignis orientieren!

Es hat sich gezeigt, daß dies ein Weg ist, der zu einem der wichtigsten Lernziele dieser Baugruppe führt, nämlich der Erkenntnis und Einsicht der Teilnehmer, daß sie selbst erheblich zur Schaffung und Wahrung der Inneren Sicherheit beitragen können und müssen.

B
Basistexte zu den einzelnen Bausteinen mit Einführungen

Einführung zu Baustein 1
Staat – Öffentliche Ordnung – Öffentliche Sicherheit – Innere Sicherheit: zur Abgrenzung und Definition

Es wird hier, ausgehend von den auf wenige aktuelle Ereignisse beschränkten Kenntnissen und Interessen der Allgemeinheit, zunächst eine Definition der Inneren Sicherheit angerissen, die sich an der Aufgabenstellung des Bundesministers des Innern orientiert.

Die Abgrenzung orientiert sich dann teilweise an der Struktur der Abteilung IS (= Innere Sicherheit) im BMI.

Es werden die beiden unterschiedlichen Auslegungen für Innere Sicherheit, nämlich eine weitgefaßte und eine engere Auslegung, dargestellt.

Definition

Die engere Definition, nämlich
- Schutz vor Gewalt und Kriminalität
- Staatsschutz
- Verfassungsschutz allgemein
- Verfassungsschutz durch Schutz vor politischem Extremismus und Terrorismus

weist auch bereits auf die inhaltlichen Aspekte dieser Baugruppe insgesamt hin.

In einem weiteren Schritt werden die Probleme zwischen Staat und seinem Auftrag zur Erhaltung der öffentlichen Ordnung angesprochen.

Basistext zu Baustein 1
Staat – Öffentliche Ordnung – Öffentliche Sicherheit – Innere Sicherheit: zur Abgrenzung und Definition

1. Innere Sicherheit ist zu einem zentralen Thema und Problem unserer Zeit geworden. Gewaltkriminalität und spektakuläre Aktionen im Bereich des politischen Terrorismus haben die Aufmerksamkeit einer erschreckten Öffentlichkeit und der Politiker geweckt. Allerdings beschränkt man sich häufig bei der Diskussion um Innere Sicherheit auf jene spektakulären Vorfälle. Der Bürger, der sich über Innere Sicherheit Gedanken macht, ist weitgehend abhängig von der Darstellung der jeweiligen Entwicklungen, die er aus seiner Tageszeitung oder anderen Medien entnehmen kann. So kommt es zu einer sehr unterschiedlichen Füllung des Begriffes "Innere Sicherheit". Häufen sich Meldungen über Raubüberfälle, so wird man unter Innerer Sicherheit den Schutz vor Raubüberfällen nennen, hat eben ein terroristisches Attentat stattgefunden, wird man unter Innerer Sicherheit primär den Schutz vor Terroristen verstehen. Aber auch unter "Fachleuten" gibt es unterschiedliche begriffliche Schwerpunkte. So wird ein Beamter des Verfassungsschutzes unter Innerer Sicherheit eher den Staats- und Verfassungsschutz sehen, während ein Angehöriger der Polizei möglicherweise Verkehrssicherheit oder Schutz vor Kriminalität im Auge hat, wenn er über Innere Sicherheit spricht.

In der einschlägigen Literatur finden sich im übrigen nur sehr wenige und spärliche Angaben zu diesem Thema [1]).
Über viele Jahre hinweg war der Begriff "Innere Sicherheit" selbst im Bereich der zuständigen Behörden von Bund und Ländern nicht eindeutig definiert. Unter dem Stichwort "Innere Sicherheit" fand man in Bibliotheken häufig nur den Querverweis auf "Öffentliche Sicherheit".

Zwar beschloß die "Ständige Konferenz der Innenminister/Senatoren des Bundes und der Länder" im Februar 1974 das Programm für die "Innere Sicherheit der Bundesrepublik Deutschland", aber auch hier wurden undefiniert alle Aufgaben, die sich auf die Polizeien des Bundes und der Länder beziehen, erfaßt:
— Aufrechterhaltung von Sicherheit und Ordnung
— Verbrechensbekämpfung
— Maßnahmen für den Straßenverkehr usw.

Unter der Ziffer VI "Aufgaben der Verfassungsschutzbehörden" werden dann schließlich jene Bereiche genannt, die man herkömmlich unter Innerer Sicherheit versteht, nämlich Staats- und Verfassungsschutz und Kampf gegen politische Gewaltkriminalität.

Öffentliche Sicherheit

Auch in der Organisationsstruktur des Bundesministeriums des Innern (BMI) fehlte lange Zeit der Begriff "Innere Sicherheit". Dort wurden Referate Verfassungsschutz, Geheim- und Sabotageschutz u.a. in der Abteilung "Öffentliche Sicherheit" zusammengefaßt.

Nach einer Mitteilung des Bundesministers des Innern vom 30. Juni 1978 aber wurde das BMI umgegliedert, und es wurden Abteilungen für Polizeiangelegenheiten und für Innere Sicherheit geschaffen. Damit tauchten in der Organisationstruktur und in einem Aufgabenkatalog erstmals der Begriff "Innere Sicherheit" auf.

BMI

Heute ist das BMI gegliedert in die Abteilungen
(1) – Z   (Zentralabteilung: Personal, Haushalt, Organisation, allgemeine Grundsatzfragen, Planungsangelegenheiten)
(2) – D   (Beamtenrecht und sonstiges Personalrecht des öffentlichen Dienstes)
(3) – O   (Verwaltungsorganisation, Kommunalwesen, Statistik)
(4) – U   (Umweltangelegenheiten)
(5) – RS (Reaktorsicherheit, Sicherheit sonstiger kerntechnischer Anlagen, Strahlenschutz)
(6) – V   (Verfassung, Staatsrecht, Verwaltung und Medienpolitik)
(7) – IS (Innere Sicherheit)

---

1) Einige der wenigen vorhandenen Arbeiten sind:
— Bilstein, Helmut und Binder, Sepp: Innere Sicherheit, Hamburg 1976/2 (Landeszentrale f. politische Bildung, Hamburg)
— Merk, Hans-Günther: Innere Sicherheit, Mannheim 1977
Über das Innenministerium:
— Faude, Alfred und Kert, Fritz: Das Bundesministerium des Innern, Bonn 1971/3

(8) – P (Polizeiangelegenheiten einschließlich Bereitschaftspolizei und Bundesgrenzschutz)
(9) – VtK (Vertriebene, Flüchtlinge, Kriegsbeschädigte, Kulturelle Angelegenheiten)
(10) – S (Sport)
(11) – ZV (Zivile Verteidigung).
Die Abteilung "IS" umfaßt folgende Referate:
- (1) Grundsatzfragen
- (2) Verfassungsschutz
- (3) Terrorismusbekämpfung
- (4) Geheim- und Sabotageschutz
- (5) Waffen- und Sprengstoff-Recht.

Im allgemeinen wird Innere Sicherheit, wie es auch Hans Günther Merk tut, in einem engeren und einem weiteren Sinne verstanden [2].
Danach bedeutet Innere Sicherheit in einem weitergefaßten Sinne:
— die staatlich garantierte Absicherung des Freiheits- und Lebensraumes des einzelnen Bürgers in seinem Verhältnis zum Mitmenschen und zur Gesellschaft;
— das Verhältnis des Bürgers zum Staat, der ihm die Grundrechte sowie die demokratische Gestaltung des politischen Lebens durch politische Rechte gewährleistet;
— die Sicherheit, daß die Exekutive durch Parlament und Gerichtsbarkeit kontrolliert wird;
— der Schutz vor Bestrebungen, die darauf abzielen, den liberalen, pluralistischen, demokratischen Rechtsstaat durch ein Staatssystem zu ersetzen, das dem Freiheitsanspruch und den gesellschaftlichen Zielvorstellungen in der Bundesrepublik nicht mehr entspricht.

Eine weitere Ergänzung konnte der Begriff Innere Sicherheit im Rahmen des Gesamtaufgaben- bzw. Organisationskataloges des BMI erhalten.

In einem engeren Sinne versteht man unter dem Begriff "Innere Sicherheit" jene staatlichen Vorsorgemaßnahmen, die sich mit der Verhinderung und Abwehr von Kriminalität, Gewalt und anderen Angriffen auf Einzelne oder auf die Gesellschaft insgesamt befassen. Hierbei wäre auch zu berücksichtigen, daß der Staat die Stabilität seiner Gemeinschaft und seiner Grundordnung vor Gegnern im Innern und von außen gewährleisten muß. Somit bezieht sich Innere Sicherheit im engeren Sinne auf:

Staatliche Vorsorge

— Schutz vor Gewalt und Kriminalität,
— Staatsschutz,
— Verfassungsschutz, insbesondere Schutz vor politischem Extremismus,
— Schutz vor Terrorismus,

---

[2] Merk, H.G. a.a.O., S. 11

und (ohne daß dieser Bereich in die Zuständigkeit des BMI fällt) sicherlich auch auf die Kontrolle und Wahrung der sozialen Sicherheit mit ihren freiheitlichen Komponenten des marktwirtschaftlichen Systems sowie den Absicherungen der Sozialbindung.

Monopol der Normen

2. Einigt man sich auf die Definition des Staates als den Inhaber des "Monopolphysischen Zwanges" und der Herrschaft als die "Chance, für einen Befehl bestimmten Inhalts bei angebbaren Personen Gehorsam zu finden", wie dies Max Weber formuliert hat [3], so muß man jedem Staat, ob diktatorisch, totalitär, monarchistisch oder demokratisch, zunächst das Recht zugestehen, die Grundlagen seiner inneren Existenz zu sichern und zu verteidigen. Für den demokratischen Staat ist es allerdings lebenswichtig, inwieweit er dabei auf die Zustimmung und das Engagement seiner Bürger rechnen kann.

Ein Staat, der das ihm verliehene Monopol der Verteidigung der den gemeinsamen Konsensus absichernden Normen nicht oder nicht ausreichend wahrnähme, ginge sehr schnell den Weg ins Chaos, der Handlungsunfähigkeit und würde zum Spielball innerer und äußerer Zufälligkeiten und Machtströmungen der Geschichte.

Es muß nicht betont werden, daß sich eine solche Entwicklung sowohl auf das individuelle Gefühl der Sicherheit des einzelnen Bürgers wie auch auf alle anderen Bereiche (Ökonomie, Äußere Sicherheit usw.), die entscheidend für den Bestand einer Gesellschaft sind, auswirkt.

Das Versagen des Staates beim Schutz seiner Bürger vor Kriminalität oder beim Schutz einer eigenen Verfassung und deren unveräußerlichen Grundprinzipien muß bei den Bürgern zu einem hohen Grad der Verunsicherung und zu einer generellen Legitimationskrise des Staats führen. Ein solcher Staat aber kann den Bürgern nicht als verteidigungswert erscheinen und wird somit nicht mit einer Zustimmung zu Rüstung und Militär oder mit Engagement für den Bereich der Verteidigung rechnen können. Seine Handlungsfähigkeit nach außen ist desgleichen infrage gestellt. Innere Sicherheit ist damit ein entscheidender Wirkungsfaktor auch für äußere Sicherheit. Dies trifft umgekehrt in gleicher Weise zu.

Legitimationskrise

3. Aus der Untergliederung der Abteilung "IS" im BMI ergibt sich eine sehr begrenzte Auslegung des Begriffes "Innere Sicherheit". Hiervon muß deutlich der technische Begriff "Innere Sicherheit" als ins andere Extrem weisende Auslegung der Gesamtzuständigkeit des Bundesministeriums des Innern unterschieden werden.

Während sich die Gesamtaufgaben des BMI auf den öffentlichen Dienst, die Vertriebenen, den Sport und die Kultur, auf Raumordnung, Umweltschutz, Reaktorsicherheit, Verfassungsschutz und Terrorismusbekämpfung beziehen, deutet die Gliederung der Abtei-

---

[3] Weber, Max: Wirtschaft und Gesellschaft, Tübingen 1976/5 (Studienausgabe); S. 28 f.

lung "Innere Sicherheit" die offiziellen Schwerpunkte an: Verfassungsschutz und Extremistenproblematik, Terrorismusbekämpfung, Geheim- und Sabotageschutz. Zwischen beiden Extrem-Definitionen gilt es, eine brauchbare, lebensnahe Mitte zu finden.

Es wurde bereits erwähnt, daß Innere Sicherheit im engeren Sinne Schutz vor Gewalt und Kriminalität, Staats- und Verfassungsschutz bedeutet und auch die Wahrung der sozialen Sicherheit als Wirkungsfaktor im Bereich der Inneren Sicherheit eine entscheidende Rolle spielt. Somit wird sich diese Baugruppe des weiteren mit der Problematik Sicherheit und Freiheit im demokratischen Staat, Notstandsgesetze, Gewalt und Kriminalität, Staatsschutz und Verfassungsschutz, Extremismus und Terrorismus sowie mit den Institutionen und den Interdependenzbedingungen der Sicherheitsfelder befassen.

Mit diesen Themenbereichen sind weitgehend die derzeit umfangreichsten und bedeutenden Probleme des Staates bei seinem Bemühen um die Schaffung von Ordnung und Sicherheit angesprochen. Außer Frage steht, daß nicht immer optimale Lösungen gefunden werden und daß unsere Staatsform bei ihrem Versuch, Innere Sicherheit zu schaffen, in allen angesprochenen Bereichen noch reformbedürftig und verbesserungswürdig ist.

Einführung zu Baustein 2
Sicherheit und Freiheit im demokratischen Staat — ein Spannungsfeld. Die Notstandsgesetzgebung

Das Spannungsverhältnis zwischen Sicherheit und Freiheit steht im Mittelpunkt dieses Bausteins, denn beides sind wichtige und von allen Menschen beanspruchte Werte. Zu klären wird sein, welcher der Werte möglicherweise einen Vorrang erfährt und wann (wenn das so ist) dies geschieht.

Diese eigentlich theoretische Überlegung wird an einigen konkreten Beispielen wie der Begründung für das Verbot der KPD festgemacht. In einer kleinen Matrix werden hinsichtlich des Stellenwertes von Sicherheit und Freiheit am Beispiel der Inneren Sicherheit die unterschiedlichen Interessenlagen bei der Abwägung zwischen Sicherheit und Freiheit dargestellt.

Und schließlich wird die Notstandsgesetzgebung als Beispiel für die Bewältigung dieses Konflikts ausführlich erläutert, kommentiert und auch der Einsatz der Streitkräfte im Inneren Notstand als ein besonders kritischer Punkt gewürdigt. Ein besonderer Schwerpunkt liegt allerdings auf der Diskussion der Frage der Legitimation der Einführung der Notstandsgesetze und der damit nicht unproblematischen Änderung unserer Verfassung.

Innerer Notstand

Basistext zu Baustein 2
Sicherheit und Freiheit im demokratischen Staat — ein Spannungsfeld. Die Notstandsgesetzgebung

1. Sicherheit und Freiheit sind in unserem Staat unwidersprochene Werte. Sie werden uns oft erst bewußt, wenn sie "knapp" werden, d.h. wenn wir bemerken, daß unsere Freiheit eingeschränkt oder die Sicherheit gefährdet wird.
Welcher dieser Werte hat nun endgültig für uns die größere Bedeutung? Gibt es darauf überhaupt eine Antwort?

Physische Befriedigung

Einerseits wissen wir, daß Sicherheit von allen menschlichen Bedürfnissen nach dem Bedürfnis auf physische Befriedigung (Essen, Trinken etc.) das Wichtigste ist. [1]
Andererseits gehört auch das Streben nach Freiheit zu den Ursehnsüchten des Menschen. Wir wollen im Grunde unser Leben nach unseren eigenen, unabhängigen Entschlüssen gestalten, wollen uns lösen von gesellschaftlicher, ökonomischer und politischer Bevormundung. Je umfassender, größer und technisierter aber unsere Gesellschaften geworden sind, desto schwieriger ist es für uns zu erkennen, wo wir noch frei entscheiden und wo wir abhängig sind.
Im Zusammenleben der Menschen erfahren wir zugleich die notwendigen Beschränkungen unserer Freiheit. Bereits wenn zwei Menschen sich in einem Raum befinden, können beide nicht mehr absolut frei tun und lassen, was sie wollen. Viel schwieriger wird dieses Problem in einem Staat. Hier enden Freiheitsrechte an den Freiheitsrechten anderer. [2]
Noch schwieriger wird es, wenn wir Freiheit und Sicherheit gemeinsam betrachten. Denn überall da, wo wir die Freiheit einseitig betonen, besteht die Gefahr, daß Sicherheit reduziert wird. Ein totalitärer, alles reglementierender Staat würde vielleicht sehr viel Sicherheit bieten, aber keine Freiheit.

**Freiheits-
rechte**

Ein Staat wiederum, der alle Freiheiten gewährt und keine Schranken setzt, würde ein hohes Maß an Verunsicherung mit sich bringen. Sicherheit und Freiheit stehen in einem Spannungsverhältnis zueinander. Dabei sind sie für unterschiedliche gesellschaftliche Gruppen von unterschiedlichem Stellenwert. Aber immer bedingen sie einander: Wo es keine irgendwie "gesicherte Freiheit" gibt, da gibt es bald gar keine Freiheit mehr.
Wer sich sicher fühlt im Sinne von Geborgenheit, von Zuversicht und Vertrauen, der denkt auch daran, nach Freiheit zu streben. Wer sich Freiheitsrechte erkämpft hat, will diese sichern, will Sicherheit und Ordnung, will eine Perspektive für die Zukunft schaffen. Der Mensch nach Ende des zweiten Weltkrieges wollte sich in

---
1) Vgl. auch Baugruppe I, Baustein 1, und Baugruppe IV, Baustein 1
2) Vgl. Schreiber/Birkl: Zwischen Sicherheit und Freiheit, S. 9 — 18
und Merk: Innere Sicherheit, S. 6 — 9

der Bundesrepublik vor allem wieder wirtschaftliche Sicherheit schaffen. Als dies Mitte der 60er Jahre weitgehend geschafft war, gab es plötzlich eine "Freiheitsbewegung", die vieles infrage stellte. Menschen, die ökonomisch abgesichert waren, wollten sich aus dem Zwang alter Normen und Vorstellungen lösen.

Der Gesellschaft blieb und bleibt die Aufgabe, Freiheit und Sicherheit in einem ausgewogenen Spannungsverhältnis zu halten. Der Staat wiederum, der primär Ordnungsfaktor sein soll, hat ein spezifisches Interesse an der Sicherheit. Diese zu gewährleisten, ist seine Aufgabe und Voraussetzung dafür, daß er auch die grundlegenden Freiheitsrechte, deren Schutz die Bürger vom demokratischen Rechtsstaat erwarten, garantieren kann. **Spannungsverhältnis**

Wirft man nun einen Blick auf den Bereich der Inneren Sicherheit, so steht dem Prinzip der Freiheit hier das Prinzip der Ordnung und Stabilität des gesellschaftlichen und staatlichen Zusammenlebens gegenüber. Einerseits muß der Staat, um nicht selbst in eine Legitimitätskrise zu gelangen, für Ordnung und Sicherheit sorgen, andererseits muß er damit der Freiheit des Individuums als einem der wichtigsten Rechtsgüter dienen. Wichtig dabei ist, daß staatliche Gewalt nicht mißbraucht wird und daß sie kontrolliert wird.

Da man davon ausgehen kann, daß jede Regierung Interesse am Erhalt ihrer Macht und Regierungsverantwortung hat, gilt es zu verhindern, daß besonders im Bereich der Inneren Sicherheit die hier verwendeten "Werkzeuge" mißbraucht werden. Das Monopol physischer Gewaltsamkeit, über das ein Staat verfügt, darf nicht zum unbeschränkten Monopol struktureller Gewalt und zum Machtmißbrauch führen.

So hat der Staat z.B. zur Wahrung der inneren Ordnung und Sicherheit das Recht, das Brief-, Post- und Fernmeldegeheimnis (Art. 10, 2 GG) im Einzelfalle zu brechen, aber unter genau kontrollierten Bedingungen: Eingriffe dürfen nur dann erfolgen, wenn der Verdacht auf bestimmte Straftaten wie Friedens- oder Hochverrat (§§ 80-83 StGB) oder Landesverrat oder Gefährdung der Äußeren Sicherheit (§§ 94-96, 97a-100a StGB) besteht. Andererseits gibt es einige Verfassungsgarantien, die überhaupt nicht angetastet werden dürfen: **Verfassungsgarantien**

— die Menschenwürde (Art. 1 GG)
— die Bindung aller Staatsgewalt an die Grundrechte (Art. 1 GG)
— die demokratische, rechtsstaatliche und sozialstaatliche Verfassung gegen unzulässige Eingriffe, nach der alle Staatsgewalt vom Volke ausgeht (Art. 20 GG).

Hier verankert das Grundgesetz sogar das Widerstandsrecht des Bürgers.

Mit dem Spannungsfeld zwischen Sicherheit und Freiheit ist auch das Problem der wehrhaften oder streitbaren Demokratie angesprochen. Während sich die Spannung zwischen Sicherheit und Freiheit im Verhältnis des Bürgers zu seinem Staat in den Freiheits- und

Grundrechten, den Staatsbürgerrechten und sozialen Grundrechten ausdrückt, verbindet beide Seiten das Prinzip der wehrhaften Demokratie. Denn zur Gewährung der Sicherheit und zum Erhalt der Freiheit gehört der Erhalt der beiden Werte ausgewogen garantierenden Staatsordnung.

**Staats-
ordnung**

2. Diese Staatsordnung ist gekennzeichnet durch die in Artikel 79, Absatz 3 des Grundgesetzes als unveränderbar eingestuften Artikel 1 und 20. Damit ist der Wesenskern der Verfassung der Bundesrepublik, wie Hesselberger es nennt, "verewigt" worden. [3]

Neben dem föderativen Charakter des Staates dürfen weder die Menschenrechte noch die demokratischen und sozialen Grundlagen der Staatsordnung geändert werden. Daraus ergibt sich die Verpflichtung zur Abwehr aller Bestrebungen, die diese beiden Artikel zur Disposition stellen wollen. Hier dokumentiert sich, daß unsere Staatsordnung von einigen unveränderbaren konkreten Werten ausgeht und bereit ist, für diese Werte zu streiten.

Vor diese Frage war beispielsweise im August 1956 das Bundesverfassungsgericht gestellt, als es darüber entscheiden sollte, ob die damalige KPD verboten werden soll oder nicht. In der Begründung zu dem Verbot, das schließlich ausgesprochen wurde, heißt es u.a.

KPD-Urteil

"Das Endziel der KPD ist die Errichtung der sozialistisch-kommunistischen Gesellschaftsordnung auf dem Wege über die proletarische Revolution und die Diktatur des Proletariats. Sowohl die proletarische Revolution als auch der Staat der Diktatur des Proletariats sind mit der freiheitlichen, demokratischen Grundordnung nicht vereinbar. Beide Staatsformen schließen einander aus ...

... Auch die Vertreter der KPD haben in der mündlichen Verhandlung die Unvereinbarkeit der beiden Staatsordnungen bejaht ...

... Wenn das Grundgesetz so einerseits noch der traditionellen freiheitlich demokratischen Linie folgt, die den politischen Parteien gegenüber grundsätzlich Toleranz fordert, so geht es doch nicht mehr so weit, aus bloßer Unparteilichkeit auf die Aufstellung und den Schutz eines eigenen Wertsystems überhaupt zu verzichten ...

... Das Grundgesetz hat also bewußt den Versuch einer Synthese zwischen dem Prinzip der Toleranz gegenüber allen politischen Auffassungen und dem Bekenntnis zu gewissen unantastbaren Grundwerten der Staatsordnung unternommen. Art. 21, Abs. 2 GG (Anm. d. Verf.: gemeint ist das mögliche Verbot einer Partei) steht somit nicht mit einem Grundprinzip der Verfassung in Widerspruch; er ist Ausdruck des bewußten verfassungspolitischen Willens zur Lösung eines Grenzproblems der freiheitlichen demokratischen Staatsordnung, Niederschlag der Erfahrung eines Verfassungsgebers, der in einer bestimmten historischen Situation das Prinzip der Neutralität des Staates gegenüber den politischen Par-

---

[3] Vgl. Hesselberger, Das Grundgesetz, S. 182, 183

teien nicht mehr verwirklichen zu dürfen glaubte, Bekenntnis in einer – in diesem Sinne – 'streitbaren Demokratie'. Diese verfassungsrechtliche Entscheidung ist für das Bundesverfassungsgericht bindend." [4)]

Hier wurde ein Freiheitsrecht aus "Sicherheitsgründen", nämlich um der grundsätzlichen Wertentscheidung willen, eingeschränkt. Besonders im Bereich der Inneren Sicherheit steht der Staat sehr häufig vor dem Problem, wie er und zu wessen Gunsten er das Spannungsverhältnis zwischen Sicherheit und Freiheit auflösen soll. Vertretbar erscheint auf jeden Fall das Konzept der streitbaren Demokratie, die bereit ist, bestimmte Freiheitsräume zeitweilig und unter kontrollierten Bedingungen aufzugeben zugunsten der Sicherheit, damit dieser Staat mit seinen Grundwerten, die unveränderlich sind, erhalten bleibt. Diese Haltung ist nicht unproblematisch, denn es erhebt sich die Frage, wer einen solchen Zustand für gegeben erklärt und wer die Rücknahme eben dieser einschränkenden Bedingungen erklärt. Wichtig ist aber der Tatbestand, daß die Einschränkungen, die vorgenommen werden, parlamentarisch legitimiert, zeitlich limitiert und institutionell kontrolliert werden.

Einschränkung

Kritiker werfen der Bundesregierung oft vor, daß die Betonung der Demokratie totalitären Bestrebungen Vorschub leiste. Dies ist sicherlich theoretisch eine Gefahr: praktisch aber wäre diese Gefahr in einer "wehrlosen" Demokratie viel eher gegeben. Darüberhinaus bedeutet "wehrhafte" Demokratie nicht, daß es nicht auch radikale Meinungsunterschiede und prinzipiell anders konstruierte politische Konzepte geben kann.

In dem bereits zitierten Heft der Bundeszentrale für politische Bildung heißt es hierzu abschließend:

"Die 'streitbare Demokratie' ist vielmehr ein notwendiger Bestandteil eines pluralistischen Systems ... Unterschiedliche Meinungen und Interessen vermögen sich nämlich nur dann zu entfalten, wenn es einen Kernbestand an Spielregeln gibt, über die Einigkeit herrscht und die unverbrüchlich gelten müssen. Ein unbeschränkter Pluralismus kann zum Recht des Stärkeren führen, da er Minderheitsinteressen übergeht."

Streitbare Demokratie

3. An der nachfolgenden Tabelle soll nochmals die unterschiedliche Interessenlage der Beteiligten dargestellt werden:

	Individuum	Gesellschaft	Staat
Sicherheit	wechselweise	konkurrierende	Ordnungsfunk-
Freiheit	ergänzende	Werte im Span-	tion mit Nei-
	Werte.	nungsverhältnis.	gung zu Präfe-
	Defizitabhängig	Unterschied-	renz für Sicher-
		liche Gruppen-	heit
		interessen	

---

4) Vgl. Heft Nr. 179 der Reihe INFORMATIONEN zur politischen Bildung: Streitbare Demokratie, S. 3, 4, 5, 6

Wegen dieser unterschiedlichen Interessenlagen läßt sich auch hier kein allgemein gültiges Verhältnis zwischen Freiheit und Sicherheit festlegen. Das Ausmaß von Freiheit und Sicherheit in unserer Demokratie muß sich je nach den gesellschaftlichen und historischen Gegebenheiten einpendeln. Dabei spielen viele Faktoren eine wesentliche Rolle. Innovation und technische Entwicklung sind ebenso ausschlaggebend wie die international politische oder ökonomische Entwicklung. So hat die technische Entwicklung den Menschen eine Reihe von Sicherheiten gegeben, die beispielsweise Schutz vor den Naturgewalten oder vor Unfällen bieten. Andererseits bringt die technische Entwicklung auch die Freiheit, sich zwar über die Ereignisse in der ganzen Welt zu informieren, dabei führt aber dieses Informationsangebot zu einer solchen Menge an Einzeldaten, die wir zur Kenntnis nehmen, daß dies den Menschen bereits wieder „verunsichert". Jedes Erdbeben, jede politische Unruhe in irgendeiner Gegend der Welt dringt in unser Haus und beschäftigt uns. Die Computersysteme des Staates zur Erfassung von Personaldaten geben den staatlichen Organen zwar die Möglichkeit zur Erreichung eines hohen Maßes an Sicherheit, aber den Bürgern schaffen sie auch Unsicherheit hinsichtlich der Verwendung dieser vielen Personaldaten. So ist auch hier eine Wechselwirkung zwischen Freiheit und Sicherheit festzustellen. In einer wehrhaften Demokratie gehört es zur demokratischen Auseinandersetzung, daß die Bürger und die Institutionen von Staat und Gesellschaft um dieses Spannungsverhältnis und den Stellenwert von Sicherheit und Freiheit streiten.

**Ver-
unsicherung**

4. Notstandsgesetzgebung

Ein besonders einprägsames Beispiel für den Kampf um die Erhaltung demokratischer und verfassungsmäßiger Rechte (Freiheiten!) einerseits und die Erhaltung des Staates (Sicherheit!) andererseits stellt die Notstandsgesetzgebung dar.

Nach der totalen Zerschlagung des nationalsozialistischen Regimes und des deutschen Staates 1945 entwickelte sich unter aktiver Förderung der westlichen Siegermächte in den westlichen Teilen Deutschlands das Bedürfnis nach einer freiheitlichen gesicherten Ordnung. Bei den Tagungen des Herrenchiemseer Verfassungskonventes und – ab 1948 – des Parlamentarischen Rates in Bonn ging es darum, eine republikanische Verfassung zu erarbeiten, die im Gegensatz zur Weimarer Verfassung von 1919 einen Mißbrauch durch Feinde der Demokratie verhinderte. Denn Hitler, durch den damaligen Reichspräsidenten Hindenburg auf die Verfassung vereidigt, konnte mit dem Artikel 48 der Verfassung selbst den Todesstoß versetzen. In dem Artikel hieß es:

**Freiheitliche
Ordnung**

"Der Reichspräsident kann, wenn im Deutschen Reich die Sicherheit und Ordnung erheblich gestört und gefährdet wird, die zur Wiederherstellung der öffentlichen Sicherheit und Ordnung nötigen Maßnahmen treffen, erforderlichenfalls mit Hilfe der bewaffneten

Macht einzuschreiten. Zu diesem Zwecke darf er vorübergehend die in den Artikeln 114, 115, 117, 118, 123 und 153 festgesetzten Grundrechte ganz oder teilweise außer Kraft setzen ..."
Bereits im Jahre 1928 äußerte der spätere Reichspropagandaminister Goebbels klar und eindeutig, daß er — und Hitler — die Demokratie mit den Mitteln und Freiheiten der Demokratie zu beseitigen beabsichtigte:

"Wir gehen in den Reichstag hinein, um uns im Waffenarsenal der Demokratie mit deren eigenen Waffen zu versorgen ... Wenn die Demokratie so dumm ist, uns für diesen Bärendienst Freifahrkarten und Diäten zu geben, so ist das ihre eigene Sache. Uns ist jedes gesetzliche Mittel recht, den Zustand von heute zu revolutionieren ... Wie der Wolf in die Schafherde einbricht, so kommen wir. Ihr seid jetzt nicht mehr unter Euch!" 5)

Einem solchen Mißbrauch wollte der Parlamentarische Rat bei den Beratungen zu der neuen Verfassung vorbeugen. So lehnte er es z.B. auch ab, einen Artikel in das Grundgesetz aufzunehmen, der vorsah, daß zur Abwehr einer unmittelbar drohenden Gefahr für den Bestand des Staates und seiner Grundordnung "mit Zustimmung der Präsidenten des Bundesrates und des Bundestages ... Notverordnungen mit Gesetzeskraft ..." erlassen werden könnten.

Vielmehr glaubte man durch verschiedene andere Artikel ohne drastische Sondervollmachten der Not vorgebeugt zu haben. Dabei handelte es sich um

— Artikel 91 (Gefahr für Bestand oder freiheitliche demokratische Grundordnung von Bund und Ländern)
— Artikel 81 (Gesetzgebungsnotstand)
— Artikel 37 (Bundeszwang)
— Artikel 21,2 (Verbot von verfassungswidrigen Parteien)
— Artikel 18 (Verwirkung von Grundrechten)
— Artikel 9,2 (Einschränkung des Vereinigungsrechtes).

Es hat in der Zeit der Gültigkeit ausschließlich dieser Artikel für den Notstandsfall nie eine ernsthafte Bedrohung der Bundesrepublik gegeben, so daß die Wirksamkeit dieser im wesentlichen nach innen gerichteten Mittel nie unter Beweis gestellt zu werden brauchte. Aber die Bundesrepublik war auch noch nicht voll souverän:
Die eigentlich wirksame Notstandsvorkehrung fand sich im Alliierten Besatzungstatut vom 12. Mai 1949. Und im Artikel 5 des Deutschlandvertrages von 1955 konnte man lesen, daß es den Alliierten bei ihren Vorbehalten darum ging, ihre eigenen Streitkräfte zu schützen. Die praktisch uneingeschränkten „Besatzungsrechte" der Alliierten bestanden fort bis zur Verabschiedung der Bonner Notstandsgesetzgebung. Seit dem Jahre 1960 hatte die Bundesregierung zusätzlich sogenannte "Schubladengesetze" erarbeitet, die im Notstandsfall auf der Grundlage des alliierten Vorbehaltsrechtes

Mißbrauch

Notverordnungen

---
5) Zitiert nach Heft 179: Informationen zur politischen Bildung, S. 2

in Kraft treten sollten. Dieses Verfahren muß allerdings als wesentlich gefährlicher hinsichtlich eines Mißbrauchs und wesentlich gefährdeter hinsichtlich der Wirksamkeit angesehen werden.

Die Beratungen zu den Notstandsgesetzen waren von heftigen parlamentarischen, aber auch außerparlamentarischen Auseinandersetzungen begleitet.

Auseinandersetzungen

Diese Auseinandersetzungen waren bereits im Jahre 1965 einmal aufgeflammt, als mit den Sicherstellungsgesetzen für Wirtschaft, Ernährung, Verkehr und dem Aufenthaltsregelungsgesetz sowie dem Schutzbau- und Selbstschutzgesetz und dem Zivildienstgesetz die sogenannten "einfachen Notstandsgesetze" im Bundestag beraten und mit einfacher Mehrheit verabschiedet wurden.

Nun, Ende der 60er Jahre, begann die heftige innenpolitische Kontroverse um die Einführung der Notstandsgesetze, die ja mit einer Änderung des Grundgesetzes verbunden war (= Notstandsverfassung).

Man sprach bei den Gegnern der Notstandsgesetze von einem "Erosionsprozeß des Grundgesetzes" (Sterzel) oder von einem "Instrument der Versklavung", das nicht "das Volk sichert, sondern die **Regierenden... Die Verhinderung des Mißbrauchs verlangt den Verzicht auf Notstandsgesetze..."** (Jaspers).

Der Jurist Dieter Sterzel schreibt 1958 in einer Arbeit über die Entstehung der Notstandsgesetze: "Auch wenn das Notstandsrecht nicht angewandt wird, dient es zur Einschüchterung oppositioneller Bewegungen und Intentionen. Es kommt damit zugleich der Hauptaufgabe des Spätkapitalistischen Staates zugute, den Status Quo der gesellschaftlichen Herrschaftsstrukturen auch über Phasen ökonomischer Krisen und sozialer Konflikte hinweg zu systemkonformen, formaldemokratisch abgesicherten Mitteln zu stabilisieren."[6]

Kritik

Die Opposition zu den Gesetzen wurde im wesentlichen durch die Gewerkschaften, die Studentenschaft, einen beträchtlichen Teil der Professorenschaft, Schriftsteller und zahlreiche andere Bürger getragen. Ein Teil der Gegner war im Kuratorium "Notstand der Demokratie" organisiert.

Besonders die Gewerkschaften sorgten sich um die Existenz des Streikrechts, des Koalitions- und Versammlungsrechts. Darüber hinaus wurde als äußerst problematisch der Einsatz der Bundeswehr im Innern angesehen, der im Rahmen der Notstandsgesetze vorgesehen war. Es wurde bezweifelt, ob eine Notstandsvorsorge in einem Atomkrieg überhaupt sinnvoll sei.

Für die Befürworter der Notstandsgesetze gab es im wesentlichen vier Argumente:

---

6) Sterzel, Dieter (Hrsg.): Kritik der Notstandsgesetze. Mit dem Text der Notstandsverfassung, Frankfurt 1968 (edition Suhrkamp, Nr. 321), S. 9 und S. 22 f.

(1) Maßnahmen und Möglichkeiten, die das Grundgesetz von 1949 zur Bewältigung eines Notstandes bereitstellt, reichen in einem wirklichen Notstandsfall nicht aus.
(2) Die freiheitlich demokratische Grundordnung ist im Falle akuter Gefahr ohne Notstandsgesetze nicht zu schützen.
(3) Ohne Notstandsgesetze wären die Verantwortlichen und mit Ihnen die Exekutive nach dem Motto "Not kennt kein Gebot" zum Handeln gezwungen, dann jedoch ohne gesetzliche oder parlamentarische Legitimation und Kontrolle.
(4) Nur durch die Notstandsgesetze ist ein Schutz der schützenswerten Güter unseres Staates möglich und — was äußerst wichtig ist — die Wiederherstellung eines normalen Rechtszustandes nach Abwenden der Gefahr gewährleistet und möglich.

Befürwortung

In diesem Sinne wurde argumentiert:
"Das Staatsnotrecht gehört zu den legitimen Anliegen des Rechtsstaates. Es ist ein demokratisches, rechtsstaatliches Anliegen des Rechtsstaates, ja, es interessiert überhaupt nur den Rechtsstaat, weil die totalitären und autoritären Staaten immer im Ausnahmezustand leben" (Dr. Katz) [7]

Legitimes Anliegen

Und der damalige Bundesinnenminister Ernst Benda argumentierte:
"Eine Notstandsverfassung... dient nicht zuletzt dem Schutze der Freiheit und der demokratischen Ordnung. Fehlte sie, müßte die Staatsführung, die ja nicht untätig bleiben kann, wenn die Existenz der Nation in Gefahr gerät, dennoch handeln und sich im äußersten Falle nach dem Motto 'Not kennt kein Gebot' über bestehendes Recht hinwegsetzen; aber um so schlimmer wäre dieser Konflikt, der dann nur noch die schreckliche Alternative erlauben würde, entweder den Untergang der äußeren Freiheit oder den Verlust der rechtsstaatlichen Ordnung hinzunehmen. Demgegenüber verbürgen ausreichende, aber an strenge Voraussetzungen gebundene und für begrenzte Zeit erteilte Notstandsvollmachten das überhaupt erreichbare Höchstmaß an Sicherheit zugleich gegen die Gefährdung der Verfassungsordnung im Inneren. Die Aufgabe, die dem Verfassungsgeber bei der Schaffung einer Notstandsregelung gegeben ist, ist ungewöhnlich schwierig, weil es nur gelingen kann, das Spannungsverhältnis zwischen Macht und Freiheit zu überwinden, wenn die notwendigen Ermächtigungen an den Staat mit großer Vorsicht erteilt werden. Wenn aber ein solches Bemühen Erfolg hat, wird der Rechtsstaat nicht geschwächt, sondern ganz wesentlich gestärkt und die Demokratie nicht gefährdet, sondern im Gegenteil gesichert." [8]

Was enthält nun die Notstandsverfassung tatsächlich?
Das Grundgesetz unterscheidet zwischen Notständen, die sich auf Ereignisse im Innern des Landes beziehen, also Katastrophennot-

---

[7] Katz zitiert nach: BMI (Hrsg.) Tatsachen und Meinungen, Bonn 1967, S. 20
[8] Benda, Ernst: Die Notstandsverfassung, München 1968/8-10, S. 14

stand und Innerer Notstand, und dem Äußeren Notstand, also dem Spannungs- oder dem Verteidigungsfall.

Katastrophennotstand (Art. 35 GG)

Natur-katastrophen

Ein Bundesland kann zur Aufrechterhaltung der öffentlichen Sicherheit und Ordnung bei Naturkatastrophen und besonders schweren Unglücksfällen Hilfe z.B. durch Polizei anderer Länder, Bundesgrenzschutz oder Bundeswehr anfordern. Art. 35, Absatz 3 regelt, daß die Bundesregierung, wenn eine Naturkatastrophe oder ein Unglücksfall mehr als ein Land betrifft, Weisungen erteilen, über die Polizei anderer Länder verfügen und BGS und Bundeswehr einsetzen darf. Die Maßnahmen werden auf Verlangen des Bundesrates jederzeit und sonst nach Beseitigung der Gefahr aufgehoben.

Innerer Notstand (Art. 91 und 87a, 4 GG)

Die Länder können Kräfte und Mittel zur Abwehr einer drohenden Gefahr für Bestand des Staates oder die freiheitlich demokratische Grundordnung des Bundes oder eines Landes anfordern. Der Bund kann auch hier wieder, wie bei den Katastropheneinsätzen, eingreifen, wenn das Land nicht willens oder in der Lage ist, die entstandene Gefahr zu beseitigen oder ihrer Herr zu werden.

Streitkräfte-Einsatz

Im Rahmen des Inneren Notstandes kann die Bundesregierung Streitkräfte einsetzen (Art. 87a, A), wenn alle anderen Mittel zur Aufrechterhaltung der freiheitlich demokratischen Grundordnung nicht mehr ausreichen. Dabei dürfen die Streitkräfte nur zum Schutz ziviler Objekte und bei der Bekämpfung organisierter und militärisch bewaffneter Aufständischer eingesetzt werden.

Hierbei ist kritisch anzumerken, daß die Funktion der Streitkräfte bei einem Einsatz im Inneren Notstand problematisch ist. Denn es gibt derzeit noch keine verbindlichen Ausführungsbestimmungen, die den Einsatz hinsichtlich der militärischen und polizeilichen Funktion eindeutig klären.

Unterscheidet man hier zwischen Objektschutz und der Bekämpfung von Aufständischen, so fällt der Objektschutz zu den polizeilichen Aufgaben. Denn hier geht es darum, zivile Objekte, also Bauten wie Wasserwerke, Elektrizitätswerke, Verwaltungen, Brücken, wichtige Straßen, Versorgungslager und dergleichen mehr zu bewachen oder gegen Angriffe zu schützen. Hier werden nicht nur aus der Sicht der Polizei Einwände gegen polizeiliche Aufgaben der Streitkräfte erhoben. Und umgekehrt hat der Deutsche Bundeswehr-Verband den verantwortlichen Politikern vorgeworfen, die Ausbildung der Bundeswehr für einen eventuellen Einsatz im Innern versäumt zu haben.

Eines muß man in dieser von Emotionen angeheizten Diskussion nüchtern und sachlich sehen:

Das Selbstverständnis von Streitkräften liegt u.a. darin, daß sie den Gegner zurückschlagen oder unschädlich machen, d.h. im Zweifelsfalle töten. Demgegenüber geht es für die Polizei um die Aufrechterhaltung von Sicherheit und Ordnung: Den Rechtsbrecher fassen, ihn der Justiz zur Aburteilung übergeben, und bei Gewaltanwendung primär selbst mit der Waffe nur die Fluchtunfähigkeit erreichen!

Im Falle der Bekämpfung von Aufständischen durch die Bundeswehr ist die Lage noch unklar. Denn hier sollen zwar polizeiliche Aufgaben wahrgenommen werden, aber mit militärischen Mitteln, denn der Einsatz ist ja erst dann vorgesehen, wenn die Kräfte der Polizei und des Bundesgrenzschutzes nicht mehr ausreichen. Die Lage wird auch durch die Heeresdienstvorschrift 100/600 bei der Bundeswehr nicht deutlicher. Auch hier wird von militärischen Mitteln gesprochen, die aber im Rahmen eines Auftrages mit polizeilicher Aufgabenstellung zur Anwendung kommen sollen. Bei einem solchen Einsatz dürfte es sich in der Praxis überwiegend um eine kriegsmäßige Funktion der Streitkräfte handeln; denn wenn selbst die Waffen der Polizei und des BGS nicht mehr ausreichen, um militärisch bewaffnete und geführte Aufständische zu bekämpfen, dann geht es nicht mehr um einen reinen Polizeieinsatz, sondern um eine Operation, die mindestens im Vorfeld militärischer Kampfmaßnahmen liegt.

Polizeiliche Aufgaben

Allerdings wird sich die Art des militärischen Einsatzes immer nach der jeweiligen Lage und den unmittelbaren Gegebenheiten richten müssen. Deshalb auch läßt sich vermutlich eine generelle feste Regelung für diesen Einsatz nicht im voraus festlegen.

Im Katastrophen- und Unglücksfall dient die Bundeswehr lediglich als eine Quelle von Material und Personal. Diese Form der Hilfeleistung hat sich teilweise bereits vor der Notstandsgesetzgebung als problemlos erwiesen und bewährt. Problematisch ist hier lediglich, daß es bis heute noch keine klaren und eindeutigen gesetzlichen Regelungen für die Unterstellungsverhältnisse und Einsatzeigenschaften der Streitkräfte und der anderen Katastrophenschutzorganisationen gibt.

Generell ist hier anzumerken, daß der Einsatz der Streitkräfte im Inneren Notstand die "ultima ratio", der absolut letzte Schritt, wenn keine anderen Lösungsmöglichkeiten mehr gegeben sind, sein sollte.

Ultima ratio

Das häufig verwendete Argument, die Bundeswehr würde notfalls auch zur Brechung von Streiks eingesetzt, kann nicht greifen. Denn das Streikrecht ist durch den Art. 9, Abs. 3 GG besonders geschützt.

Alle im Rahmen des Inneren Notstandes getroffenen Maßnahmen sind auf Verlangen des Bundesrates jederzeit und ansonsten nach Beseitigung der Gefahr aufzuheben.

Äußerer Notstand (Art. 80a)

Der Art. 80a tritt in Kraft im Falle der Ausrufung des Spannungsfalls. D.h., daß sich die internationale Lage so verschärft hat, daß Vorbereitungen zur Landesverteidigung getroffen werden müssen, weil eine erhebliche und glaubhafte Gefahr eines Angriffes der Bundesrepublik von außen besteht. Der Bundestag muß mit 2/3 Mehrheit beschließen, daß der Spannungsfall eingetreten ist. Damit können dann die einfachen Notstandsgesetze, die bereits Grundrechte einschränken, in Kraft treten.

Verteidigungsfall

Der Verteidigungsfall tritt ein, wenn die Bundesrepublik mit Waffengewalt angegriffen wird. Aber auch dieser Notstand muß nach dem Grundgesetz parlamentarisch festgestellt werden, ehe daraus die Konsequenzen für die Anwendung des Notstandsrechts gezogen werden:

(1) Die Bundesregierung stellt den Antrag auf Feststellung des Verteidigungsfalles, und der Bundestag stellt mit Zustimmung des Bundesrates mit 2/3 Mehrheit, mindestens aber der Mehrheit der Mitglieder des Bundestages, den Verteidigungsfall fest.

(2) Wenn sofortiges Handeln nötig ist und der Bundestag nicht mehr zusammentreten kann, dann tritt der "Gemeinsame Ausschuß" zusammen. Er besteht (Art. 53a GG) aus 33 Mitgliedern (22 Bundestagsabgeordnete und 11 Mitglieder des Bundesrates / je Bundesland ein Mitglied). Dieser oft als "Notparlament" der Bundesrepublik bezeichnete Ausschuß muß gleichfalls den Verteidigungsfall mit 2/3 Mehrheit, mindestens aber mit einer einfachen Mehrheit seiner Mitglieder feststellen.

(3) Ist keines der beiden Bundesorgane in der Lage, den Verteidigungsfall festzustellen, so gilt er als festgestellt, wenn der Angriff begonnen hat. Diese Feststellung muß der Bundespräsident im Bundesgesetzblatt oder auf andere Weise bekanntgeben, zumindest aber später nachholen.

Für die Beendigung des Verteidigungsfalles gilt, daß der Bundesrat den Bundestag auffordern kann, dies zu beschließen oder daß der Bundestag dies mit Zustimmung des Bundesrates beschließt, oder wenn die Vorausetzungen für den Verteidigungsfall nicht mehr vorhanden sind.

Demokratische Garantien

5. Mit der Notstandsgesetzgebung wurde der Versuch unternommen, auch in einem "unnormalen" Falle, im Konfliktfalle, wenn sich zur Erhaltung der Demokratie das Spannungsverhältnis zwischen Sicherheit und Freiheit zu Gunsten der Sicherheit und zu Ungunsten der Freiheit verschieben muß, Einschränkungen der persönlichen Freiheit und der Grundlagen unserer Verfassung demokratisch legitimiert, parlamentarisch und richterlich kontrolliert und zeitlich einem demokratischen Staat immer einer kritischen Würdigung und konstanten Überprüfung unterliegen. Ihn ganz zu vermeiden oder sich solchen Überlegungen ganz zu verschließen, ist zwar verständ-

lich, wenn man in "normalen" Zeiten lebt. Aber bei näherer Betrachtung und bei der realistischen Vorstellung von entsprechenden historischen oder aktuellen Krisen zeigt sich, welch hoher Unsicherheitsfaktor auch für die Freiheitsbewahrung damit verbunden wäre. Sicherheit und Freiheit, wurde eingangs gesagt, sind unwidersprochene Werte in unserer Gesellschaft, auch häufig konkurrierende Werte. Hier muß die von den Bürgern im Zeitpunkt der Sicherheit und Ordnung geschaffene Staatsordnung dafür die Voraussetzung bieten, daß diese beiden Werte in einem ausgewogenen Spannungsverhältnis zueinander stehen und daß sie im Falle der Verschiebung im Krisenfall legitimiert und kontrolliert und zeitlich befristet andere Betonungen erfahren, um sobald als möglich wieder in den natürlichen Zustand des ausgewogenen Verhältnisses zueinander zurückgeführt zu werden. Diese Überlegungen zeigen, daß es in einer Notsituation vor allem auf das demokratische Bewußtsein der Politiker, Beamten und Soldaten ankommen wird, denen die Notstandsverfassung dann weitreichende Rechte gibt. Und vor diesem Hintergrund wird auch deutlich, warum die Verabschiedung der Notstandsverfassung im Bundestag erst gelang, als CDU/CSU und SPD gemeinsam die "Große Koalition" bildeten. Solidarität von Demokraten muß sich aber auch außerhalb institutionalisierter Zusammenarbeit bewähren.

Demokratisches Bewußtsein

B

Einführung zu Baustein 3
Schutz vor Gewalt und Kriminalität

Ausgehend von einer definitorischen Fassung dessen, was unter Kriminalität zu verstehen ist, wird dieser Fragenbereich zunächst auf die Diskussion des Begriffes "Gewalt" reduziert. Es zeigt sich sehr bald, daß im Vorfeld krimineller Gewalt Spielarten von Gewalt wirksam sind, die aufgrund ihrer subtilen Erscheinungsform nicht ohne weiteres deutlich werden, aber für die Innere Sicherheit durchaus Defizite schaffen können. Es werden Hinweise auf die Verhinderung krimineller Gewalt durch die Beseitigung der Formen von Gewalt im Vorfeld der kriminellen Gewalt gegeben.

Gewalt

Ähnliches trifft auch für die Kriminalität ganz allgemein zu. Hier folgt aus den Überlegungen, daß die Verhinderung der Kriminalität, dargestellt am Beispiel der Jugendkriminalität, nicht nur den staatlichen Organen überlassen bleiben darf.

Hieran schließt sich eine kurze Diskussion des gegenwärtigen Strafvollzugs.

Basistext zu Baustein 3
Schutz vor Gewalt und Kriminalität

1. Der Brockhaus erklärt Kriminalität als die Gesamtheit der Straftaten als Massenerscheinung innerhalb einer sozialen Gruppe oder

eines Volkes während eines bestimmten Zeitraumes. Während bis zur großen Strafrechtsreform im Jahre 1975 das Strafgesetzbuch die Straftaten in Verbrechen, Vergehen und Übertretungen unterteilte, werden seit 1975 im Strafrecht nur noch Verbrechen und Vergehen unterschieden.

Kriminalität und Gewalt als besondere Form der Kriminalität aber setzen weit im Vorfeld von reinen Straftaten ein. Dies läßt sich besonders anschaulich am Beispiel der Gewalt schildern.

Wer seine körperliche Überlegenheit oder auch "nur" seine Dienststellung als Vorgesetzter dazu gebraucht, um bei Meinungsverschiedenheiten "Recht" zu bekommen, der arbeitet bereits mit dem Mittel der Gewalt, einer Gewalt, die allerdings nur selten unter einen Straftatbestand fällt. Aber derjenige, der so handelt, muß sich im klaren darüber sein, daß Gewalt wieder Gewalt hervorbringt. Diese muß sich nicht unmittelbar ihm gegenüber äußern, sondern kann sich wiederum an schwächeren Personen auswirken, denen der zuvor Unterlegene überlegen ist. Das heißt: derjenige, gegen den Gewalt angewendet wird, wird diese nicht zwangsläufig direkt beantworten, sondern oft sind andere, die mit dem ursprünglichen Akt der Gewaltanwendung überhaupt nichts zu tun hatten, dann in der Reaktion des Betroffenen die Opfer der Gegengewalt. In der Bundesrepublik gibt es eine ganze Reihe von Beispielen der Gewaltanwendung. Der starke Zulauf, den die in einigen Städten gegründeten Frauenhäuser haben, spricht eine beredte Sprache über die zahlreichen mißhandelten Frauen in unserem Land. Meistens sind die Täter die Ehemänner, die der Meinung sind, dieses "Recht" stünde ihnen zu. Aber das im Grundgesetz garantierte Grundrecht der körperlichen Unversehrtheit gilt für alle Menschen, auch für die Schwachen wie die Kinder. Dennoch gibt es immer wieder entsetzliche Beispiele von Kindesmißhandlungen, die irgendwann einmal auch im Vorfeld einer reinen Straftat begonnen haben.

Bei der Gewalt ist zwischen der personalen und der strukturellen Gewalt zu unterscheiden. Die personale Gewalt wird von der einzelnen Person unmittelbar ausgeübt, die strukturelle Gewalt entspringt der Organisationsstruktur einzelner Systeme in unserer Gesellschaft und unserem Staat. Die Geschwindigkeit, mit der ein Betrieb ein Fließband einstellt, kann so als strukturelle Gewalt verstanden werden, ebenso wie das Recht des Staates zur Aufrechterhaltung von Sicherheit und Ordnung strukturelle Gewalt gegenüber dem einzelnen Bürger bedeuten kann. Oft wird den Menschen strukturellen Gewalt nicht bewußt und führt erst später zu Aggression und Unsicherheitsgefühlen. Insgesamt wird man strukturelle Gewalt wohl in einer Industriegesellschaft nicht vermeiden können, aber es sollte von jedem der Beteiligten versucht werden, sie so weit als möglich abzubauen.

Noch wichtiger aber erscheint die Notwendigkeit, daß man mehr als bisher lernt, Konflikte sofort und friedlich auszutragen, vor

Spielarten der Gewalt

allem damit man selber nicht in die Gefahr gerät, an jemand anderem, einem "Schwächeren", seinen Ärger auszulassen.
Gewalt ist allerdings auch ein wesentlicher Bestandteil im Register der Kriminalstatistik. Besonders bei Jugendlichen scheint Gewalt "in" zu sein. Gewalttaten, d.h. Taten gegen Personen oder Sachen, als Schlägereien, Körperverletzung, Totschlag, Vergewaltigung, Mord oder Sachbeschädigung, Zerstörung, Brandstiftung sowie der Tatbestand des Raubes, nehmen bei Jugendlichen derzeit besonders zu. Diese Erscheinung ist in vielen Staaten der Erde festzustellen.

B

2. Die Kriminalität umfaßt die Bereiche Gewaltdelikte (Mord und Totschlag, Raub, räuberische Erpressung, Brandstiftung, Vergewaltigung, schwere Körperverletzung), Eigentums- und Vermögensdelikte (Diebstahl) sowie Betrug (Unterschlagung, Erpressung). Die polizeiliche Kriminalstatistik weist für das Jahr 1977 insgesamt 3,2 Millionen Straftaten (3.287.642) auf. Das ist eine Zunahme von ca. 220.000 gegenüber den 3.063.270 Straftaten des Jahres 1976, (bzw. 7,3%) und gegenüber den 2.559.974 Straftaten des Jahres 1973 eine Zunahme um 28,4 %.

Kriminalitäts-Statistik

Dabei gingen die Taten körperlicher Gewaltanwendung zurück, und die Eigentums- und Vermögensdelikte stiegen an. Zur Inneren Sicherheit gehören hier nicht nur die äußeren Zahlen, sondern die Frage nach den Ursachen dieser Entwicklung.
Angesichts der steigenden Zahl von Straftaten wird sehr leicht die Forderung nach schärferen Gesetzen und einem härteren Durchgreifen der Polizei laut. Dabei ist bei aller Notwendigkeit der Straftatverhütung und der Straftatverfolgung die Frage nach den Ursachen, die solche Kriminalität hervorrufen, mindestens genauso wichtig wie die sehr leicht zu fordernden unmittelbaren Gegenmaßnahmen. Es sollte unsere Gesellschaft nachdenklich stimmen, wenn die Eigentumsdelikte in solch erschreckendem Maße ansteigen. Dies gilt auch für Gewaltdelikte, die von Jugendlichen in zunehmendem Maße begangen werden. [1]
Zu diesen Überlegungen gehört z. B. auch die Reform des Strafvollzuges. Die Reform des Strafvollzuges wurde in verschiedenen Teilen der Bundesrepublik eingeleitet vor dem Hintergrund eines Wandels in der Auffassung über die Ziele, die der Strafvollzug haben muß. Während zu früheren Zeiten Sühne, Vergeltung und Abschreckung im Vordergrund der Strafzwecke standen, sieht man heute sehr viel mehr die Notwendigkeit, den Straftäter während des Strafvollzuges nicht nur das Falsche seiner Handlung einsehen zu lassen, sondern ihn auch zu resozialisieren: zu einem vollwertigen Mitglied der Gesellschaft zu machen. Dazu gehört vor allem die

Strafvollzug

---

1) Eine anschauliche Einführung in das Thema Jugendkriminalität gibt die Nr. 6, 1977 des Heftes „Zeitlupe", herausgegeben von der Bundeszentrale für politische Bildung

Vorbereitung auf einen Beruf innerhalb der Strafvollzugsanstalt — und zugleich die Beschaffung von Arbeitsplätzen für die Zeit nach der Verbüßung der Strafe.

Seit dem 1. Januar 1978 ist in Nordrhein-Westfalen das Strafvollzugsgesetz in Kraft. Hierzu heißt es in einer Broschüre des Landes vom Februar 1978: "Der Strafgefangene soll befähigt werden, in sozialer Verantwortung ein Leben ohne Straftaten zu führen. Aufgabe des Vollzuges ist also letztlich die Verhinderung oder Verminderung der Rückfallkriminalität. Dieses Ziel läßt sich nur in einem Vollzug erreichen, der den Gefangenen Übungsfelder sozialen Verhaltens zur Verfügung stellt und sie zur Selbständigkeit, Eigenverantwortlichkeit und Aktivität befähigt. Von diesen Leitgedanken wird die gesamte Reform des Strafvollzuges getragen."

Reform des Vollzugs

Hier stellt sich z.B. die Frage, wieweit der Staat als Arbeitgeber selbst solche Ziele verwirklicht. Welche Chancen hat ein Haftentlassener, eine offene Stelle im öffentlichen Dienst zu erhalten?

Weit im Vorfeld von Resozialisierungsmaßnahmen sind Maßnahmen erforderlich, die darauf abzielen zu verhindern, daß Menschen überhaupt erst zu Straftätern werden. Zwar wird man nie eine Gesellschaft ohne Kriminalität und ohne Gesetzesübertretungen schaffen können, aber eine Reduzierung bestimmter Straftaten in unserer Gesellschaft erscheint durchaus dringlich und möglich.

Ursachen der Straftaten

Dazu gehört zunächst die Frage nach den Ursachen der Straftaten. Diese Frage ist außerordentlich umstritten und kann weder hier noch an anderer Stelle eindeutig beantwortet werden. Es gibt aber in bestimmten Bereichen Hinweise, die Hilfen geben können. So steht fest, daß fast jedes zweite Kind, das in Kinderheimen aufgewachsen ist, nach der Entlassung aus dem Kinderheim als Erwachsener später eine Straftat begeht. Hier hilft das Prinzip von Schuld und Sühne nicht weiter, sondern hier lautet die Frage: wie läßt sich die Zahl der in Heimen aufgewachsenen Kinder drastisch reduzieren? Denn es gibt viele Anzeichen dafür, daß Heime nicht in der Lage sind, die Entwicklung von Kindern und Jugendlichen so zu steuern, daß sie später nicht zu Straftätern werden.

Aber das ist nur ein — wenn auch besonders deutliches — Beispiel dafür, wie man im Vorfeld von Strafverfolgung und späterer Resozialisierung die Kriminalitätsrate senken kann. Es gibt noch eine Reihe weiterer Überlegungen. Dazu gehört nicht zuletzt eine mehr am Individuum orientierte, gezielte Sozialpolitik. Aber dazu gehört auch, daß wir alle in der Gesellschaft der Bundesrepublik versuchen, die Bedeutung materieller Werte zu Gunsten anderer Werte zu verringern. Solange noch das Prinzip "Hast Du was, bist Du was" in unserer Gesellschaft als oberste Norm und als ideales Leitprinzip gilt, solange wird man auch nicht vermeiden, daß eine ganze Reihe von Menschen, die eben nichts haben und dennoch gern etwas sein wollen, sich auf ungesetzliche Weise etwas "besorgen". Wenn man über die Bereicherungskriminalität spricht, sollte man übrigens nicht nur die "kleinen Diebe" im Sinn haben, sondern auch den großen Bereich der Wirtschaftskriminalität: von der Gründung von Scheinfirmen bis hin zu Steuerhinterziehung und Devisenvergehen unterscheidet sich das Motiv nur selten von dem des kleinen Diebes: "Hast Du was – bist Du was!"

Es liegt also auf der Hand, daß die Innere Sicherheit auch bezüglich der Gewalt und der Kriminalität in unserer Gesellschaft eine Angelegenheit ist, die nicht den staatlichen Institutionen überlassen bleiben kann. Die Innere Sicherheit, so müßte man idealerweise formulieren, wird in diesem Bereich am besten gewährleistet, wenn die Bürger und die Gesellschaft dafür sorgen, daß es nicht zu Gewalt und zu Kriminalität kommt. Das Prinzip von Schuld und Sühne allein greift in unserer Zeit nicht mehr. Zwar sind durch 12 Gesetze zur Änderung des Strafgesetzbuches und in 5 Gesetzen zur Reform des Strafrechts erhebliche Verbesserungen in diesem Sinne eingetreten, aber auch heute gilt noch, daß das Strafrecht weiterhin vom Schuldprinzip beherrscht wird, das heißt, daß die Schuld des Täters im Vordergrund steht. Das Bundesverfassungsgericht hat in einer Entscheidung vom 10.05.1957 diesem Schuldprinzip sogar Verfassungsrang zuerkannt. Darin liegt zweifellos der rechtsstaatliche Vorzug, daß es ohne **eigene** Schuld auch keine Strafe gibt. Entscheidend bleibt jedoch, daß alle Bürger der Gesellschaft alles dazu tun, um zu verhindern, daß **Menschen straffällig werden**. Dazu gehört die Erziehung und Entwicklung von Jugendlichen und die Vermittlung von Werten ebenso wie die Bereitschaft, daß der einmal straffällig gewordene Bürger die Chance bekommt, nach Verbüßung der Strafe in die Gesellschaft wieder eingegliedert zu werden.

Vor allem scheint es wichtig zu sein, daß wir uns alle angewöhnen, bei der Nennung von steigenden Kriminalitätsraten nicht den Kopf zu schütteln und festzustellen, wie schlimm das sei und wie gut wir selbst als "Nichtkriminelle" sind, sondern zu überlegen, wann und wo wir vielleicht direkt dazu beigetragen haben, daß jemand straffällig wurde (z.B. durch aggressives Verhalten als Autofahrer) und uns zu fragen, was wir persönlich (z.B. im Rahmen der Erziehung unserer Kinder) zur Senkung der Kriminalitätsrate geleistet haben.

Schuld-
prinzip

**Einführung zu Baustein 4
Staatsschutz**

Der Staatsschutz mit seinen Organen wird erläutert und in seiner Relevanz für Innere Sicherheit und in der besonderen Beziehung zur Äußeren Sicherheit und dem Erhalt der außenpolitischen Handlungsfreiheit des Staates beschrieben. Hier werden die Interdependenzen zur Äußeren Sicherheit und vom Innenbereich zum Außenbereich eines Staates in besonderer Weise deutlich.

Basistext zu Baustein 4
Staatsschutz

1. Ein sehr wichtiger Bestandteil der Inneren Sicherheit eines Staates ist der Bereich des Staatsschutzes. Hierbei geht es darum, daß sich der Staat vor Nachteilen in seinem Verhältnis gegenüber anderen Staaten schützt. Solange zwischen den Staaten – auch zwischen befreundeten Staaten – ein harter Konkurrenzkampf um Absatzmärkte, Rohstoffe und andere lebenswichtige Fragen stattfindet, solange es den scharfen wirtschaftlichen und ideologischen Gegensatz des Ost-West-Konflikts gibt, und solange es die sich in den letzten Jahren immer stärker entwickelnden Konflikte mit den Ländern und um die Länder der sogenannten Dritten Welt gibt, versucht sich jeder Staat vor Nachteilen, die seine politische Handlungsfreiheit einschränken könnten, zu schützen. Dieser Schutz erfolgt aktiv durch das Sammeln von Informationen über technische, gesellschaftliche, militärische, ökonomische und politische Entwicklungen beim anderen Staat oder passiv in der Abwehr von entsprechenden Bemühungen der anderen Staaten.

Informationsbeschaffung

Der Bereich des Staatsschutzes entzieht sich weitgehend der Kenntnis und Mitwirkung des einfachen "Mannes auf der Straße", wenn nicht gerade eine Affäre Schlagzeilen macht. Der Staatsschutz ist im oberen Bereich der politischen Führung des Staates angesiedelt. Für die politische Führung eines jeden Staates ist es außerordentlich wichtig, sich die eigene Handlungsfreiheit zu erhalten. Dazu gehört auch die genaue Kenntnis der politischen Absichten anderer Länder. Darüber hinaus ist es von Bedeutung, das wirkliche militärische und wirtschaftliche Potential nicht nur jener Länder, mit denen man keine guten Beziehungen unterhält, die vielleicht als potentielle Gegner zu gelten haben, zu kennen, sondern auch der Länder, mit denen man freundschaftliche Beziehungen unterhält.

Solche Kenntnisse können (nach Merk) aus verschiedenen Quellen wie Presse, Fachzeitschriften und Botschaftsberichten gewonnen werden. Das allein aber reicht offenbar nicht aus. Man kann davon ausgehen, daß alle Länder viele wichtige politische Entschlüsse, entscheidende Waffenentwicklungen oder auch technologische Forschungsergebnisse weitgehend geheimhalten. Dazu verwenden sie sehr oft sogar ein aufwendiges Sicherheitssystem. Dieses Sicherheitssystem versuchen die meisten Staaten gegenseitig durch ihre Nachrichtendienste zu durchbrechen. Zweifellos gibt es hier zumindest graduelle Unterschiede in den Methoden. Dabei spielt es sicherlich auch eine Rolle, ob es sich um Verbündete oder gegnerische Staaten handelt. So wird es zwischen den Staaten der NATO eine offenere Politik geben als zwischen einzelnen Staaten der NATO und Mitgliedsstaaten des Warschauer Paktes. Aber auch unter befreundeten Staaten eines Paktsystems gibt es Bereiche, die man voreinander geheimhält.

Nachrichtendienste

Hier stellt sich im Zusammenhang mit der Äußeren Sicherheit das Problem der sogenannten „vertrauensbildenden Maßnahmen" als Vorbedingung einer wirksamen politischen und militärischen Entspannung.

Auf der anderen Seite ist es für die friedliche Entwicklung der Beziehung zwischen Staaten sehr wichtig, daß man die Absichten des anderen genau kennt, um Mißverständnissen und Irrtümern vorzubeugen.

2. In unserer Republik ist der Bereich des Staatsschutzes am besten mit dem Aufgabenkatalog des Bundesnachrichtendienstes zu umschreiben. Die in Fortsetzung der Beschlüsse der Bundesregierung vom 11. Juni 1955 und vom 2. Oktober 1963 ergangene Dienstanweisung für den Bundesnachrichtendienst (BND) vom 4. Dezember 1968 bestimmt in § 1 (nach Merk):

1. Der Bundesnachrichtendienst hat folgende Aufgaben: Die nachrichtendienstliche Auslandsaufklärung durch Beschaffung und Auswertung von Informationen auf außenpolitischem, wirtschaftlichem, rüstungstechnischem und militärischem Gebiet; die Aufklärung der gegnerischen Nachrichtendienste (Gegenspionage);

    die Erledigung sonstiger nachrichtendienstlicher Aufträge des Bundeskanzlers und der Bundesregierung im Ausland;

    die Spionageabwehr innerhalb des Bundesnachrichtendienstes, sofern der Chef des Bundeskanzleramtes nicht im Einzelfall eine andere Regelung trifft.

2. Auf innenpolitischem Gebiet wird der BND nicht tätig.
3. Exekutivbefugnisse besitzt der BND nur, soweit sie ihm für besondere Aufgaben durch Bundesgesetz übertragen werden. (Ein solches Gesetz gibt es bisher nicht!)

Der BND untersteht dem Chef des Bundeskanzleramtes. Er ist aber darüber hinaus noch einer Reihe anderer Kontrollen unterworfen. Dies sind in erster Linie:
- das parlamentarische Vertrauensmännergremium,
- ein Unterausschuß des Haushaltsausschusses des Deutschen Bundestages,
- der Bundesrechnungshof.

Die Handlungsfreiheit der Regierung, die Kenntnis der Regierung von Entwicklungen außerhalb des eigenen Landes, der Schutz des eigenen Staates vor Ausspähung sind wesentliche Aspekte auch der Inneren Sicherheit eines Staates.

Der BND ist in vier große Abteilungen gegliedert.

In der ersten Abteilung handelt es sich um die "klassische" geheimdienstliche Arbeit, die geheime Beschaffung von Informationen durch auf spezielle Aufträge angesetzte Personen.

In der Abteilung zwei geht es um die technische Aufklärung. Die technische Aufklärung vermeidet das Risiko des Einsatzes von Menschen. Die wachsenden Erfolge dieser Aufklärung und die exakten

Abteilungen

Ergebnisse erlauben es, den mit Gefahr für Freiheit und Leben verbundenen Einsatz von Menschen auf ein Mindestmaß zu verringern. In der Abteilung drei werden die beschafften Informationen auf den Gebieten der Politik, des Militärs, der Wirtschaft, der Wissenschaft und der Technik ausgewertet. Sie werden kommentiert, und an Hand dieser Kommentare werden Analysen und Studien erstellt. Die Arbeitsergebnisse dieser Analysen und Studien werden im Bundeskanzleramt und den zuständigen Ministerien als Entscheidungshilfe zugestellt. Die Abteilung drei des Bundesnachrichtendienstes bedient sich dabei der modernsten Mittel der Dokumentation, der Verfilmung, der elektronischen Suchmöglichkeiten und der Datenverarbeitung. Für diese Arbeit trifft der häufig angewandte Vergleich der Mosaikarbeit zu. Die Mitarbeiter dieser Abteilung drei sind Analytiker, deren Arbeit ein Ergebnis systematisch-analytischer Forschung auf der Basis wissenschaftlicher Grundkenntnisse ist.

Die Abteilung vier unterstützt die Abteilung eins, zwei und drei. Ihre Aufgaben liegen unter anderem im Bereich der Verwaltung, der Sicherheit des BND, der Dokumentation und der elektronischen Datenverarbeitung (nach Merk).

MAD

3. Ein weiterer Teilbereich des Staatsschutzes wird vom MAD, dem Militärischen Abschirmdienst, wahrgenommen. Die Aufgabe des MAD bezieht sich allerdings nur darauf, die Bundeswehr gegen sicherheitsgefährdende Aktionen abzuschirmen. Es liegt auf der Hand, daß sich damit zwangsläufig Überschneidungen mit den Aufgaben des Bundesnachrichtendienstes, des Verfassungsschutzes und der Polizei ergeben – nicht immer zum Vorteil der schwierigen Arbeit. Im wesentlichen gehört es zum Auftrag des MAD, die Innere Sicherheit der Bundeswehr zu garantieren gegen die Nachrichtendienste fremder Mächte und gegen feindliche Aktivitäten im Inneren. Seit einigen Jahren gehört besonders die Abschirmung gegen terroristische Tätergruppen mit zu den Aufgaben des MAD. Außerdem umfaßt die Abschirmung durch den MAD alle vorbeugenden und abwehrenden Maßnahmen gegen Spionage, Sabotage und Zersetzung. Als Vorbeugungsmittel dient die Sicherheitsprüfung, die bei allen Personen, die mit der Bundeswehr im Zusammenhang stehen, insbesondere bei den Soldaten, vorgenommen wird. Sie soll verhindern, daß Personen, deren demokratische Zuverlässigkeit oder deren Immunität gegen gegnerische Werbungsversuche zweifelhaft ist, in der Bundeswehr eingestellt werden oder Zugang zur Bundeswehr bekommen. Die Sicherheitsüberprüfung ist sogar zwischen den NATO-Mitgliedstaaten abgestimmt und erfolgt nach strengeren Richtlinien als denen, die für die übrigen Bundesbehörden gelten.

Dabei ist es besonders wichtig, daß es dem MAD bereits im Vorfeld der Aufklärung und Aufspürung von sicherheitsgefährdenden Kräften innerhalb der Bundeswehr gelingt, den Soldaten der Bundeswehr und allen Zivilangehörigen der Bundeswehr ein entsprechendes Sicherheitsempfinden zu vermitteln. Dies wird durch die Informationsarbeit über die nachrichtendienstlichen, subversiven und terroristischen Bedrohungen geleistet. Darüber hinaus wird den Soldaten der Bundeswehr sowohl durch Unterricht wie auch durch Medien (Plakate, Kalender, Truppenzeitungen) deutlich gemacht, daß es immer wieder Versuche gegeben hat und geben wird, die Soldaten selbst zur Spionage, Sabotage, Zersetzung oder sonstiger Zusammenarbeit mit gegnerischen Kräften zu veranlassen.

Dem MAD obliegt auch die Objektüberprüfung: nicht nur die Personen, sondern auch die infrastrukturellen Gegebenheiten, d.h. Anlagen, Kasernen und andere Einrichtungen der Bundeswehr, werden durch den MAD hinsichtlich ihrer Sicherheit gegen Spionage und Sabotage überprüft. Hierbei wirkt der MAD für die Truppe beratend und unterstützend.

Funktionen des MAD

Die Bundesrepublik ist durch ihre Lage und ihre Stellung im Ost-West-Konflikt in besonderer Weise der Ausspähung durch die gegnerischen Spionagedienste ausgesetzt. Die gemeinsame Sprache in beiden Staaten Deutschlands erleichtert es dem nachrichtendienstlichen Gegner, seine Agenten in die Reihen der Bundeswehr einzuschleusen. Hier hat es in der Vergangenheit eine Reihe von spektakulären Beispielen (allerdings nicht nur innerhalb der Bundeswehr) gegeben. Diese Spione innerhalb der Bundeswehr aufzuklären und festzustellen, gehört zu den wichtigsten Aufgaben des MAD.

Ein weiterer wichtiger Aufgabenbereich umfaßt die Sabotageabwehr. Im Frieden spielt das zwar keine besonders große Rolle, aber im Einsatzfall und schon bei innenpolitischen Krisen werden die Maßnahmen, die sich auf Sabotageabwehr beziehen, von besonderer Bedeutung sein. Auch in Friedenszeiten hat es in der Bundeswehr immer wieder einzelne Fälle von Sabotageakten gegeben. Dies waren zum Teil Fälle von nichtorganisierten Sabotageakten. Dabei handelte es sich meist um Soldaten, die über Vorgesetzte oder über bestimmte dienstliche Zwänge besonders verärgert waren. Aber es hat auch Fälle von organisierten Sabotageakten wehrfeindlicher Gruppierungen gegeben. Außerdem kann man davon ausgehen, daß in der Bundeswehr einige Soldaten besonders zuverlässig ihren Dienst tun, die — wie der inzwischen verurteilte Kanzler-Referent Guillaume — in Wirklichkeit zur anderen Seite gehören.

Sabotageabwehr

Viel umfangreicher sind in diesem Zusammenhang aber all jene Aufgaben anzusehen, die der MAD hinsichtlich der Abwehr von Zersetzungsmaßnahmen zu treffen hat. Es gibt sowohl von links- wie von rechtsextremistischen Gruppierungen immer wieder solche Versuche. Auch von Seiten des Ostblocks hat es nicht nur während der Zeit des Kalten Krieges eine Reihe von Versuchen gegeben, durch Zersetzung das Selbstvertrauen des Bundeswehr zu erschüttern. Hierzu gehörten die Sendungen des „Freiheitssenders 904"

sowie des „Deutschen Soldatensenders" — beide von der DDR betrieben — sowie eine Reihe von Publikationen, die sich an den Soldaten der Bundeswehr wendeten.
4. Der Staatsschutz ist ein Bereich, der sich zwar vornehmlich mit der Äußeren Sicherheit zu befassen scheint. Aber die Innere Sicherheit eines Staates ist auch vom Funktionieren und von der Einsatzbereitschaft der Armee des Staates und von der Handlungsfreiheit der Regierung des Staates abhängig. Innere Sicherheit ist erheblich gefährdet, wenn Staat und Armee von feindlichen Agenten durchsetzt sind und wenn der Staat selbst gegenüber anderen Staaten in seiner Handlungsfreiheit auf Grund von Informationslücken oder auch Informationsblößen eingeschränkt ist.

Einführung zu Baustein 5
Verfassungsschutz

Der Verfassungsschutz, der im Zusammenhang mit der Extremisten- und Terroristendiskussion im Brennpunkt des öffentlichen Interesses steht, wird zunächst an Hand seiner Aufgabenstellung untersucht. Zudem wird die Berechtigung der Existenz und der Arbeitsweise des Verfassungsschutzes hinterfragt. Die Bindung der Arbeit des Verfassungsschutzes an Recht und definierte Verfassung wird am Beispiel der vom Bundesverfassungsgericht formulierten 8 Grundprinzipien unserer Verfassung, die als unabdingbar anzusehen sind, aufgezeigt.

Basistext zu Baustein 5
Verfassungsschutz

Im Artikel 87 des Grundgesetzes heißt es u.a.:

Schutz der Grundordnung

„...Durch Bundesgesetz können Bundesgrenzschutzbehörden, Zentralstellen für das polizeiliche Auskunfts- und Nachrichtenwesen, für die Kriminalpolizei und zur Sammlung von Unterlagen für Zwecke des Verfassungsschutzes und des Schutzes gegen Bestrebungen im Bundesgebiet, die durch Anwendung von Gewalt oder darauf gerichtete Vorbereitungshandlungen auswärtige Belange der Bundesrepublik gefährden, eingerichtet werden."

Und im Artikel 73 GG heißt es u.a.
„Der Bund hat die ausschließliche Gesetzgebung über
1...,
....
10. die Zusammenarbeit des Bundes und der Länder
a) in der Kriminalpolizei
b) zum Schutze der freiheitlich demokratischen Grundordnung, des Bestandes und der Sicherheit des Bundes oder eines Landes (Verfassungsschutz)

c) zum Schutz gegen Bestrebungen im Bundesgebiet, die durch Anwendung von Gewalt oder darauf gerichtete Vorbereitungshandlungen auswärtige Belange der Bundesrepublik Deutschland gefährden..."

Damit ist im Grunde der gesamte Ziel- und Aufgabenkatalog des Verfassungsschutzes umschrieben.

Bereits im Baustein 1 dieser Baugruppe wurde darauf hingewiesen, daß sich die Verfassungsväter zu einer wehrhaften Demokratie bekannt haben und es nicht zulassen wollten, daß sich demokratische Rechte gegen sich selbst, gegen die Demokratie wenden, wenn sie mißbraucht würden zum Zwecke der Zerstörung dieser Staatsordnung. Diesem Verfassungsprinzip ist in zwei Gesetzen, einmal dem „Gesetz über die Zusammenarbeit des Bundes und der Länder in Angelegenheiten des Verfassungsschutzes" vom 27. September 1950 und in dem „Gesetz zur Änderung des Gesetzes über die Zusammenarbeit des Bundes und der Länder in Angelegenheiten des Verfassungsschutzes" vom 7. August 1972 Rechnung getragen worden.

Wehrhafte Demokratie

Wir haben also in unserem Staat neben den Bereichen des Staatsschutzes noch einen gesonderten Aufgabenkatalog für den Schutz der Verfassung. Dies mag verblüffen, da es ja erstmals in der deutschen Geschichte ein Bundesverfassungsgericht gibt. Aber dieses kann nur geschehene Verstöße gegen die Verfassung ahnden – nicht jedoch vorbeugend tätig werden. In der Verfassung der Bundesrepublik Deutschland sind die Grundwerte unseres gesellschaftlichen und demokratischen Zusammenlebens festgelegt worden. Die Mitglieder des Parlamentarischen Rates, der 1948/49 – noch unter Kontrolle der westlichen Besatzungsmächte – tagte, stützten sich bei der Abfassung und Formulierung des Grundgesetzes auf die schlimmen Erfahrungen, die man im Zusammenhang mit dem Untergang der Weimarer Republik gegen den Ansturm der Nationalsozialisten gesammelt hatte. Dabei hatte es sich gezeigt, daß eine freiheitliche und liberale Demokratie allein nicht die Garantie gibt für die Existenzfähigkeit und die innere Sicherheit eines Staates. Denn Feinde der Republik waren auf formal legale Weise in der Lage, die Oberhand zu gewinnen und die Republik und die ihr zugrundeliegende verfassungsmäßige Ordnung von innen heraus zu zerstören. Auf diese leidvolle Erfahrung gestützt, schuf man nach dem zweiten Weltkrieg für die Bundesrepublik ein Schutzsystem in der Verfassung selbst:

Historische Erfahrungen

Der eine Teil ist der Schutz vor grundlegenden Änderungen und einzelnen zu weitgehenden Eingriffen der öffentlichen Gewalt – und der andere Teil ist der Schutz vor verfassungswidrigen Bestrebungen von der Basis, die diese Wertordnung zum Nachteil der Bürger zu verändern trachten (nach Schreiber-Birkel, S. 124). Grundgedanke dieser Abwehrmaßnahmen ist die Vorstellung von der wehrhaften Demokratie. Dies bedeutet einerseits, daß die Ordnung im demokratischen Staat so liberal und frei sein soll, daß sie der Pluralität von Ansichten, Meinungen, Weltanschauungen und politischen Aktivitäten soviel Spielraum wie nur möglich geben soll.

Alle Liberalität aber soll ihre Grenzen finden, wenn es um die Freiheitsrechte des anderen Individuums oder der anderen Gruppe oder um die freiheitliche Grundordnung des Staates selbst geht. Der Staat darf nicht so weit gehen, daß er seine eigene Grundordnung durch Feinde dieser Grundordnung „legal" untergraben oder zerstören läßt. Dabei gehören zum lebenswichtigen Kern der Verfassung 8 Grundprinzipien unserer staatlichen, freiheitlich-demokratischen Ordnung.

Grundprinzipien

1. Achtung vor den im Grundgesetz verankerten Menschenrechten.
2. Gewaltenteilung.
3. Verantwortlichkeit der Regierung.
4. Gesetzmäßigkeit der Verwaltung.
5. Volkssouveränität.
6. Unabhängigkeit der Gerichte.
7. Mehrparteienprinzip.
8. Chancengleichheit für alle politischen Parteien mit dem Recht auf verfassungsmäßige Bildung und Ausübung einer Opposition.

Die Anerkennung dieser sieben Grundprinzipien unserer staatlichen Ordnung sind zugleich auch die Kriterien für die Einordnung von einzelnen Personen oder Organisationen in den Bereich des Extremismus, also der Verfassungsfeindlichkeit.

Der vorbeugende Schutz unserer verfassungsmäßigen Grundordnung obliegt den Bundes- und Landesämtern für Verfassungsschutz unter Aufsicht der Bundes- und Landesminister des Innern. Merk sieht die Schwerpunkte der Aufgaben des Verfassungsschutzes in „der Sammlung von Auskünften, Nachrichten und sonstigen Unterlagen über Bestrebungen, die gegen die freiheitliche demokratische Grundordnung, den Bestand und die Sicherheit des Bundes oder eines Landes gerichtet sind oder eine ungesetzliche Beeinträchtigung der Ausführung von Mitgliedern verfassungsmäßiger Organe des Bundes oder eines Landes zum Ziele haben" (§ 3, Abs. 1 Bundesverfassungsschutzgesetz).

FDGO

Extremismus

Solche Bestrebungen, die sich gegen Staat und Verfassung richten, fallen bei uns unter den Oberbegriff des Extremismus. Hierbei ist darauf hinzuweisen, daß der Begriff „Extremismus" im Jahre 1975 den bis dahin gängigen Ausdruck „Radikalismus" ablöste. Dies wurde damit begründet, daß man durchaus „radikal" für die Veränderung eines bestimmten gesellschaftlichen Zustandes eintreten kann, ohne damit einen grundsätzlichen Angriff auf die Verfassung vorzunehmen. Denn es kann gesellschaftliche oder politische Entwicklungen geben, die ein „radikales", d.h. von der Wurzel her, von Grund auf neues Denken einschließlich einer Verfassungsänderung, erfordern. Der Verfassungsschutzbericht des Jahres 1978 beschäftigt sich wie seine Vorgänger mit folgenden Berichten:
— Rechtsextremismus
— Linksextremismus
— Spionageabwehr
— Sicherheitsgefährdende und extremistische Bestrebungen von Ausländern.

Der o.g. Verfassungsschutzbericht gibt für das Jahr 1978 folgende Zahlen an:
In der Bundesrepublik gab es
- 76 rechtsextremistische Organisationen mit 17.600 Mitgliedern
- 208 linksextremistische Organisationen mit 72.000 Mitgliedern (einschl. der moskautreuen DKP)
- 146 extremistische Ausländerorganisationen mit 81.500 Mitgliedern, sowie 1.218 von diesen beeinflußte Zweigorganisationen
- eine nicht genau genannte Zahl von ca. 4 bis 5 terroristischen Gruppierungen, die aber durch dauernden Namenswechsel und Organisationsveränderungen nicht als konstante Erscheinungen zu bezeichnen sind.

Hieraus läßt sich ablesen, daß es eine Vielzahl, wenn auch — zum Glück — nicht untereinander koordinierter Bestrebungen gibt, die mit der freiheitlichen und demokratischen Verfassung eines pluralistischen und liberalen Staates nicht zu vereinbaren sind.

Einführung zu Baustein 6
Politischer Extremismus und politischer Terrorismus —
zwei Phänomene als Herausforderung an den demokratischen Staat und seine Bürger

Der Begriff und Inhalt von „Extremismus" werden ausführlich untersucht. Es werden links- und rechtsextremistische Organisationen mit den sie kennzeichnenden Aussagen und Ideen vorgestellt und in Zusammenhang damit einige spezielle Probleme behandelt, wie zum Beispiel Neonazismus im Bereich des Rechtsextremismus und die Frage von Taktik und Strategie im Bereich des orthodoxen Linksextremismus. Es wird auch kritisch das Verhältnis der Demokraten zu Extremisten diskutiert.

Extremistische Organisationen

Die Haupttendenzen des Terrorismus werden aufgezeigt und die Gründe für diese Entwicklung untersucht. Hierbei wird auch die besondere Gefährdung der Demokratie durch Überreaktionen bei der Bekämpfung dieses Phänomens kritisch gewürdigt.

Basistext zu Baustein 6
Politischer Extremismus und politischer Terrorismus —
zwei Phänomene als Herausforderung an den demokratischen Staat und seine Bürger

1. Der Begriff „Sicherheit" war in den letzten Jahren bei der Bevölkerung der Bundesrepublik weitgehend mit den Reizworten Extremisten und Terroristen verbunden. Anschläge und andere Verbrechen terroristischer Gruppen, die Diskussion um die Beschäftigung von Extremisten im öffentlichen Dienst und die damit verbundenen Überprüfungen und Datensammlungen, die Beobachtung von

Veranstaltungen extremistischer Organisationen, prägten die Diskussion um Fragen der Inneren Sicherheit. Um sich über die Stellung des Extremisten in unserer Gesellschaft Klarheit zu verschaffen, gilt es zunächst einmal, den Begriff und Inhalt von „Extremist" näher zu untersuchen. Dies ist in der Bundesrepublik erstmalig in dem von Manfred Funke herausgegebenen und auch bei der Bundeszentrale für politische Bildung vertriebenen Buch „Extremismus im demokratischen Rechtsstaat" geschehen. Funke selbst beschreibt in einem einleitenden Beitrag den Extremisten:

Definition

„Der Extremist befindet sich im Prozeß zentrifugaler Distanzierung von der Mitte der gesellschaftlichen Schwerkraft, die das Sozialsystem ordnet und gestaltet."

Der Extremist der Bundesrepublik (und das bezieht sich auch auf das Verhalten der Extremisten in vergleichbaren Staatsordnungen) zielt auf eine systematische Verhaltensänderung unter prinzipieller Bejahung des Gewalteinsatzes. Kennzeichen des Linksextremisten ist der Wunsch nach Befreiung von auf Ausbeutung angelegten Strukturen. Er begreift sich als Teil des historischen Prozesses. Seine Ziele sind aber nur durch die Vernichtung unserer Gesellschafts- und Staatsordnung endgültig zu erreichen und zu verwirklichen. Der Rechtsextremist hingegen sieht die Stabilisierung der staatlichen Ordnung von oben nach unten in Form obligarchischer Herrschaftssysteme. Er sieht den Obrigkeitsstaat als die den Deutschen angemessene Staatsform an. Sein Verhältnis ist eher kultisch denn rational oder gar auf der Grundlage von Mitbeteiligung und Demokratie angelegt, wenn es um Politik geht.

Extremist der Mitte

Funke beschreibt aber erstmals noch eine andere Spielart des Extremismus. Es ist dies der „Extremist der Mitte". Der Extremist der Mitte verteufelt jede Reformabsicht als Abenteuerei, bekennt sich aber, wenn die Reform erfolgreich war, dazu und erklärt, daß er schon immer dafür gewesen sei. Er ist freiheitsängstlich und erlaubt die Gesetzlosigkeit gegen den Gegner der bestehenden Gesetze. Die Diskussion über die Einführung dieses Begriffes „Extremist der Mitte" ist sicherlich nicht abgeschlossen. Es erscheint als etwas unglücklich, diesen Begriff mit einzuführen. Die so beschriebene Personengruppe berührt aber zweifellos auch die Innere Sicherheit. Jedoch führt dieser Begriff zu einer sprachlichen Verwirrung, denn gemeint ist damit wohl eher der kritiklose „Mitläufer". In der Folge soll hier nur von den beiden deutlicheren Spielarten des Extremismus, nämlich dem Links- und Rechtsextremismus, die Rede sein.

2. Die rechtsextremistischen Organisationen geben nach Auskunft des letzten Berichtes des Bundesamtes für Verfassungsschutz folgendes Bild ab:
17.600 Mitglieder rechtsextremistischer Organisationen sind mit 76 Vereinigungen, 26 Verlagen und 15 Vertriebsdiensten aktiv.
Dabei unterscheidet man im Rechtsextremismus zwischen verschie-

denen Strömungen. Es gibt die „alte Rechte". Zu ihr gehört die Nationaldemokratische Partei Deutschlands (NPD) mit ihrer Jugendorganisation Junge Nationaldemokraten (JN) und der studentischen Organisation Nationaldemokratischer Hochschulbund (NHB). Die „nationalfreiheitliche Rechte" wird getragen durch die Deutsche Volksunion. Außer diesen beiden größeren Gruppierungen im Bereich des Rechtsextremismus gibt es noch eine Reihe von Splittergruppen, wie z.B. die Organisation Deutsche Bürgerinitiative, Faschistische Front, Kampfbund deutscher Soldaten, Freundeskreis „denk mit" und Freundeskreise der NSDAP.

In der „Neuen Rechten" haben sich vornehmlich junge Menschen mit sowohl rechtsextremistischem wie auch sozialistischem Gedankengut zusammengefunden. Sie bezeichnen sich als Volkssozialisten, Solidaristen oder Nationalrevolutionäre. Die Namen dieser Zirkel wechseln teilweise von Jahr zu Jahr. Diese „Neue Rechte" steht sehr oft im scharfen Widerspruch zur „Alten Rechten".

Die „Rechte"

Neben diesen extremistischen Gruppierungen gibt es noch andere Gruppierungen, die weniger durch stärkere ideologische Aussagen von sich reden machen, als vielmehr durch spektakuläre Gewaltaktionen. Dazu ist die Wehrsportgruppe Hoffmann zu zählen. Sie ist durch ihr Auftreten in Uniformteilen der früheren Wehrmacht, mit Militärfahrzeugen und mit militärischem Drill aufgefallen. Sie hat sich an verschiedenen gewaltsamen Aktionen gegen linksgerichtete Demonstranten ausgezeichnet. Sie kann als ausgesprochen gewalttätig und militant angesehen werden und wurde inzwischen verboten.

Insgesamt und im Größenverhältnis zur Gesamtbevölkerung, auch unter dem Blickwinkel der Wahlergebnisse von Bundes- und Landtagswahlen, hat der Rechtsextremismus in der Bundesrepublik sehr wenig Bedeutung. Das darf aber nicht darüber hinwegtäuschen, daß er unter bestimmten historischen und gesellschaftlichen Bedingungen, in Zeitpunkten der Krise, beim Erstarken von linksextremistischen Aktionen und Bewegungen seinerseits selbst durch Zuläufer gestärkt werden kann.

Relevanz

Seine besondere Fixierung auf den Obrigkeitsstaat, seine totalitär gefügten und damit verfassungsfeindlichen Ordnungsvorstellungen, geben dem Rechtsextremismus immer dann größere Chancen, wenn die Innere Sicherheit des Staates durch andere Gruppierungen oder durch bestimmte gesellschaftliche oder ökonomische Entwicklungen in Gefahr gerät. Die Destabilisierung eines staatlichen und gesellschaftlichen System bedeutet stets eine Chance auch für den Rechtsextremismus. Daher bedarf der Rechtsextremismus trotz seiner geringen zahlenmäßigen Bedeutung der ständigen Beobachtung und der Abwehr. (Hier bietet sich ein Exkurs zur Weimarer Republik an, die zwischen Kommunisten und Nationalsozialisten „zerrieben" wurde).

Der oben bereits zitierte Bericht des Bundesamtes für Verfassungs-

Neonazismus

schutz weist für das Jahr 1978 besonders auf die wachsenden neonazistischen Aktivitäten mit terroristischen Zügen hin. Dabei ist es interessant festzustellen, daß die „Aktivisten" dieser Gruppierungen nicht mehr unter den „unbelehrbaren alten Nazis" zu suchen sind, sondern sich aus Jugendlichen, die das Dritte Reich nicht mehr selbst miterlebt haben, zusammensetzen. In Heft 1 der Schrift „Demokratische Verantwortung" heißt es dazu:
„Wenn man diesen Tatbestand voraussetzt, erscheint es fraglich, ob mit der Aufklärung über das Dritte Reich allein schon den neonazistischen Aktivitäten einschließlich der so motivierten Gewalttätigkeit der Boden entzogen werden kann.
...Wer die Anfälligkeit für neonazistische Betätigung bekämpfen will, muß ihre Ursachen kennen. Und das sind nicht nur Antisemitismus und NS-Tradition. Eine solche Betrachtungsweise würde den Blick für weitere und möglicherweise wichtigere Ursachen der neonazistisch motivierten Gewalttätigkeit verstellen..."[1])
Neonazismus wird in der o.g. Schrift so beschrieben:
„Neonazismus ist also der Versuch der Wiederbelebung nationalsozialistischen Gedankengutes nach dem Sturz der Hitlerdiktatur, regelmäßig verbunden mit dem Bestreben, anstelle der freiheitlichen Demokratie einen national-sozialistischen, völkischen, aggressiv-antisemitischen, imperialistischen, antimarxistischen, antiliberalen, nach dem Führerprinzip strukturierten und von einer totalitären Einheitspartei beherrschten Staat im Sinne des Nationalsozialismus zu errichten."[2])
Zu den so beschriebenen Neonazis gehören die letzten „alten Parteigenossen" des NS-Regimes, die sogenannten „Nachkriegsnazis" und die „wiedererweckten Hitlerjungen", jene Bürger, die zu Ende des Zweiten Weltkrieges als 10-18jährige bei den „Hitlerjungen", dem „Jungmädelbund" oder dem „Deutschen Jungvolk" Mitglieder waren — aber ebenso auch junge Menschen, die keine eigene Erinnerung mehr an das NS-Reich haben.

Irrationalismus

Bei dieser Gruppierung, die nie ein politisches Programm hat vorlegen können, sondern im wesentlichen von der hohen irrationalen Komponente ihrer Vorstellungswelt lebt, muß auf die hohen Gefahren, die von eben dieser Irrationalität ausgehen, hingewiesen werden. Hier scheint es besonders wichtig, sich mit diesem Phänomen vertraut zu machen, um möglicherweise auch im Gespräch mit den Mitgliedern dieser Gruppe klarzumachen, wie gefährlich und verhängnisvoll der eingeschlagene Weg ist.
Ist es ein Zufall, daß sich unpolitische Rocker-Gruppen gern mit nachempfundenen NS-Zeichen oder Kriegsorden schmücken? Oder daß eine bestimmte Musikgruppe auf Schallplattenhüllen anstelle

---

1) Funke, Manfred, Frank S. Rödiger, Hartmut Weyer (Hrsg.): Demokratische Verantwortung Bd. 1; Hein Stommeln: Neonazismus in der Bundesrepublik Deutschland — Eine Bestandsaufnahme, Einleitung S. 5f
2) Stommeln, Hein, ebd. S. 8

von zwei „s" in ihrem Namen „SS"-Runen zeigt? Auch diese scheinbaren Randfragen gehören in die Erörterung des Rechtsextremismus heute.

3. Der Linksextremismus in der Bundesrepublik hat einen größeren Umfang und Zulauf als der Rechtsextremismus. Auch der Linksextremismus ist mindestens in zwei große Lager aufgespalten.

Da sind einmal die orthodoxen, moskautreuen Kommunisten (früher „Alte Linke" genannt). Zu dieser zahlenmäßig größten Gruppe gehört die Deutsche Kommunistische Partei (DKP) mit ihrer Jugendorganisation Sozialistische Deutsche Arbeiterjugend (SDAJ), ihrer Kinderorganisation Junge Pioniere (JP) und der studentischen Organisation Marxistischer Studentenbund Spartakus (MSB-Spartakus). Die DKP verfügt über 42.000 Mitglieder, die SDAJ über 15.000 Mitglieder, der MSB über 5.800 Mitglieder, und die JP zählen 2.500 Jungen und Mädchen zu ihren Mitgliedern. Die Mitgliederzahl der orthodoxen kommunistischen Organisationen, die weitgehend am Sozialismus Moskauer und Ostberliner Prägung orientiert sind, stagniert schon seit Jahren und bewegt sich eher rückläufig.

Die DKP ist über die 40.000 Mitgliedergrenze nie wesentlich hinausgekommen, obwohl sie die größten Anstrengungen bei der Mitgliederwerbung und auch vor Wahlen unternimmt. Einzelne lokale DKP-Erfolge bei Landtagswahlen sind darauf zurückzuführen, daß sie besonders im studentischen Bereich an einem Ort sehr viele ihrer Mitglieder hat konzentrieren können. Hier kam es bei Landtagswahlen zu Stimmergebnissen um 8 % und mehr. Im Schnitt aber liegt bei Landtags- und Bundestagswahlen auch die DKP unter der 1%-Grenze und hat damit als politische Kraft in unserem System wenig Bedeutung.

Noch weniger Bedeutung bei Wahlergebnissen hat die „Neue Linke". Sie ist weniger an den osteuropäischen Staaten unter Führung Moskaus in ihrer politischen Konzeption orientiert als vielmehr an nicht klar umrissenen maoistischen Spielarten der staatlichen Organisation. Zu dieser Neuen Linken gehört die Kommunistische Partei Deutschlands/Marxisten, Leninisten (KPDML) mit etwa 800 Mitgliedern und die Kommunistische Partei Deutschlands (KPD) mit ca. 700 Mitgliedern (nicht zu verwechseln mit der verbotenen KPD, an die heute die moskautreue DKP anknüpft). Es gibt noch eine Reihe kleinerer Organisationen, wie z.B. den Kommunistischen Arbeiterbund Deutschlands (KABD), über dessen Mitgliederzahlen keine offiziellen Angaben vorliegen.

Besonders stark in seiner ideologischen Aussage und in der Arbeit im Bereich des Medienmarktes ist der Kommunistische Bund Westdeutschlands (KBW), der 2.500 Mitglieder sowie 1.000 zuverlässige Sympathisanten zählt. Der KBW ist im Bereich des nicht ortho-

B

Die „Linke"

Bedeutung

doxen Linksextremismus eine der rührigsten und aussage-intensivsten Organisationen.

Weitere Organisationen im Bereich der Neuen Linken sind der Kommunistische Bund mit 1.700 und die Gruppe Internationaler Marxisten (GIM) mit ca. 500 Mitgliedern.

Das hier gegebene Zahlenmaterial und die hier angegebenen Einstufungen in den Bereich links- und rechtsextremistisch verantwortet der Bundesminister des Innern in seinem Bericht des Bundesamtes für Verfassungsschutz. Daneben gibt es Berichte der Landesinnenminister und ihrer Verfassungsschutzämter. Die Angaben werden von allen demokratischen Parteien und Organisationen unseres Staates anerkannt, auch wenn um gewisse politische Einzelwertungen durchaus Meinungsverschiedenheiten bestehen. Die extremistischen Zielsetzungen sind vielfältig durch Quellenmaterial belegt.

In Verbindung mit den sieben Grundprinzipien unserer Staatsordnung, die es zu schützen gilt, und die erstmals in dem Verbotsurteil gegen die rechtsextremistische Deutsche Reichspartei im Jahre 1956 vom Bundesverfassungsgericht aufgestellt wurde, erscheinen einige weitere Organisationen als besonders schwierig einzuordnen.

Weitere Gruppierungen

Es handelt sich hier um Organisationen wie die Deutsche Friedensunion (DFU), die Deutsche Friedensgesellschaft - Vereinigte Kriegsdienstgegner (DFG-VK) oder die Vereinigung der Verfolgten des Naziregimes — Bund der Antifaschisten (VVN). Diesen Organisationen ist nicht zweifelsfrei auf Grund ihrer eigenen Erklärungen an Hand der oben angesprochenen sieben Grundprinzipien die Verfassungsfeindlichkeit zu bescheinigen. Allerdings ist auch nicht zu übersehen, daß es sehr vielen orthodoxen Kommunisten im Rahmen der von ihnen angestrebten und auch teilweise erfolgreich praktizierten Bündnispolitik gelungen ist, maßgeblichen Einfluß auf diese Organisationen, auf ihre Programme und ihre Aktionen zu gewinnen. In den Verfassungsschutzberichten ist diese personelle und politische Verflechtung im einzelnen belegt.

Die Innere Sicherheit in der Bundesrepublik Deutschland ist zweifellos nicht durch die linksextremistischen Gruppierungen unmittelbar bedroht. Allerdings ist die Zahl der organisierten Linksextremisten wesentlich größer als die der Rechtsextremisten. Außerdem stellen die linksextremistischen Organisationen zur Zeit ein nicht

Potentielle Gefahr

geringes, attraktives Organisationspotential insbesondere für junge Menschen dar, die zunächst nur an der Veränderung und Verbesserung bestimmter sozialer und gesellschaftlicher Verhältnisse interessiert sind. Auch hier muß festgestellt werden, daß — wie im Bereich des Rechtsextremismus — im Falle bestimmter historischer Krisensituationen, im Falle ökonomischer Spannungen, im Falle innerer Destabilisierung, die linksextremistischen Organisationen unter Umständen erheblich mehr Zulauf bekommen könnten. Wenn es einer links- oder rechtsextremistischen Organisation gelänge, bei Bundestagswahlen die 5-Prozent-Hürde zu überwinden und ins Parlament einzuziehen, dann wäre der erste Schritt auf eine Parallelsituation zur Weimarer Republik getan. Es ist zu bezweifeln, ob dann noch durch ein Parteienverbot wiedergutzumachen ist, was vorher an demokratischer Überzeugungskraft versäumt wurde. Auch ist kaum zu erwarten, daß ein Verbotsantrag ausgerechnet dann gestellt wird, wenn eine demokratische Wähler-Entscheidung vorliegt – und wenn eine extremistische Partei vielleicht von einer demokratischen Fraktion als Bündnispartner benötigt wird.

Schon jetzt muß jeder Bürger wissen, daß diese Organisationen eindeutig auf die Abschaffung und Zerstörung der in der Verfassung der Bundesrepublik festgelegten und vereinbarten Werte und Normen abzielen, vor allem auf die sieben Grundprinzipien. Daher erfordert die praktizierte Toleranz gegenüber dem Extremismus ein besonders scharfes Bewußtsein im Sinne der wehrhaften Demokratie.

Praktizierte Toleranz

Allerdings darf man in diesem Zusammenhang nicht der Gefahr erliegen, jede soziale Reformbestrebung und jede grundlegende reformerische Veränderung im Sinne einer Verbesserung unseres staatlichen System als extremistisches Gedankengut abzutun. Das wäre eine sehr gefährliche Entwicklung, weil damit sozialer Wandel und mehr soziale Gerechtigkeit – und damit zugleich mehr gesellschaftliche Stabilität – verhindert würde.

Das Prinzip der wehrhaften Demokratie bedeutet auch nicht, daß man mit den Angehörigen extremistischer Gruppierungen nicht mehr sprechen und diskutieren darf. Vielmehr geht es darum, daß besonders mit diesen Menschen ein intensives und geduldiges politisches Gespräch und eine offene demokratische Auseinandersetzung geführt wird. Dies ist der einzig vernünftige Weg, um möglich viele, vor allem junge Menschen, daran zu hindern, in diese Organisationen hineinzugehen bzw. sie sogar zu bewegen, sich aus diesen Organisationen wieder herauszulösen.

In diesem Zusammenhang sollte man bedenken, daß die Standortbestimmung beim Umgang mit Kommunisten in der Bundesrepublik, ja sogar beim Umgang mit den sogenannten „Linken" aus dem demokratischen Lager, häufig durch Vorurteile und Unkenntnis gekennzeichnet ist. Die Diskussion mit Kommunisten ist in der Bundesrepublik besonders belastet und beeinflußt durch die realistischen Erfahrungen, die man hierzulande mit dem real existierenden Kommunismus der DDR sammeln kann. Es ist deshalb sicherlich sehr wichtig, daß man sich beim Thema Innere Sicherheit vor allem mit der DKP und ihren Organisationen, ihrem Gedankengut und einigen speziellen Fragen auseinandersetzt. Diese Auseinandersetzung aber sollte realistisch, selbstkritisch und doch auch engagiert für den demokratischen freiheitlichen Staat erfolgen.

Realistische Betrachtung

Dabei sollte man sich vor allem mit der Theorie des staatsmonopolistischen Kapitalismus sowie mit der — keineswegs verfassungswidrigen — Taktik der demokratischen Erneuerung, mit den drei Kampfformen des ökonomischen, des politischen und des ideologischen Kampfes, mit der Bündnispolitik (Volksfrontpolitik) und der Strategie der antimonopolistischen Demokratie, die das eigentlich verfassungsfeindliche Kriterium enthält, befassen. Eine wertvolle Hilfe bietet das Heft 2 der zuvor erwähnten Zeitschrift „Demokratische Verantwortung", das sich mit der DKP beschäftigt.

Die streitbare und wehrhafte Demokratie soll offensiv, aber legal und demokratisch ihre Werte und Grundvorstellungen staatlichen Zusammenlebens verteidigen. Dies ist ein wesentlicher Beitrag zur Gewährung der Inneren Sicherheit. Die Innere Sicherheit wird durch die links- und rechtsextremistischen Bestrebungen derzeit eher mehr theoretisch als praktisch bedroht. Allerdings gibt es eine Reihe von Aktionen, besonders jener Gruppierungen, die aus dem Bereich der Neuen Linken kommen, die im Vorfeld des Terrorismus anzusiedeln sind. Hier geht es dann in der Tat um die klare, entschlossene Aufrechterhaltung von Sicherheit und Ordnung im Staat. Das Gebot zur Erforschung der Ursachen bleibt davon unberührt.

Theoretische Bedrohung

4. Politischer Terrorismus hat neben dem Extremismus die Diskussion um die Innere Sicherheit in der Bundesrepublik in den letzten Jahren in besonderer Weise entfacht. Lange Zeit, besonders in der anfänglichen Phase zu Ende der 60er Jahre, gab es Schwierigkeiten, den politischen Terrorismus vom kriminellen Terrorismus abzugrenzen. Anfangs wurde das Phänomen auch noch wenig beachtet. Eine Reihe von Vorurteilen und Mißverständnissen, sowohl bei den verantwortlichen Stellen wie auch in der Bevölkerung führte dazu, daß es lange Zeit über diese Form der Bedrohung der Inneren Sicherheit keine klare Vorstellung und damit auch keine klaren Konzepte für die Reaktion auf diese Bedrohung gab. Auch hier ist wieder hinzuweisen auf einen von Manfred Funke herausgegebenen Sammelband „Terrorismus — Untersuchungen zur Strategie und Struktur revolutionärer Gewaltpolitik" (vertrieben auch durch die Bundeszentrale für politische Bildung, Bonn).

Terrorismus

Man unterscheidet heute im Terrorismus vor allem terroristische Aktionen im kleineren sozialen Bereich (z.B. Plünderungsterrorismus oder Demonstrationsterrorismus) von den terroristischen Aktionen im größeren sozialen Bereich (soziale Revolution, Religionskriege, nationale separatistische Bewegungen). Grundsätzlich kann man nach Hacker folgende Unterscheidungen vornehmen: „Terror ist die Verwendung des Herrschaftsinstruments der Einschüchterung durch die Mächtigen, Terrorismus ist die Nachahmung und Praxis von Terrormethoden durch die (zumindest einstweilen) machtlosen Verzweifelten..."

Danach ist Terror die Verwendung von Machtmitteln gegen Untertanen durch die staatlichen Organe eines totalitären oder diktatorischen Staates. Terrorismus hingegen ist die gewaltsame Auflehnung einzelner Bürger oder Gruppen von Bürgern gegen den Staat — aber eben nicht nur gegen den Unrechtsstaat! Unter diesen letzten, wichtigen Voraussetzungen wird die Definition Hackers heute weitgehend anerkannt. Hacker weist noch darauf hin, Terror und Terrorismus ahmten einander nach" .... und bedingen einander wechselseitig, überschneiden sich und gehen ineinander über; ihnen gemeinsam ist die vorwiegende und ausschließliche Hinwendung zur vorweggenommenen Wirkung möglichst allgemeiner Verunsicherung, Schreckenserregung und Einschüchterung."[3])

Auch dieses Zitat darf nicht als Rechtfertigung des Terrorismus in einem Rechtsstaat verstanden werden.

Neben den von Funke dargestellten Unterscheidungsmerkmalen lassen sich heute in Anlehnung an Franz Wördemann [4)] folgende terroristische Gruppierungen auseinanderhalten, ohne daß die Grenzen zwischen ihnen scharf zu ziehen sind:

— Nationale antikolonialistische Befreiungsbewegungen;
— regionale autonomistische oder separatistische Befreiungsbewegungen;
— sozial-revolutionäre Bewegungen;
— vigilantistische Gruppeninteressen
— Opposition in Diktaturen.

Terroristische Gruppierungen

In der Bundesrepublik hat es vornehmlich sozialrevolutionäre Bewegungen wie die Rote Armee (RAF), die revolutionären Zellen, die Bewegung Zweiter Juni, das Informationszentrum rote Volksuniversität und einige andere gegeben.

Der Terrorismus in der Bundesrepublik hat durch zahlreiche spektakuläre Aktionen, teilweise mit furchtbaren Opfern von Menschenleben, von sich reden gemacht. Seine ideologische Grundlage liegt in der sozialrevolutionären Idee der Befreiung des Menschen von der Vorherrschaft von Menschen und in der Schaffung eines „wahrhaft sozialistischen" Staates. Diese Idee, die vorgibt, für die Sache eines Volkes zu kämpfen, fand in der Bundesrepublik absolut keine Grundlage und keinen Widerhall. Vielmehr entstand mit zunehmenden Aktionen der Terroristen in der Bevölkerung eine totale Ablehnung nicht nur der Aktionen, sondern auch der Ideen und Ziele der Terroristen. Vielfach schlug diese Ablehnung sogar in Haß um und führte so zu dem, was man in Fachkreisen den gefährlichen „back-lash" nennt. Dies bedeutet, daß auf Grund der terroristischen Aktionen bei der Bevölkerung eine solche Mischung aus Furcht und Haß entsteht, daß man bereit ist, demokratische, liberale Rechtsprinzipien aufzugeben (vgl. Funkes Definition des

---

3) Hacker, Friedrich: Terror-Mythos, Realität, Analyse; Hamburg 1975, S. 17
4) Wördemann, Franz: Terrorismus — Motive, Täter, Strategien, München 1977, S. 29

„Extremisten der Mitte"). Hierzu gehört auch der immer stärker werdende Ruf nach der Todesstrafe im Zusammenhang mit dem Terrorismus. Gerade diese Reaktionen sind von den Terroristen gewollt. Denn solch ein Umschlag in undemokratische und den eigenen Rechtsnormen widersprechende Verhaltensweisen würde die These der Terroristen erhärten bzw. nach deren Ansicht unter Beweis stellen, daß der von ihnen bekämpfte Staat „latent faschistisch" und das Unmenschliche im System dieses Staates verankert ist. Der Terrorismus in der Bundesrepublik hat durch die gezielte Bekämpfung und durch die Festnahme und Aburteilung verschiedener Terroristen sowie durch die Kette der Selbstmorde führender Terroristen erhebliche Rückschläge hinnehmen müssen. Hinzu kommt die Tatsache, daß man nicht nur in der Bundesrepublik, sondern in zahlreichen anderen Staaten der Welt inzwischen die Reaktionen gegenüber terroristischen Aktionen wie Entführung, Erpressung, Geiselnahme und Raub in den Griff bekommen hat. Während zu Beginn der terroristischen Aktionen Ende der 60er Jahre bis Anfang der 70er Jahre kaum ein Staat bereit war, das Leben eines einzelnen entführten Geiselopfers zu riskieren, hat man inzwischen Reaktionsmuster gefunden, die häufig sogar zur Befreiung der Geiselopfer aus der Gewalt der Terroristen führten.

Die 70er Jahre

Anfang der 70er Jahre, also zu Beginn der größeren terroristischen Aktionen, waren die meisten Staaten (auch die Bundesrepublik) durchaus bereit, grundlegende Rechtsprinzipien des eigenen Staates (wie die Freilassung verurteilter inhaftierter oder verdächtiger Terroristen) aufzugeben, um ein Menschenleben aus der Gewalt der Terroristen zu befreien. Das ist heute anders geworden. Die Terroristen haben erfahren müssen, daß die staatliche Ordnung und die Innere Stabilität des gesamten Staates im Interesse der Sicherheit der Gesellschaft sogar höherwertiger angesetzt wird, als ein einzelnes Menschenleben. Diese Handlungs- und Reaktionsmuster, die im Laufe der Zeit von den staatlichen Organen unter Verantwortung der Regierungen und Parlamente entwickelt wurden und die letztlich auch auf die Maßlosigkeit der terroristischen Aktionen und Forderungen zurückzuführen waren, haben einige furchtbare Opfer von Menschenleben gekostet. Dies hat allerdings dazu geführt, daß die terroristischen Gruppierungen weitgehend in ihrer Aktivität beschnitten wurden.

Zugleich hat eine neue Stystematik der Fahndung nach Terroristen die ersten Erfolge gezeigt. Heute sind die terroristischen Organisationen in der Bundesrepublik nach den Beobachtungen zuständiger Stellen in einer Reorganisationsphase. Es bleibt fraglich, ob sie unter den gegenwärtigen Bedingungen abermals die Stärke erreichen, die sie Anfang der 70er Jahre hatten.

Auch in diesem Zusammenhang muß darauf hingewiesen werden, daß die durch den Terrorismus bedrohte Innere Sicherheit weder allein durch die Maßnahmen der Polizei und des Bundesgrenzschutzes, noch durch verschärfte gesetzliche Bestimmungen zu gewährleisten ist. Bedeutsam ist besonders hier die Ursachenforschung. Es gilt festzustellen, wo die Wurzeln des Terrorismus liegen. In der Bundesrepublik läßt sich der Weg sehr deutlich zurückverfolgen: zu den Studentenbewegungen, die durchaus auch positive soziale Veränderungen in der Gesellschaft der Bundesrepublik Deutschland nach sich gezogen hatten, 1968 etwa zeitgleich mit dem Mordversuch an dem Studentenführer Rudi Dutschke auseinanderbrachen. Dabei splitterten politisch engagierte Studenten in den Bereich der orthodoxen und nicht-orthodoxen kommunistischen Organisationen ab in den Bereich der neuen Gruppenlebensformen von Kommunen sowie in den Bereich, der sich später zum Terrorismus entwickeln sollte. Den etablierten Parteien der Bundesrepublik ist der Vorwurf nicht zu ersparen, daß sie es zu diesem Zeitpunkt nicht verstanden, diese politisch engagierten Jugendlichen in ihre Organisationen produktiv und effektiv einzugliedern, oder aber andere attraktive Ziele aufzuzeigen, für die ein Engagement lohnenswert erschien. Die einzige Organisation, die damals die Zeichen der Zeit erkannte, war die erst 1968 gegründete Deutsche Kommunistische Partei, die ein Großteil der politisch engagierten Jugendlichen mit dem Vorläufer ihrer späteren studentischen Organisationen MSB-Spartakus aufzufangen verstand.

Wurzeln des Terrorismus

Durch eine sorgfältige Ursachenforschung über die Entwicklung von terroristischen Gewalttätern könnte man in die Lage versetzt werden zu verhindern, daß andere Jugendliche den verhängnisvollen Weg in den Terrorismus beschreiten. Auch hier kommt man bei näherer Untersuchung zu dem Ergebnis, daß letztlich jeder Bürger mit verantwortlich ist für die Aufrechterhaltung der Inneren Sicherheit – auch im Zusammenhang mit der Bekämpfung des Terrorismus. Die politische Integration, das politische Gespräch, die Auseinandersetzung mit Minderheiten (politische, soziale, religiöse oder ethnische) erscheint besonders wichtig. Sie ist nicht Sache der Polizei, sondern Sache jedes einzelnen Bürgers.

Demokratische Verantwortung

Besonders angesprochen sind in diesem Zusammenhang alle diejenigen, die mit Jugendlichen zu tun haben: Eltern, Lehrer, Ausbilder, Hochschullehrer, „Erwachsenenbildung" – aber auch die politischen Jugendorganisationen selbst, die Kirchen und nicht zuletzt die Bundeswehr, der Zivildienst und die Gewerkschaften.

Wenngleich der Terrorismus in der Bundesrepublik trotz seiner spektakulären Aktionen als verhältnismäßig bedeutungslos und wenig attraktiv für diejenigen, die er ansprechen wollte, anzusehen ist, so muß dennoch die besondere Gefahr des Terrorismus – ähnlich wie bei den extremistischen Organisationen – in zwei Bereichen gesehen werden: Einmal ist es die Gefahr durch den Rückschlag (back-lash), d.h. die überzogene Gegenreaktion gegen den Terrorismus, die gleichfalls undemokratische und extremistische Züge annehmen kann.

Zum anderen ist es die Gefahr, die das Bestehen terroristischer Gruppierungen in politischen oder ökonomischen Krisensituationen darstellen kann.

Die Innere Sicherheit des Staates, der sich als streitbare und wehrhafte Demokratie versteht, wird im Zusammenhang mit dem Terrorismus durch vier grundlegende Handlungsprinzipien gewährleistet:

Handlungsprinzipien

1. Eine systematische und konsequente Verfolgung und Aburteilung der terroristischen Straftäter;
2. die Unnachgiebigkeit des Staates gegenüber terroristischen Aktionen und Forderungen;
3. eine sorgfältige Ursachenforschung und Schaffung von Erklärungsmodellen für die Entwicklung des Terrorismus, die dazu dienen, das Nachrücken von jungen Menschen in die terroristischen Gruppierungen zu verhindern;
4. eine optimale Abgrenzungssystematik gegenüber terroristischen Gruppierungen, um den ersten Schritt zur Gewalt zu verhindern.

Nachdem in den Jahren 1978/79 einige der aktiven Mitglieder terroristischer Gruppierungen sich aus dem Terrorismus zurückgezogen und der Gerichtsbarkeit überantwortet haben, andere bei Polizei-Aktionen getötet oder gefaßt wurden, deutet sich zu Beginn der 80er Jahre ein Aussterben der „Szene" an. Man sollte bei den Erkenntnissen über die Ursachen des Terrorismus der beiden vorausgegangenen Jahrzehnte die Konsequenzen ziehen und verhindern, daß es wieder zu einem derartigen Phänomen, das den Rechtsstaat existentiell herausfordert, kommen kann.

Integrationsaufgabe

Dazu gehört, um dies noch einmal ausdrücklich zu betonen, neben einer gut ausgebildeten Polizei und entsprechenden Sicherheitsvorkehrungen einschließlich einer sinnvollen Gesetzgebung vor allem das Verhindern der Entstehung von Terrorismus. Das aber ist eine Aufgabe für jeden Bürger an jedem Tag. Sie reicht von einer toleranten, aber führenden Kindererziehung über die Integration jedweder Minorität in die Gesellschaft bis zur fundierten und an den Lernenden orientierten politischen Bildung im Schul- und Erwachsenenbereich. Motivation für den freiheitlich demokratischen Staat ist nicht etwas, das nur den Soldaten angeht, sondern das geht jeden Bürger an. Nur, wenn die Bürger die Werte und die damit verbundenen Aufgaben im täglichen Leben eines demokratischen und freiheitlichen Staates kennen, werden sie in der Lage sein, Entwicklungen, die zum Terrorismus führen können, in den Griff zu bekommen und vielleicht sogar von vornherein zu verhindern.

Einführung zu Baustein 7
Wer wahrt die Innere Sicherheit? Organe? Institutionen und ... ?

In diesem Baustein, der sich im wesentlichen auf die vorhandenen Arbeitsmaterialien beziehungsweise die in der angegebenen Literatur nachlesbaren Organigramme und Gliederungs- und Aufgabenbeschreibungen beschränkt, wird noch einmal auf die Notwendigkeit der Beteiligung des Bürgers an der „Erhaltung" der Inneren Sicherheit hingewiesen.

Basistext zu Baustein 7
Wer wahrt die Innere Sicherheit? Organe? Institutionen und ... ?

Das Grundgesetz der Bundesrepublik Deutschland teilt die Verantwortung und die Zuständigkeiten für den Schutz von Bürger und Staat zwischen Bund und Ländern. Während der Bund für das Bundeskriminalamt, den Bundesgrenzschutz und das Bundesamt für Verfassungsschutz zuständig ist, unterstehen fast alle übrigen Behörden – einschließlich fast der gesamten Justiz – den Ländern. Die Länder sind zuständig für die Polizei und tragen im Kampf gegen Kriminalität, für die vorbeugende Verbrechensbekämpfung und für die Wahrung der öffentlichen Ordnung die Hauptverantwortung (nach Bilstein/Binder).

Die Polizei, die sich in Schutzpolizeien, Kriminalpolizeien, Landeskriminalämter, Bundeskriminalamt, Wasserschutz- und Bereitschaftspolizei aufgliedert, hat die Aufgabe, in der Bundesrepublik die innere bzw. öffentliche Sicherheit und Ordnung aufrechtzuerhalten. Die Erfüllung dieser Aufgaben obliegt besonderen Verwaltungsbehörden und der Vollzugspolizei.

Der Bundesgrenzschutz wurde als polizeiliche Grenzschutztruppe an der Grenze zur DDR und als Einzeldienst zur Paßkontrolle an allen anderen Grenzen aufgestellt und durch das neue Gesetz über den BGS vom Jahre 1972 als Bundespolizei für das gesamte Bundesgebiet etabliert – mit neuen Aufgaben, wie Schutz der Verfassungsorgane des Bundes und als Eingreifreserve der Länderpolizeien.

Das **Bundesamt für Verfassungsschutz** hat die Aufgabe, Auskünfte, Nachrichten und sonstige Informationen über Bestrebungen, die gegen die freiheitliche und demokratische Grundordnung der Bundesrepublik Deutschland, den Bestand und die Sicherheit des Bundes oder eines Landes gerichtet sind, zu sammeln. Hierzu gehören z.B. die Überwachung von Extremisten, Spionageabwehr und Beobachtung extremistischer Ausländerorganisationen.

Hierzu ist besonders empfohlen:
1) Bilstein, Helmut und Sepp Binder: Innere Sicherheit, Hamburg 1976
2) Merk, Hans-Günter: Innere Sicherheit, Mannheim 1977
3) BMI (Hrsg.) betr. Nr. 18: Bundesministerium des Innern – Geschichte, Aufbau, Aufgaben, Bonn 1973

Der militärische Abschirmdienst hat die Aufgabe, die Bundeswehr gegen Spionage, Sabotage und Zersetzung zu schützen. Damit hat auch er eine Bedeutung für die Innere Sicherheit, obwohl er für ein Organ der Äußeren Sicherheit arbeitet. Er ist zuständig für die der Sicherheitsüberprüfung, Objektüberprüfung, Informationsarbeit, Spionageabwehr, Sabotageabwehr, Zersetzungsabwehr und Terrorismusabwehr.

Der Bundesnachrichtendienst hat die Aufgabe der nachrichtendienstlichen Auslandsaufklärung auf außenpolitischem, wirtschaftlichem, rüstungstechnischem und militärischem Gebiet. Diese Aufgaben nimmt er durch die Beschaffung und Auswertung von Informationen, durch die Aufklärung der gegnerischen Nachrichtendienste sowie die Erledigung sonstiger nachrichtendienstlicher Aufträge des Bundeskanzlers und der Bundesregierung im Ausland sowie der Spionageabwehr innerhalb des BND wahr.

Auch zu dieser Institutionen-Aufzählung ist abschließend zu sagen, daß die Innere Sicherheit nur in zweiter Linie und nur, wenn bereits der Anfang eines Angriffes auf die Innere Sicherheit erkennbar ist, von diesen Organen und Institutionen geschützt werden kann. Der beste Schutz ist und bleibt nach wie vor ein verantwortliches und auch politisches Mitdenken und Mithandeln der Bürger in allen Bereichen, von denen unsere Innere Sicherheit abhängt.

Einführung zu Baustein 8
Innere Sicherheit – Gesicherte Freiheit – Gesicherte Handlungsfähigkeit. Eine abschließende Betrachtung

In diesem Baustein wird die Formel „Soviel Freiheit wie möglich – soviel Sicherheit wie nötig" kritisch untersucht. Es wird abschliessend die wertgleiche Funktion von Innerer Sicherheit und Freiheit erläutert. Es wird auch Interdependenz dargestellt und damit die Bedeutung von Innerer Sicherheit für andere Sicherheitsfelder wie die Äußere Sicherheit. Und es werden an Beispielen die möglichen Konsequenzen von starken Sicherheitsdefiziten für die anderen Sicherheitsfelder erläutert. Die Konsequenz dieses Bausteins: Innere Sicherheit ist die Voraussetzung und zugleich Folge der „Inneren Freiheit" eines Staates und seiner Bürger.

Basistext zu Baustein 8
Innere Sicherheit – Gesicherte Freiheit – Gesicherte Handlungsfähigkeit. Eine abschließende Betrachtung

Im Bereich der Inneren Sicherheit kommt in besondere Weise das Problem des Freiheitsraumes des Menschen im Verhältnis zu seinem Mitmenschen und zur Gesellschaft zum Tragen. „Je enger Menschen zusammenleben, desto größer ist die Gefahr, daß die Grenzen des Freiheitsraumes überschritten werden. Je subtiler zugunsten eines größtmöglichen Freiheitsraumes das Zusammenleben der Menschen organisiert ist, desto leichter ist es für einen Gegner dieser Ordnung, sie zu stören... Ist aber der durch Vernunft realisierbare Freiheitsraum des Menschen durch gegenläufige Handlungsweisen (z.B. Ausbeutung in der Arbeitswelt, Rücksichtslosigkeit im Konkurrenzkampf, Nötigung, Freiheitsberaubung, Diebstahl usw.) bedroht, bedarf der Freiheitsraum einer ständigen Absicherung". (Merk)

Diese „gesicherte Freiheit" wird stets auch eine Verminderung des Freiheitsraumes, d.h. eine Einschränkung der individuellen Freiheiten, enthalten müssen. Besonders die Innere Sicherheit lebt vom Spannungsverhältnis zwischen Freiheit und Sicherheit. Je mehr Freiheit zugestanden wird, umso gefährdeter kann das Gefühl der Sicherheit in der Gesellschaft und im Staat sein. Sicherheit und Freiheit stellen nicht nur ein Verhältnis zwischen Menschen und Mitmenschen dar, sondern markieren auch das Verhältnis des Bürgers zur Gesellschaft und zum Staat. Über die Verfassung hat der Bürger dem Staat den Auftrag für staatliches Handeln erteilt, die Grenzen des staatlichen Handelns aufgezeigt, die Grundrechte des Bürgers selbst festgeschrieben und eine wirksame Kontrolle der staatlichen Exekutive durch Parlament und Gerichtbarkeit festgelegt. Ein solchermaßen organisierter Rechtsstaat, der die Absicherung der Freiheit des Bürgers garantiert, hat das legitime Recht, sich gegen die Feinde der so festgelegten Verfassung zu wehren. Die Innere Sicherheit eines Staates wird sich nur auf der Grundlage gesicherter Freiheit im Verhältnis der Bürger zum Staat sowie der Bürger untereinander gewährleisten lassen.

„Gesicherte Freiheit"

Die Vielfalt und Komplexität der Inneren Sicherheit zeigen nicht nur deren zentrale Bedeutung für die Existenz des Staates auf, sondern sie bringen gleichzeitig eine Vielfalt von Problemen mit sich. Sie alle stehen in dem bereits erwähnten Spannungsverhältnis, das zwischen Freiheit und Sicherheit besteht. Zugleich aber ist die Innere Sicherheit interdependent und eng verwogen mit allen anderen Sicherheitsfeldern. „Gesicherte Freiheit" löst das Spannungsfeld zwischen Sicherheit und Freiheit nicht auf, aber der Begriff zeigt Ziel und Maßstab vernünftiger Ordnung im demokratisch-sozialen Rechtsstaat auf. „Ungesicherte Freiheit" im Innern bedeutet Instabilität und Unberechenbarkeit. Deren Auswirkungen auf alle anderen Sicherheitsfelder unserer Gesellschaft sind offenkundig.

„Ungesicherte Freiheit"

Es wurde bereits erwähnt, daß die ökonomische Sicherheit ein wesentlicher Bestimmungsfaktor für die Innere Sicherheit ist. Denn wirtschaftliche Stabilität allein garantiert zwar keine Innere Sicherheit, erleichtert aber wesentlich, letztere herzustellen und zu bewahren.

Hier soll noch einmal besonders auf die Beziehung zwischen Innerer und Äußerer Sicherheit hingewiesen werden. Diese Beziehung wird nicht nur durch die Abhängigkeit des Militärs von einer leistungsfähigen Wirtschaft, einer wehrbereiten Bevölkerung und einer handlungsfähigen Regierung dokumentiert, sondern sie drückt sich auch deutlich

Zivile Verteidigung

im Bereich der Zivilen Verteidigung aus. Hier fällt deutlich das Mißverhältnis bei den Ausgabenpositionen des Bundeshaushaltes für militärische und zivile Verteidigung auf: es beträgt etwa 60 : 1. Die gesamte Planung und konkrete Realisierung im Bereich der zivilen Verteidigung steckt in der Bundesrepublik noch so sehr in den „Kinderschuhen", daß man sagen kann: es funktionieren lediglich die Sirenen. Schutzbau, Kooperationsplanung, Materialbereitstellung – all dies sind Forderungen, die zwar begründet und teilweise geplant sind, aber erhebliche Mittel kosten. Diese im Bundeshaushalt flüssig zu machen, findet sich aus vielen Gründen derzeit kein Politiker und keine Partei. Dies bedeutet aber, daß die Bevölkerung der Bundesrepublik in einem Ernstfall völlig ungeschützt wäre. Dies aber hätte deutliche Auswirkungen auf die Kampfmotivation der Soldaten und die rein militärische Verteidigung, die so zur Schwachstelle unseres gesamten Sicherheitssystems werden könnte.

Und schließlich sollte ein weiterer Aspekt im Bereich der Inneren Sicherheit Beachtung finden: die Äußere Sicherheit, ob durch die Priorität einer Rüstungs- und Drohpolitik oder durch Entspannungs- und Abrüstungsbemühungen gestützt, erfordert in jedem Falle Stabilität und Sicherheit im Innern eines Landes. Bei schweren Defiziten im Bereich der Inneren Sicherheit hätten Regierung und Parlament der Bundesrepublik weniger Handlungsspielraum und wären im Krisenfall den Macht- und Führungsansprüchen anderer Nationen leichter ausgeliefert. Eine Zunahme des Terrorismus der Art, daß große Teile der Exekutivorgane dadurch gebunden wären, hätte schwerwiegende Folgen, zum Beispiel in der Wirtschaft, wo ein internationaler Vertrauensschwund in die Wirtschaft und damit eine sinkende Investitionsfreudigkeit zu verzeichnen wäre. Verbunden damit wären Rückgang der Produktion, Arbeitslosigkeit und die wiederum hieraus sich entwickelnden politischen Folgen. Diese Folgen könnten bis zu einer Lähmung der außenpolitischen Aktivitäten der Bundesrepublik führen.

Interdependenzen

Zugleich könnten Straftaten nicht mehr in dem Maße bekämpft werden, wie das erforderlich wäre. Eine starke Beunruhigung der Bevölkerung wäre die weitere Folge, die das Vertrauen zum Staat erheblich beeinträchtigen würde. Diese Legitimationskrise des Staates bliebe wiederum auch im Ausland nicht ohne Folgen und hätte Auswirkungen auf die verschiedensten Bereiche, vom Tourismus bis zu Sport und Kultur.

Entsprechende Interdependenzen ließen sich auch bei einem Überhandnehmen des Linksextremismus feststellen: von der „Neutralitätspolitik", die sich in einer solchen Situation anbieten könnte, bis hin zu einer Integration in den Ostblock würde die Perspekte der denkbaren Entwicklungen reichen.

Bei einem Erstarken des Rechtsextremismus wäre die Gefahr eines faschistischen und totalitären Staates mit einer imperialistischen Außenpolitik eine der Gefahren, denen die Kriegsgefahr und die abermalige außenpolitische Isolation Deutschlands unter den anderen Nationen folgen könnte, oder aber im voraus schon eine Rückkehr der Siegermächte zu einer rigorosen „Besatzungspolitik",

Wie stabil ist nun die Innere Sicherheit, läßt sie sich messen? Eine Maßeinheit oder ein Meßinstrument für Innere Sicherheit gibt es natürlich nicht. Aber wer einmal eine Tageszeitung aufschlägt und die Zahl der Beiträge feststellt, die sich mit den Problemen der Inneren Sicherheit befassen, und wer dies über einen längeren Zeitraum durchführt, wird leicht feststellen, daß der Gesamtzustand, der mit dem Begriff „Innere Sicherheit" umschrieben ist, Schwankungen in seiner Quantität und Qualität unterworfen ist.

Maßeinheit?

Auch kann man die Zahl der Straftaten auszählen und damit Entwicklungen zu mehr oder weniger Innerer Sicherheit konstatieren. Aber auch dies ist kein grundlegend sicherer Anhalt und keine korrekte Maßeinheit für Innere Sicherheit. Objektiv meßbar ist Innere Sicherheit deshalb nicht, weil sie ein Faktor ist, der weitgehend im Gefühl und in der Einstellung der Bürger zu ihrem Staat, ihrem Vertrauen zum Staat und in der Perspektive der eigenen Freiheit begründet ist. Alle Messungen zur Feststellung von Qualität und Umfang der Inneren Sicherheit können damit nur Versuche einer Annäherung an diese Frage und im Ergebnis Anhaltspunkte in einzelnen Teilbereichen sein.

Unwidersprochen aber ist die Tatsache, daß die Aufrechterhaltung der Inneren Sicherheit entscheidende Bedeutung für den Fortbestand unseres Staates hat. Auf die vielfältigen Interdependenzen zwischen den einzelnen Sicherheitsfeldern wurde schon mehrfach verwiesen. Solche gedanklichen „Sandkastenspiele" sollten in Seminaren immer wieder durchgeführt werden. Schwierigkeit, das ausgewogene Verhältnis zwischen Sicherheit und Freiheit zu finden und herzustellen, liegt in gerade diesen vielfältigen Interdependenzen begründet, also darin, daß Innere Sicherheit eben nicht nur Bekämpfung von und Vorbeugung gegen Kriminalität sein kann, sondern daß in diesem Falle gesellschaftliche, politische, wirtschaftliche Gesichtspunkte eine Rolle spielen. Dies wurde am Beispiel der Jugendkriminalität aufgezeigt, trifft aber auch auf alle anderen Problemfelder der Inneren Sicherheit zu.

Stabilität

Wenn der ehemalige Innenminister Maihofer das Spannungsverhältnis zwischen Sicherheit und Freiheit mit der Formel „Soviel Freiheit wie möglich, soviel Sicherheit wie nötig" zu lösen glaubte, so ist dem zwar zuzustimmen — aber es ist unter den hier angesprochenen Gesichtspunkten zu bezweifeln, ob diese Formel im konkreten Einzelfall auch tatsächlich weiterhilft. Denn es wurde aufgezeigt, daß Sicherheit und Freiheit in unserer Gesellschaft unwidersprochene Werte sind, die sich mit wechselnden Bürger- und Gruppeninteressen unter wechselnden historischen Bedingungen, unter verschiedenen gesellschaftlichen, ökonomischen oder technologischen Voraussetzungen in ihrer Priorität verschieben können, ohne daß dabei ein genereller Vorrang zwischen beiden Werten erkennbar würde. Vielmehr sind beide Werte so fest miteinander verbunden, daß der eine ohne den anderen nicht denkbar erscheint. Sicherheit kann nur empfunden werden, wenn das den Umständen entsprechende zufriedenstellende Höchstmaß an Freiheiten vorhanden ist. Deshalb ist auch die scheinbar perfekte Sicherheit in totalitären Staaten letztlich eine Scheinsicherheit, weil unfreie Menschen sich nur in dem geringen Ausmaß geschützt sehen, welches den staatlichen Exekutivorganen beliebt.

Selbst wenn die „normale Kriminalität" in roten oder braunen Diktaturen geringer wäre als in freien Demokratien (was entgegen den Tatsachen immer wieder behauptet wird), so wäre es doch für den Bürger kein Unterschied, wenn er sich stattdessen vor der planmäßigen staatlichen Beeinträchtigung seiner persönlichen Sicherheit fürchten müßte. Denn zur Sicherheit gehört untrennbar das Gefühl gesicherter Freiheit.

Gleichrangige Werte

Freiheit wiederum kann nur auf der Grundlage von Stabilität und Gesamtsicherheit eines Staates, einer Gesellschaft, einer Kultur, entstehen. Denn Freiheit setzt Zuversicht, Vertrauen und Perspektiven voraus. Freiheit ist ein zuverlässig geschütztes Minimum an Unabhängigkeit, und Unabhängigkeit ist unmöglich ohne Sicherheit.

So bleiben also Sicherheit und Freiheit zu betrachten als ein flexibles, anpassungs- und entwicklungsfähiges Gerüst zweier gleichrangiger Werte unserer Gesellschaft. Ein Teil dieses Gerüstes ist die Innere Sicherheit. Sie ist Voraussetzung und zugleich Folge der „Inneren Freiheit" eines Staates und seiner Bürger.

C
Arbeitspapiere, Materialien und Quellenhinweise

Wichtiger Hinweis
zu den Arbeitspapieren und Materialien

Eine schematische Trennung zwischen „Arbeitspapieren" und „Materialien" ist nicht durchführbar. Generell gilt, daß Arbeitspapiere speziell auf Ziel und Zweck des Seminars zugeschnitten sind, wie ihn der Seminarleiter/Teamer verfolgt. Sie können Fragen und Antworten provozieren, Definitionshilfen geben, Thesen und Zusammenfassungen festhalten, Positionen und Gegenpositionen aufzeigen. In der Praxis dürften Arbeitspapiere zumeist für das jeweilige Seminar anzufertigen oder gezielt auszuwählen sein.

Bei sonstigen Materialien handelt es sich dagegen nach allgemeiner Auffassung der DBwV-Projektgruppe um ausgewählte Aussagen — klassisches Standardbeispiel ist der Zeitungsausschnitt, darstellend oder kommentierend — zu einem ganz bestimmten Teilaspekt des ausgewählten Seminarthemas, der geeignet ist, Betroffenheit und/oder Engagement des einzelnen Seminarteilnehmers (pro oder contra) auszulösen.

Angesichts der rasanten politischen Entwicklungen auf allen Feldern der „Sicherheit" erscheint es unmöglich, zeitlos-dauerhafte Arbeitspapiere und Materialien in diesem Curriculum-Projekt für alle späteren Verwender vorzufertigen. Auch die Probleme einer ständig zu aktualisierenden Lose-Blatt-Sammlung sind nicht zu bewältigen. Die vorliegenden Papiere sind deshalb als Beispiele und Angebote zur Weiterentwicklung zu verstehen. Dies gilt um so mehr, als der jeweilige Seminarleiter die Arbeitspapiere wie die Materialien nicht nur aus der aktuellen Lage, sondern auch im Blick auf die Zusammensetzung seiner Seminarteilnehmer zusammenstellen muß.

Wichtigstes Informationsmittel bleibt dabei die Tageszeitung. Gerade wenn die Teilnehmer selbst eine „sicherheitsrelevante" Auswertung von Tageszeitungen vornehmen sollen, wie in einem der hier vorgelegten Papiere vorgesehen, kann niemand dem Seminarleiter bei seiner Vorbereitung die eigene Auswertungsarbeit durch vorfabriziertes Material ab- oder vorwegnehmen.

Als Materialien zu den Bausteinen der vorliegenden Baugruppe II sollten unbedingt die nachfolgend empfohlenen Bücher mitverwendet werden. Sie wurden auch für die Erarbeitung der Basistexte benutzt. Ihre Eignung für die Hand des Referenten oder Seminar-Teamers, aber in Auszügen auch für die Seminar-Teilnehmer, wurde mehrfach getestet. Die übrigen hier angebotenen Materialien sind eher als Hinweise und Beispiele zu verstehen, die von Fall zu Fall auf Grund der Interessenlage der Teilnehmer und der politischen Aktualität zu ergänzen sind. Wichtigstes Hilfsmittel der politischen Bildung bleibt auch im Bereich der Inneren Sicherheit die Tageszeitung.

Arbeitsmaterialien zur gesamten Baugruppe II (Übersicht)

1.) Thesen zur Inneren Sicherheit (Arbeitspapier der Projektgruppe)
2.) „Sicherheit 1979"
 (Aus einer Ansprache von Staatssekretär Fröhlich, BMI)
3.) Definitionsversuche zur Sicherheit
 (Arbeitspapier der Projektgruppe)
4.) Jeder hat so viel Recht wie er Gewalt hat (altes Kalenderblatt)
5.) Gliederungsvorschlag „Innere Sicherheit"
 (Arbeitspapier der Projektgruppe)
6.) Aktuelle Sicherheitsaspekte durch Zeitungsauswertung
 (Arbeitspapier der Projektgruppe)

C

Thesen zur Inneren Sicherheit
Arbeitspapier der Projektgruppe

1. Innere Sicherheit ist ein Bestandteil des Gesamtbereiches Sicherheit und damit über vielfältige Beziehungen mit anderen Sicherheitsfeldern verbunden.
2. Innere Sicherheit läßt sich in einem weiteren und einem engeren Sinne umschreiben.
2.1. **Weitergefaßt** bedeutet Innere Sicherheit: die staatlich garantierte Absicherung des Freiheits- und Lebensraumes des einzelnen Bürgers in seinem Verhältnis zum Mitmenschen und zur Gesellschaft, das Verhältnis des Bürgers zum Staat, der ihm die Grundrechte sowie die demokratische Gestaltung des politischen Lebens durch politische Rechte gewährleistet, die Sicherheit, daß die Exekutive durch Parlament und Gerichtsbarkeit kontrolliert wird und schließlich der Schutz vor Bestrebungen, die darauf abzielen, den liberalen, pluralistischen und demokratischen Rechtsstaat durch ein Staatssystem zu ersetzen, das dem Freiheitsanspruch und den gesellschaftlichen Zielvorstellungen in der Bundesrepublik nicht entspricht.
2.2. **Im engeren Sinne** versteht man unter dem Begriff Innere Sicherheit jene staatlichen Vorsorgemaßnahmen, die sich mit der Verhütung und der Abwehr von Kriminalität, Gewalt und anderen Angriffen auf einzelne oder die Gesellschaft befassen. Hierzu gehört auch, daß der Staat die Stabilität seiner Gemeinschaft und seiner Grundordnung vor Gegnern im Innern und von außen gewährleisten muß.

Der Extremist zielt auf eine systematische Verhaltensänderung unter prinzipieller Bejahung des Gewalteinsatzes.
Er existiert in den Möglichkeiten revolutionären Handelns.

Sicherheit des Freiheitsanspruchs

3. Innere Sicherheit im engeren Sinne bezieht sich somit auf
   — Schutz vor Gewalt und Kriminalität
   — Staatschutz
   — Verfassungsschutz, inbesondere Schutz vor politischem Extremismus
   — Schutz vor Terrorismus
   — Kontrolle und Wahrung der sozialen Sicherheit mit ihren freiheitlichen Komponenten des marktwirtschaftlichen Systems wie den Absicherungen der Sozialbindung.
4. **Schutz vor Gewalt und Kriminalität: Gewalt** setzt weit im Vorfeld gesetzlich erfaßter Tatbestände ein. Wer körperliche Überlegenheit oder seinen „Dienstgrad" nur mal so zur Drohung als „Argument" eingesetzt, gebraucht schon Gewalt. Gewalt dieser Art erzeugt wieder Gewalt, die sich auch abgeleitet äußern kann.

   Es ist zu unterscheiden zwischen personaler und struktureller Gewalt. **Kriminalität** umfaßt die Bereiche Gewaltdelikte (Mord und Totschlag, Raub, räuberische Erpressung usw., Brandstiftung, Vergewaltigung, schwere Körperverletzung usw.), Eigentums- und Vermögensdelikte (Diebstahl) sowie Betrug (Unterschlagung, Erpressung). Die polizeiliche Kriminalstatistik weist für das Jahr 1977 insgesamt 3,2 Millionen Straftaten (3.287.642) auf. Das ist eine Zunahme um ca. 220.000 gegenüber den 3.063.271 Straftaten des Jahres 1976 (bzw. 7,3 %) und gegenüber den 2.559.974 Straftaten des Jahres 1973 eine Zunahme um 28,4 %.
5. Zum **Staatsschutz** gehören alle Maßnahmen, die besonders im präventiven Bereich die Sicherheit des Staates vor wirtschaftlichen, technologischen und militärischen Nachteilen im Kreis anderer Nationen umfassen.
6. Zum **Verfassungsschutz** gehört der Schutz der sieben Grundprinzipien unserer staatlichen Ordnung.
   1. Achtung vor den im GG konkretisierten Menschenrechten
   2. Gewaltenteilung, 3. Verantwortlichkeit der Regierung, 4. Gesetzmäßigkeit der Verwaltung, 5. Unabhängigkeit der Gerichte, 6. Mehrparteienprinzip, 7. Chancengleichheit für alle politischen Parteien mit dem Recht auf verfassungsmäßige Bildung und Ausübung einer Opposition.

Extremist in Distanzierung vom Sozialsystem

6.1. **Extremismus:** Der Begriff Links- und Rechtsextremismus löste im Jahre 1975 die bis dahin gültige Bezeichnung Radikalismus ab. Man ging dabei davon aus, daß man sehr wohl auf dem Boden der Verfassung stehen kann, wenn man auch radikal bestimmte Veränderungen (Verbesserungen) bewirken will.

Der Extremist befindet sich im Prozeß zentrifugaler Distanzierung von der Mitte der gesellschaftlichen Schwerkraft, die das Sozialsystem ordnet und gestaltet.

Kennzeichen: Links-Extremist: Befreiung von auf Ausbeutung angelegten Klassenstrukturen, begreift sich als Teil des historischen Prozesses.
Rechts-Extremist: Stabilisierung von unten nach oben geordneter oligarchischer Herrschaftssysteme. Obrigkeitsstaat als der dem Deutschen angemessene Staatsform. Verhältnis zur Politik eher kultisch.
Extremist der Mitte (Funke): Er verteufelt jede Reformabsicht als Abenteuerei, ist sie aber erfolgreich, erklärt er, schon immer dafür gewesen zu sein. Er ist freiheitsängstlich. Er erlaubt die Gesetzlosigkeit gegen den Gegner der bestehenden Gesetze.

6.2. **Zahlen:** Rechtsextremismus: 18.000 Mitglieder in 130 Vereinigungen, Verlagen, Vertriebsdiensten.
Alte Rechte: NPD mit JN und NHB
National-Freiheitliche Rechte: DVU
Neo-Nazis: Deutsche Bürgerinitiative, Faschistische Front, Kampfbund Deutscher Soldaten, Freundeskreis „Denk mit" und Freundeskreis der NSDAP
Neue Rechte: (400) Volkssozialisten, Solidaristen, Nationalrevolutionäre: „Sache des Volkes" / national-revolutionäre Aufbau-Organisation (SdV-NRAO), Solidaristische Volksbewegung (SVB), Unabhängige Arbeiterbewegung (UAB)
Sonstige: Wehrsportgruppe Hoffmann
Linksextremismus: Orthodoxe Kommunisten (Alte Linke): DKP mit SDAJ, JP und MSBI SPARTAKUS; DKP: 42.000 Mitglieder, SDAJ: 15.000 Mitgl.; MSB: 5.800 Mitglieder; JP: 2.500 Mitglieder; Neue Linke: KPD/ML: 800; KPD: 700; KABD: keine Angaben vorhanden; KBW: 2.500 + 1.000 fest organisierte Sympathisanten; KB: 1.700; GIM: 500.
Verbindlich für Zahlenmaterial und Einstufung ist der Bundesminister des Innern mit dem Bericht des Bundesamtes für Verfassungsschutz.

Vielfältiger Extremismus

7. **Politischer Terrorismus**
Man unterscheidet terroristische Aktionen im kleineren sozialen Bereich (mikrosoziale Determination) (Funke), also Plünderungsterrorismus, Demonstrationsterrorismus, „Fixe Idee" (Kennedy-Mord, Dutschke-Attentat) und im größeren sozialen Bereich (makrosoziale Determination), also soziale Revolution, Religionskriege, nationalistische Seperation...

Friedrich Hacker: *„Terror ist die Verwendung des Herrschaftsinstruments der Einschüchterung durch die Mächtigen. Terrorismus die Nachahmung und Praxis von Terrormethoden durch die (zumindest einstweilen) Machtlosen, Verzweifelten..."*

Man unterscheidet zwischen folgenden terroristischen Gruppierungen:

**Ursachen-
forschung
des
Terrorismus**

- nationale / antikolonialistische Befreiungsbewegungen
- regionale (autonomistische oder seperatistische Befreiungsbewegungen
- sozialrevolutionäre Bewegungen
- vigilantistische Absicherung von Grp. Interessen
- Opposition in Diktaturen.

In der Bundesrepublik: RAF, Revolutionäre Zellen, Bewegung 2. Juni, Informationszentrum Rote Volksuniversität, ReZe-Brigade (Ulrike Meinhof).

Für die Bekämpfung des Terrorismus ist wichtig die Ursachenforschung. Die Innere Sicherheit wird nicht nur durch die Terroristen, sondern auch durch die Gefahr einer Überreaktion des Staates und der Bürger gefährdet (Preisgabe humanitärer und gesetzlich fixierter Normen).

8. **Innere Sicherheit und das marktwirtschaftliche System:**
Ausgangspunkt: die Idee der freiheitlichen Entfaltung
Begrenzung: das Recht des anderen und der Gesellschaft
These 1: Innere Sicherheit ist in einem marktwirtschaftlichen **System nur durch ein hohes Maß (und Bewußtsein) an Solidarität zu erreichen.**
These 2: Innere Sicherheit bedingt die klare Sozialbindung des marktwirtschaftlichen Systems
These 3: Innere Sicherheit heißt auch: wirtschaftliche Stabilität (also: Vollbeschäftigung und angemessenes Wirtschaftswachstum, stabiles Preisniveau, ausgeglichene Zahlungsbilanz, gerechte Einkommens- und Vermögensverteilung)
These 4: Innere Sicherheit wird gewährleistet durch den Abbau von Fremdbestimmung (objekt- und subjektbezogener F.), d.h. die Beziehung zur Arbeit und zu den Entscheidungsprozessen bezüglich der Arbeit muß hergestellt werden
These 5: Innere Sicherheit wird hergestellt auch durch soziale Sicherheit als mit wirtschaftlichen Mitteln gewährleisteter Schutz der schwächeren Mitglieder einer staatlichen Gemeinschaft und durch soziale (Ab-) Sicherung (Schutz gegen Risiken und Sachverhalte, welche die Sicherheit des einzelnen bedrohen können, übertragen auf den politischen Bereich)
These 6: Innere Sicherheit wird gewährleistet durch soziale Gerechtigkeit.

9. **Organe der Inneren Sicherheit**

**Verwaltungs-
behörden
und
Vollzugs-
polizei**

9.1. **Polizei:** Schutzpolizei, Kriminalpolizei, Landeskriminalämter, Bundeskriminalämter, Wasserschutz- und Bereitschaftspolizei. Die Aufgabe der Polizei ist in der Bundesrepublik Deutschland, die (innere) und öffentliche Sicherheit und Ordnung aufrechtzuerhalten. Die Erfüllung dieser Aufgaben obliegt besonderen Verwaltungsbehörden und der Vollzugspolizei.

9.2. **Bundesgrenzschutz (BGS)** wurde als Grenzschutztruppe zur Grenze „DDR" aufgestellt und durch das neue Gesetz über den BGS vom Jahre 1972 als Sonderpolizei etabliert mit neuen Aufgaben wie Schutz der Verfassungsorgane des Bundes und als Eingreifreserve der Länderpolizeien in für Bund und BGS fremden Aufgabenbereichen.

9.3. **Bundesamt für Verfassungsschutz:** Sammlung von Auskünften, Nachrichten und sonstigen Unterlagen über Bestrebungen, die gegen die freiheitlich demokratische Grundordnung, den Bestand und die Sicherheit des Bundes oder eines Landes gerichtet sind. Hierzu gehören z.B. Überwachung von Extremisten, Kampf gegen Spionage usw.

9.4. **Militärischer Abschirmdienst:** Der MAD hat die Aufgabe, die Bundeswehr gegen Spionage, Sabotage und Zersetzung zu schützen. Damit hat er auch eine Bedeutung für die Innere Sicherheit, wenn er für ein Organ der Äußeren Sicherheit arbeitet. Er führt durch die Sicherheitsüberprüfungen, Objektüberprüfung, Informationsarbeit, Spionageabwehr, Sabotageabwehr und Zersetzungsabwehr sowie Terrorismusabwehr.

9.5. **Bundesnachrichtendienst:** Der BND hat die Aufgabe der nachrichtendienstlichen Auslandsaufklärung auf außenpolitischem, wirtschaftlichem, rüstungstechnischem und militärischem Gebiet (durch Beschaffung und Auswertung von Informationen), Aufklärung der gegnerischen Nachrichtendienste, Erledigung sonstiger nachrichtendienstlicher Aufträge des Bundeskanzlers und der Bundesregierung im Ausland, Spionageabwehr innerhalb des BND

10. Was wollte der Referent mit seinem Vortrag erreichen (Lernziele):
    1. Aufzeigen der Vielfalt der die Innere Sicherheit berührenden Aspekte
    2. Einige Sachinformationen zur Inneren Sicherheit vermitteln
    3. Einige Zusammenhänge im Bereich der Inneren Sicherheit darstellen
    4. Und vor allem: Ihnen klarmachen, daß Sie in allen Bereichen der Inneren Sicherheit unmittelbar betroffen sind und Sie es sind, die die Inneren Sicherheiten gestalten und daß Innere Sicherheit kein abstrakter politischer Begriff (manchmal auch polemisches Kampf-Schimpf- oder Schlagwort) ist, sondern eine unser Leben betreffende Notwendigkeit.

Aus der Ansprache des Staatssekretärs im Bundesministerium des Innern, Dr. Siegfried Fröhlich, anläßlich der Eröffnung der Fachmesse „Sicherheit 1979", am 26. September 1979 in Stuttgart (BMI-Pressedienst vom 26.09.1979)

Ausgeprägtes Sicherheitsbedürfnis

Ich habe vor drei Jahren – und werde das auch heute tun – einige Bemerkungen zur Sicherheitslage aus damaliger Sicht vorgetragen und dabei auf das besonders ausgeprägte Sicherheitsbedürfnis der Men-

schen in unserem Lande hingewiesen, das in der hohen Priorität Ausdruck findet, daß der Wunsch nach Sicherheit in der Rangfolge der für erstrebenswert gehaltenen Güter hat, das aber auch in der außerordentlichen Empfindlichkeit deutlich wird, mit der die öffentliche Meinung auf Störungen des Sicherheitsgefühls reagiert.

Niemand konnte damals ahnen, daß uns mit den Ereignissen des Jahres 1977, die mit den Namen Buback, Ponto, Schleyer gekennzeichnet sind, die bisher schwerste psychologische Belastung der Nachkriegszeit bevorstand, die bis heute einschneidende Auswirkungen auf Sicherheitspolitik und Sicherheitspraxis hat, die sich ja auch in dieser Aufstellung widerspiegeln dürfen.

1976 kam in meinen Anmerkungen zur Sicherheitslage das Wort „Terrorismus" noch gar nicht vor. Heute, auch heute noch, ist es fast unvermeidlich, damit zu beginnen.

Seit dem schlimmen Jahr 1977 sind wir vor irgendwie vergleichbaren terroristischen Verbrechen praktisch verschont geblieben, nicht durch glückliche Fügung, sondern dank unerhörter gemeinsamer Anstrengung der Sicherheitsbehörden von Bund und Ländern. Aber auch heut noch gilt:

Statistisch quantitative Aussage

Der Bedrohung der Inneren Sicherheit durch den Terrorismus wird man mit einer statistisch-quantitativen Aussage, die da lauten müßte: Die dem Terrorismus zuzurechnenden Delikte schlagen kaum zu Buche, nicht gerecht.

Die vom Terrorismus ausgehenden Gefahren rangieren im Bewußtsein der Bevölkerung und aller für die Sicherheit Verantwortlichen auch heute an vorderster Stelle.

Die Sicherheitspolitik der Bundesregierung basiert auf der Grundüberzeugung, daß der Bestand und die Fortentwicklung unseres freiheitlichen Rechtsstaates wesentlich von der Gewährleistung der Inneren Sicherheit abhängig.

Denn nur der Bürger, der sich auch sicherfühlen kann, ist ein freier Bürger. Eine verantwortliche und mit Augenmaß betriebene Sicherheitspolitik wird sich insbesondere an folgende Prinzipien ausrichten müssen:

1. Vorbeugen ist besser als heilen — uralte Volksweisheit; die bedeutet hier, daß die Verbrechensverhütung, insbesondere im Wege der Erforschung und Bekämpfung der Ursachen der Kriminalität und der Stärkung des Sicherheitsbewußtseins der Bevölkerung, weiter vorangetrieben werden muß.

2. Organisation und Ausstattung der Sicherheitsorgane sowie das rechtliche Instrumentarium sind fortlaufend daraufhin zu überprüfen, ob sie den sich wandelnden Anforderungen und Umständen noch gerecht werden, und ggf. zu verbessern.

Grenzen der Inneren Sicherheit

3. Bei allen Maßnahmen zur Gewährleistung der Inneren Sicherheit sind stets die Grenzen zu beachten, die sich aus der Einbindung der Sicherheitsinteressen in die zu wahrende Wertordnung unserer Gesellschaft und die garantierten Freiheitsrechte ergeben.

4. Die Sicherheitsbehörden sind darauf angewiesen, daß sie von dem Vertrauen der Bevölkerung getragen werden, dieses Vertrauen gilt es, insbesondere durch effektive Arbeit, aber auch durch Transparenz und den Dialog mit dem Bürger zu erhalten und dort – wo es noch fehlen mag – zu bilden.

5. Die im Sicherheitsbereich tätigen Beamten dürfen bei ihrer verantwortungsvollen Aufgabe nicht alleingelassen werden. Die Kooperation mit der Bevölkerung, mit Medien, Wissenschaft, Gewerkschaften und Wirtschaft sowie mit anderen relevanten gesellschaftlichen Gruppen ist unverzichtbar.

C

Sicherheit – was ist das?
Definitionsversuche der Projektgruppe

(Die Großbuchstaben in Klammern beziehen sich auf das diesem Arbeitspapier anhängende Quellenverzeichnis)

Sicherheit unter verschiedenen Aspekten

1. Zur Einführung
2. Politischer Bereich
2.1. Soziale und ökonomische Sicherheit
2.2. Nationale Sicherheit
2.3. Innere Sicherheit
2.4. Kollektive Sicherheit
2.5. Internationale Sicherheit
2.6. Sicherheitspolitik
3. Soziologischer Bereich
3.1. Statussicherheit
3.2. Normen, Werte und Sanktionen
3.3. Sicherheit bei Konflikten
4. Psychologischer Bereich
5. Problematisierung

1. Zur Einführung

Der Wunsch nach Sicherheit ist ohne Zweifel ein Grundbedürfnis menschlicher Existenz. Kaum ein Begriff ist vo vielfältig und dabei schwer definierbar, zugleich aber mit weitreichenden Interdependenzen verbunden wie der Begriff „Sicherheit". „Sicherheit" muß somit unter verschiedenen Aspekten definiert werden.

Neben dem alltäglichen Gebrauch im Sinne von Funktionssicherheit von Maschinen, Fahrzeugen oder Geräten, „Sicherheit" vor Verbrechen oder „Sicherheit" am Arbeitsplatz und im Verkehr o.ä. hat der Begriff im politischen soziologischen und psychologischen Bereich eine umfassende Palette von Bedeutungsnuancen aufzuweisen, die hier angerissen werden sollen, aber nicht erschöpfend dargestellt werden können. Auch eine Problematisierung ist nur begrenzt möglich.

2. Politischer Bereich

Sicherheit zur Bezeichnung der politischen Lage

Der Begriff „Sicherheit" wird zur „Bezeichnung der politischen Lage einer Nation, einer Gruppe von Nationen oder auch der ganzen Welt" (B) verwendet und ist außerordentlich schwer zu bestimmen. Man versteht darunter im politischen Bereich die „Erhaltungsbedingungen eines bestehenden politischen sozialen Systems" (A). Einheitlich wird der Begriff aber auch hier nicht verwendet, weil nationale Sicherheit von innerer und sozialer Sicherheit abhängig und die Sicherheit zugleich ein den internationalen Rahmen betreffender Faktor ist. Nationale und internationale Sicherheit korrespondieren sehr stark.

Man unterscheidet mithin:
Soziale Sicherheit
Nationale Sicherheit
Innere Sicherheit
Kollektive Sicherheit
Internationale Sicherheit

Diese Bereiche sollten aber nicht isoliert voneinander gesehen werden, wenngleich im traditionellen Sinne „Sicherheit" ... die Situation einer Nation, die von äußerer Vernichtung oder Aggression geschützt ist" (B) bezeichnet. Denn: „In den letzten hundert Jahren hat man aber allgemein erkannt, daß infolge der zunehmenden Zerstörungskraft der Kriege zwischen nationaler und internationaler Sicherheit ein direkter Zusammenhang besteht, und zwar insofern, als die Sicherheit vieler Nationen dadurch gefährdet werden kann, daß eine einzige von ihnen ihre Sicherheit einbüßt."

2.1. Soziale und ökonomischer Sicherheit

„Soziale Sicherheit und soziale Gerechtigkeit sind die großen Anliegen der Zeit. Die soziale Frage ist seit Beginn der Industrialisierung immer mehr zur Zentralfrage menschlichen Daseins geworden. Sie hat eine eminente geschichtliche Kraft" (H).

Soziale Frage als geschichtliche Kraft

Unter sozialer „Sicherheit" wird häufig die Sicherung der sozialen Lebensbedingungen verstanden, also die Sicherung des Lebensstandards, die Sicherung bei Alter, Krankheit, Arbeitslosigkeit usw.

Insofern besteht eine enge Verbindung zwischen sozialer Sicherheit und dem soziologischen Bereich der Statussicherheit usw. Hier soll allerdings zwischen ökonomischer und sozialer Sicherheit unterschieden werden. Unter sozialer „Sicherheit" versteht man zumeist den „mit wirtschaftlichen Mitteln gewährleisteten Schutz der schwächeren Mitglieder einer staatlichen Gemeinschaft" (B).

Zweckmäßig wird zwischen sozialer „Sicherheit" und sozialer „Sicherung" unterschieden. Erstere ist das pragmatische Leitbild eines sozialen (gesellschaftlichen) Schutzes gegen Risiken

und Sachverhalte, welche die Lebenslagen der einzelnen bedrohen und gegen die individueller Selbstschutz (Eigenvorsorge der Bürger) zwar erwünscht ist, vielfach aber nicht rechtzeitig und/oder nicht ausreichend geleistet werden kann.
Soziale Sicherung ist die **Politik,** die soziale „Sicherheit" auf Grund gesetzlicher Regelungen und internationaler Vereinbarungen mit Hilfe öffentlicher Einrichtungen und Maßnahmen praktisch verwirklichen will. Sie gewährt Sozialleistungen an die einzelnen." (Bb)

„Das Verlangen nach Sicherheit ist ein unversales Problem. Die eine große Wurzel dieses Bedürfnisses nach Sicherheit ist die Not, die ihre natürliche Ursache in der Knappheit der Güter (wirtschaftlichen) hat. Die Arbeitsteilung hat sich zwar als ein wahrhaft großartiges Mittel erwiesen, diese Not weitgehend zu überwinden. ... Aber dieselbe Arbeitsteilung hat neue Unsicherheit auf den Plan gerufen. Diese Unsicherheit ist dopplter Art. Der Mensch wird von dem ungeheuer komplizierten wirtschaftlichen Gesamtprozeß abhängig, und er wird in diesem Prozeß abhängig von Partnern, d.h. anderen Menschen.

Nicht nur wirtschaftliche Not

Hier liegen die Gefahren, die die andere Wurzel der Beängstigung bilden, unter der die Menschen stehen. Der einzelne hat in der modernen arbeitsteiligen Welt nicht nur wirtschaftliche Not zu fürchten, sondern auch den Verlust seiner Möglichkeiten als Person. ...
Die andere Gefahr besteht in dem Verlust seiner Freiheit, die durch Machtausnutzung schwer beeinträchtigt werden kann, sei es durch private Macht, oder, in schlimmerer Form, durch den totalen Staat. ...
Das Kollektiv kann wohl Arbeitslosigkeit vermeiden, aber es beschwört die viel schwerere Gefahr persönlicher Unsicherheit herauf. Andererseits ist die Verkehrswirtschaft nur dann imstande den Menschen wirtschaftliche Sicherheit zu gewähren, wenn sie störungsfrei verläuft." (H)
Die **ökonomische** „Sicherheit" umfaßt einerseits die Funktionsfähigkeit und Zuverlässigkeit der wirtschaftlichen Organisationsprinzipien, andererseits die vier Grundpfeiler der wirtschaftlichen Stabilität:

— Vollbeschäftigung
— stabiles Preisniveau
— ausgeglichene Zahlungsbilanz
— angemessenes Wirtschaftswachstum.

„Zuweilen wird ... die Problematik der Sicherheit aber auch als Ausfluß ungelöster politökonomischer (d.h. im herkömmlichen Sprachgebrauch als Verquickung sozialpolitischer und machtpolitischer) Probleme angesehen. Die praktische Konsequenz ... wäre

Verquickung sozialpolitischer und machtpolitischer Probleme

gleichbedeutend mit der Einsicht in die Notwendigkeit einer sozialökonomischen Umgestaltung der modernen Gesellschaft in eine solche, die Sicherheit vollkommen durch soziale Sicherheit garantiert. Soziale Sicherheit würde damit als friedensstiftendes Element schlechthin angesehen.
Zu einer solchen Auffassung der Sicherheit ... konnte es nur kommen, seit der Friedensbegriff im industriell geprägten Zeitalter kaum mehr als einen negativ ausgrenzenden Gehalt hat ... So wird im Sprachgebrauch der Massenmedien nicht selten bereits dann von einer Bedrohung der Sicherheit gesprochen, wenn das Konfliktpotential der heute lebenden Gesellschaften, im globalen Zusammenhang betrachtet, regional an irgendeiner Stelle beträchtlich erhöht wird. Man fürchtet nämlich das Engagement der Supermächte ..." (A)

2.2. Nationale Sicherheit

Von „nationaler Sicherheit" spricht man im Sinne von „militärischer Stärke" oder „Unbesiegbarkeit". Nationale Sicherheit kann einem Staat mehr oder weniger zur Verfügung stehen, ein Staat kann sich mehr oder weniger um nationale Sicherheit bemühen. Der Grad der nationalen Sicherheit, das heißt der Umfang der Erhaltungsbedingungen für ein politisches System, hängt nicht nur von der sozialen Sicherheit in dem betreffenden Staat ab, sondern auch von der im internationalen Rahmen bestehenden und relevanten Sicherheitsproblematik (=Lage). Absolute „Sicherheit" bedeutet für eine Nation, daß es für ihr System, für ihre erworbenen materiellen und immateriellen Werte und für die physische Existenz der in ihr lebenden Menschen keine Gefahr gibt (– und auch) keine Furcht, daß diese Werte – materielle wie ideelle – gefährdet sein könnten. Dies kann durch materiellen Reichtum einer Nation und die Macht derselben, also die Fähigkeit, andere zu bestimmen, bedingt sein.

International relevante Sicherheitsproblematik

Der absolute Grad der „Sicherheit" einer Nation läßt sich nur schwierig in einer objektiven Aussage fassen, weil
a) die Art der Gefahr, die einem bestimmten Land droht, und die Beurteilung dieser Gefahr höchst unterschiedlich sein kann,
b) die „Sicherheit", die auf militärischer Macht beruht, kostspielig ist und den nichtmilitärischen Sicherheitsbedürfnissen eines Landes verloren geht und
c) die militärisch erkaufte „Sicherheit" das Problem birgt, daß man nicht deutlich unterscheiden kann, „ob die militärische Macht und die Waffen der Verteidigung und dem Widerstand oder ob sie einem Angriff dienen sollen". (B)
Insofern ist nationale „Sicherheit" identisch mit „Äußerer Sicherheit". Hier sagt Walpuski:

"Unter Äußerer Sicherheit darf nicht länger nur militärischpolitische Sicherheit verstanden werden. Sicherheit ist nicht mehr ausschließlich eine Funktion militärischer Stärke, sondern in zunehmendem Maße eine Funktion der internationalen ökonomischen und sozialen Situation und der politischen Stabilität des internationalen Systems. Dabei rückt neben dem Abbau personaler Gewalt der Abbau struktureller Gewalt in den Vordergrund ... Sicherheit muß global gesehen und dynamisch interpretiert werden." (E).

2.3. Innere Sicherheit
Unter Innerer Sicherheit versteht man den „Schutz des Staates vor Unterminierung oder Vernichtung seiner Institutionen und Werte durch eine Minderheit oder eine äußere Macht." (B)

Auch Nollau bezeichnet die Innere Sicherheit als „Schutz unseres Staates vor Subversion, worunter ich die Unterwanderung durch Verfassungsfeinde verstehe." (C).

Dies ist auch bei anderen Autoren eine übliche − wenngleich zu enge − Interpretation des Begriffes „Innere Sicherheit. Es muß auf eine wesentlich erweiterte offizielle Auslegung dieses Begriffs verwiesen werden. Die „Ständige Konferenz der Innenminister/-senatoren des Bundes und der Länder" beschloß im Februar 1974 das „Programm für die Innere Sicherheit der Bundesrepublik Deutschland". In diesem Programm sind alle Aufgaben, die sich auf die Polizei des Bundes und der Länder beziehen, erfaßt, also Verbrechensbekämpfung, Straßenverkehr usw. Unter Ziffer VI „Aufgaben der Verfassungsschutzbehörden" werden dann die o.g. Bereiche erwähnt.

Schutzwürdige Bedürfnisse frei von Gefahr halten

So muß Innere Sicherheit als ein Zustand betrachtet werden, bei dem die Gesamtheit aller schutzwürdigen Bedürfnisse und Werte im Inneren eines Staates frei von Gefahr gehalten werden, der reibungslose Ablauf des Verkehrs, die Verhinderung von Mord, Totschlag, Diebstahl, Raub, Erpressung ebenso wie die Verhinderung subversiver, die Staatsordnung und das Staatssystem gefährdender Tätigkeiten oder sicherheitsgefährdender bzw. geheimdienstlicher Aktionen.

2.4. Kollektive Sicherheit
Kollektive Sicherheit wird im Sinne „einer Erweiterung der nationalen Sicherheit durch gegenseitige Garantien (bzw. Absprachen) zwischen Verbündeten" (B) gebraucht.

„Als Kollektive Sicherheit gilt eine vertraglich vereinbarte internationale Ordnung, in der die Anwendung von Gewalt zu individuellen Zwecken (....) untersagt und der Schutz des einzelnen Staates wie der internationalen Rechtsordnung der gemeinsamen durch das Recht sanktionierten Aktion aller Staaten einer universalen oder regionalen Staatenorganisation überantwortet ist. (Scheuner, 1961) Ziel der Aktion ist die Verteidigung des Frie-

Anwendung von Gewalt untersagt

dens — in Gestalt eines bestimmten territorialen Status quo und eines festgelegten Kräfteverhältnisses (....) wer immer der Angreifer und wer immer das Opfer sein mag. (Ziebura 1966) Als Mittel sind sowohl ökonomische (Boykott) wie militärische Sanktionen möglich." (F)

Die Prinzipien der Kollektiven Sicherheit sind somit Gewaltverzicht und Nichteinmischung in die inneren Angelegenheiten eines Staates. Dadurch, „daß vor allem seit dem 2. Weltkrieg kollektive Sicherheits- oder Verteidigungssysteme bevorzugt werden, ist für die meisten Staaten Europas, Asiens und Australiens ein sehr enger Zusammenhang zwischen nationaler und internationaler Sicherheit geschaffen worden." (B).

2.5. Internationale Sicherheit

Unter Internationaler Sicherheit versteht man ganz allgemein den „Erhaltungsmechanismus des Friedenszustandes in den internationalen Beziehungen nach dem 2. Weltkrieg". (A)

Nichtinanspruchnahme von Massenvernichtungsmitteln

„In einem sehr wichtigen — der Substanz nach für die Problematik der Sicherheit jedoch nicht grundlegenden Sinn — denkt man dabei insbesondere an die Überlebensbedingungen der Industrienationen unter den Gegebenheiten der nuklearen Rüstung. Das Überleben der westlichen Zivilisation hängt von der Nichtinanspruchnahme der aus ihren technischen Möglichkeiten entwickelten modernen Massenvernichtungswaffen ab." (A)

„Es gibt drei Möglichkeiten, die internationale Sicherheit zu erhalten: durch Machtabbau, durch Machtkontrolle und durch Machtgleichgewicht." (B)

Voraussetzung für den Machtabbau ist eine partielle Abrüstung, für die Machtkontrolle ist eine internationale, kollektive Begegnung jeglicher Bedrohung der „Sicherheit" eines Staates durch einen anderen und für das Machtgleichgewicht ist der Versuch, ein Gleichgewicht der Kräfte zu schaffen, wenn Macht nicht abgeschafft oder kollektiviert werden kann (nach B).

2.6. Sicherheitspolitik

Für eine Sicherheitspolitik „als Leitfunktion von Außen- und Bündnispolitik, von Diplomatie sowie von militärpolitischer Strategie und Rüstungspolitik" treten fünf Ebenen zutage (G):

1. „Die Weltmächte regeln globale und nuklearstrategische Fragen unmittelbar ..."
2. „Die Bündnisse verlieren ihre polarisierende Monopolstellung... weitere Veränderungen im internationalen System, aber auch die ökonomischen Abhängigkeiten von Drittländern sowie gesellschaftliche Entwicklungen in Mitgliederstaaten führen in der NATO zu einer Neufestsetzung von Prioritäten ..."
3. „Interessengemeinschaften wie die ‚Eurogroup' übernehmen im westlichen Bündnis zunehmend wichtige Funktionen."
4. „Im Gegensatz zu ihren faktischen Möglichkeiten mehren sich politische Alleingänge von Nationalstaaten, die ihre politische

Alternativfähigkeit und ihre Potentiale überschätzen; hier bedarf es kräftiger Ernüchterung."

5. „Empfindliche Eingrenzung der außenpolitischen Handlungsfähigkeit einer Regierung durch gesellschaftliche Prozesse erhöht die Wahrscheinlichkeit von Fehleinschätzungen und damit das sicherheitspolitische Risiko." (G)

3. Soziologischer Bereich

„Sicherheit" hat auch zu gelten als „gesellschaftliches Wertsymbol im Sinne von Geborgenheit, Verläßlichkeit, Risikolosigkeit, Gewißheit" (I). In dieser Bestimmung von „Sicherheit" ist zugleich auch ein großer Anteil des psychologischen Bereiches mit angesprochen. Denn eine Reihe von gesellschaftlichen Wertsymbolen wie beispielsweise Geborgenheit sind unmittelbar verbunden mit dem Vorhandensein oder dem Fehlen von Angst und/oder Furcht.

Sicherheit ein gesellschaftliches Wertesymbol

Auch die Verbindung zu allen anderen zuvor abgehandelten Bereichen von „Sicherheit" ist außerordentlich eng.

3.1. Statussicherheit

Die Statussicherheit ist vorrangig abhängig von der ökonomischen Entwicklung und deren Stabilität sowie von der inneren und äußeren Stabilität oder „Sicherheit" des politischen Systems. Wenn Bühler sagt: „Das Problem der Unsicherheit bewegt heute alle Schichten und Klassen, und deshalb ist .... Sicherheit der von allen angestrebte Hauptwert geworden ... Von einer überwiegenden Mehrheit wird dabei erkannt, daß ... die berufliche Qualifikation ... die letzte dem Individuum nicht nehmbare Chance erhöhter wirtschaftlicher und sozialer Sicherheit ausmacht" (K), dann meint sie offensichtlich auch Statussicherheit, jene Sicherheit, die sich zusammensetzt aus den ökonomischen Möglichkeiten und dem beruflichen Ansehen einer Person. Mit dieser „Sicherheit" sind demnach auch zugleich jene dringenden sozialen Fragen wie Bildung, berufliche Weiterbildung, Chancengleichheit, Arbeitsplatzlage usw. angesprochen. Die Bedeutung der Statussicherheit, objektiv wie subjektiv, kann für das Funktionieren einer Gesellschaft und die Integration von Individuen in dieser Gesellschaft nicht hoch genug eingeschätzt werden.

3.2. Normen, Werte und Sanktionen

Die „Sicherheit", verstanden als Normen- und Wertesicherheit, der eine „Sicherheit" hinsichtlich der zu erwartenden negativen oder positiven Sanktionen zugrundeliegt, ist eine weitere zentrale Bestimmung von „Sicherheit" im soziologischen Bereich.
Jeder Mensch sucht die „Sicherheit" zu finden, daß sein Verhalten nicht krass von den bestehenden Normen abweicht, er braucht die „Sicherheit" bei der Orientierung im zwischenmenschlichen Verkehr, bei der Kommunikation mit anderen.
Das erfordert eine Stabilität der Normen und eine Stabilität der

Orientierung im zwischenmenschlichen Verkehr

Palette negativer oder positiver Sanktionen. Diese „Sicherheit" zu haben, sich orientieren zu können, das heißt im allgemeinen gesellschaftliche „Sicherheit" zu empfinden. „Orientierung und Ordnung, Regelhaftigkeit und Bedeutungsgehalt" (I) soll der Mensch in der Gesellschaft finden. Ist dies nicht der Fall, fühlt sich der Mensch in dieser Gesellschaft nicht mehr sicher.

3.3. Sicherheit bei Konflikten

Allgemein akzeptierte Regeln

Die modernen Gesellschaften zeigen immer größere und breitere Konfliktpotentiale, die zu bewältigen immer schwerer wird. Konfliktlagen lassen sich zu einem großen Teil voraussehen und leichter bewältigen, wenn sie institutionalisiert sind und wenn die Durchschaubarkeit und Erkennbarkeit sozialer Beziehungen, also der Beziehungen zwischen einzelnen Menschen, zwischen einzelnen Menschen und Gruppen oder zwischen Gruppen, vergrößert wird.

Wichtig ist es für gesellschaftliche „Sicherheit", daß Konflikte nach bekannten allgemein akzeptierten Regeln ablaufen, wenn das nicht der Fall ist, dann werden Konflikte in „a-sozialer" Weise ausgetragen und wirken damit disfunktional oder gar systemsprengend. „Sicherheit" bei der Austragung von Konflikten heißt also: möglichst Institutionalisierung der Austragungsmechanismen.

4. Psychologischer Bereich

Der psychologische Bereich der „Sicherheit" leitet sich weitgehend aus effektiven Aspekten ab. Angst zu empfinden, bedeutet fehlende „Sicherheit". Dies kann sich auf Neurosen zurückführen lassen, ebenso auf die gesellschaftlichen Umstände, unter denen die betreffende Person lebt. Freud geht so weit, den Ursprung der Angst (und damit der fehlenden Sicherheit) im „traumatischen Erlebnis der Geburt" (K) zu sehen. Immerhin — Urvertrauen (Gefühl hoher „Sicherheit") erlangt ein Mensch als Säugling bei sachgerechter und konstanter Pflege durch eine feste Bezugsperson.

Angst durch gesellschaftliche Zwänge

Fehlt einem Menschen in dieser ersten Phase seines Lebens jene Form der „Sicherheit", so wirkt sich das später in Existenzangst, Unsicherheit oder Aggressivität aus. Angst wird stets durch das Erlebnis einer drohenden Gefahr hervorgerufen. Ob Angst vermieden oder beseitigt werden kann, hängt wesentlich davon ab, ob dem Menschen genügend geistige Funktionen zur Verfügung stehen und ob er in der Lage ist, seine körperlichen Fähigkeiten dazu zu gebrauchen, die bedrohliche Gefahr abzuwenden oder zu beherrschen.' (K) Heute werden Angst und Unsicherheit im wesentlichen durch die gesellschaftlichen Zwänge (Normen, Konkurrenzfelder, sozialer Druck) erzeugt. „Sicherheit" heißt in diesem Zusammenhang: die Fähigkeit, sich von diesen Zwängen unabhängig zu machen, sie als Fähigkeit, sich von diesen Zwängen unabhängig zu machen, sie als gegeben und normativ zu akzeptieren oder die Kraft zu haben, sie zu verändern. Aber besonders im psychologischen Bereich ist die „Sicherheit" oft am wenigsten gegeben, weil alle anderen Faktoren der Gesellschaft, politische (Kriege/Unruhen), ökonomische (Arbeitsplätze), soziale (Renten) oder gesellschaftliche (neue Normen) „Angst" auslösen und „Sicherheit" unmöglich machen. Hinzu kommen noch die individuellen psychischen, das Gefühl von Sicherheit einschränkenden Probleme (Ängste, Neurosen, Traumata).

5. Problematisierung

Aus den oben erläuterten sozio-politischen und psychologischen Bestimmungen für „Sicherheit" leitet sich eine zwingende Konsequenz ab:
Sicherheit bedeutet die Einschränkung eines anderen fundamentalen Wertes menschlicher Existenz: die Einschränkung der Freiheit.

Sicherheit und Freiheit im Spannungsfeld

„In liberal orientierten Gesellschaften", sagt Hartfiel, „besteht ein gewisser Zielkonflikt zwischen dem allgemeinen Streben nach Sicherheit und der Forderung nach Entfaltungsmöglichkeiten für persönliche Freiheit." (I)
Dieses Spannungsfeld drückt sich auch im Art. 2 GG aus, wo es im Abs. 1 heißt, daß jedem das Recht auf „freie Entfaltung seiner Persönlichkeit" zugestanden wird, wo aber dieses Recht insoweit eingeschränkt wird, als es nicht die „Rechte anderer", zum Beispiel auch das in Abs. 2 desselben Artikels zugesicherte Recht auf körperliche Unversehrtheit, einschränkt, oder soweit es nicht das allgemeine Sittengesetz oder die verfassungsmäßige Ordnung verletzt. In genau diesem Spannungsfeld bewegen sich Sicherheit und Freiheit auch in allen anderen Bereichen.
In dramatischer Weise kommt dieses Spannungsverhältnis im Bereich der Inneren Sicherheit zum Tragen. Mehr Sicherheit bedeutet hier: stärkere Kontrollen, Beschränkungen oder Verbote; größere Freiheit heißt hier: weniger vorbeugende Verbrechensbekämpfung, weniger Abschreckung durch weniger demonstrative Razzien und Kontrollen. Die Frage, ob man sich im Zweifel für die Freiheit (in dubio pro libertate) entscheiden soll, oder ab man dem Prinzip Freiheit und Sicherheit zu gleichen Teilen (libertas et securitas) folgen soll, ist nicht generell zu beantworten. Schreiber/Birkel vertreten die Ansicht, „Freiheit und Sicherheit" müsse die Antwort lauten (D). Ein Mehr an Freiheit und ein Defizit an Sicherheit können der dynamische Impuls für sozialen Wandel und Reformen sein, sie können aber auch zum Abbau von Sicherheit und in der Folge zum Verlust der Freiheit führen. Desgleichen kann ein Übermaß von Sicherheit unter der Bedingung, daß es institutionell garantiert und befristet ist, in Belastungssituationen

zur Rettung der Freiheit führen, es kann aber auch Diktatur und totalitäre Herrschaft nach sich ziehen. Mehr Freiheit bedeutet stets weniger Sicherheit, und weniger Sicherheit heißt mehr Freiheitsmöglichkeiten. Die Schaffung eines ausgewogenen, auf die historischen Gegebenheiten bezogenen Verhältnisses zwischen beiden Werten ist eine der vordringlichsten Aufgaben, die sich unseren Gesellschaften stellen.

Eine weitere Folgerung aus der Betrachtung der „Sicherheit" ergibt sich: die Interdependenzen, das heißt die Verbindungen, Abhängigkeiten und Zusammenhänge der verschiedenen Aspekte der Sicherheit sind so stark, daß man in keinem Falle isoliert eine Sicherheit garantieren oder aufs Spiel setzen kann, ohne daß Auswirkungen auf andere Sicherheitsfelder folgen werden.

Qualität der Werte Freiheit und Sicherheit

Das heißt: Die Qualität der Werte „Freiheit und Sicherheit" wird durch das Verhältnis ihrer Quantitäten unter Berücksichtigung der Interdependenzen von Sicherheit im Gesamtfeld organisierten staatlich-gesellschaftlichen Zusammenlebens bestimmt.

Gliederungsvorschlag Innere Sicherheit
(für Referenten, Teamer, Gruppenarbeit)

Arbeitspapier der Projektgruppe

Quellennachweis zu den Definitionsversuchen:

(A) Lexikon zur Geschichte und Politik im 20. Jahrhundert, Bd. 2, Köln 1971; **(B)** Sowjetsystem und demokratische Gesellschaft, Bd. 5, Freiburg 1972; **(Bb)** Bd. 2, Freiburg 1972; **(C)** Günter Nollau, Wie sicher ist die Bundesrepublik, Gütersloh, 1976; **(D)** Manfred Schreiber, Rudolf Birkl, Zwischen Sicherheit und Freiheit, München 1977
(E) Günter Walpuski, Verteidigung + Entspannung = Sicherheit, Texte und Materialien zur Außen- und Sicherheitspolitik, Bonn 1975
(F) U. Albrecht et alii, Durch Kooperation zum Frieden (Probleme gesamteuropäischer Sicherheit), München 1974; **(G)** Deutsche Gesellschaft für Friedens- und Konfliktforschung (Hrsg.), Forschung für den Frieden: Wolf Graf Baudissin, Sicherheitspolitik im Zeichen der Detente und friedlicher Koexistenz, Boppard 1975; **(H)** Walter Eucken, Grundsätze der Wirtschaftspolitik, Hamburg 1961; **(I)** Günter Hartfiel, Wörterbuch der Soziologie, Stuttgart 1972; **(K)** K.-D. Hartmann (Hrsg.), Vorurteile, Ängste, Aggressionen, Frankfurt/Main 1975.

1. Sicherheitsfelder und ihre Zusammenhänge
1.1. „Sicherheit" als psychologische Erscheinung und menschliches Bedürfnis
1.2. Gesellschaftliche Sicherheit
1.3. Sicherheit und Staat
1.4. Ökonomische Sicherheit

1.5. Äußere Sicherheit
1.6. Innere Sicherheit
1.7. Die Verbindungen
2. Staat – Öffentliche Ordnung – Sicherheit
   Abgrenzung und Definition
3. Gewalt und Kriminalität
4. Staatsschutz
5. Verfassungsschutz und politischer Extremismus
6. Politischer Terrorismus
7. Soziale Sicherheit: Grundpfeiler der Inneren Sicherheit
7.1. Innere Sicherheit und das marktwirtschaftliche System
7.2 Sicherheit und Gerechtigkeit
7.3. Innere Sicherheit unter der Perspektive sozialer Absicherung
7.4. Sicherheit – Emanzipation – Mitbestimmung – Mitbeteiligung – Selbstbestimmung
7.5. Sicherheit und Brüderlichkeit
   oder
   Innere Solidarität schafft Innere Sicherheit!
   Wirtschaftliche Stabilität, soziale Sicherheit und Soziales.
7.6. Gerechtigkeit: drei Bedingungen für die Innere Sicherheit

8. Innere Sicherheit und ihre Organe
8.1. Die Polizei: Aufgaben und Probleme eines Exekutivorgans
8.2. Bundesgrenzschutz (BGS)
8.3. Verfassungsschutz (BfV/LfV)
8.4. Militärischer Abschirmdienst (MAD)
8.5. Bundesnachrichtendienst (BND)

9. Innere Sicherheit – was geht es mich an???...???

Literatur

1. Kaufmann, Franz Xaver: Sicherheit als soziologisches und sozialpolitisches Problem, Stuttgart 1973
2. Bilstein, Helmut und Sepp Binder: Innere Sicherheit, Hamburg 1976
3. Merk, Hans-Günther (verantw.f.d.Inhalt): Innere Sicherheit, Mannheim 1977
4. Faude, Alfred und Kurt Fritz: Das Bundesministerium des Innern, Bonn 1971/3
5. Bundesministerium des Innern (Hrsg.): Innere Sicherheit, Informationen des BMI/hier: Nr. 39-43/78
6. Der Bundesminister des Innern teilt mit: Polizeiliche Kriminalstatistik 1977, Bonn 19.9.1978
7. Galtung, Johan: Gewalt, Frieden und Friedensforschung, in: Senghaas, Dieter (Hrsg.), Kritische Friedensforschung, Frankfurt 1972

Aktuelle Sicherheitsaspekte durch Zeitungsauswertung

Arbeitspapier der Projektgruppe

Auftrag: Werten Sie die vorliegende oder eine beliebige Tageszeitung aus, indem Sie alle Beiträge in dieser Zeitung (auch kleinere Meldungen) auf den Gehalt irgendeines Sicherheitsaspektes hin untersuchen.

Auswertungsergebnis:

Es wurde untersucht ....
                               Name der Zeitung   Ausgabe vom (Datum)

Registriert wurden folgende Häufigkeiten von Sicherheitsaspekten:

1.) Allgemeine Sicherheit..............................   ☐

2.) Politische Sicherheit...............................   ☐

    — soziale Sicherheit ....   ☐

    — nationale Sicherheit ....   ☐

    — innere Sicherheit ....   ☐

    davon:

    — Terrorismus   ☐

    — Recht und Ordnung   ☐

    — kollektive Sicherheit ....   ☐

    — internationale Sicherheit ....   ☐

3.) Soziologische Sicherheit ....   ☐

4.) Psychologische Sicherheit ....   ☐

Gesamtsumme von registrierten Aspekten der Sicherheit   ☐

Rangfolge der Sicherheitsaspekte 1 bis 4

I. ....

II. ....

III. ....

IV. ....

Hinweis: Wenn Sie diese Auswertung mit derselben Tageszeitung über mehrere Tage oder Wochen durchführen, können Sie sich eine Art private Sicherheitlage graphisch erstellen.

Registrierte Summe
der "Sicherheitsartikel":

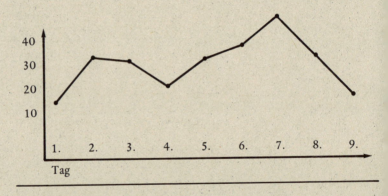

Armeegeneral Hoffmann, DDR-Vtdg.-Minister, vor Absolventen der SED-Parteihochschule „Karl Marx", 1. Dezember 1975

"Welche Rolle also spielt Gewalt für Sieg oder Niederlage einer Revolution in der Epoche des Übergangs vom Kapitalismus zum Sozialismus? Kommt eine solche Revolution aus, ohne daß ein Schuß fällt, kann sie auf unblutigem Wege siegen? Bis jetzt kennt die Geschichte tatsächlich keinen Fall, in dem eine sozialistische Revolution zum Sieg geführt worden wäre, ohne daß die Kanonen ihr Machtwort gesprochen hätten, oder ohne daß sie zumindest gerichtet und geladen wären!"

Literatur zu Baustein 1

1.) Bilstein, Helmut und Sepp Binder: Innere Sicherheit; Hamburg 1978

Dieser kleine von der Landeszentrale für politische Bildung herausgegebene, 55 Seiten starke Band, führt in das Thema mit einer Untersuchung der Gewaltproblematik ein, behandelt dann die Grundlagen der Inneren Sicherheit und die Institutionen Bundeskriminalamt, Bundesgrenzschutz und Verfassungsschutz sowie die Polizei.
Im Kapitel „Demokratische Gesellschaft und Innere Sicherheit" werden die Probleme der Kriminalitätsbekämpfung abgehandelt und kontrovers diskutiert.
Im letzten Teil finden sich eine Reihe wertvoller Materialien zu zahlreichen Bereichen der Inneren Sicherheit.

Untersuchung der Gewaltproblematik

2.) Merk, Hans-Günther: Innere Sicherheit; Mannheim 1977

Dieser Band beginnt mit einer Diskussion der Frage „Was ist Innere Sicherheit?" Hier wird besonders sorgfältig das Spannungsverhältnis zwischen Sicherheit und Freiheit angesprochen.
In einem zweiten Abschnitt werden Aufgabenstellung und Gliederung der Polizei dargestellt, in einem dritten Abschnitt der Verfassungsschutz und die Nachrichtendienste. Der kleine Band ist 108 Seiten stark und verfügt am Schluß in einem Anhang über die wichtigsten Zitate aus Gesetzestexten.
Der Band ist übersichtlich gestaltet, handlich und leicht lesbar.

Die beiden Bände sind bei allen Bausteinen dieser Baugruppe zu berücksichtigen.

3.) Faude, Alfred und Kurt Fritz: Das Bundesministerium des Innern; Bonn 1971

Der 152 Seiten starke Band stellt die Aufgaben des BMI ausführlich dar. Er hat den Nachteil, daß er, was die Gliederung des BMI anbetrifft, veraltet ist.

Aufgaben des BMI

4.) Bundesministerium des Innern (Hrsg): betrifft: Bundesministerium des Innern, Bonn 1977

Auch diese ausführliche Darstellung von Aufgaben und Gliederung war bei Drucklegung dieses Curriculums noch nicht wieder in einer Ausgabe mit neuestem Stand erschienen.
Die in Baustein 1 wiedergegebenen Gliederungen sind das Ergebnis mündlicher Auskünfte der zuständigen Mitarbeiter des BMI.

5.) Bundesministerium des Innern – Referat Öffentlichkeitsarbeit – (Hrsg.):
Innere Sicherheit – Informationen des BMI, Bonn.
Diese Informationsschrift ist für den Referenten oder Teamer eine sehr gut zu verwendende, aktuelle und auch authentische Quellensammlung. Sie kann beim Referat Öffentlichkeitsarbeit des BMI Graurheindorferstr. 198, 5300 Bonn 1, bestellt werden.

Arbeitsmaterialien zu Baustein 1 (Übersicht)

1.) Zusammenfassung „Innere Sicherheit"
   (aus Merk, H.-G., Innere Sicherheit, a.a.O.)
2.) Die Innere Sicherheit der Bundesrepublik Deutschland
   – Bedrohung und Abwehr
   (von H.J. Horchem, in: Beiträge zur Konfliktforschung 4/1976)
3.) Themen und Problemstellung / Das Problem der Gewalt
   (aus Bilstein/Binder: Innere Sicherheit, a.a.O.)

Begriffsbestimmung „Innere Sicherheit"

Aus: Merk, H.-G.: Innere Sicherheit, a.a.O.

Zusammenfassung

Zusammenfassend bedeutet der Begriff „Innere Sicherheit" nach den aufgezeigten Kriterien
1. die Absicherung des Freiheits- und Lebensraumes des Menschen im Verhältnis zum Mitmenschen und zur Gesellschaft durch den Staat;
2. im Verhältnis des Bürgers zum Staat die Gewährleistung der Grundrechte einschließlich einer demokratischen Gestaltung der politischen Rechte.
3. die Kontrollen der Exekutive durch Parlament und Gerichtsbarkeit und
4. die Abwehr von Bestrebungen, den freiheitlichen Rechtsstaat durch ein Staatssystem zu ersetzen, das den Freiheitsanspruch des Bürgers nicht mehr gewährleistet.

Dieser weitgefaßte Begriff umschließt die gesamte in einem Staatswesen verwirklichte Rechtsordnung, die zur Gestaltung und Wahrung eines geordneten Miteinanderlebens in der Gemeinschaft unerläßlich ist und auch z.B. die Absicherung im wirtschaftlichen und sozialen Bereich einschließt.

Gegenstand dieses Taschenbuches ist dagegen der Begriff „Innere Sicherheit" im engeren Sinne, der sich nur auf diejenigen staatlichen Maßnahmen bezieht, die

1. der Verhütung und Abwehr von Kriminalität, Gewalt und sonstigen Angriffen auf das in der Gemeinschaft geregelte Zusammenleben, also der öffentlichen Sicherheit und Ordnung, dienen und
2. den Bestand und die Stabilität einer Gemeinschaft, den Schutz des Staates vor Gegnern im Innern und von außen, zum Ziele haben.

Aus: Beiträge zu Konfliktforschung, Nr. 4/1976

Hans Josef Horchem

Die Innere Sicherheit der Bundesrepublik Deutschland

Bedrohung und Abwehr

Der Begriff Innere Sicherheit hat mehrere Bedeutungen. Zum einen meint er die Konsistenz und Stabilität einer Gemeinschaft in dem von ihr getragenen Staat, zum anderen Sicherheit und Ordnung, also Schutz vor Kriminalität und Gewalt. Auch Sicherheit vor nachrichtendienstlicher Ausspähung ist innere Sicherheit. Die folgenden Ausführungen legen den Schwerpunkt auf die Bedeutung des Begriffes Innere Sicherheit in dem zuerst genannten Sinn. In diesem Sinne ist Innere Sicherheit zuerst ein politisches Problem. Die Sicherung der freiheitlichen demokratischen Grundordnung des Landes durch die Institutionen der Verfassung ist vor allem eine politische Aufgabe. Nur die Erhaltung dieser Grundordnung wahrt die Identität dieses freiheitlichen Staates und damit seine Handlungsfreiheit und die seiner Bürger im Rahmen der gegebenen Möglichkeiten.

Freiheit: kein gesicherter Zustand

Die freiheitliche demokratische Ordnung ist kein zementiert gesicherter Zustand. Sie ist letztlich abhängig von dem Konsensus der großen Mehrheit der Bürger des Landes über die Regeln für politische Auseinandersetzungen, über die Institutionen, ihren Sinn und ihre Aufgaben, insgesamt über die Grundentscheidungen der Verfassung.

Die Situation der Bundesrepublik unterscheidet sich von derjenigen der anderen freiheitlichen Staaten Westeuropas, weil in ihrer unmittelbaren Nachbarschaft ein zweiter deutscher Staat existiert, der nach Prinzipien organisiert ist, die den freiheitlichen demokratischen des Grundgesetzes der Bundesrepublik Deutschland entgegenstehen.

Dieser auf der Grundlage des Marxismus-Leninismus organisierte Staat Deutsche Demokratische Republik (DDR), der sich als realer Sozialismus versteht, wird von einer in der Bundesrepublik am politischen Kampf beteiligten Partei als das alternative Modell auch für die Bundesrepublik selbst propagiert. Dieser Sachverhalt ist bedeutsam, weil die DDR zu einer von der Sowjetunion geführten Staatengemeinschaft in Europa gehört, in der sowohl die Staaten als auch die Hegemonie der Sowjetunion nach den ideologischen Prinzipien des Marxismus-Leninismus geformt sind, wobei die Auslegung dieser Prinzipien bei der führenden Partei der übermächtigen Vormacht, der Kommunistischen Partei der Sowjetunion (KPdSU) liegt.

Diese spezielle außenpolitische Situation der Bundesrepublik, die durch weitere Tatbestände, z.B. die Lage West-Berlins, noch komplizierter wird, besitzt eine unmittelbare Relevanz für die Fähigkeit des Staates, mit inneren Feinden der Verfassung demokratisch zu existieren, und für die Modalitäten der Auseinandersetzung mit ihnen. Die These, die Außenpolitik eines Landes werde durch die innenpolitische Situation bestimmt, gilt nicht nur in Demokratien. Doch widerspiegelt in den mittel- und osteuropäischen Ländern die Innenpolitik weitgehend die außenpolitische Situation der Länder. Sie können auf Grund der übergreifenden außenpolitischen Konstellation im sowjetischen Hegemoniebereich ihre innere Konsistenz nicht entspannen. Die Lage der Bundesrepublik ist mit der Lage dieser Länder keineswegs gleichzusetzen. Aber es stellt sich für die Bundesrepublik kontinuierlich die Aufgabe, den Einfluß der Verfassungsgegner zu begrenzen, um das außenpolitische Handeln zu sichern. Sie darf andererseits aber auch außenpolitisch nicht in eine Situation geraten, die durch zu weitgehende Rücksichtnahme auf die osteuropäischen Hegemonialmacht den Widerstand der freiheitlichen demokratischen Kräfte gegen die Verfassungsgegner im Inneren lähmt. Auch in dieser Aufgabe unterscheidet die Bundesrepublik sich von ihren freiheitlichen Nachbarn: Der deutsche Kommunismus verfügt über einen Staat. Seine Organisation und die Lage der Menschen in ihm sind bekannt. Wie immer man den sogenannten Euro-Kommunismus der italienischen oder der sich von ihnen unterscheidenden französischen Kommunisten in seiner Perspektive einschätzen mag: Der deutsche Kommunismus ist kein alternatives Modell.

Einfluß der Verfassungsgegner

Seit Beginn dieses Jahrzehnts haben sich in der Bundesrepublik in verschiedenen Lagern politische Kräfte organisiert, die nach ihrem Programm und ihrem politischen Handeln wesentliche Grundentscheidungen unserer Verfassung mit dem Ziel bekämpfen, den Staat der freiheitlichen Ordnung zu stürzen. Dieser organisierte politische Extremismus entfaltet sich in einer Gesellschaft, die Prüfungen ausgesetzt ist, deren Bewältigung zusammengefaßter Anstrengungen bedarf. Denn die technologische Entwicklung mit ihren Regreßphänomenen, etwa der Umweltzerstörung, dem Energieproblem, den Strukturproblemen der Wirtschaft, die mit ihr verzahnte konjunkturelle Entwicklung haben tiefe Konflikte geschaffen, die ausgeglichen werden müssen. Die politischen Extremisten wollen die Überwindung der Konflikte verhindern, sie vielmehr ins Grundsätzliche vertiefen und dogmatisieren, um in einer Situation der Unsicherheit Anhänger für ihren politischen Kampf zu gewinnen.

Außenpolitische Handlungsfähigkeit und die Fähigkeit zur Lösung der wirtschaftlichen Probleme sind zwei wichtige Voraussetzungen für die innere Stabilität auch gegenüber den politischen Extremisten. Wenn man die einzelnen Kräfte der politischen Extremisten einschätzt, kann man sich nicht auf ihr Potential beschränken. Bedeutender als dieses ist ihr Hintergrund, ihr Stellenwert in einer gegen die freiheitliche Ordnung gerichteten Strategie, die, wie die Dinge liegen, noch auf lange Zeit den außenpolitischen Druck mit einem koordinierten innenpolitischen Kampf verbindet.

Vier Tendenzen des politischen Extremismus haben sich in der Bundesrepublik in einer Vielzahl von Parteien, Organisationen und Gruppen organisiert: der Rechtsextremismus, der Anarchismus-Terrorismus, die Neue Linke und die orthodoxen Kommunisten. Keine dieser Kräfte bildet heute eine konkrete Gefahr für die freiheitliche demokratische Ordnung der Bundesrepublik. Die von ihnen ausgehende potentielle Gefährdung hängt entscheidend auch von der Qualität der Kräfte ab, die ihnen außerhalb des Landes eine ideologische und materielle Basis der Unterstützung geben.

Tendenzen des Extremismus

Zusammenfassung

Vier Tendenzen des politischen Extremismus haben sich in der Bundesrepublik in einer Vielzahl von Parteien und Gruppen organisiert: der Rechtsextremismus, der Anarchismus-Terrorismus, die Neue Linke und die orthodoxen Kommunisten. Wenn auch keine dieser Kräfte gegenwärtig eine konkrete Gefahr für die freiheitliche demokratische Ordnung bildet, so muß langfristig die Bedrohung gesehen werden, die durch die sowjetische Unterstützung der orthodoxen Kommunisten gegeben ist. So könnte außenpolitischer Druck, koordiniert mit dem Kampf abhängiger und gesteuerter Kräfte im Innern, die außen- und innenpolitische Handlungsfähigkeit gefährden. – Der Rechtsextremismus hat für absehbare Zeit kaum Chancen, weil politische Grundentwicklungen ihm entgegenwirken und weil er auch im Ausland weder durch Kräfte noch Ideen Unterstützung findet. – Der Terrorismus linksextremistischer Formationen ist keine Gefahr für den demokratischen Staat, solange dieser sich als handlungsfähig erweist. Bedrohlicher ist der internationale Terrorismus, der Ideologien propagiert, welche die Realitäten deformieren (siehe das aktuelle Deutschlandbild in Griechenland). Parteien und Organisationen der Neuen Linken haben Kader gebildet, die für den Umsturz kämpfen. Dennoch stellt die Neue Linke gegenwärtig keine stärkere Bedrohung dar, da ihr wirksame Unterstützung aus dem Ausland fehlt. – Die orthodoxen Kommunisten bilden nach der Anzahl ihrer Anhänger, nach den ihnen zur Verfügung stehenden Mitteln, vor allem aber wegen ihrer Zugehörigkeit zur Kommunistischen Weltbewegung, die stärkste extremistische Formation. Sie identifizieren sich mit den Interessen der Sowjetunion und der DDR. Der tatsächliche Einfluß der DKP und ihrer Hilfskräfte resultiert aus der Übermacht der Sowjetunion, die in Europa nur durch die USA kompensiert wird. –

Kaum Chance für Rechtsextremisten

Die Redaktion

Bilstein, Helmut und Sepp Binder:

Innere Sicherheit;
Hamburg 1976²

Herausgegeben von der Landeszentrale für politische Bildung, Hamburg

I. Einleitung: Themen- und Problemstellung

Innere Sicherheit ist zum zentralen Thema der politischen Gegenwart geworden — das gilt für die Bundesrepublik ebenso wie für unsere Nachbarn in Westeuropa, für die USA, für die Länder der Dritten Welt, für die Ostblockstaaten. Dabei geht es einmal um den Schutz des Bürgers vor dem Verbrechen, dann aber zunehmend auch um den Schutz der Institutionen des Staates und seiner demokratischen Grundordnung.

Nahziel und Fernziel der Gewaltanarchisten

Gewaltkriminalität und terroristische Gewaltakte haben im öffentlichen Bewußtsein stets einen nachhaltigen Schock ausgelöst. Massenmedien vermitteln eine authentische Unmittelbarkeit der Ereignisse. Politische Gewalttäter verübten in den vergangenen Jahren Banküberfälle, Sprengstoffanschläge und Tötungsdelikte; in den Haftanstalten organisierten sie Hungerstreiks. Kassiberschmuggel und Anwaltshilfe ermöglichen den Aufbau und Ausbau krimineller Vereinigungen aus den Haftzellen heraus. Das Nahziel der Gewaltanarchisten ist die partielle Lähmung des demokratischen Verfassungsstaates, ihr Fernziel seine Zerschlagung ...

II. Das Problem der Gewalt (A): ein Aufriß

1. Die hohe Bewertung der Inneren Sicherheit

Es ist zur fragen, welchen Stellenwert der Themenbereich Innere Sicherheit im Denken der Bürger einnimmt. Nach einer INFAS-Umfrage vom Februar 1976 rangiert dieser Problemkreis hinter dem Bemühen nach „langfristiger wirtschaftlicher Sicherung" (75 Prozent) mit 69 Prozent an zweiter Stelle der als am wichtigsten angesehenen Themen, noch vor dem „Bemühen um soziale Sicherung" (50 Prozent). Dabei waren die Einstellungen der Bürger jahrelang vor allem geprägt durch die Entwicklung der Kriminalität, insbesondere der Gewaltkriminalität. Seit der Ermordung des Berliner Kammergerichtspräsidenten von Drenkmann, seit der Lorenz-Entführung und seit dem Stockholmer Anschlag ist der Terrorismus als Bezugspunkt hinzugekommen.

Die Hochbewertung des Problemkreises Innere Sicherheit ist allerdings nicht — wie zuweilen behauptet — mit einem Gefühl der Unsicherheit oder Hilflosigkeit gegenüber Gewaltkriminalität und Terrorismus verbunden. Die Bevölkerung geht in ihrer großen Mehrheit von einem prinzipiellen Sicherheitsbewußtsein aus. Das wird durch Umfrageergebnisse belegt: Beispielsweise antworteten kurz nach der Freilassung von Peter Lorenz von den über 18 Jahre alten Bürgern auf die

Frage, „ob sie ihre persönliche Sicherheit gegenwärtig von politischen Terroristen bedroht fühlen"

    52,8 Prozent – gar nicht bedroht
    25,0 Prozent – kaum bedroht
    14,0 Prozent – etwas bedroht
    8,1 Prozent – stark oder sehr stark bedroht.

Gefühle und Stimmungen

Über drei Viertel der Befragten waren gleichzeitig der Meinung, daß es in der westlichen Welt keine Staaten gibt, die ihre Bürger besser schützen als die Bundesrepublik Deutschland.[2]

Hinter allen Umfragezahlen stehen eine ganze Reihe von Hoffnungen oder Ängsten, Vertrauen oder Unsicherheit. Tatsächlich schwingen nicht selten Gefühle und Stimmungen mit, die durch die Wirklichkeit nicht gerechtfertigt sind. Immer jedoch sind die Sorgen derjenigen ernst zu nehmen, die sich persönlich oder die die Institutionen des Staates bedroht sehen.

Literatur zu Baustein 2

1.) siehe Literatur zu Baustein 1, Nr. 1 und 2
2.) Schreiber, Manfred und Rudolf Birkl:
Zwischen Sicherheit und Freiheit, München 1977

Dieser 245 Seiten starke Band ist nach der Arbeit von Kaufmann sicherlich die ausführlichste Darstellung zum Thema Sicherheit. Deshalb soll hier das Inhaltsverzeichnis dieses Bandes wiedergegeben werden, um einen Überblick über die thematische Gestaltung zu ermöglichen. Besonders die Interdependenzen werden in dieser Arbeit deutlich. Wertvoll ist auch die sehr gute Bibliographie am Schluß.

Inhaltsübersicht zu Schreiber/Birkel:
Vorwort
1. Freiheit als Ursehnsucht – Sicherheit als Ursehnsucht
2. Gewaltbegriff und Gewaltmonopol in Politik und Staat
   2.1 Demokratie - Rechtsstaat - Gewaltmonopol (19) – 2.2. Gewaltmonopol - Gewaltkontrolle (21) – 2.3 Gewalt - Gegengewalt (23) – 2.4 Die unteilbare Gewalt (24) – 2.5 Die Gefährlichkeit der Gewaltdiskussion (26) – 2.6 Die Grenzen des Gewaltmonopols (27) – 2.7 Der notwendige common sense (29) – 2.8 Das staatliche Gewaltmonopol - ein Machtinstrument des Bürgers (31)
3. Innere Sicherheit – Äußere Sicherheit
   3.1 Die gegenseitige Abhängigkeit von Innerer und Äußerer Sicherheit (33) – 3.2 Das Aggressionsbedürfnis des Menschen und seine Ersatzhandlungen (34) – 3.3 Die moderne „Kehrseite der Medaille" (36) – 3.4 Die äußere Sicherheitssituation der Bundesrepublik (36)

— 3.5 Die Verlagerung der Unsicherheit nach innen (38) — 3.6 Die Subversion - der „verdeckte Kampf" (40) — 3.7 Die Extremistenfrage im öffentlichen Dienst (43) — 3.8 Terror und Kriminalität (45) — 3.9 Mehr Freiheit oder mehr Sicherheit (47) — 3.10 Der Primat der Politik - Überwindung der Unsicherheit durch Selbstbehauptungswillen (49)

4. Internationaler Terrorismus und Polizei
   4.1. Die Internationalität des Terrorismus (52) — 4.2. Ideologischer und psychologischer Hintergrund (54) — 4.3 Landguerilla - Stadtguerilla - Kaderguerilla (57) — 4.4 National - transnational - international (60) — 4.5 Abwehr im nationalen Bereich (62) — 4.6 Polizei und Terrorismus (63) — 4.7 Möglichkeiten internationaler Abwehr (68) — 4.8 Mit dem Terrorismus leben! Abwehr und Selbstbehauptungswille (72)

5. West-Ost-Trift in der Kriminalität
   5.1 Was ist „West" - „Ost"? (75) — 5.2 Urbanisierung und Industrialisierung (76) — 5.3 Strahlungsherd USA (78) — 5.4 Die Zunahme der Kriminalität (81) — 5.5 Liberalisierte Justiz als Förderungsfaktor (83) — 5.6 Die Überwindung der ideologischen Grenzen (85) — 5.7 Ideologische Begründungsversuche (88) — 5.8 Bleibendes Problem - bleibende Aufgabe (89)

6. Sensationsbedürfnis und Polizei
   6.1 Massenneugier als menschliche Eigenschaft (91) — 6.2 Der Einfluß der Massenmedien (94) — 6.3 Gewaltauslösung durch Massenmedien? (98) — 6.4 Das Spannungsverhältnis Medien - Polizei (103) — 6.5 Das Problem des Persönlichkeitsschutzes (105) — 6.6 Die gemeinsame Ausnutzung des Sensationsbedürfnisses (107)

7. Alles hat seinen Preis — Was kosten Sicherheit und Freiheit?
   7.1 Materielle und ideelle Faktoren (110) — 7.2 Versuch einer realen Kostenfestsetzung (111) — 7.3 Beispiele entstehender Kosten (115) — 7.4 Private Sicherheitsunternehmen (116) — 7.5 Der demokratische Preis (119) — 7.6 Lebende Demokratie wandelt sich (121)

8. Verfassungsschutz und Nachrichtendienste
   8.1 Die wehrhafte und streitbare Demokratie (124) — 8.2 Die Instrumente und ihr Auftrag (125) — 8.3 Die Organisationsformen (126) — 8.4 Die Gegner und die Sicherheitslage (133) — 8.5 Die Erfüllung des Auftrags (142) — 8.6 Kontrolle ist nötig (147) — 8.7 Vertrauen ist wichtig (151)

9. Vom Sinn des Strafens — Vergeltung oder Resozialisierung
   9.1 Vom Sinn des Strafens - Vorbemerkung (153) — 9.2 Die Entwicklung des Strafrechts im Hinblick auf die kriminalpolitische Zielsetzung der Strafe (153) — 9.3 Strafzweck und Aufgabenstellung der Polizei (156) — 9.4 Die Begriffe „Sühne und Resozialisierung" aus den Erfahrungen der Polizei (159) — 9.5 Mögliche Ursachen der Rückfälligkeit aus der Sicht der Polizei (166) — 9.6 Die Situation in anderen Staaten (173) — 9.7 Zusammenfassung (181)

Dokumentation
Zu 1: Haftrecht - Auszüge aus der Strafprozeßordnung (183) — Grundgesetz Artikel 1 und 2 (188)
Zu 2: Gewaltpredigen (4. StrRG) - Gewaltanwendung (14. StrÄG) - Auszüge (189) — Wichtige Urteile (193) — Todesschuß: Musterentwurf eines einheitlichen Polizeigesetzes (193) — Viel Zustimmung zum ,,Todesschuß" (196)
Zu 3: Notstandsgesetze im Grundgesetz (197) — Programm für die Innere Sicherheit in der Bundesrepublik Deutschland - Auszug (198) — Die Kosten der Sicherheit (Graphik) (214)
Zu 4: Europäisches Übereinkommen zur Bekämpfung des Terrorismus (215)
Zu 6: Sensationsgier: Auszug aus dem Urteil des BVerwG (221)
Zu 8: Gesetz über den Bundesverfassungsschutz (222) — Gesetz über die Errichtung eines Landesamtes für Verfassungsschutz (224)
Zu 9: Unterbringung in sozialtherapeutischen Anstalten: Auszug aus dem Strafgesetzbuch (227) — Gesetz über den Vollzug der Freiheitsstrafe und der freiheitsentziehenden Maßregeln der Besserung und Sicherung - Auszug (229) — Gesetz über das Inkrafttreten des Zweiten Gesetzes zur Reform des Strafrechts (230)

Bibliographie

3.) Bundeszentrale für politische Bildung (Hrsg.):
Informationen zur politischen Bildung, **Heft 179**.
Streitbare Demokratie, Bonn 1979
In dieser übersichtlich und gut illustrierten Schrift werden die grundlegenden Probleme, die sich beim Erhalt der Inneren Sicherheit für den demokratischen Staat stellen, kritisch und in kontroverser Argumentation behandelt.
Das trifft auch auf die beschriebenen Instrumente des Staatsschutzes zu.
Auch Extremismus und Terrorismus werden problemorientiert beschrieben.
Am Schluß finden sich noch methodisch-didaktische Hinweise und Hilfen.

4.) Hesselberger, Dieter: Das Grundgesetz,
Kommentar für die politische Bildung;
Neuwied und Berlin 1975
Diese Arbeit ist für die Erwachsenenbildung nahezu unerläßlich, weil sie neben den Kommentaren zum Grundgesetz auch noch Entwicklungen und unterschiedliche Positionen zu bestimmten Gesetzen aufzeigt. Eine sehr gute Hilfe für Teamer wie Referenten.

5.) Benda, Ernst: Die Notstandsverfassung;
München 1968
Auf 160 Seiten gibt der Verfasser einen sehr guten Überblick über die Grundprobleme der Notstandsverfassung, erläutert die mit der

Problematik zusammenhängenden Erfahrungen in der Weimarer Republik, beschreibt die Rechtslage vor Inkrafttreten der Notstandsverfassung.
Darüber hinaus wird ein interessanter Vergleich zu den entsprechenden Regelungen in anderen Staaten vorgenommen. Ausführlich wird die Situation des Verteidigungsfalles behandelt, in einem Anhang wird der Gesetzestext wiedergegeben.
Weitere Themen des Bandes sind Innerer Notstand und Katastrophennotstand.

6.) Sterzel, Dieter (Hrsg): Kritik der Notstandsgesetzgebung
Mit dem Text der Notstandsverfassung; Frankfurt 1968
Diese Arbeit untersucht sehr kritisch die Notwendigkeit der Einführung dieser Gesetze und geht im Grunde von der Fragestellung aus, ob diese abermalige Gesetzesänderung unserer Verfassung, die mit der Einführung der Notstandsgesetzgebung erforderlich wurde, nicht der Höhepunkt eines Erosionsprozesses unseres Grundgesetzes sei. 218 Seiten. Zur Ergänzung und Erläuterung ist hier das Inhaltsverzeichnis wiedergegeben.

Inhaltsübersicht zu Sterzel:

7	Dieter Sterzel Zur Entstehungsgeschichte der Notstandsgesetze
24	Dieter Sterzel Beschränkung des Brief-, Post- und Fernmeldegeheimnisses; Ausschluß des Rechtsweges
43	Roderich Wahsner Dienstpflicht, Arbeitszwang, Arbeitskampf
65	Otto Ernst Kempen Widerstandsrecht
86	Reinhard Hoffmann Innerer Notstand, Naturkatastrophen und Einsatz der Bundeswehr
118	Hans Hermann Emmelius Der Gemeinsame Ausschuß
161	Jürgen Seifert Spannungsfall und Bündnisfall
181	Joachim Perels Die Beendigung des Notstandsfalls
187	Peter Römer Die „einfachen" Notstandsgesetze
208	Verzeichnis der wichtigsten Abkürzungen
210	Siebzehntes Gesetz zur Ergänzung des Grundgesetzes vom 24. Juni 1968

Arbeitsmaterialien zu Baustein 2

1.) Demokratie in der Bewährung
(aus Informationen zur politischen Bildung 179)
2.) Grundprobleme einer Notstandsverfassung
(aus Benda: Notstandsverfassung, a.a.O.)

Demokratie in der Bewährung
Aus: Informationen zur politischen Bildung, Heft 179

1. Praxis der „streitbaren Demokratie"

Die Bundesrepublik Deutschland entspricht keineswegs dem Zerrbild, das verschiedene Kritiker – wie eingangs dargelegt – von ihr zeichnen. Sie ist der freiheitlichste Staat in der deutschen Geschichte. Der Verfassungsgrundsatz der „streitbaren Demokratie" soll dafür sorgen, daß die Freiheit nicht mißbraucht wird. Der Staat hat jedoch von dem Instrumentarium der „wehrhaften Demokratie" bisher nur defensiv und maßvoll Gebrauch gemacht:

Die nach Art. 9, 2 GG bestehende Möglichkeit, antidemokratische Vereinigungen zu verbieten, wurde vor allem in den 50er Jahren häufiger in Anspruch genommen. Auch später blieb Art. 9, 2 GG keine „stumpfe Waffe". So hat, beispielsweise, das Bundesinnenministerium 1976 eine Organisation „Kroatischer nationaler Widerstand" verboten. Die verbotenen Organisationen besitzen das Recht der Klage. Daß die Gerichte lediglich in sehr wenigen Fällen die Entscheidung rückgängig machten, belegt die Umsichtigkeit der Exekutive im Umgang mit diesem Artikel.

<small>Unsicherheit der Exekutive</small>

Die Verwirkung von Grundrechten, wie sie Art. 18 GG vorsieht, wurde bisher noch kein einziges Mal durch das Bundesverfassungsgericht ausgesprochen. Zwei Anträge, die die Bundesregierung gestellt hat, sind vom Bundesverfassungsgericht zurückgewiesen worden. Diese vorbeugende Ermächtigung des Verfassunggebers hat damit bisher keinerlei praktische Bedeutung erlangt.

Die Bestimmung von Art. 21, 2 GG, Parteien verbieten zu lassen, wurde bisher zweimal angewendet. Beiden Anträgen – gegen die SRP und die KPD – war Erfolg beschieden. Daß nicht mehr Verbotsanträge gestellt und ausgesprochen worden sind, geht auf die Überlegung zurück, ein Parteiverbot sei oft politisch nicht opportun und notwendig.

Einen schärferen Maßstab legt der Staat bei der Beschäftigung von Extremisten im öffentlichen Dienst zugrunde. Da nach Art. 33, 5 GG das öffentliche Dienstrecht unter Berücksichtigung der hergebrachten Grundsätze des Berufsbeamtentums zu regeln ist, kann es der Staat nicht zulassen, Personen in den öffentlichen Dienst einzustellen, die nicht die Gewähr bieten, jederzeit für die freiheitliche demokratische

<small>Extremisten im öffentlichen Dienst</small>

Grundordnung einzutreten. An diesem Grundsatz wird seit 1949 festgehalten.

Die Bundesrepublik Deutschland hat die Bestimmungen der „wehrhaften Demokratie" bislang nur selten anwenden müssen. Vielleicht erregt daher auch die Vorgehensweise gegenüber Extremisten im öffentlichen Dienst besonderes Aufsehen, teilweise heftige Ablehnung. Aber diese Regelungen stützen sich gerade auf die – nicht genügend beachteten – Prinzipien der wehrhaften Demokratie und sind ebensowenig ein Ausfluß obrigkeitlicher Gesinnung wie die notwendigen Maßnahmen zum Ausbau der inneren Sicherheit, die dem Schutz der Bürger dienen und einem Abbau der Liberalität keinen Vorschub leisten. Freiheit und Sicherheit bilden nicht notwendigerweise Gegensätze, sondern bedingen einander. Allerdings bedarf es oft der Güterabwägung. Dies gilt etwa für die Liberalisierung des Strafvollzuges und die Resozialisierung.

2. Selbstbewußte Verteidigung der freiheitlichen Demokratie

Gefahr der Umwertung der Begriffe

Daß sich der Verfassungsschutz der „streitbaren Demokratie" im Bewußtsein vieler Bürger (noch) nicht zureichend verankert hat, zeigt sich beispielsweise daran, in welchem Maße Sprachverwirrung um sich gegriffen hat. Nicht immer setzt sich die demokratische Öffentlichkeit mit Verzeichnungen und Verdrehungen entschieden genug auseinander, so daß sie eine unangemessene Publizität gewinnen konnten. Wer, beispielsweise, auf die „verständlichen" Motive der „idealistisch" gestellten Terroristen abhebt, deren Taten mit Blick auf die „strukturelle Gewalt" rechtfertigt und Behauptungen von der „Isolationsfolter" der „politischen Gefangenen" ausstreut, sitzt der Umwertung der Begriffe auf und verschmäht damit die vielberufene „Solidarität aller Demokraten".

Daß die Bürger die Demokratie und ihre Institutionen aktiv bejahen, bildet eine wesentliche Bedingung für Stabilität und Funktionsfähigkeit. Eine „Demokratie ohne Demokraten" ist ein Widerspruch in sich. Selbstbewußt den demokratischen Verfassungsstaat zu verteidigen, heißt allerdings keineswegs, Kritik abzuwürgen und Reformen rückgängig zu machen. Der Bürger bleibt vielmehr aufgerufen, Mißstände anzuprangern und sich Neuerungen nicht von vornherein zu verschließen. Die Demokratie kann nämlich nicht in erster Linie auf administrative Regelungen vertrauen. In diesem Sinne meint Gotthard Jasper:

Die besten Staatsschutzbestimmungen im Strafrecht und im Verfassungsrecht nutzen nichts, wenn sie nicht im Geiste der Verfassung angewandt werden. Die Zementierung der freiheitlich-demokratischen Grundordnung in der Verfassung wird belanglos, wenn sich die Mehrheit des Parlamentes nicht an sie gebunden fühlt. Sie kann dann allenfalls noch erreichen, daß ein Abrücken von der freiheitlich-demokratischen Grundordnung als Verfassungsbruch sichtbar wird. Wehrhafte

Demokratie erfordert darum in erster Linie, daß man sich bewußt ist, für welche Werte man kämpft, und nicht so sehr, daß man alles unterdrückt, was anderer Auffassung ist. Die Positivierung dieser Werte im Grundgesetz hat so auch eine wichtige pädagogische Funktion, da sie diese Werte fixiert und ins Bewußtsein hebt. Behält man sie im Blick, dann wird es auch gelingen, das richtige Maß des Schutzes zu bestimmen ... Gute Gesetze und gute verfassungsrechtliche Bestimmungen sind gewiß wichtig. Dennoch gibt es funktionierende Demokratien, deren verfassungsrechtliche und strafrechtliche Sicherung minimal ist. Sie beruhen auf der festen demokratischen Gesinnung ihrer Bürger. Ohne diese vermag auch der umfassendste Staatsschutz nichts. (Gotthard Jasper)

Minimalkonsensus Zeichen für Demokratie

Ohne einen Minimalkonsensus der tragenden gesellschaftlichen Kräfte ist eine Demokratie nicht lebensfähig. Vordergründige Konfrontation – zumal in Wahlkampfzeiten – verwischen die prinzipielle Übereinstimmung aller großen Gruppen in der Bundesrepublik Deutschland über die Grundwerte. Weder befindet sich die SPD im Schlepptau der Kommunisten, noch redet die CDU/CSU autoritären Herrschaftsvorstellungen das Wort. Daß dennoch erhebliche Konflikte bestehen – auch im Bereich der inneren Sicherheit –, ist nicht unbedingt ein Anlaß der Klage, sondern kann auch ein Zeichen für demokratische Offenheit sein. Denn der sich innerhalb der allgemein anerkannten Spielregeln ausgetragene Konflikt gehört ebenso zu einer freiheitlichen, reformbedürftigen und notwendigerweise unvollkommenen Demokratie wie der Konsens.

Die Demokratie der Bundesrepublik Deutschland hat sich – bei allen Schattenseiten – durchaus bewährt, auch und gerade in der Auseinandersetzung mit dem Extremismus. Daher gilt es, sie in ihren Grundstrukturen zu bewahren. Die Erhaltung der Grundwerte schließt dabei die Offenheit für Reformen ein. Auf diese Weise bleibt dem Extremismus und dem politisch motivierten Terrorismus wenig Aussicht, die demokratische Stabilität zu gefährden und die freiheitlichen Prinzipien anzutasten.

Aus: Benda, Ernst: Notstandsverfassung

I. Grundprobleme einer Notstandsverfassung

Zum Wesen der Demokratie gehört die Möglichkeit der freien Diskussion. Der Wille des Staates bildet sich in einer Demokratie so, daß alle politisch und gesellschaftlich bedeutsamen Kräfte sich vor der Entscheidung zu Wort melden und ihre Auffassung vortragen können. Geheime Beschlüsse und überstürzte Entscheidungen, denen nicht eine solche freie Auseinandersetzung vorangeht, sind mit dem Wesen der parlamentarischen Demokratie unvereinbar.

Aber das parlamentarische System der Gesetzgebung ist im Vergleich zu der Staatswillensbildung in der Diktatur langsam, kompliziert und umständlich. Die Kritiker dieser Methode weisen auf die offenkundigen Schwierigkeiten hin, die ein so langsamer Prozeß der Willensbildung zwangsläufig mit sich bringt, und sie loben die Fähigkeit autoritärer Herrschaftssysteme, schnelle und energische Entscheidungen zu treffen. Aber was als Schwäche der Demokratie erscheint, ist zugleich auch deren Stärke: die langwierige öffentliche Auseinandersetzung, die der Entscheidung vorangeht, nimmt Verzögerungen bewußt in Kauf, weil die schließlich erreichte Lösung auf eine breitere Vertrauensgrundlage hoffen kann und auch dann, wenn die Entscheidung nur mit einer knappen Mehrheit im Parlament zustandegekommen ist, jedenfalls alle Meinungen zu Worte gekommen sind. So sind alle Alternativen sichtbar geworden, und künftige Wählerentscheidungen können das Ergebnis korrigieren. Das erreichte Ergebnis mag in der Sicht der überstimmten Minderheit unbefriedigend und falsch sein, aber es ist einwandfrei zustandegekommen und jedenfalls nicht willkürlich. Wenn wirkliches Unrecht geschieht, weil die Mehrheit sich über Verfassungsnormen hinweggesetzt hat, kann das Verfassungsgericht angerufen werden, das den Gesetzgeber in seine Schranken weist.

Schwäche der Demokratie zugleich ihre Stärke

Die Entscheidungen der Regierung unterliegen den gleichen Sicherungen gegen Mißbrauch. Auch hier wird eine schnelle Entscheidung erschwert. Die Regierung ist der Verfassung und den Gesetzen unterworfen; ihrem Ermessen sind daher feste Grenzen gesetzt. Das Parlament kontrolliert die Regierung. So wie Rechtsnormen nur Bestand haben, wenn sie die Zustimmung der Rechtsunterworfenen gewinnen, sind auch Regierungsentscheidungen nur von Dauer, wenn sie auf das Vertrauen und die Zustimmung der Öffentlichkeit gestützt werden können ...

Schnelligkeit ist entscheidend
... Das alles kann ganz anders aussehen, wenn der Staat plötzlich einem Angriff ausgesetzt wird. Wenn von außen die Gefahr eines bewaffneten Angriffs entsteht oder wenn innere Unruhen seine freiheitliche Grundordnung gefährden, ist es für eine wirksame Abwehr von höchster Bedeutung, daß die notwendigen Entscheidungen mit größter Schnelligkeit getroffen werden können. Es ist dann wahrscheinlich nicht genügend Zeit vorhanden, um die entstandene Lage und die geeigneten Gegenmaßnahmen mit allen normalerweise an der Staatswillensbildung Beteiligten zu erörtern und ihre Meinung anzuhören. Nicht nur die militärische Verteidigung, sondern in ähnlicher Weise auch die Vorbereitungen der zivilen Stellen müssen in kürzester Frist anlaufen, wenn sie wirksam sein sollen. Nichts wird wirklich funktionieren können, was nicht schon in Friedenszeiten überlegt und erprobt worden ist; keine Abwehrmaßnahme verspricht Erfolg, auf die sich der Gegner einstellen kann.

Demokratischer Staat benachteiligt

Das Dilemma, in das die Staatsführung gerät, wird noch weiter auf das äußerste verschärft, wenn man die Möglichkeiten einer bewaffneten Auseinandersetzung im Hinblick auf die besondere Lage der Bundesrepublik Deutschland und unter Berücksichtigung des Standes der Entwicklung der modernen Kampfmittel ohne Illusionen prüft. Eine Krisensituation kann sich allmählich entwickeln und so eine stufenweise Vorbereitung der Verteidigung ermöglichen; davon geht die derzeit geltende Strategie der NATO aus. Aber es ist ebenso denkbar, daß der Angriff plötzlich ohne jede Warnung erfolgt und der Übergang vom friedlichen Leben des Landes zu einer vollständigen Bedrohung der Existenz jeden einzelnen Bürgers sich in Stunden, vielleicht sogar nur in Minuten vollzieht. Feindliche Flugzeuge, die unmittelbar am Eisernen Vorhang in ständiger Einsatzbereitschaft sind, können das Gebiet der Bundesrepublik in wenigen Minuten überqueren. Eine mit einem atomaren Sprengkopf ausgerüstete Interkontinentalrakete benötigt wenig mehr als eine Viertelstunde, um von der Sowjetunion oder einem auswärtigen Stützpunkt aus in das Herz der Vereinigten Staaten einzudringen ...

C

... Der demokratische Staat, der sich gegen einen plötzlichen Angriff verteidigen muß, ist von vornherein in doppelter Weise benachteiligt: der Angreifer kann seine Vorbereitungen langfristig treffen und den seinem Vorhaben günstigsten Zeitpunkt auswählen; er bestimmt den Zeitplan, der allein schon den Ausgang der Auseinandersetzung entscheidend beeinflussen kann. Wenn es sich bei dem Angreifer um eine Diktatur handelt, entfallen dabei alle Hemmungen und bewußt eingebauten Sicherungen, die in der Demokratie Entschlüsse von so weittragender Bedeutung erschweren. Der demokratische Staat muß sich daher auf einen langfristig geplanten, aber für ihn überraschenden und plötzlichen Angriff vorbereiten, der von dem Angreifer unter Ausnützung aller Vorteile bestimmt wird, welche ihm die von allen demokratischen Hemmungen befreite Staatsform verleiht, während die Verteidigung selbst dann, wenn die Verfassung der Staatsführung für solche Notfälle außerordentliche Vollmachten verleiht, zunächst mindestens die Umstellung der normalerweise umständlichen Maschinerie der Staatswillensbildung auf die Erfordernisse des Notfalls verlangt.

Es geht aber nicht nur um die in so außergewöhnlichen Situationen notwendige Methode der Staatswillensbildung, sondern zugleich um die für solche Fälle erforderliche Neuregelung der beiderseitigen Rechte und Pflichten im Verhältnis von Staat und Bürger. Der demokratische Rechtsstaat sieht zwar auch in Normalzeiten seine Aufgabe nicht mehr allein darin, nach Art des liberalen „Nachtwächterstaates" den nur zur Steuerzahlung verpflichteten Bürger gegen Gesetzesbrecher oder äußere Feinde zu schützen, sondern setzt die Teilnahme und Mitarbeit aller und den persönlichen Einsatz, der auch Opfer bedeuten kann, voraus; aber der Schutz der individuellen Freiheitsrechte bleibt eine wesentliche Aufgabe des Staates, dem es nicht erlaubt ist, um noch so ansprechender Ziele willen sich über berechtigte Einzelinteressen hinwegzusetzen. Wenn es aber um die Existenz der ganzen Nation geht, müssen alle überhaupt zur Verfügung stehenden Kräfte zusam-

Schnelles Handeln in außergewöhnlichen Situationen

129

mengefaßt werden, weil mit der Freiheit des Landes zugleich die aller seiner Bürger verteidigt wird.

Dabei läßt es sich nicht vermeiden, daß dann auch an sich berechtigte Einzelinteressen zurücktreten müssen. Von denen, die als Soldaten die unmittelbare militärische Verteidigung übernehmen, werden höchster Einsatz und schwerste Opfer verlangt, um das bedrohte Land zu schützen. Das ist nur zumutbar, wenn die Gesamtheit der Bürger bereit ist, alle auf die Verteidigung gerichteten Bemühungen durch eigene Anstrengungen auch dann zu unterstützen, wenn das den Verzicht auf im Normalfalle selbstverständliche Rechte bedeutet. Auch der Schutz der Zivilbevölkerung selbst erfordert den straff gelenkten Einsatz aller Mittel und Kräfte.

Einzelinteressen zurückstellen

Die Aufrechterhaltung der lebenswichtigen Produktion für den militärischen und zivilen Bedarf, die Versorgung der Verletzten, der Hilflosen oder der durch Kampfhandlungen aus ihrer gewohnten Umgebung Vertriebenen, die Sicherung der Versorgung mit Lebensmitteln und anderen für die unmittelbare Existenz notwendigen Gütern und viele ähnliche Aufgaben können nur erfüllt werden, wenn in solcher Notzeit das oberste Prinzip nicht die Freiheit des einzelnen, sondern der feste Zusammenhalt des ganzen Gemeinwesens ist. In dieser Lage muß dem Gemeinwohl im nötigen Umfang Vorrang eingeräumt und damit notfalls die individuelle Freiheit beschränkt werden, weil sonst zuerst der Egoismus und schließlich das allgemeine Chaos herrschen müßten.

Sicherung des Rechtsstaates

Hieraus ergibt sich aber nicht etwa, daß es am besten wäre, die zum Schutze der Staatsbürger eingerichteten rechtsstaatlichen Garantien einfach abzubauen und an ihre Stelle die fast unbeschränkte Allmacht des Staates zu setzen. Niemand kann wünschen, daß schon in der Vorbereitung auf einen möglichen Notstand das Land seine freiheitliche Verfassung aufgibt. Allein schon die im Grundgesetz unabänderlich festgelegte Verpflichtung, die Grundsätze des Rechtsstaates unter allen Umständen zu erhalten, verbietet solche Bestrebungen. Für den Notstand muß Vorsorge getroffen werden; aber das darf nicht so geschehen, daß hierdurch die freiheitliche demokratische Ordnung, deren Schutz alle Verteidigungsmaßnahmen dienen sollen, verloren geht. Sonst könnte der Rechtsstaat in der Stunde der Gefahr vielleicht nach außen erfolgreich verteidigt, würde aber zugleich im Inneren tödlich getroffen werden und müßte so auch dann untergehen, wenn der äußere Angriff abgewehrt werden könnte ...

Notstandsregelung

... Wert oder Unwert jeder Notstandsregelung hängen davon ab, wieweit es gelingt, diese beiden in sich berechtigten und gleichwertigen Grundsätze gegeneinander abzuwägen.

Die Problematik einer Notstandsverfassung kann nur erfaßt werden, wenn dieses Spannungsverhältnis richtig gesehen wird. Bei der Auseinandersetzung um die Notstandsregelung in unserem Lande klang von Anfang an die verständliche Sorge an, die Übertragung weitgehender Vollmachten an die Staatsführung könnte die noch nicht gefestigte demokratische Struktur der Bundesrepublik einer gefährlichen Zerreißprobe aussetzen. Aber solche Befürchtungen führen zu einer einseitigen und daher schiefen Beurteilung der Problematik, wenn nicht zugleich die Realität der äußeren Bedrohung und der unausweichliche Zwang erkannt werden, solcher Gefährdung durch eine Zusammenfassung aller Kräfte und eine weitgehende Straffung der Staatsführung zu begegnen. Die Sorge um die Erhaltung der freiheitlichen Demokratie verdient jede Achtung und wird von allen geteilt werden, die sich zu dieser Staatsform bekennen; aber wer der Regierung keine ausreichenden Machtmittel zur Verfügung stellen will, weil sie diese mißbrauchen könnte, setzt damit die Staatsführung außerstande, sich gegen die Gewalt eines Angreifers zur Wehr zu setzen, der solche Skrupel nicht kennt und dem genügend Macht zur Verfügung steht.

Es zeigt sich nämlich bei dieser Gelegenheit, daß es die schwierige Frage, mit welchen Mitteln der außergewöhnlichen Situation eines Notstandes begegnet werden soll, überhaupt nur im demokratischen Rechtsstaat gibt. „Das Staatsnotrecht", so sagte es der verstorbene Vizepräsident des Bundesverfassungsgerichts, Dr. Katz, in einer Diskussion, „gehört zu den legitimen Anliegen des Rechtsstaates. Es ist ein demokratisches, rechtsstaatliches Anliegen", ja „es interessiert überhaupt nur den Rechtsstaat", weil die totalitären und autoritären Staaten immer im Ausnahmezustand leben, weil sie ohnehin alle Macht in einer zentralistischen und unkontrollierten Staatsspitze vereinigen und selbst im tiefsten Frieden größerer Machtmißbrauch möglich ist, als in einem demokratischen Staat sogar unter den schwierigsten Verhältnissen gestattet werden dürfte.

Notstandsrecht nur im Rechtsstaat

Der freiheitliche Rechtsstaat, der jeder Tätigkeit von Regierung und Verwaltung feste Grenzen setzt, aber zugleich die Verpflichtung hat, Freiheit und Leben aller seiner Bürger vor Gefahren zu schützen und die verfassungsmäßige Ordnung gegen Angriffe von außen oder im Inneren wirksam zu verteidigen, kann nicht auf Rechtsnormen verzichten, die den besonderen Erfordernissen eines Ausnahmezustandes Rechnung tragen. Er muß aber auch gewährleisten, daß solche Vollmachten nur auf Zeit erteilt werden und nicht mißbraucht werden können, wenn die Gefahr beseitigt ist. Eine Notstandsverfassung, die solchen Erfordernissen Rechnung trägt, dient nicht zuletzt dem Schutze der Freiheit und der demokratischen Ordnung. Fehlte sie, müßte die Staatsführung, die ja nicht untätig bleiben kann, wenn die Existenz der Nation in Gefahr gerät, dennoch handeln und sich im äußersten Falle nach dem Motto „Not kennt kein Gebot" über bestehendes Recht hinwegsetzen; aber um so schlimmer wäre dieser Konflikt, der dann nur noch die schreckliche Alternative erlauben würde, entweder den Untergang der äußeren Freiheit oder den Verlust der rechtsstaatlichen Ordnung hinzunehmen. Demgegenüber verbürgen ausreichende, aber an strenge rechtliche Voraussetzungen gebundene und für be-

Vollmachten nur auf Zeit

grenzte Zeit erteilte Notstandsvollmachten das überhaupt erreichbare Höchstmaß an Sicherheit zugleich gegen die Gefährdung der Verfassungsordnung im Inneren. Die Aufgabe, die dem Verfassungsgeber bei der Schaffung einer Notstandsregelung gestellt ist, ist ungewöhnlich schwierig, weil es nur gelingen kann, das Spannungsverhältnis zwischen Macht und Freiheit zu überwinden, wenn die notwendigen Ermächtigungen an den Staat mit großer Vorsicht erteilt werden. Wenn aber ein solches Bemühen Erfolg hat, wird der Rechtsstaat nicht geschwächt, sondern ganz wesentlich gestärkt und die Demokratie nicht gefährdet, sondern im Gegenteil gesichert ...

Literatur zu Baustein 3:

1.) Siehe Literatur zu Baustein 1, Nr. 1 und 2, und zu Baustein 2, Nr. 2

2.) **Bundeszentrale für politische Bildung (Hrsg.), Zeitlupe Nr. 6, 1977, Bonn 1977; „Jugendkriminalität"**
Am Beispiel der Jugendkriminalität werden hier die Grundfragen von Straftat und Ahndung der Tat diskutiert. Thesen und Meinungen zur Kriminalität bei Jugendlichen und vor allem differenzierte Überlegungen zur eigentlichen Entstehungsursache solcher Kriminalität machen den Wert dieses bunten und leicht zu verarbeitenden 24 Seiten starken Heftes aus.
Das Heft ist eine sehr gute (vor allem methodische) Hilfe.

3.) Justizminister des Landes Nordrhein-Westfalen (Hrsg.):
Strafvollzug in Nordrhein-Westfalen; Düsseldorf 1978:
Diese 92 Seiten starke Arbeit gibt einen sehr guten und sachlichen Überblick über den Strafvollzug nach Inkrafttreten des Strafvollzugsgesetzes am 1.1.1978.

Arbeitsmaterialien zu Baustein 3 (Übersicht)

1.) Das Problem der Gewalt – die Tatsachen
   (aus Bilstein/Binder: Innere Sicherheit, a.a.O.)
2.) Sozialisation – Kriminalität – Familie
   (aus Hellmer, Joachim: Sozialisation, Personalisation und Kriminalität; in: Würzbacher: Der Mensch als soziales und personales Wesen, Stuttgart 1968)
3.) Tabelle „Diebstahlsdelikte"
   (aus Bundeszentrale für politische Bildung: Zeitlupe Nr. 6, Bonn 1977)
4.) Der Informationsdienst "Innere Sicherheit" des BMI.
   Inhaltsverzeichnis der Ausgabe 45/1978 als Beispiel für Themen-Fundgrube.
5.) Kriminalstatistik 1977
   (aus o.g. Informationsdienst)
6.) Gewalt löst keine Probleme
   (ebenfalls aus o.g. Informationsdienst)
7.) Nicht nur bei uns ...
   (aus dem Nachrichtenspiegel der Stadt Bonn)

Aus: Bilstein/Binder: Innere Sicherheit

III. Das Problem der Gewalt (B): die Tatsachen
1. Kriminalität und ihre Aufklärung

Für die Bundesrepublik liegt die Statistik der Kriminalität unter Einschluß der Gewaltkriminalität vor. Das folgende Schaubild enthält die Zahlen aus dem Jahr 1973 und die Aufklärungsquote der einzelnen Delikte. Methodisch ist anzumerken, daß das Bundeskriminalamt (s. S. 14) jährlich in Zusammenarbeit mit den Landeskriminalämtern eine solche Kriminalstatistik erstellt, die alle bekannt gewordenen Straftaten, mit Ausnahme der Verkehrs- und Staatsschutzdelikte, zusammenfaßt.

Kriminalstatistik

1973 wurden im Bundesgebiet 2 560 000 Straftaten bekannt. Die Aufklärungsquote (der Anteil der aufgeklärten Straftaten an der Gesamtzahl) ist sehr unterschiedlich. Mord und Totschlag sind zu 96,5 Prozent aufgeklärt worden, einfacher Diebstahl zu 42 Prozent, schwerer Diebstahl zu 21,5 Prozent. Bei der relativ niedrigen Aufklärungsquote in diesem Bereich ist zu berücksichtigen, daß darunter zahlreiche Delikte fallen, die sich nur schwer aufklären lassen, wie z.B. der Diebstahl von Kraftfahrzeugen.

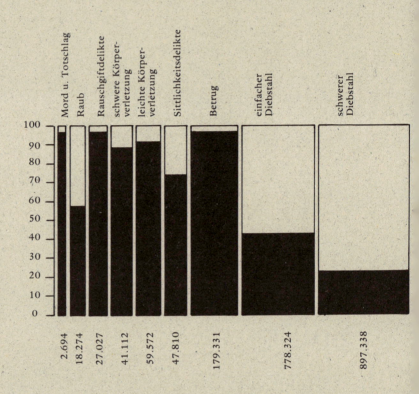

2. Terrorismus und seine Bekämpfung
Die Bilanz terroristischer Gewalttaten von 1970 bis Januar 1976:
- 9 Mord- und Totschlagshandlungen mit 12 Opfern, darunter vier Polizeibeamte, ein Angehöriger der Justiz, zwei Diplomaten;
- 100 Personen wurden Opfer von Mord- oder Tötungsversuchen;
- bei zwei erpresserischen Geiselnahmen wurden insgesamt 13 Personen als Geiseln genommen;
- 5 Brandstiftungen mit schweren Schäden;
- 15 Sprengstoffverbrechen;
- 20 Raubüberfälle.

Die staatlichen Stellen haben den Kampf mit dem Terrorismus nicht ohne Erfolg geführt. So waren nach dem Stand vom März 1976:
- 76 Personen rechtskräftig verurteilt, 23 davon zu Freiheitsstrafen zwischen vier und zwölf Jahren;
- 50 Personen wurden noch nicht rechtskräftig in erster Instanz verurteilt, davon 14 Personen zu Freiheitsstrafen zwischen vier und zwölf Jahren, eine zu Freiheitsstrafe von 15 Jahren;
- gegen 72 Personen wurde Anklage erhoben;
- 92 Personen befinden sich in Untersuchungshaft;
- nach 34 Personen (ohne die in Aden befindlichen Straftäter) wird aufgrund richterlicher Haftbefehle gefahndet;
- gegen etwa 250 Personen laufen Ermittlungsverfahren;
- der Generalbundesanwalt führt Verfahren gegen mehr als 100 Personen und
- drei Anwälte wurden als Verteidiger ausgeschlossen.

Sozialisation — Kriminalität — Familie

Aus: Hellmer, Joachim, Sozialisation, Personalisation und Kriminalität, in: Wurzbacher, Gerhard (Hrsg.), Der Mensch als soziales und personales Wesen, Stuttgart 1968

II. Ursachen der Kriminalität
1. Anlage, Umwelt, Persönlichkeit
Mangelnde Sozialisation kann natürlich nur in dem Maße kriminalitätsfördernd wirken, wie das Sozialverhalten des Menschen von Bildungseinflüssen abhängt. Würde die Kriminalität überwiegend anlagemäßig bedingt oder durch die Umwelt des Täters schlecht erzwingbar sein, so käme es auf den Grad der Sozialisation nicht entscheidend an. Die Auffassungen über die Rolle von Anlage und Umwelt bei der Verbrechensverursachung haben im Laufe der letzten hundert Jahre mehr-

Ursachen neu erforschen

fach gewechselt. Zunächst hat der Übergriff der aufstrebenden Naturwissenschaften auf die Anthropologie das Anlagedogma verstärkt, weil die Hauptkategorie der klassischen Naturwissenschaft die Kausalität ist, diese sich aber beim Menschen nur behaupten läßt, wenn man sich auf die Gesetze der Vererbung stützt. Auf der anderen Seite führte der wachsende Materialismus dazu, den Menschen im wesentlichen als Produkt seiner Umwelt anzusehen. Beide Auffassungen haben sich nicht halten können. So hat sich z.B. die Auffassung Lombrosos von dem „geborenen Verbrecher" (delinquente nato) als unrichtig herausgestellt, und selbst die Zwillingsforschung, die betrieben wurde, um die überwiegende Bedeutung des Erbguts nachzuweisen, hat keineswegs eine von den Umwelteinflüssen unabhängige Disposition zum Verbrechen ergeben. Auf der anderen Seite sind kriminalsoziologische Forschungen zu dem Ergebnis gelangt, daß die Menschen auf die gleiche soziale Herausforderung ganz verschieden antworten, daß also z.B. Existenzschwierigkeiten bei einem Teil der Menschen kriminalitätsfördernd, bei einem anderen Teil (etwa den Flüchtlingen) nicht kriminalitätsfördernd wirken.

Anlage und Umwelt nicht alleinbestimmend

Auch die sog. kombinierte Auffassung (das Sozialverhalten wird durch Anlage und Umwelt bestimmt) hat keine entscheidenen Ausblicke eröffnet; denn es ist schon im Grundsatz fraglich, ob Anlage und Umwelt die einzigen das Verhalten bestimmenden Faktoren sind oder nicht vielmehr vor allem die spezifisch menschliche Fähigkeit und Verlockung, die eigene Freiheit zu erproben, bestimmte Ziele und Strebungen durchzusetzen, sich als den anderen überlegen zu erweisen, kurz zu überraschen, d.h. die eigentümliche, vor der Tat noch ganz verborgene Chance zu nutzen, also die gleiche Kraft, die den Menschen auf der anderen Seite zu hervorragenden technischen, wirtschaftlichen und geistigen Leistungen führt, ohne daß hier von Anlage und Umwelt die Rede wäre.

H. Mager hat schon vor 25 Jahren, als die Kriminologie noch im Banne des Kausaldogmas gefangen war, dargetan, daß sich jeder mit Recht wundern würde, wenn die Geschichts- oder eine andere Geisteswissenschaft (und Kriminologie ist – als das menschliche Verhalten betreffend – auch Geisteswissenschaft) unter dem Gesichtspunkt von Anlage und Umwelt betrieben werden würde. So ist es heute in der Kriminologie endlich herrschende Auffassung, daß Kriminalität in erster Linie ein geistiges Versagen darstellt, das in die persönliche Verantwortung des Menschen fällt, und daß Anlage und Umwelt höchstens die Bedeutung begünstigender Faktoren haben.

Geistiges Versagen

Damit ist aber der Weg frei zur Berücksichtigung von Sozialisation und Personalisation; denn wo Anlage und Umwelt nicht zwingende, sondern nur beeinflussende Bedeutung haben, wächst der Mensch mit seiner „offenen Struktur" den ihn prägenden und bildenden Erlebnissen gewissermaßen zu. Dies gilt in kriminologischer Sicht vor allem für **die entwicklungsbedingte, insbesondere die Jugendkriminalität.** Wenn man drei Hauptarten der Kriminalität unterscheidet, die Gelegenheitskriminalität, die Berufskriminalität und die Entwicklungskriminalität, so sind die ersten beiden Kriminalitätsarten in unserem Zusammenhang ohne Interesse, die Gelegenheitskriminalität (Erwachsener und Jugendlicher), weil hier Mängel der Sozialisation, Enkulturation und Personalisation wegen der Augenblicksbedingtheit des geistigen Versagens als Ursachen zurücktreten, die Berufskriminalität, weil eine bewußte Antieinstellung und sozialfeindliche Lebensentscheidung diese Mängel überdeckt. Bei der Entwicklungskriminalität, die gleichzeitig die gefährlichste Kriminalität ist, weil der Täter hier keine voll ausgebildete innere Instanz besitzt und infolgedessen ohne genügende Hemmungsfähigkeit handelt, ist das geistige Versagen dagegen durch Mängel der sozialen Prägung und noch mehr der personalen Entfaltung bedingt. Sicher wirken bei der Jugendkriminalität auch biologische Vorgänge mit, z.B. der Vorgang der körperlichen Reifung; das Schwergewicht der Verursachung liegt aber auch hier im geistigen Bereich, in der Persönlichkeit, nur daß die Mitverantwortung der Gesellschaft eine besonders große ist. Die einzelnen Faktoren für dieses geistige Versagen sollen an Hand der gegebenen Stichworte näher erörtert werden, wobei wir uns auf wenige Hauptpunkte beschränken müssen.

Drei Hauptarten der Kriminalität

2. Mängel der Sozialisation

Wenn man mit Wurzbacher zwischen Sozialisation, Enkulturation und Personalisation unterscheidet, dann ist es Aufgabe der Sozialisation, den jungen Menschen an bestimmte, von der Gesellschaft erwartete Verhaltensweisen heranzuführen. Dies kann unseres Erachtens nicht nur durch Zwang zur Anpassung und soziale Kontrolle geschehen, wie sie dem Recht eigen sind. Die Hauptarbeit muß im vorrechtlichen Bereich durch Familie, Spielgemeinschaft, Jugendgruppe, Schule und Kirche geleistet werden, also durch soziale Gruppen, sonst wird soziales Verhalten zu einem nur unter Zwang zustande kommenden Scheinerfolg.

Sieht man sich nun die im vorrechtlichen Bereich wirksamen Kräfte auf ihre heutigen Wirkungen an, dann muß man allerdings tiefgreifende Wandlungen feststellen. Was zunächst die Familie, also die für erste soziale Schulung wohl bedeutsamste Primärgruppe, angeht, so haben neuere soziologische Untersuchungen gewisse Auflösungserscheinungen bestätigt. Man spricht von Desintegration im Verhältnis nach außen und Desorganisation im Innenverhältnis. Mögen an die Stelle der früher nach außen hin als geschlossenes Gebilde erscheinenden, patriarchalisch aufgebauten und autoritär regierten Familieneinheit auch vielfach Beziehungen echter Kommunikation getreten sein — in der Kriminologie sind wir Zeugen einer zunehmend zerstörten, innerlich ausgehöhlten, nach außen hin offenen und dem jungen Menschen keinen Schutz und Vorbild sozialen Zusammenlebens mehr gewährenden Familie. Es fehlt das „Totum der Beziehungen", das die Familie

Vorbild sozialen Zusammenlebens unerläßlich

Mängel der Sozialisation durch zerstörte Familie

ihrem Wesen nach zu einem hervorragenden Medium sozialer Denk- und Verhaltensweisen macht. Unter 50 mit Jugendstrafe belegten Jugendlichen und Heranwachsenden fanden wir jüngst nur 9, die bei beiden Eltern wohnten, davon nur 3 in „geordneten" Verhältnissen. Es ist keineswegs immer nur die Abwesenheit eines Elternteils, die das Familienleben zerstört hat – auch „Rumpffamilien" können durchaus geschlossen sein –, sondern der Verlust an Gemeinsinn überhaupt, die Unruhe und Unduldsamkeit, die einseitige Ausrichtung auf materiellen Erfolg, das mangelnde „Für"– und „Miteinander". Das Leben des jungen Menschen spielt sich daher heute schon früh außerhalb der Familie ab, und Vater und Mutter sind vielfach nur noch „Partner", wie der Spielkamerad, der Lehrer oder Berufskollege. Man geht zu ihnen, um etwas zu holen oder weil man dort ißt, lernt oder schläft. Die einmalige, unverwechselbare und unnachahmliche Gestalt und Wirkung der Familie ist verloren, mindestens zur Zeit aufgehoben.

Die sich daraus ergebenden Mängel der Sozialisation sind zugleich kriminogene Faktoren. Kriminalität ist Verstoß gegen die Strafgesetze. Die Strafgesetze sind Konzentrate unabdingbarer Forderungen der Gesellschaft gegenüber dem einzelnen. Der Jugendliche als einzelner muß von diesen Forderungen nicht nur Kenntnis erhalten, sondern auch daran gewöhnt werden, mit ihnen und unter ihnen zu leben. Hierzu muß er den Schmerz und die Freude des Verzichts auf ungehemmte Verwirklichung eigener Triebe und Strebungen erfahren haben. Dies kann er aber zunächst nur im Klima der ihn gleichzeitig umhegenden und anleitenden Familie. Wo dieses Klima fehlt, gerät er unweigerlich mit der sozialen Forderung und im äußersten Fall mit dem Strafgesetz in Konflikt.

Mangelnde soziale Kontrolle

Aber nicht nur die Familie hat durchgreifende Wandlungen erfahren, sondern ebenso Schule, Kirche und Jugendgemeinschaft. Die soziale Kontrolle, die früher von der Schule ausgeübt wurde, gibt es heute nicht mehr. Der Unterricht hat schon an äußerem Umfang eingebüßt, der Lehrer ist nicht mehr unantastbare Autoritätsperson, und die Schule ist mehr oder weniger nur noch ein Ort, an dem man sich einmal am Tage trifft, um gewisse Techniken zu erlernen, die aus irgendwelchem Grunde erfordert werden. Auch die Kirche hat unter diesen Tendenzen gelitten. Der in unserer Verfassung zum Ausdruck kommende Standpunkt „Religion ist Privatsache" (Art. 4 GG) hat die Kirche einiger Mittel beraubt, im vorrechtlichen Bereich sozial einführend und kontrollierend zu wirken. Was schließlich die Jugendgemeinschaften, insbesondere die Bünde angeht, so waren sie vor allem nach dem ersten Weltkrieg entstanden, um die schon damals gelockerte vertikale Bindung Eltern/Kind durch die horizontale von Kamerad zu Kamerad zu ersetzen. Nach dem Zweiten Weltkrieg war die erstere noch mehr geschwunden, ohne daß die letztere noch einmal an ihre Stelle trat; es fehlt daher heute an beiden. In welchem Maße die Jugendbewegung sozial einführend und kontrollierend gewirkt hat, läßt eine neue Untersuchung von Wurzbacher u.a. über die christliche Pfadfinderschaft erkennen. Nach neueren Feststellungen gehören nur noch 2 - 4 % der Jugendlichen in Westdeutschland einer echten Jugendgruppe an.

Diese Entwicklung ist schon an sich bedenklich. Es kommt aber noch hinzu, daß der junge Mensch heute über sehr viel mehr freie Zeit verfügt, als das früher jemals der Fall war. Die lockere Verbindung mit Haus und Schule, die 40-Stunden-Woche, das freie Wochenende, die Arbeitsbeschränkung im Baugewerbe bei schlechtem Wetter u.a.m. wirken sich im Zusammenhang mit der nachgelassenen sozialen Kontrolle dahin aus, daß der junge Mensch oft nicht mehr weiß, was er nun anfangen soll. In Ermangelung sozialer Forderungen, die er erfüllen könnte, ist er sich selber überlassen, und das heißt — in diesem Stadium der Persönlichkeitsentwicklung — seinen augenblicklichen und am weitesten vorne befindlichen Strebungen und Launen; denn niemand, der nicht durch Training und langdauernde Übung an die Erfüllung von Pflichten gewöhnt ist, neigt dazu, von sich aus seine Bequemlichkeit zu überwinden und die anstrengende Beschäftigung mit Dingen zu suchen, die ihn geistig weiterbringen; er geht automatisch

Zuviel Freizeit: eine Gefahr

Diebstahlsdelikte stehen an erster Stelle der Straftaten, die von Kindern und Jugendlichen begangen werden.

Altersgruppen in %

Schwerer Diebstahl	Kinder	Jugendliche	Heranwachs.	Erwachsene
1954	9,1	17,9	16,3	56,7
1964	10,9	19,2	16,8	53,1
1975	9,1	27,2	22,5	41,2
Einfacher Ladendiebstahl				
1954	9,3	15,5	12,7	62,5
1964	11,5	17,8	12,2	58,5
1975	12,3	18,4	10,7	58,6

Einige besonders typische Diebstahldelikte von Kindern und Jugendlichen:

Altersgruppe in %   1976

	Kinder	Jugendliche	Heranwachs.	Erwachsene
Diebstahl in/aus Warenhäusern, Selbstdienungsläden	12,8	15,7	6,4	65,1
Diebstahl von Mopeds	12,4	56,2	19,7	11,7
Diebstahl von Fahrrädern	35,0	31,0	10,3	23,7

Quelle: Bundeszentrale für politische Bildung (Hrsg.): Zeitlupe Nr. 6, Bonn 1977

den Weg des geringsten Widerstandes, und dies ist der des leichten Vergnügens, der Befriedigung oberflächlicher Bedürfnisse und im äußersten Fall schließlich auch des Herumstreunens und Mitgenusses von fremdem Geld und Gut. Es ist daher kein Wunder, daß die Jugendkriminalität heute oft auf Rummelplätzen und ähnlichen Treffpunkten beginnt, daß die Begehung vieler Delikte sich am freien Wochenende zusammenballt und daß die Tatgeständnisse Jugendlicher oft mit dem Satz beginnen: „Ich bezog Schlechtwettergeld und wußte nicht, was ich anfangen sollte."

Feste Bindungen fehlen

Wir können daher feststellen:

1. Die Wandlungen von Familie, Schule, Kirche und Jugendgruppe haben eine mangelnde Sozialisation der kriminell gefährdeten Jugendlichen zur Folge.

2. Diese mangelnde Sozialisation wirkt sich dadurch besonders schädlich aus, daß der Jugendliche heute wesentlich mehr Freizeit hat als früher.

3. Mangelnde Sozialisation einerseits und vermehrte Freizeit andererseits aktualisieren die kriminelle Gefährdung Jugendlicher erheblich, d.h. sie lassen viele Jugendliche kriminell werden, die früher nicht kriminell geworden wären, weil sie in festeren Bindungen und unter stärkerer sozialer Kontrolle lebten.

Innere Sicherheit

Informationen des Bundesministers des Innern

Kriminalstatistik für das Jahr 1977
Trickdiebe sind Tagdiebe
Sicherheit durch Technik

Erscheinungstag: 29. September 1978

Herausgeber: Bundesministerium des Innern, Referat Öffentlichkeitsarbeit, Graurheindorfer Straße 198, 5300 Bonn

45

Kriminalstatistik für das Jahr 1977

Quelle: BMI: „Innere Sicherheit" 45/1978

I. Das Bundeskriminalamt hat die Polizeiliche Kriminalstatistik für das Jahr 1977 vorgelegt. Sie ist auch dieses Jahr in Zusammenarbeit mit den Landeskriminalämtern erstellt worden und faßt die Ergebnisse der Kriminalstatistiken der einzelnen Bundesländer zusammen.
Damit auch mittelfristige Tendenzen in der Kriminalitätsentwicklung erkennbar werden, ist nicht nur der Vergleich der Jahre 1977 und 1976, sondern auch, wie im letzten Jahr, die Entwicklung über einen Fünfjahreszeitraum (jetzt Vergleich 1977 zu 1973) in der Statistik aufgenommen.

II. Die Gesamtzahl der erfaßten Straftaten ist gegenüber dem Vorjahr um rund 220.000 auf über 3,2 Millionen (davon allein über 2,1 Millionen Diebstähle, das sind 2/3 der Gesamtzahl) gestiegen. Das bedeutet eine Gesamtsteigerungsrate von 7,3%.

Bei der Betrachtung dieser Gesamtzahlen ist zu berücksichtigen, daß schwerste und leichte Delikte unbewertet schlicht zusammengezählt werden. Ein Bagatelldiebstahl zählt ebensoviel wie ein Mord. Diese Zahlen sind daher nur sehr eingeschränkt geeignet, um daraus Aussagen über die Kriminalitätsentwicklung herzuleiten. Dies wird aus folgendem Beispiel besonders deutlich: Von den rund 220.000 Straftaten, um die 1977 die Gesamtzahl angestiegen ist, entfielen über 200.000 auf Diebstahl, Sachbeschädigung und Beleidigung, das sind fast 93% der Steigerung.

Ohne diese Straftaten beträgt der Anstieg 1977 gegenüber 1976 rund 2%.

Unterschiedliche Entwicklung bei Gewaltkriminalität

III. Bei der Untersuchung der einzelnen Deliktsgruppen ergibt sich bei der Gewaltkriminalität eine recht unterschiedliche Entwicklung. Zum Bereich der Gewaltkriminalität werden folgende Delikte gezählt: Mord, Totschlag, Kindestötung, Vergewaltigung, Raub, Körperverletzung mit tödlichem Ausgang, gefährliche und schwere Körperverletzung, erpresserischer Menschenraub, Geiselnahme und Angriff auf den Luftverkehr.

Insgesamt sind diese Delikte um 5,4% angestiegen. Demgegenüber ist bei den Straftaten gegen das Leben, wie in den vergangenen Jahren, eine deutlich rückläufige Tendenz festzustellen. Bei vollendeten Fällen von Mord und Totschlag beträgt der Rückgang fast 13%. Auch bei den Straftaten gegen die sexuelle Selbstbestimmung, zu denen z.B. Vergewaltigung und sexuelle Nötigung gehören, ergibt sich eine sinkende Tendenz. Hier beträgt der Rückgang 9,1%.

Weniger positiv verläuft die Entwicklung beim Raub, wo eine deutliche Zunahme um 9,2% vorliegt. Diese Zunahme wird bestimmt durch den sogenannten Straßenraub, der 50% aller Raubdelikte ausmacht. Wie in den vergangenen Jahren ist auch die Zahl der Raubüberfälle auf Geldinstitute, Post- und Zahlstellen sowie Geschäfte wiederum erheblich um über 20% angestiegen. Die vom Bundesminister des Innern mit dem Kreditgewerbe vereinbarten Schutzmaßnahmen gegen Raubüberfälle auf Geldinstitute konnten sich 1977 noch nicht auswirken. Der Einbau von optischen Raumüberwachungsanalgen in Banken und Sparkassen ist erst Anfang des Jahres 1978 angelaufen. Die gleichfalls vereinbarte Reduzierung des griffbereiten Bargeldbestandes an den Kassenschaltern hat jedoch nach Mitteilung des Deutschen Sparkassen- und Giroverbandes dazu geführt, daß die durchschnittliche Gesamtbeute im ersten Halbjahr 1978 auf 18.700 DM gegenüber 27.000 DM im vergleichbaren Zeitraum des Vorjahres gesunken ist. Die Zahl der Raubüberfälle auf Geldinstitute usw. ist im ersten Halbjahr 1978 ebenfalls rückläufig.

IV. Trotz des Anstiegs im Bereich der Gewaltkriminalität ist die Schußwaffenverwendung bei der Begehung von Straftaten weiterhin rückläufig. 1977 wurde in 5.785 Fällen mit einer Schußwaffe gedroht und in 7.594 Fällen auf Personen oder Sachen geschossen. Das bedeutet bei „gedroht" einen Rückgang um 0,7% und bei „geschossen" um 7,7%. Diese erfreuliche Entwicklung muß vor allem als Auswirkung der grundlegenden Novellierung des Waffenrechts gesehen werden, die insbesondere mit der Einführung der Waffenbesitzkarte, der Anmeldepflicht für erlaubnispflichtige Schußwaffen und einer erweiterten Bedürfnisprüfung eine materielle Verschärfung der Bedingungen für Waffenerwerb und -besitz mit sich brachte.

V. Gegenüber 1976 wurden knapp 5% mehr Straftaten aufgeklärt. Hingegen ist der Anteil der aufgeklärten Straftaten an der Gesamtzahl von 45,9% im Jahre 1976 auf 44,8% im Jahre 1977 gesunken. Hierbei ist allerdings zu berücksichtigen, daß der Anteil der Straftaten mit hoher Aufklärungsquote, wie z.B. Tötungsdelikte und Betrug, abgenommen und der Anteil der Taten mit niedriger Aufklärungsquote, wie z.B. Diebstahl und Sachbeschädigung, 1977 überproportional zugenommen hat.

Mehr Straftaten aufgeklärt

Erwähnenswert ist die nach wie vor hohe Aufklärungsquote im Bereich der Gewaltkriminalität (z.B. Mord 93,2%, gefährliche und schwere Körperverletzung 85,6%).

VI. Der Anstieg der Gesamtzahl der erfaßten Straftaten hat sich seit Dezember vorigen Jahres stark verlangsamt. Im ersten Halbjahr dieses Jahres ist die Gesamtzahl der erfaßten Straftaten verglichen mit dem gleichen Zeitraum des Vorjahres nur noch um 1,2% angestiegen. Dies kann allerdings kein Anlaß sein, mit den Anstrengungen zur Verbrechensverhütung in irgend einer Weise nachzulassen. Ständiges Ziel ist die Reduzierung der Kriminalität und nicht nur die Vermeidung eines Anstiegs.

Gewalt löst keine Probleme
Quelle: BMI: „Innere Sicherheit", 8.12.1978

Das Schwerpunktthema der diesjährigen polizeilichen Vorbeugungsarbeit ist die Gewaltkriminalität Jugendlicher. Zwar besteht Jugendkriminalität nach wie vor ganz überwiegend aus gewaltlosen Eigentumsdelikten. Jedoch ist auch nicht zu übersehen, daß der Trend zur Gewalttätigkeit überdurchschnittlich angestiegen ist.

In der Form des Vandalismus begegnet sie uns täglich: Zerstörte Telefonzellen, beschädigte Bänke, zertrampelte Grünanlagen, abgerissene Antennen und zerstochene Reifen.

Überwiegend gemeinschaftliche Straftaten

Doch nicht immer bleibt es beim Sachschaden. Auch Körperverletzungen, Sexualdelikte, Raub- und Tötungsdelikte sind Formen jugendlicher Gewaltkriminalität. Überwiegend werden die Straftaten gemeinschaftlich begangen, in mindestens 4 von 5 Fällen spielen Gruppenprozesse eine Rolle. Die Gruppe bestätigt den jugendlichen Täter und verleitet ihn zu Taten, die er alleine nie oder nicht mit solcher Brutalität unternommen hätte. Dies zeigt sich am deutlichsten bei den Rockerdelikten, die ohne das Vorhandensein und Aktivwerden der Gruppe gar nicht denkbar sind. Dies zeigt sich aber auch bei Delikten von Tätergemeinschaften, die nicht in Banden organisiert sind, sondern die der Zufall zusammenführt, wie es meist der Fall ist.

Zum einen sind die Taten oft ohne logisches Motiv, ja scheinbar völlig sinnlos; die Jugendlichen haben oft keine Ahnung von den Folgen ihrer Taten für sich und für das Opfer, sind sich gar nicht bewußt, was und warum sie es getan haben. Zum anderen passen die Taten häufig nicht zur Täterpersönlichkeit, und es sind noch genügend positive Kräfte vorhanden, die ansprechbar sind; auch wenn Jugendliche sich schon strafbar gemacht haben, muß ihr Weg nicht endgültig in die Kriminalität führen.

Gegen Gewalt Stellung nehmen

Deshalb versuchen wir mit einer Aktion, die Jugendlichen zur Abkehr von der Gewalt zu motivieren bzw. das Selbstvertrauen der Jugendlichen zu stärken, gegen Gewalt Stellung zu nehmen. Hierzu sprechen wir sie in Jugendzeitschriften an und versuchen, ihnen andere Wege als den Weg der Gewalt aufzuzeigen. Wir initiierten eine Schallplatte gegen die Gewalt. Über Jugendclubs verteilen wir Bekennerzeichen gegen die Gewalt. Und wir führen eine Verlosung mit interessanten Preisen durch, an der alle Jugendlichen teilnehmen, die aus ihrer Sicht zum Thema Gewalt Stellung nehmen.

Wirkung entfalten kann unsere Aktion aber nur, wenn alle sie unterstützen: Eltern und Erzieher, vor allem aber Personen mit gesellschaftlichem Einfluß im öffentlichen Leben, in Presse, Funk und Fernsehen, in den Schulen und in der Jugendarbeit. Denn unsere Maßnahmen können nur ein kleiner Anstoß sein, um Jugendlichen klarzumachen und sie nach dieser Erkenntnis handeln zu lassen, daß man mit Gewalt keine Probleme löst, sondern nur neue Probleme schafft.

Nicht nur bei uns ...
Nachrichtenspiegel der Stadt Bonn, Nr. X/3/78, Seite 10
Berichte aus anderen Städten

Polizei empfiehlt: Nicht allein durch New York gehen New York, 19. Juli 1978 dpa — Die Gewerkschaft der New Yorker Polizei hat in einem am Dienstagabend verteilten Flugblatt empfohlen, möglichst nicht allein durch New York zu gehen, keine Handtaschen zu tragen und dunkle, einsame Straßen zu vermeiden. ‚New York ist die großartigste Stadt der Welt', heißt es in dem Flugblatt, das den Bürgern und Touristen der größten Stadt Amerikas Ratschläge zur Vermeidung von Überfällen und Diebstählen gibt. Aber New York sei auch die ‚einzige Stadt der Welt, in der Kriminelle auf den Straßen spazieren', während ehrliche Bürger sich in ihren Wohnungen hinter Gittern verriegeln müßten. ...Das Flugbatt der Polizeigewerkschaft folgte einer Serie schwerer Morde und Raubüberfälle, die sich in den vergangenen Tagen in New York ereigneten und Forderungen nach einer Wiedereinführung der Todesstrafe auslösten. In der Nacht zum Dienstag war ein Angestellter der deutschen Uno-Mission in New York, Arthur Ohnewald (38), im Zentralpark im Stadtteil Manhatten von zwei Schwarzen geschlagen und durch Messerstiche schwer verletzt worden.

Kriminalität in New York

Literatur zu Baustein 4:

Siehe Literatur zu Baustein 1, Nr. 1 und 2, sowie
zu Baustein 2, Nr. 1 und 3

Arbeitsmaterialen zu Baustein 4 (Übersicht)

1.) Bundesnachrichtendienst, Militärischer Abschirmdienst, Kontrolle der Nachrichtendienste
(aus „Informationen" 179, herausgegeben von der Bundeszentrale für politische Bildung)

2.) Bundesinnenminister Maihofer berichtet über eine „Lauschoperation"
(aus BMI: „Innere Sicherheit", 17.3.1977)

Aus: Informationen 179: Streitbare Demokratie

b) Bundesnachrichtendienst

Der Bundesnachrichtendienst (BND) betreibt keine Inlandsaufklärung, sondern beschränkt seine Tätigkeit ausschließlich auf das Ausland. Er untersteht dem Bundeskanzleramt, und seine Errichtung beruht auf

BND-Tätigkeit

einem Organisationserlaß. Der Bundesnachrichtendienst ist 1955 aus der „Organisation Gehlen" hervorgegangen, die, nach 1945 von amerikanischer Seite eingesetzt, in erster Linie „Ostaufklärung" geleistet hatte. Der BND hat vornehmlich die Funktion, Auslandsaufklärung durch Beschaffung und Auswertung von (geheimen) Informationen auf außenpolitischem, wirtschaftlichem, rüstungstechnischem und militärischem Gebiet zu betreiben. Ihm obliegt auch die Aufklärung der gegnerischen Nachrichtendienste („Gegenspionage"). Die Nachrichtenbeschaffung, über die gemeinhin verständlicherweise äußerste Zurückhaltung geübt wird, geschieht sowohl über hochmoderne technische Mittel als auch über Agenten.

c) Militärischer Abschirmdienst

Der Militärische Abschirmdienst (MAD), dessen Zentrale sich in Köln befindet, soll die Bundeswehr vor Spionage und Sabotage schützen. Die Einrichtung des MAD 1955/56 basiert auf einem Organisationserlaß des Bundesministeriums für Verteidigung, dem der MAD untersteht. Der MAD übernimmt diejenigen Aufgaben des Verfassungsschutzes, die in den Kompetenzbereich des Verteidigungsministeriums fallen. Zu seinen wichtigsten Funktionen gehören:

- Die Sicherheitsüberprüfung soll gewährleisten, daß die Bundeswehr nicht Personen einstellt, bei denen ein hohes Sicherheitsrisiko vorliegt, um eventueller Zersetzungsarbeit vorzubeugen.
- Die Spionageabwehr dient dazu, Mitarbeiter fremder Geheimdienste zu enttarnen. Dabei ist besonders die Bundeswehr das Ziel östlicher Geheimdienste. Ungefähr 50 Prozent aller (erkannten) Spionagefälle in der Bundesrepublik Deutschland kommen bei der Bundeswehr vor.

Breite Aufklärungsaktionen des MAD

- Der Objektschutz soll Ausspähungen und Sabotageakte verhindern. Von den anfallenden Schäden und Verlusten bei der Bundeswehr gehen allerdings rund 80 Prozent auf Fahrlässigkeit zurück.
- Die Informationsarbeit bezweckt, durch breite Aufklärungsaktionen über die verschleierte Werbung fremder Nachrichtendienste aufzuklären, damit potentielle „Opfer" nicht Gefahr laufen, den Anwerbungstechniken aufzusitzen.

Der MAD besteht je zur Hälfte aus zivilem und militärischem Personal (über 2000 Mitarbeiter). Er hat dazu beigetragen, daß die Schlagkraft der Bundeswehr weder durch Spionage noch durch extreme Gruppierungen gefährdet worden ist.

d) Ungenügende Kontrolle der Nachrichtendienste?

Die drei Nachrichtendienste Verfassungsschutz, Bundesnachrichtendienst und Militärischer Abschirmdienst arbeiten — im Rahmen der gesetzlichen Bestimmungen — eng zusammen. Da sich die intensive Kooperation und Koordination zwischen den Nachrichtendiensten bewährt hat, ist eine Zusammenlegung nicht im Gespräch, zumal damit eine – problematische – Machtkonzentration einträte. In einer demokratischen Gesellschaft können die Nachrichtendienste nicht „frei schalten und walten". Einmal unterliegen sie der Kontrolle durch die Bundesregierung, zum anderen gibt es eine parlamentarische Kontrolle, wenngleich bei geheimhaltungsbedürftigen Sachverhalten, mit denen es die Nachrichtendienste in der Regel zu tun haben, besondere Formen der Kontrolle angezeigt sind. So ließ Bundeskanzler Adenauer Mitte der 50er Jahre ein (allerdings stark von der Exekutive abhängiges) „Parlamentarisches Vertrauensmännergremium" errichten, das keine genau fixierten Kompetenzen besaß. Im Laufe der Jahre wurde jedoch der Zuständigkeitsbereich des Vertrauensmännergremiums erweitert.

Im Jahre 1978 hat der Bundestag ein „Gesetz über die parlamentarische Kontrolle nachrichtendienstlicher Tätigkeit des Bundes" verabschiedet. Beruhte die Existenz des „Parlamentarischen Vertrauensmännergremiums" lediglich auf einer Vereinbarung zwischen dem Bundeskanzler und den Fraktionen, so ist jetzt für die „Parlamentarische Kontrollkommission" eine Rechtsgrundlage geschaffen worden. Nach diesem Gesetz unterrichtet die Bundesregierung umfassend über die Tätigkeit der Nachrichtendienste. Die Mitgliederzahl, Zusammensetzung und Arbeitsweise der „Parlamentarischen Kontrollkommission", deren Beratungen geheim sind, bestimmt der Bundestag.

Parlamentarische Kontrollkommission

Um die Kontrolle über die Nachrichtendienste noch wirksamer zu gestalten, sind weitere Maßnahmen im Gespräch. So entzündet sich die Kritik daran, daß für BND und MAD immer noch keine gesetzliche Grundlage existiert. Auch die aus Bundestagsabgeordneten und Sachverständigen bestehende Enquete-Kommission „Verfassungsreform", die Ende 1976 ihren Schlußbericht vorgelegt hat, befaßte sich mit der parlamentarischen Kontrolle der Nachrichtendienste. Sie hält eine grundgesetzliche Verankerung eines Ausschusses für Angelegenheiten der Nachrichtendienste nicht für sinnvoll und plädiert für die Beibehaltung der Parlamentarischen Vertrauensmännergremiums, um die Effektivität der Nachrichtendienste nicht zu gefährden. Dies wurde u.a. damit begründet, daß beim bisherigen Vertrauensmännergremium eine vollständigere Unterrichtung möglich sei als bei einem Ausschuß, der kein derartig hohes Maß an Geheimnisschutz gewährleiste.

Aber nicht nur Regierung und Parlament kontrollieren die Nachrichtendienste, auch die öffentliche Meinung wacht über die Maßnahmen der Nachrichtendienste, soweit sie publik werden. Die Diskussion um die Kontrolle der Nachrichtendienste flammt immer dann auf, wenn eine spektakuläre Aktion an die Öffentlichkeit dringt. Dabei reagiert ein großer Teil der öffentlichen Meinung heftig über (tatsächliches oder vermeintliches) Fehlverhalten der Nachrichtendienste. Es ist sowohl notwendig, gegen Rechtsverletzungen und Nachrichtendienste zu protestieren und sie zu ahnden, als auch angebracht, übereifriges Vorgehen der Nachrichtendienste kritisch zu bewerten, da Übereifer den Anschein von Rechtsverletzungen erweckt. Andererseits trägt ein

Nachrichtendienste benötigen Vertrauen

generelles Unbehagen an den Nachrichtendiensten nicht dazu bei, sie als ein notwendiges Mittel einer streitbaren Demokratie begreifen zu lernen. Die Schreckensvisionen von total überwachten Bürgern halten der Wirklichkeit nicht stand. Die Nachrichtendienste, die naturgemäß nicht „transparent" sein können, benötigen ebenso Vertrauen in ihre Arbeit wie die Polizei. „Vertrauen" bedeutet jedoch nicht Kritiklosigkeit.

Aus: „Innere Sicherheit", 17.3.1977, (BMI)
Zur Veröffentlichung des Spiegel über Dr. Klaus Traube

Zur Veröffentlichung des „Spiegel" betr. Dr. Klaus Traube erklärte Bundesinnenminister Professor Dr. Werner Maihofer am 27. Februar 1977 in Bonn:

1. Die wesentlichen Teile des Geschehensablaufs sind im „Spiegel" zutreffend dargestellt. Nicht zutreffend ist die Unterstellung, daß die Wiedergabe des Gesprächs Dr. Traube mit seinem Rechtsanwalt Raabe im Februar 1976 auf eine weitere Lauschoperation zurückgeht. Die Erkenntnisse stammen aus der vor den zuständigen Gremien angeordneten Telefonüberwachung gegen Traube.

Fall „Traube"

2. Ausgangspunkt für die Ermittlungen gegen den Atomphysiker Traube waren seine intensiven Kontakte zu Terroristen und deren Sympathisanten.

— Seit Juli 1975 hatte Traube Verbindungen zu dem maßgeblichen linksextremistischen CISNU-Funktionär Medhi Khanbaba-Theherani. Theherani seinerseits hatte enge Kontakte zu bekannten Terroristen, u.a. zu der in der Schweiz inhaftierten Terroristin Petra Krause. Theherani hat Traube in seiner Wohnung besucht.

— Traube hatte Beziehungen zu der Rechtsanwältin Inge Hornischer, die mit Terroristenkreisen in Verbindung stand. Sie hatte Theherani bei seinem Besuch bei Traube begleitet. Außerdem hatte sie enge Verbindungen zu dem Terroristen Wilfried Böse, der im Zusammenhang mit der Ermordung von zwei französischen Polizeibeamten durch den internationalen Terroristen Carlos aus Frankreich abgeschoben wurde. Sie hatte ihn an der Grenze abgeholt. Böse war bei dem terroristischen Anschlag in Entebbe beteiligt und wurde dort getötet..

— Zugleich hatte Traube Verbindung zu dem internationalen Terroristen Klein, der Traube mehrfach in seiner Wohnung besuchte; Mitte Juli hatte sich Klein für mindestens eine Woche zum Teil allein in dieser Wohnung aufgehalten.

— Im August 1975 haben Traube, Inge Hornischer, Klein und weitere Personen einen etwa 10-tägigen gemeinsamen Urlaub auf der jugoslawischen Insel Korcula verbracht.

— Am 29./30. November 1975 trafen sich Klein und Inge Hornischer erneut in der Wohnung Traubes.

- Rund drei Wochen danach, nämlich am 21.12.1975, überfiel Klein zusammen mit Carlos das OPEC-Hauptquartier in Wien, wobei drei Menschen getötet wurden.
- Dies gab den Ausschlag für die am 1.1.1976 eingeleitete Lauschoperation. Sie wurde am 29.2.1976 beendet, nachdem feststand, das Traube aus der Firma Interatom ausscheiden würde.

3. Atomphysiker Traube war wegen seiner umfassenden Kenntnisse des Sicherungssystems für kerntechnische Anlagen als eine der wenigen Personen in der Bundesrepublik in der Lage, Gefahrenpotentiale der Kernenergie zum Schaden der Allgemeinheit freizusetzen. Er hatte Zugang zu allen Unterlagen, auch über bereits in Betrieb genommene Kernkraftwerke und deren Sicherheitsvorkehrungen. Er hätte Handlungsanweisungen sowohl für Anschläge von außen als auch zur Einschleusung von Terroristen geben können.

Rechtfertigung

4. Alarmierend war, daß vom Frühjahr 1975 an eine Reihe von Anschlägen auf kerntechnische Einrichtungen und Institutionen einsetzte:
- 3.5.1975 Kernkraftwerk Fessenheim bei Straßburg: Sprengstoffanschlag auf KKW durch Kommando „Meinhof-Puig-Antich"
- 5.6.75 in Paris: Sprengstoffanschlag auf das Büro der Atomreaktorfirma „FRAM Atom" durch „Kommando Angela Luther".
- 14./15.8.75 Brennellis (Frankreich): Sprengstoffanschlag auf Wiederaufbereitungsanlage.

Das bisher einmalige in der Person von Traube gegebene Zusammentreffen von Gefahrenmomenten:

- hohes kerntechnisches Wissen
- eigener Zugang zu Atomanlagen im Bundesgebiet und im westlichen Ausland
- enge Beziehung zu internationalen Terroristen und deren Sympathisanten

machte die getroffenen Maßnahmen zur Abwehr einer damals gegenwärtigen gemeinen Gefahr notwendig. Sie hielten sich in einer solchen äußersten Gefährdungslage innerhalb der durch Gesetz und Verfassung gezogenen Grenzen.

Bericht des Bundesministers des Innern, Professor Dr. Werner Maihofer, vor dem Innenausschuß des Bundestages am 1. März 1977

Meine Erklärung vom 27.2.1977 zum Fall Traube kommt am Ende zu der zusammenfassenden Feststellung:

Das bisher einmalige in der Person von Traube gegebene Zusammentreffen von Gefahrenmomenten
- hohes kerntechnisches Wissen
- eigener Zugang zu Atomanlagen im Bundesgebiet und im westlichen Ausland
- enge Beziehungen zu internationalen Terroristen und deren Sympathisanten

machte die getroffenen Maßnahmen zur Abwehr einer damals gegenwärtigen gemeinen Gefahr notwendig. Sie hielt sich innerhalb der in einer solchen äußersten Gefährdungslage durch Gesetz und Verfassung gezogenen Grenzen staatlichen Handelns.

Diese beiden Feststellungen, daß die getroffenen Maßnahmen nach der damals gegebenen Sachlage notwendig und zugleich nach der bestehenden Rechtslage zulässig waren, sollen in einem Nachvollzug der Entscheidung verdeutlicht werden, die der Präsident des Bundesamtes für Verfassungsschutz wie der Bundesminister des Innern angesichts dieser Lage zu treffen hatten.

1. Die Ausgangslage am Tage der Anordnung der Operation, dem 30.12.1975, war in tatsächlicher und rechtlicher Hinsicht folgende:

Tatverdacht

— der Atomwissenschaftler Dr. Traube war durch seine ab Juli 1975 festgestellten intensiven Kontakte zu internationalen Terroristen und ihren Sympathisanten in Verdacht geraten; darunter dem Terroristen Klein, der kurz zuvor sich als einer der Hauptbeteiligten am OPEC-Überfall in Wien herausgestellt hatte, wie der Rechtsanwältin Hornischer, die den Terroristen Böse, einen der späteren Hauptbeteiligten der Geiselentführung nach Entebbe, bei seinem Zwischenaufenthalt in der Bundesrepublik unterstützt hatte; Frau Hornischer hatte seit 1968 Kontakte zu Andreas Baader und in der Folgezeit auch zu anderen Mitgliedern der kriminellen Vereinigung Baader-Meinhof.

— Traube hatte auch durch sein eigenes bei der durch die zuständige Kommission gebilligten Telefon- und Postüberwachung zu Tage getretenes Verhalten Ansatzpunkte für die Ermittlungen des Verfassungsschutzes gegeben; andererseits aber lagen gerichtsverwertbare Beweise für seine Beteiligung an einer terroristischen Vereinigung (§ 129, 129aStGB) nicht vor, die ausgereicht hätten, ein strafrechtliches Ermittlungsverfahren gegen ihn einzuleiten oder gar seine Verhaftung zu betreiben;

— die Wohnung Dr. Traubes diente von Juli bis November 1975 nicht nur als Treffpunkt mit diesen ihn besuchenden Terroristen, sondern in einem Falle sogar für eine Woche lang, nämlich im Juli 1975, als alleiniger Aufenthalt für den Terroristen Klein. Klein war auch noch Ende November rund drei Wochen vor dem OPEC-Überfall zwei Tage bei Traube zusammen mit Hornischer;

— andererseits aber lag — wie oben dargelegt — ein hinreichender Tatverdacht gegen den Wohnungsinhaber nicht vor, der es gerechtfertigt hätte, einen richterlichen Durchsuchungsbefehl zu erwirken, der ohnehin entgegen einer verbreiteten Irrmeinung niemals Grundlage für eine Abhöroperation in der Wohnung Traubes hätte sein können.

Von dieser Sach- und Rechtslage in Hinsicht auf Dr. Traube und seine Wohnung mußten alle weiteren Maßnahmen ausgehen, die nach dem OPEC-Überfall in Wien am 21.12.1975 zu treffen waren, der von einem der monatelangen Gesprächspartner und zeitweiligen Mitbewohner Traubes, dem Terroristen Klein zusammen mit Carlos und anderen durchgeführt und bei dem drei Menschen getötet wurden.

Die Lagebeurteilung im Bundesamt für Verfassungsschutz wie im Bundesinnenministerium war übereinstimmend die, daß eine unmittelbare Gefahr von äußerster Brisanz bestand, daß Traube nämlich mit seinem Fachwissen und seinen Ortskenntnissen in Hinsicht auf die Atomanlagen in der Bundesrepublik und im westlichen Ausland in eine der nächsten terroristischen Aktionen aus dem In- und Ausland hineingezogen werden könnte, ob aus eigener ideologischer Überzeugung oder durch kriminelle Erpressung. Diese alarmierende Situation, die alle beteiligten Stellen als äußerst bedrohlich beurteilten, wurde durch die Beobachtungen in eben denselben zurückliegenden Monaten noch verstärkt, in denen sich diese auffälligen und unerklärbaren persönlichen Beziehungen Traubes zu ausländischen internationalen Terroristen angebahnt hatten, daß damals gleichzeitig eine Reihe von Sprengstoffanschlägen auf kerntechnische Anlagen und Einrichtungen in Frankreich einsetzten, deren Kommandos Namen aus der deutschen Terroristenszene führten.

Gefährliches Fachwissen

In dieser kritischen Situation waren alle beteiligten Stellen einhellig der Auffassung, daß, wie sich aus den Akten ergibt, in Hinsicht auf das künftige Verhalten von Dr. Traube ein extremes Risiko bestand, da nach den auch durch die Telefonüberwachung gemachten Beobachtungen eine enge persönliche Verflechtung, wenn nicht Verstrickung in die terroristische Szene befürchtet werden mußte, die angesichts der damals von ihm noch innegehabten Spitzenposition bei Interatom eine schnelle und volle Aufklärung forderte.

Dies war für den Präsidenten des Bundesamtes für Verfassungsschutz unmittelbar nach dem OPEC-Überfall Anlaß, den Einsatz auch eines Abhörgerätes in der Wohnung Traubes zum 1.1.1976 anzuordnen, um bei weiteren Treffen Traubes mit Terroristen oder ihren Sympathisanten in dieser Wohnung über die Art seiner Kontakte raschestmöglichen Aufschluß zu erhalten. Alle beteiligten Stellen rechneten ernsthaft damit, daß Traube bei einer der seinerzeit geplanten großen Befreiungsaktionen für die einsitzenden Baader-Meinhof-Täter als Mitbeteiligter oder als Ratgeber tätig werden könnte, ohne daß ein solcher schwerer Verdacht so erhärtet werden konnte, daß polizeiliche Maßnahmen der Gefahrenabwehr oder gar richterliche Maßnahmen der Strafverfolgung gegen ihn ergriffen werden konnten.

Maßnahmen gebilligt

Der Bundesinnenminister hat den Einsatz dieses nachrichtendienstlichen Mittels angesichts der außerordentlichen Gefährdungslage ausdrücklich gebilligt.

2. Der Bundesminister des Innern stand bei der Billigung dieser als notwendig erkannten Maßnahme, ebenso wie der die Abhöroperation in der Wohnung Dr. Traubes anordnende Präsident des Bundesamtes für Verfassungsschutz vor folgender Rechtslage:

Dem Bundesamt für Verfassungsschutz ist bei der Neufassung des Gesetzes über die Zusammenarbeit des Bundes und der Länder in Angelegenheiten des Verfassungsschutzes von 1972 zur Wahrnehmung seiner Aufgaben in § 3 ausdrücklich die Befugnis übertragen worden, „nachrichtendienstliche Mittel anzuwenden". Dabei wurde die Art dieser Mittel wie die Weise ihrer Anwendung bewußt offengehalten. Hierzu erklärte der Gesetzgeber im schriftlichen Bericht des Bundestagsinnenausschusses vom 15.6.1972:

„Eine inhaltliche Präzisierung des Begriffs ‚nachrichtendienstliche Mittel' erwies sich als untunlich. Für die Bestimmung der rechtlich zulässigen nachrichtendienstlichen Mittel sowie für die Art und Weise ihrer Anwendung ist der Bundesminister des Innern verantwortlich."

Der Bundesminister des Innern hat bei der Wahrnehmung der ihm danach zufallenden gesetzlichen Verantworung auch für die „Art und Weise" der Anwendung nachrichtendienstlicher Mittel deshalb nicht nur die allgemeinen Verfassungsgrundsätze der Verhältnismäßigkeit und des Übermaßverbots zu beachten. Er muß insbesondere auch die Grundrechte unserer Verfassung beachten, für die das Grundgesetz allerdings die Schranken unterschiedlich weit gezogen hat.

Unverletzlichkeit der Wohnung

Für den hier in Rede stehenden Eingriff in das Grundrecht der Unverletzlichkeit der Wohnung (Artikel 13 GG) stellt sich die Frage, ob der Einsatz nachrichtendienstlicher Mittel, hier von Abhörgeräten in der Wohnung Dr. Traubes, durch die verfassungsmäßigen Einschränkungen dieses Grundrechts nach Art. 13 Abs. 3 gedeckt war. Diese Frage wurde nach sorgfältiger Würdigung der Sach- und Rechtslage in Hinsicht nicht nur auf die tatsächliche Notwendigkeit der Maßnahme und ihre Verhältnismäßigkeit angesichts der gegebenen Gefahrenlage, sondern auch in Hinsicht auf ihre rechtliche Zulässigkeit nach Art. 13 Abs. 3 bejaht.

Das Verfassungsschutzgesetz führt zwar kein einschränkbares Grundrecht, so auch nicht Art. 13 GG, auf. Daraus ergibt sich indessen für den hier zu behandelnden Fall keine Konsequenz:

Nach Art. 19 Abs. 1 Satz 2 GG sind Grundrechte dann zu benennen, wenn die Ermächtigung zur Grundrechtsbeschränkung auf einfachem Gesetz beruht. Art. 13 Abs. 3 GG sieht aber Eingriffe in die Unverletzlichkeit der Wohnung ausnahmsweise auch ohne ausdrückliche Ermächtigung durch die Verfassung selbst dann vor, wenn sie ,,,zur Abwehr einer gemeinen Gefahr oder einer Lebensgefahr für einzelne Personen" notwendig sind. Um einen solchen Fall handelt es sich hier, da nach allen damals vorliegenden Erkenntnissen eine damals gegenwärtige und in ihren Auswirkungen unabsehbare Gefahr bestanden hat. Diese besondere Gefährdungslage, die sich von den Ermittlungsaufgaben des Verfassungsschutzes im allgemeinen in qualifizierter Weise unterscheidet, ist die Grundlage für die Rechtfertigung der Maßnahmen im Sinne der 1. Alternative des Art. 13 Abs. 3 GG.

Im übrigen kann eine Einschränkung dieser Verfassungsbestimmung auch durch den ungeschriebenen Gemeinwohlvorbehalt gerechtfertigt werden, zu dem es in einem der führenden Verfassungskommentare (Maunz-Dürig) heißt:

„Soweit überragende Gesichtspunkte des Gemeinwohls es erfordern, steht ein Grundrecht, auch wenn ihm kein Gesetzesvorbehalt beigefügt ist oder wenn der beigefügte Gesetzesvorbehalt für bestimmte Gesetze nicht ausreichen würde, nicht uneinschränkbar im Rechtsgefüge. Es muß sich auch dann den Gemeinwohlerfordernissen beugen."

Ausschlaggebend für die Beurteilung der rechtlichen Zulässigkeit war für den Bundesminister des Innern, daß bei einer Auslegung der Grundrechtsverbürgung des Art. 13 GG sowohl durch die geschriebenen als auch durch die ungeschriebenen Einschränkungen der Gemeingefahrabwägung und des Gemeinwohlvorbehalts in Abs. 3 nach gewissenhafter Beurteilung die feste Überzeugung bestand, daß die Anwendung solcher nachrichtendienstlicher Mittel in einer solchen einmaligen Ausnahmelage gerechtfertigt war, um der nach allen vorliegenden Erkenntnissen damals gegenwärtigen und unabsehbaren Gefahr zu begegnen, die eine rasche und volle Aufklärung von Art- und Umfang der Beziehungen des Atomwissenschaftlers Dr. Traube zu eindeutig als Terroristen oder deren Sympathisanten erkannten Personen forderte.

Einmalige Ausnahmelage

Selbst wenn die Verfassung diese Einschränkungen durch die Gemeingefahrabwägung wie den Gemeinwohlvorbehalt nicht vorgesehen hätte, würde sich die Eingriffsmöglichkeit aus dem Gesichtspunkt des „übergesetzlichen Notstandes" ergeben haben, um die Abwehr der hier gegenwärtigen unabsehbaren Gefahren zu rechtfertigen.

Daß eine solche Beurteilung des Einsatzes von Abhörgeräten zumindest für Ausnahmefälle unter den Voraussetzungen des Art. 13 Abs. 3 GG für rechtlich möglich gehalten wird, zeigen auch die Ausführungen zum Verfassungsschutzgesetz des Bundes von Schoen-Frisch, wo es schon 1973 heißt: „Das Abhören des nichtöffentlich gesprochenen Wortes auf technischem Wege in Räumen, deren Verfügungsberechtigter – oft der Belauschte selbst – dem Abhören nicht zugestimmt hat, ist nur unter den sehr engen Voraussetzungen von Art. 13 Abs. 3 zulässig. Es muß sich also darum handeln, eine ‚gemeine Gefahr' oder eine ‚Lebensgefahr für einzelne Personen' abzuwenden. Angesichts der wachsenden Zahl von terroristischen Aktionen könnten diese Voraussetzungen durchaus in Einzelfällen gegeben sein".

Da eine Absicherung der vom Bundesminister des Innern in dieser einmaligen Lage für tatsächlich notwendig und für rechtlich zulässig gehaltenen Anwendung von nachrichtendienstlichen Mitteln in der Wohnung Dr. Traube entgegen vielfacher Annahme nach unserem Recht über eine richterliche Entscheidung, wie einen richterlichen Durchsuchungsbefehl, nicht vorgesehen ist, konnte sie unter gewissenhafter Beachtung der durch Gesetz und Verfassung angesichts einer solchen äußersten Gefahrenlage gezogenen Grenzen erfolgen.

Bericht des Bundesministers des Innern vor dem Innenausschuß des Deutschen Bundestages am 8. März 1977

Der Ablauf der Ereignisse, die schließlich zu dem Lauschmitteleinsatz in der Wohnung Dr. Traubes geführt haben, stellt sich wie folgt dar:

1. Der erste umfassende Bericht des Bundesamtes für Verfassungsschutz (BfV) über Dr. Traube datiert vom 14. August 1975. Die darin vorgeschlagenen Maßnahmen sind von mir am 20. August 1975 zustimmend zur Kenntnis genommen worden. Dazu gehörte, daß „die Verbindungen Dr. Traubes zu den bereits bekannten Personen des terroristischen Bereichs sowie zu den ggf. neu hinzukommenden weiter mit operativen Maßnahmen aufgeklärt" werden sollten.

Die zweite ergänzende Vorlage der Abteilung Öffentliche Sicherheit im Bundesministerium des Innern vom 27. August 1975, der ich am 3. September 1975 meine Zustimmung erteilt habe, kommt zu dem Ergebnis, daß „aus sicherheitsmäßigen Erwägungen ein starkes Interesse" daran bestehe, „Dr. Traube mit nachrichtendienstlichen Mitteln zu beobachten", um insbesondere festzustellen

— „welche Rolle er innerhalb der Terrorismusszene spielt
— ob er bereits Kenntnisse über die Verwendung gefährlicher Stoffe (z.B. spaltbares radioaktives Material) oder diese Stoffe selbst an Terroristen weitergegeben hat oder
— Pläne über den Zugang zu Atomreaktoranlagen (für Zwecke der Erpressung oder Sabotage) weitergegeben hat".

Unter nachrichtendienstlichen Mitteln nach § 3 des Verfassungsschutzgesetzes sind insbesondere zu verstehen:

— das heimliche Beobachten (Observieren)
— das geheime Fotografieren
— die Anwerbung und Führung von geheimen Mitarbeitern in Beobachtungsobjekten (V-Leute)
— die Post- und Telefonkontrolle (schon in Art. 10 GG geregelt)
— das „einfache" und „technische" Belauschen des nichtöffentlich gesprochenen Wortes.

Inhaltliche Begriffs-Präzisierung

In seinem schriftlichen Bericht zum Verfassungsschutzänderungsgesetz vom 15. Juni 1972 hatte der Innenausschuß des Deutschen Bundestages hierzu erklärt: „Eine inhaltliche Präzisierung des Begriffs ,nachrichtendienstliche Mittel' erwies sich als untunlich. Für die Bestimmung der rechtlich zulässigen nachrichtendienstlichen Mittel sowie für die Art und Weise ihrer Anwendung ist der Bundesminister des Innern verantwortlich."

Von den nachrichtendienstlichen Mitteln wurden im Fall Traube in der Folgezeit außer der bereits seit dem 24. Juli 1975 angeordneten und von der G 10-Kommission des Deutschen Bundestages bestätigten Post- und Telefonkontrolle vom Präsidenten des Bundesamtes für Verfassungsschutz auch weiterhin Observationen angeordnet, um den bestehenden Verdacht einer Sicherheitsgefährdung schnellstmöglich aufzuklären.

Weitergehende Maßnahmen, wie die spätere „Lauschoperation", standen bei der damaligen Lage für den Präsidenten des Bundesamtes für Verfassungsschutz wie für mich außerhalb der Betrachtung. Es kann darum heute keine Rede davon sein, daß ich bereits am 3. September 1975 eine „Generalvollmacht" gegeben hätte, die diesen Fall schon damals mit einschloß.

Der Einsatz eines solchen äußersten nachrichtendienstlichen Mittels war vielmehr nach geltenden Grundsätzen allenfalls bei einer weiteren Zuspitzung der Gefährdungslage zu rechtfertigen, wie sie dann in der Extremsituation nach dem OPEC-Überfall in Wien eingetreten ist. Zwar wurde der von der Rechtsanwältin Hornischer mit Dr. Traube in Verbindung gebrachte Hans-Joachim Klein, der in ihrer Anwaltskanzlei beschäftigt war, schon in der Vorlage vom 14. August 1975 „zur Durchführung von Gewalttaten jeglicher Art für fähig gehalten". Dies war jedoch nur ein Verdacht; daß der mit Dr. Traube in Kontakt stehende Klein ein gefährlicher Terrorist war, erwies sich erst durch den OPEC-Überfall als Tatsache. Dennoch hat uns schon damals über alle diese Monate hinweg der Gedanke zunehmend beunruhigt, daß Dr. Traube in eine der damals erwarteten großen terroristischen Aktionen zur Befreiung der Kerntruppe Baader-Meinhof hineingezogen werden könnte.

C

2. Deshalb war es für alle im Bundesamt für Verfassungsschutz und im Bundesministerium des Innern beteiligten Stellen ein Alarmsignal, als nach dem OPEC-Überfall am 21. Dezember 1975 in Wien am 24. Dezember 1975 der bei diesem durch Carlos geleiteten Anschlag verwundete deutsche Terrorist vom Bundeskriminalamt als Klein identifiziert wurde und am 26. Dezember 1975 dann durch das Bundesamt für Verfassungsschutz festgestellt wurde, daß derselbe Klein vor seinem plötzlichen Verschwinden noch am 28. und 29. November 1975 in der Wohnung Dr. Traubes in Overath gewesen war.

Alarmsignal: OPEC-Überfall 21.12.1975

Auf Grund dieser veränderten Lage, die sich bei dem ungeklärten Verdacht gegen Dr. Traube über die Art seiner Beziehungen zu einem Terroristen wie Klein nach damaliger übereinstimmender Beurteilung als ein Gefährdungsrisiko äußerster Brisanz darstellte, wurde vom Präsidenten des Bundesamtes für Verfassungsschutz am 30. Dezember 1975 „ein Lauschangriff gegen die Wohnung Dr. Traubes" angeordnet, mit der Maßgabe, daß der zuständige Leiter der Abteilung (VII) Terrorismusbekämpfung darüber den Abteilungsleiter Öffentliche Sicherheit des Bundesministeriums des Innern unterrichten sollte mit der weiteren Maßgabe, daß Bedenken des Bundesministeriums des Innern gegen diesen Lauschmittelangriff „unmittelbar mit dem Präsidenten erörtert" werden sollten. Dies hat der Leiter der Abteilung (VII) Terrorismusbekämpfung in einem Vermerk vom 30. Dezember 1975 niedergelegt.

Er hat am 30. Dezember 1975 den (für den urlaubsabwesenden Abteilungsleiter) Stellvertretenden Abteilungsleiter „Öffentliche Sicherheit" fernmündlich über den bevorstehenden Lauschangriff gegen Dr. Traube unterrichtet. Nach seiner Darstellung, der vom Stellvertretenden Abteilungsleiter „Öffentliche Sicherheit" insoweit widersprochen wird, hat er dabei gebeten, Bedenken gegen diese Maßnahme unmittelbar mit dem Präsidenten des Bundesamtes für Verfassungsschutz zu erörtern. Hierzu hat der Leiter der Abteilung (VII) Terrorismusbekämpfung am 5. März 1977 folgende dienstliche Erklärung abgegeben:

Dienstliche Erklärung

„1. Ich habe Präsident Dr. Meier am 30.12.1975 in seiner damaligen Wohnung in München angerufen und ihm einen Lauschangriff gegen Dr. Traube vorgeschlagen. Ich begründete den Vorschlag eingehend und ausführlich damit, daß
— nach unseren Feststellungen Hans Joachim Klein wenige Wochen vor dem OPEC-Anschlag sich in der Wohnung von Dr. Traube aufgehalten hatte
— die bisher durchgeführten nachrichtendienstlichen Maßnahmen keine schnellen Aufschlüsse über die Art der Verbindung von Dr. Traube zu Klein erwarten ließen
— wegen der Abwesenheit Dr. Traubes die Situation für einen Einbau von Lauschmitteln günstig war.
2. Präsident Dr. Meier stimmte meinem Vorschlag zu und ordnete die sofortige Durchführung der Lauschoperation an.
3. Präsident Dr. Meier wies mich an, sofort den Abteilungsleiter ÖS im Bundesministerium des Innern zu unterrichten mit der Maßgabe, daß Bedenken des BMI mit Präsident Dr. Meier unmittelbar zu erörtern seien.
4. Ich habe im unmittelbaren Anschluß an mein Telefongespräch mit Präsident Dr. Meier am 30.12.1975 Ministerialdirigent v. Loewenich, amtierender Abteilungsleiter ÖS, in seinem Büro im Bundesministerium des Innern angerufen und ihm weisungsgemäß berichtet, daß Präsident Dr. Meier soeben einen Lauschangriff gegen Dr. Traube angeordnet habe, der Einbau eines Mikrofons und eines Senders in der Wohnung Dr. Traubes für die Nacht vom 31.12.1975 zum 1.1.1976 vorgesehen sei und evtl. Bedenken des BMI mit Präsident Dr. Meier unmittelbar erörtert werden sollten. Zu diesem Zweck habe ich MinDirig v. Loewenich die Telefon-Nummer der Münchener Wohnung von Präsident Dr. Meier gegeben.
5. MinDirig v. Loewenich rief mich später an und teilte mir mit, daß Staatssekretär Dr. Fröhlich von ihm unterrichtet worden sei.
6. Hiervon habe ich Präsident Dr. Meier unmittelbar darauf telefonisch unterrichtet.
7. Auf meinen Vermerk vom 30.12.1975 in der Akte Dr. Traube, Band II, Blatt 8 und 9 weise ich hin".

Der Stellvertretende Abteilungsleiter „Öffentliche Sicherheit" des Bundesministeriums des Innern hat nach seiner Erklärung die Anordnung des BfV-Präsidenten als die eines bevorstehenden „Lauschangriffs auf Traube" aufgefaßt, dabei nicht ausgeschlossen, daß in die-

sem Zusammenhang ein Hinweis auf die Wohnung erfolgt sei, aber die Unterrichtung über die „Notwendigkeit des heimlichen Eindringens in die Wohnung" ausgeschlossen. Die dienstliche Erklärung des Stellvertretenden Abteilungsleiters „Öffentliche Sicherheit" vom 6. März 1977 lautet:
1. Die mir vorliegende Kopie der Akten des BMI — Aktenzeichen ... — enthält folgenden von mir am 30.12.1975 handschriftlich gefertigten Vermerk:
„BfV AL VII" unterrichtete mich heute über eine bestimmte Maßnahme. Staatssekretär Dr. Fröhlich hat zustimmend Kenntnis genommen."
2. Zu diesem Vorgang äußere ich mich wie folgt:
Am 30.12.1975 unterrichtete mich der Leiter der Abteilung VII des BfV, Herr Grünewald, darüber, daß der Präsident des BfV einen „Lauschangriff" auf Traube angeordnet habe. Ich kann mich nicht mehr erinnern, ob Herr Grünewald mich zu diesem Zweck im BMI aufgesucht oder ob er mich telefonisch unterrichtet hat. Ich kann nicht ausschließen, daß im Zusammenhang der Unterrichtung die Wohnung des Dr. Traube erwähnt worden ist, kann mich aber daran nicht erinnern. Ich bin allerdings sicher, daß die Unterrichtung nicht die Einzelheiten des „Lauschangriffs", insbesondere die Notwendigkeit des heimlichen Eindringens in die Wohnung umfaßte. Ebenso sicher bin ich, daß mir nicht mitgeteilt wurde, daß etwaige Bedenken gegen diese Maßnahme unmittelbar mit Präsident Dr. Meier erörtert werden sollten.
Über die Unterrichtung durch Herrn Grünewald habe ich Herrn Staatssekretär Dr. Fröhlich sofort mündlich vorgetragen. Auch bei diesem Gespräch wurde über die einzelnen Prozeduren des „Lauschangriffs" nicht gesprochen. Herr Staatssekretär F hat — wie ich gegenüber Herrn Grünewald im Hinblick auf die mir bekannte besondere Gefahrensituation — die Einleitung des „Lauschangriffs" in unserem Gespräch gebilligt.
Ich kann mich nicht daran erinnern, daß ich nach dem Vortrag bei Herrn Staatssekretär Dr. Fröhlich in dieser Sache noch einmal mit dem BfV Kontakt aufgenommen und ihm die Billigung durch den BMI mitgeteilt hätte."

Unterrichtung über bestimmte Maßnahmen

„Lauschangriff" angeordnet

Entsprechend hat der Stellvertretende Abteilungsleiter „Öffentliche Sicherheit" danach den zuständigen Staatssekretär im Bundesministerium des Innern unterrichtet. Darüber ist in den Akten ein Vermerk mit Datum vom 30. Dezember 1975 mit dem Wortlaut enthalten: „BfV AL VII" unterrichtet mich heute über eine bestimmte Maßnahme. St F hat zustimmend Kenntnis genommen." Auch der Staatssekretär ging nach seiner Erklärung zwar von einem Lauschangriff auf Traube aus, aber nicht auf die Wohnung von Traube. Die dienstliche Erklärung von Staatssekretär Dr. Fröhlich vom 6. März 1977 lautet:
„Zu der Frage der Entscheidung über die nachrichtendienstliche

Operation im Hause von Dr. Traube am 1./2. Januar 1976 äußere ich mich wie folgt:
Am 30. Dezember 1975 wurde ich von Ministerialdirigent von Loewenich unterrichtet, er sei vom Abteilungsleiter VII des Bundesamtes für Verfassungsschutz fernmündlich informiert worden, der Präsident habe in der Angelegenheit Traube einen „Lauschangriff" angeordnet. Von einem Eindringen in die Wohnung war in diesem Zusammenhang nicht die Rede; andernfalls hätten wir mit Sicherheit die rechtliche Problematik erörtert, die sowohl Herrn von Loewenich als auch mir vertraut ist. Ich habe die Mitteilung daher eigentlich weniger als einen meiner Zustimmung bedürftigen Sachverhalt angesehen, sondern als eine Sachstandsunterrichtung, weil Lauschoperationen als solche in der Verantwortung des Präsidenten angeordnet werden konnten. Andererseits war eine Lauschmaßnahme gleich welcher Methode und Intensität für mich zweifelsfrei durch die Weisungen des Ministers in einem Gespräch am Vortage gedeckt, so daß ich keine Notwendigkeit für eine Intervention sah. In diesem Gespräch hatte mir der Minister gesagt, daß nunmehr nach OPEC im Fall Traube das Äußerste unternommen werden müsse, um zu einer schnellen Aufklärung zu gelangen.

Mangelhafte Information

Es hätte für mich allerdings einen Unterschied gemacht, wenn ich der Information hätte entnehmen können, daß eine Zustimmung für das Vorhaben einer Lauschmaßnahme mittels Eindringen in die Wohnung erbeten wurde. Der entscheidende Gesichtspunkt wäre für mich dann nicht die Lauschoperation, sondern das Problem des Artikel 13 GG gewesen. Ich hätte die Zustimmung zu einer solchen Maßnahme nicht ohne Rückfrage beim Minister erteilt. Nach dem letzten Gespräch wäre ich allerdings davon ausgegangen, daß er seine Zustimmung gegeben hätte.
Über die Gründe, die zu meiner den Sachverhalt nicht abdeckenden Information durch Ministerialdirigent von Loewenich geführt haben, geben die dienstlichen Äußerungen von MinDirigent von Loewenich vom 6.3.1977 und von Direktor Grünewald vom 5.3.1977 Auskunft.

Keine Einmischung

Es könnte gefragt werden, warum ich nicht eine Information über die operative Art und Weise der Durchführung des vorgesehenen Lauschangriffs angefordert habe. Es gehört jedoch zu den Regeln des Verhältnisses zwischen Nachrichtendienst und Ministerium, daß die operative Seite dem Dienst überlassen und von seinem Chef vertreten werden muß, und daß sich das Ministerium grundsätzlich nicht in Fragen der operativen Durchführung einmischen soll. Wenn kritisiert werden sollte, daß in diesem konkreten Fall hätte anders verfahren werden müssen, so ist es meine Sache, dafür einzustehen."
Der dargestellte Übermittlungsvorgang bei der Unterrichtung des Stellvertretenden Abteilungsleiters „Öffentliche Sicherheit" durch das Bundesamt für Verfassungsschutz führte dazu, daß eine Rücksprache

mit mir am 30. Dezember 1975 nicht stattfand. Vielmehr wurde ich erst mit Vorlage vom 9. Januar 1976 davon unterrichtet, daß das nach dem OPEC-Überfall eingetretene Gefährdungsrisiko höchster Brisanz für das Bundesamt für Verfassungsschutz Anlaß war, „die Beobachtungsmaßnahmen gegen Herrn Dr. Traube zu intensivieren und Lauschmittel einzusetzen. Ergebnisse können aber allenfalls erst in den nächsten Tagen erwartet werden, weil Herr Dr. Traube bis jetzt einen Urlaub in der Schweiz verbracht hat".

Von den in der Vorlage unter Ziffer 5 vorgeschlagenen weiteren vier Schritten habe ich zunächst nur den von mir mit a) ausgezeichneten ersten Vorschlag am 15. Januar 1976 ausdrücklich gebilligt: „Die Beobachtungen (einschl. des Lauschangriffs) sind in den nächsten Tagen verstärkt fortzusetzen, um vielleicht doch noch zu einer weiteren Aufklärung zu gelangen."

C

Ich war mir dabei bewußt, daß diese Billigung auch den Einsatz von Lauschmitteln in der Wohnung Dr. Traubes umfaßt. Ich hielt den Einsatz dieses äußersten Mittels in dieser einmaligen Lage für gerechtfertigt. Ich maß, wie sich aus meiner handschriftlichen Verfügung ergibt, dem Einsatz der unter a) genannten Mittel eine so hohe Bedeutung für die schnelle und volle Aufklärung des Falles zu, daß ich die Einleitung aller weiteren unter b) – d) vorgeschlagenen Maßnahmen davon abhängig gemacht habe. Diese, meine Entscheidung, wäre auch am 30. Dezember 1975 keine andere gewesen, wenn ich schon damals mit der Frage eines Lauschmittelangriffs auf die Wohnung Dr. Traubes befaßt worden wäre. Die Zuspitzung der Verdachts- und Gefährdungslage in Hinsicht auf Herrn Traube war am 30. Dezember 1975 und 15. Januar 1976 unverändert dieselbe, weshalb für mich auch hinsichtlich ihrer rechtlichen und tatsächlichen Beurteilung kein Unterschied bestand.

Lage rechtfertigt Mittel

3. Warum ich selbst eine solche äußerste Maßnahme in dieser einmaligen Lage für gerechtfertigt hielt und halte, habe ich mehrfach, auch öffentlich, dargelegt.

4. Ich habe in allen abgegebenen Erklärungen, wie auch in dem Bericht an den Innenausschuß des Bundestages, übereinstimmend davon gesprochen, daß der Präsident des Bundesamtes für Verfassungsschutz „den Einsatz auch eines Abhörgerätes in der Wohnung Traubes zum 1. Januar 1976 angeordnet" und daß „der Bundesinnenminister den Einsatz dieses nachrichtendienstlichen Mittels ausdrücklich gebilligt" habe. Dabei habe ich die Zeitpunkte der Anordnung der Maßnahme am 30. Dezember 1975 durch den Präsidenten des Bundesamtes für Verfassungsschutz und ihrer ausdrücklichen Billigung durch mich am 15. Januar 1976 nicht besonders erwähnt. Dies hatte seinen Grund darin, daß ich nicht durch besonderes Hervorheben des Zeitpunktes meiner Billigung den Eindruck entstehen lassen wollte, ich würde mich der Verantwortung für die getroffene Maßnahme entziehen oder gar die Verantwortung hierfür auf meine Mitarbeiter abwälzen. Für mich stand meine eigene Verantwortlichkeit im Vordergrund.

Verantwortung nicht abgewälzt

Ich wollte mich deshalb weder hinter Zeitpunkte noch Übermittlungsvorgänge verstecken und so Zweifel aufkommen lassen, daß ich voll hinter der von mir gebilligten Entscheidung des Präsidenten des Bundesamtes für Verfassungsschutz stehe, oder gar den Eindruck aufkommen lassen, daß ich die öffentliche Auseinandersetzung mit meiner Entscheidung auf die letztlich hierfür unerhebliche Verhaltensweise meiner Mitarbeiter ablenken wollte.

Volle Verantwortung übernommen

Die Tatsache, daß ich den Lauschmitteleinsatz in der Wohnung Dr. Traubes erst im nachhinein ausdrücklich gebilligt habe, wäre nur dann für die Beurteilung erheblich gewesen, wenn ich bei einer schon am 30. Dezember 1975 erfolgten Rücksprache mit mir anders entschieden hätte.

Ich hätte der in dieser Extremsituation angeordneten Abhörmaßnahme des Präsidenten des Bundesamtes für Verfassungsschutz am 30. Dezember 1975 jedoch ebenso zugestimmt wie ich sie am 15. Januar 1976 ausdrücklich gebilligt habe. Dafür übernehme ich die volle Verantwortung. Ich würde in derselben Ausnahmelage, auch im nachhinein betrachtet, heute nicht anders gehandelt haben als damals.

Wer diese meine Entscheidung heute mißbilligt, der sollte zumindest bedenken, daß sie in der damaligen von mir wie von den anderen Verantwortlichen als hochgefährlich eingeschätzten Lage letztlich von einem einzigen Bestreben bestimmt war, Schaden von unserem Lande abzuwenden.

Literatur zu Baustein 5

1.) Siehe Literatur zu Baustein 1, Nr. 1 und 2, sowie zu Baustein 2, Nr. 2

2.) Zusätzlich eignet sich noch das Heft „betrifft:" Nr. 20, herausgegeben vom Bundesminister des Innern.
   In diesem Heft wird die Arbeit des Bundeskriminalamtes erläutert und dabei auch auf den polizeilichen Staatsschutz (Schutz- und Sicherungsmaßnahmen für die Verfassungsorgane) eingegangen.

3.) Kortmann, B. D.: Verfassungsschutz in Bund und Ländern; Grundlagen, Praxis, Grenzen; Bonn 1979
   In diesem 83 Seiten starken Taschenbuch wird die Problematik, Organisation, Arbeitsweise und die unterschiedliche Lage im Bereich der Rechtssituation gründlich aufgearbeitet. Darüber hinaus werden die Verfassungsschutzvorschriften der Länder noch einmal gesondert aufgeführt.
   Eine übersichtliche und sehr gut zu verwendende Arbeit.

Arbeitsmaterialien zu Baustein 5 (Übersicht)

1.) Bundesinnenminister Baum beim Bundesamt für Verfassungsschutz: „Hoher Stellenwert zur Sicherung der Freiheit" (BMI-Pressedienst, 28.6.1978)
2.) Die Kontrolle des Verfassungsschutzes (aus: Merk, Innere Sicherheit, a.a.O.)
3.) Instrumente des Staatsschutzes und der Inneren Sicherheit (aus „Informationen", a.a.O.)
4.) Die Aufgaben des Verfassungsschutzes (aus: Bilstein/Binder: Innere Sicherheit, a.a.O.)

C

Aus: Pressedienst des Bundesministeriums des Innern, 28.6.1978

Besuch von Bundesinnenminister Gerhart Rudolf Baum beim Bundesamt für Verfassungsschutz in Köln

Wie Minister Baum anläßlich des Besuchs erklärte, messe er dem Verfassungsschutz einen hohen Stellenwert zur Sicherung der Freiheit in unserem Staat bei. Er legt Wert darauf, daß der gesetzlich klar umschriebene Auftrag des Bundesamtes für Verfassungsschutz in diesem Sinne verstanden und rechtsstaatlich einwandfrei erfüllt werde, d.h. Verfassungsschutz zur Wahrnehmung der Freiheit des Bürgers in unserem Staat. Das Mißtrauen gegenüber dem Verfassungsschutz, das insbesondere bei Teilen unserer jungen Generation bestehen, sei für ihn Anlaß zur Sorge. Er betrachte es als eine wichtige Aufgabe, Mißverständnisse über den gesetzlichen Auftrag des Verfassungsschutzes abzubauen. Das Vertrauen der Bevölkerung in die Arbeit der Verfassungsschutzbehörden sei unerläßliche Voraussetzung für dessen Funktionsfähigkeit. Das Selbstbewußtsein dieser Demokratie zeige sich auch in der Einstellung der Bürger zu den Sicherheitsbehörden dieses Staates.

Mißtrauen kein Anlaß zur Sorge

Aus: Merk: Innere Sicherheit

7. Die Kontrolle des Verfassungsschutzes

Verfassungsschutz als Instrument staatlichen Verwaltungshandelns bedarf gerade in einer demokratischen Gesellschaft der Kontrolle. Der Verfassungsschutz kann insoweit auch als geheimer Nachrichtendienst keinen Freiraum für sich beanspruchen. Er tut dies auch nicht. Eine Kontrolle findet in mehrfacher Hinsicht statt:

„Exekutive Kontrolle"

Die Verfassungsschutzbehörde untersteht der Dienst- und Fachaufsicht des zuständigen Ministers, der für diese Institution die fachliche und politische Verantwortung trägt. „Exekutive" Kontrolle ist insoweit „interne" Kontrolle. Sie beginnt in der Behörde selbst, etwa in der hierarchischen Behördenstruktur, und setzt sich fort in dem Instrumentarium der Fachaufsicht. Die Fachaufsicht hat sicherzustellen, daß die Behörden ihren gesetzlichen Auftrag erfüllen — und ihn erfüllen können. Sie ist damit eine Zweckmäßigkeitskontrolle.

Fachaufsicht „interne" Kontrolle

Sie hat jedoch auch und insbesondere zu überwachen, daß sich die Wahrnehmung der Aufgaben unter strenger Beachtung der rechtsstaatlichen Grenzen der Beobachtungstätigkeit des Verfassungsschutzes vollzieht; sie ist damit ein Instrument der Rechtmäßigkeitskontrolle. Für die Ausübung dieser Kontrolle hat die Fachaufsicht in der Form von Dienstanweisungen, Dienstvorschriften, Richtlinien, durch Erlasse und Weisungen vielfältige und differenzierte Mittel zur Verfügung.

Parlamentarische Kontrolle
Im System der parlamentarischen Demokratie manifestiert sich parlamentarische Kontrolle in erster Hinsicht in der parlamentarischen Verantwortlichkeit der Regierung bzw. des zuständigen Ministers (Ressortchefs) für seinen Geschäftsbereich. Für den Bürger am augenfälligsten zeigt sich dies am Beispiel des parlamentarischen Fragerechts, etwa, wenn der zuständige Bundesminister in der Fragestunde des Deutschen Bundestages Rede und Antwort stehen muß. Häufig sind hier — wie in den Parlamenten der Länder — auch Angelegenheiten des Verfassungsschutzes Gegenstand eingehender Fragen. Verfassungsschutzangelegenheiten werden ferner in den zuständigen Fachausschüssen der Parlamente behandelt.

Untersuchungsausschüsse

Ein weiteres Mittel zur Ausübung parlamentarischer Kontrolle ist die von der Verfassung vorgesehene Möglichkeit, parlamentarische Untersuchungsausschüsse einzusetzen. In der Geschichte des Deutschen Bundestages haben sich mehrere Untersuchungsausschüsse in geradezu klassischen „Skandal-Enqueten" (Fall John, Telefonaffäre, Steiner-, Guillaume-Affäre) mit Angelegenheiten aus dem Bereich des Verfassungsschutzes befaßt.

Wir erleben gegenwärtig eine (durch den Fall Dr. Traube* aktualisierte) Diskussion um eine weitere, institutionalisierte parlamentarische

---

* Es handelt sich dabei um den Atomexperten Dr. Traube, der seit Juli 1975 Verbindungen zu Personen hatte, die ihrerseits Kontakte zu Terroristen unterhielten. Als am 21. Dezember 1975 Terroristen in Wien die OPEC-Konferenz überfielen und bei der Geiselnahme drei Menschen getötet wurden, ordnete das Bundesamt für Verfassungsschutz mit Zustimmung des Bundesministers des Innern die Überwachung Dr. Traubes in seiner Privatwohnung an, um weitere Erkenntnisse zu gewinnen, denn eine Kontaktperson Traubes (H.J. Klein) war an dem Überfall in Wien beteiligt gewesen.
Vor dem Innenausschuß des Deutschen Bundestages erklärte Bundesminister Dr. Maihofer am 1. März 1977 u.a. dazu:
„Das bisher einmalige, in der Person von Traube gegebene Zusammentreffen von Gefahrenmomenten, hohes kerntechnisches Wissen, eigener Zugang zu Atomanlagen im Bundesgebiet und im westlichen Ausland, enge Beziehung zu internationalen Terroristen und deren Sympathisanten machten die getroffene Maßnahme zur Abwehr einer damals gegenwärtigen gemeinen Gefahr notwendig."

Kontrolle der Nachrichtendienste. Davon werden auch die Verfassungsschutzbehörden berührt. Verfassungsschutzbehörden sind zum einen Behörden wie andere auch, zum anderen ist der Ruf nach weitergehender, insbesondere institutionalisierter parlamentarischer Kontrolle — die es auf dem Teilbereich der Post- und Fernmeldekontrolle ja bereits gibt — auf Grund der eben doch besonderen, weil nachrichtendienstlichen Arbeitsweise dieser Behörden verständlich. Diese Diskussion ist noch nicht abgeschlossen. Sie sollte behutsam und ohne Emotionen geführt werden, und sie sollte darauf gerichtet sein, den Verfassungsschutzbehörden den Bereich eigenverantwortlicher Tätigkeit und Entscheidung zu belassen, ohne den sie ihrem gesetzlichen Auftrag nicht mit Erfolg nachkommen können. Sie sollte im übrigen aber auch darauf gerichtet sein, mit weiterer Transparenz das Vertrauen des Parlamentes und damit der Bürger in diese Institution des demokratischen Rechtsstaates zu vertiefen.

C

Aus: Informationen 179 „Streitbare Demokratie"
II. Instrumente des Staatsschutzes und der Inneren Sicherheit
1. Notwendigkeit und Legitimität des Demokratieschutzes

Für die Selbstbehauptung einer Demokratie reicht es nicht aus, sich zum Prinzip der Wehrhaftigkeit zu bekennen.

So notwendig Polizei, Staats- und Verfassungsschutz für die Demokratie auch sind, genügen sie jedoch keineswegs, deren Funktions- und Lebensfähigkeit zu garantieren. Sie bekämpfen die Auswirkungen antidemokratischer Verhaltensweisen, nicht aber ihre Ursachen. Es bedarf zusätzlich — und vor allem — der offensiven geistigen Auseinandersetzung mit antidemokratischem Gedankengut von rechts und links.
Rhetorische „Pflichtübungen" werden der Idee der wehrhaften Demokratie nicht gerecht.

Der Rechtsstaat benötigt jedoch auch eine leistungsfähige Polizei und wirksame Nachrichtendienste, um sich und seine Bürger zu schützen. Doch vielfach finden die für die innere Sicherheit und den Staatsschutz zuständigen staatlichen Organe nicht das nötige Verständnis. Reißerische Darstellungen über Polizeieinsätze tragen der Wirklichkeit ebensowenig Rechnung wie „Enthüllungen" über die Praktiken des Verfassungsschutzes. Weil Aufgaben und Notwendigkeit der Polizei, des Verfassungsschutzes und anderer Nachrichtendienste vielfach unbekannt sind oder bewußt verzerrt werden, ergibt sich häufig ein schiefes Bild. Folgendes Zitat wirft ein Schlaglicht auf die Einschätzung des Staatsschutzes:

Dienste und Polizei

„Was gilt noch das Demonstrationsrecht, wenn jeder, der es wahrnimmt, damit rechnen muß, vom VS fotografiert zu werden, und aufgrund dessen später berufliche Schwierigkeiten zu bekommen?

Was soll der Verfassungsanspruch auf Meinungsfreiheit, wenn jeder, der sich kritisch äußert, gewärtigen muß, daß ein Spitzel ihn denunziert? Was gilt das Grundrecht auf den Schutz der Privat- und Intimsphäre, das aus dem Recht auf freie Entfaltung der Persönlichkeit folgt, wenn in der Realität VS-Spitzel und Denunzianten mit **ihren Schnüffeleien unentwegt in diese Privatsphäre eindringen dürfen?** Was nutzt ein Grundrecht auf rechtliches Gehör und die Rechtsweggarantie, wenn man von Geheimdiensten gegen sich gesammeltes Material weder einsehen noch überprüfen, noch seine geheime Weitergabe kontrollieren kann?

(Diethelm Damm)

Rechtliche Grundlagen

Hier wird suggeriert, wir seien einem Klima der Repression ausgesetzt und völlig verkannt, daß Polizei und Nachrichtendienste zum Schutze der Bürger existieren. Auch ein demokratischer Staat, will er sich nicht selbst aufgeben, kann im Interesse seiner Bürger darauf nicht verzichten. Dies geschieht, um die Freiheit der Bürger zu garantieren, nicht einer abstrakten Staatsidee zuliebe. Freiheit basiert nämlich auf ausreichender innerer Sicherheit. Wer den Verfassungsschutz in einer „streitbaren" und freiheitlichen Demokratie mit der Gestapo oder dem KGB vergleicht, verrät wenig Sachkenntnis oder beabsichtigt, bewußt zu diffamieren. Gewiß, einzelne Übergriffe der Polizei kommen vor. Auch überschreiten Nachrichtendieste zuweilen ihre Befugnisse. Es ist daher sicherlich notwendig, über Fahndungspannen, Affären und zwielichtige Auspähungen der Nachrichtendienste zu berichten und sie anzuprangern, doch sollte dabei nicht vergessen werden, daß sie keineswegs systembedingt sind.

Staats- und Verfassungsschutz beruhen in einer parlamentarischen Demokratie nämlich auf rechtlichen Grundlagen, die die Gefahr von Mißbräuchen einschränken. Die Bindung an den Rechsstaat verlangt, daß die Zweckmäßigkeit der Maßnahmen nicht deren Rechtmäßigkeit gefährdet. Allerdings existiert zwischen der Notwendigkeit der Nachrichtendienste, geheim zu arbeiten, und dem demokratischen Gebot nach Öffentlichkeit sowie Kontrolle durchaus ein Spannungsverhältnis, das zu Konflikten führen kann. Beispielsweise: Dadurch, daß sich der Verfassungsschutz teilweise der Methoden der Verfassungsgegner bedienen muß (z.B. konspiratives Vorgehen), entsteht der (fälschliche) Eindruck einer illegalen Tätigkeit.

Im Vorfeld der Gefahrenabwehr

Hier geht es darum, die Rolle der Polizei für die Aufrechterhaltung der inneren Sicherheit und die Funktion der Nachrichtendienste für den Staatsschutz zu beschreiben und zu bewerten. Die Ämter für Verfassungsschutz, der Bundesnachrichtendienst (BND) und der Militärische Abschirmdienst (MAD) zählen zu den Nachrichtendiensten. Entgegen einer weitverbreiteten Meinung üben diese ihre Tätigkeit nur im Vorfeld der Gefahrenabwehr aus. Ihnen obliegen keine exekutiven Befugnisse. Sie stehen ausschließlich den Polizeibehörden im Bund und in den Ländern zu. Eine besonders wichtige Funktion übernimmt das Bundeskriminalamt im Rahmen der Terrorismusbekämpfung. Der Bundesgrenzschutz, dessen Zuständigkeitsbereiche sich allmählich ausgedehnt haben, ist die größte Polizeibehörde des Bundes. Polizei und Nachrichtendienste sind auf dem Gebiet der inneren Sicherheit, des Staats- und Verfassungsschutzes vorrangig tätig. Aber es gibt noch weitere Institutionen, die — direkt oder indirekt — hier wirken. Zu verweisen ist dabei vor allem auf den Generalbundesanwalt und das Bundesverfassungsgericht:

- Der Generalbundesanwalt ist der Leiter der Staatsanwaltschaft beim Bundesgerichtshof, dem obersten Gericht der Bundesrepublik Deutschland. Zuständig u.a. bei Friedens-, Hoch- und Landesverrat, führt der Generalbundesanwalt auch die Ermittlungen in schweren Fällen von Terrorismus. Selbstverständlich arbeitet er eng mit der Polizei und den Nachrichtendiensten zusammen. Der Generalbundesanwalt kann auch das Bundeskriminalamt ersuchen oder beauftragen, polizeiliche Aufgaben auf dem Gebiet der Strafverfolgung selbst wahrzunehmen, obwohl sie in die Kompetenz der Landespolizei fallen. Im Frühjahr 1977 wurde der Generalbundesanwalt Siegfried Buback durch Terroristen ermordet. Sein Nachfolger im Amt ist Kurt Rebmann.

Weitere Institutionen

- Das Bundesverfassungsgericht entscheidet sowohl über die Verwirkung von Grundrechten (Art. 18 GG) als auch über die Verfassungswidrigkeit von Parteien (Art. 21, 2 GG). Um den Grundsatz des Rechtsstaates besonders hervorzukehren, darf nur das Bundesverfassungsgericht ein Verbot aussprechen. Der Bürger kann Verfassungsbeschwerden beim Bundesverfassungsgericht einlegen, wenn er sich durch einen Akt der öffentlichen Gewalt in einem Grundrecht verletzt sieht. Mit der Institution des 1951 geschaffenen Bundesverfassungsgerichts besteht ein Bundesorgan, das dem Schutz der Verfassung dient.

2. Nachrichtendienste

a) Verfassungsschutz

Nach Art. 73 GG gebührt dem Bund die ausschließliche Gesetzgebung über die Zusammenarbeit des Bundes und der Länder „zum Schutze der freiheitlichen demokratischen Grundordnung, des Bestandes und der Sicherheit des Bundes oder eines Landes (Verfassungsschutz)". Hier und in Art. 87, 1 wird der Verfassungsschutz im Grundgesetz — als Ausfluß der „streitbaren Demokratie" — eigens erwähnt. Das Bundesverfassungsschutzgesetz von 1950 bestimmte die Errichtung eines Bundesamtes für Verfassungsschutz als Bundesoberbehörde. Für die Zusammenarbeit der Länder mit dem Bund sollte jedes Land eine Behörde zur Bearbeitung von Angelegenheiten des Verfassungsschutzes einrichten. Die Länder haben entweder Landesämter für Verfassungsschutz oder Landesverfassungsschutzbehörden (Abteilungen in den In-

„Streitbare Demokratie"

nenresorts) institutionalisiert, die insgesamt etwa 2000 Mitarbeiter beschäftigen. Damit ist der Verfassungsschutz in der Bundesrepublik Deutschland föderativ organisiert. Das „Gesetz über die Zusammenarbeit des Bundes und der Länder in Angelegenheiten des Verfassungsschutzes", so die präzise Bezeichnung, weist dem Verfassungsschutz folgende Aufgaben zu:

1) Aufgabe des Bundesamtes für Verfassungsschutz und der nach § 2 Abs. 2 bestimmten Behörden ist die Sammlung und Auswertung von Auskünften, Nachrichten und sonstigen Unterlagen über

Verfassungsschutz föderativ organisiert

1. Bestrebungen, die gegen die freiheitliche demokratische Gundordnung, den Bestand und die Sicherheit des Bundes oder eines Landes gerichtet sind oder eine ungesetzliche Beeinträchtigung der Amtsführung von Mitgliedern verfassungsmäßiger Organe des Bundes oder eines Landes zum Ziele haben,
2. sicherheitsgefährdende oder geheimdienstliche Tätigkeiten im Geltungsbereich dieses Gesetzes für eine fremde Macht,
3. Bestrebungen im Geltungsbereich dieses Gesetzes, die durch Anwendung von Gewalt oder darauf gerichtete Vorbereitungshandlungen auswärtige Belange der Bundesrepublik Deutschland gefährden.

2.) Ferner wirken das Bundesamt für Verfassungsschutz und die nach § 2 Abs. 2 bestimmten Behörden mit
1. bei der Überprüfung von Personen, denen im öffentlichen Interesse geheimhaltungsbedürftige Tatsachen, Gegenstände oder Erkenntnisse anvertraut werden, die Zugang dazu erhalten sollen oder sich verschaffen können.
2. bei der Überprüfung von Personen, die an sicherheitsempfindlichen Stellen von lebens- und verteidigungswichtigen Einrichtungen beschäftigt sind oder werden sollen,
3. bei technischen Sicherheitsmaßnahmen zum Schutz von im öffentlichen Interesse geheimhaltungsbedürftigen Tatsachen, Gegenständem pder Erkenntnissen gegen die Kenntnisnahme durch Unbefugte.

(BVerfSchG § 3, 1—2)

Das Kölner Bundesamt für Verfassungsschutz, das über 1600 Mitarbeiter beschäftigt, untersteht dem Bundesinnenministerium und gliedert sich heutzutage in folgende Fachabteilungen: „Rechtsextremismus" — „Linksextremismus" — „Spionageaufklärung" — „Geheimschutz" — „Sicherheitsgefährdende Bestrebungen von Ausländern" — „Terrorismus". Jedes Jahr wird ein Verfassungsschutzbericht mit den wichtigsten Erkenntnissen vorgelegt. Das Bundesamt für Verfassungsschutz arbeitet eng mit den entsprechenden Behörden auf Länderebene zusammen (gegenseitige Unterrichtung).

Wie gewinnt der Verfassungsschutz seine Erkenntnisse? Die Tatsachen sind viel nüchterner, als es phantasiereiche Darstellungen ausmalen. Der Verfassungsschutz sammelt vor allem Informationen aus allgemein zugänglichen Quellen (z.B. Flugblätter politisch extremer

Gruppierungen). Die Auswertung geschieht jedoch in einer anderen Abteilung, um möglichst objektiv und optimale Ergebnisse zu erhalten. Diese Form der Informationsbeschaffung reicht nicht in allen Fällen aus (z.B. bei konspirativer Tätigkeit bestimmter Gruppen). Dann wendet der Verfassungsschutz — gesetzlich gedeckte — nachrichtendienstliche Mittel an, um sonst nicht zugängliche Erkenntnisse zu erlangen. Hierzu gehört beispielsweise die Einschleusung von „V-Leuten" (Vertrauensleuten des Verfassungsschutzes) in verfassungsfeindliche Organisationen, die Observation (Beschattung), oder auch die Post- und Telefonkontrolle.

Einschleusung von V-Leuten

Zwar garantiert der Art. 10, 1 GG die Unverletzlichkeit des Brief-, Post- und Fernmeldegeheimnisses. Doch können diese Grundrechte nach Art. 10, 2 GG aufgrund eines Gesetzes beschränkt werden. Von diesem Vorbehalt ist durch das „Gesetz zu Art. 10 Grundgesetz" für eng umrissene Fälle Gebrauch gemacht worden. Der Verfassungsschutz greift danach erst ein, wenn Anzeichen für sicherheitsgefährdende, verfassungsfeindliche oder geheimdienstliche Tätigkeiten vorliegen. Dies gilt vor allem dann, wenn jemand Straftaten des Hochverrats oder der Gefährdung des demokratischen Rechtsstaates plant, begeht oder begangen hat. Die betreffenden Straftaten sind in dem „Gesetz zu Art. 10 Grundgesetz" einzeln aufgeführt. Zuständig für die Anordnung der Maßnahmen ist bei Anträgen des Bundesamtes für Verfassungsschutz der Bundesminister des Innern. Über die Anordnungen unterrichtet der Innenminister ein Gremium, das aus fünf vom Bundestag bestimmten Abgeordneten besteht. Sie wählen eine Dreier-Kommission, die die Notwendigkeit und Zulässigkeit der Überwachung prüft und entscheidet.

Aus: **Bilstein/Binder: Innere Sicherheit**

6. Die Aufgaben des Verfassungsschutzes

„Der Verfassungsschutz ist als legitimer Ausdruck des Selbstbehauptungswillens unseres freiheitlich demokratischen Rechtsstaates ein unverzichtbarer Bestandteil des Sicherheitssystems der Bundesrepublik Deutschland.

Hauptaufgaben des Verfassungsschutzes

Aufgabe des Bundesamtes für Verfassungsschutz und der Landesbehörden für Verfassungsschutz ist insbesondere die Sammlung und Auswertung von Auskünften, Nachrichten oder sonstigen Unterlagen über
— Bestrebungen, die gegen die freiheitliche demokratische Grundordnung, den Bestand und die Sicherheit des Bundes oder eines Landes zum Ziel haben
— sicherheitsgefährdende oder geheimdienstliche Tätigkeiten für eine fremde Macht
— Bestrebungen, die durch Anwendung von Gewalt oder darauf gerichtete Vorbereitungshandlungen auswärtige Belange der Bundesrepublik Deutschland gefährden.

Die gewonnenen Erkenntnisse sollen die Regierungen von Bund und Ländern in die Lage versetzen, Art und Ausmaß derartiger Bestrebungen zu beurteilen, um rechtzeitig Abwehrmaßnahmen zu treffen.

Die gesetzlich vorgeschriebene Zusammenarbeit zwischen den Verfassungsschutzbehörden des Bundes und der Länder und die Zusammenarbeit der Verfassungsschutzbehörden mit den beiden anderen in der Bundesrepublik Deutschland bestehenden Nachrichtendiensten — dem Bundesnachrichtendienst (BND) und dem Militärischen Abschirmdienst (MAD) — sowie mit der Polizei und den Strafverfolgungsbehörden ist durch Richtlinien geregelt.

Datenverarbeitung

Besondere Bedeutung für die Zusammenarbeit kommt der Ausnutzung der Möglichkeiten der elektronischen Datenverarbeitung für die Nachrichtensammlung und -auswertung zu. Die Verfassungsschutzbehörden des Bundes und der Länder haben gemeinsam durch das Bundesamt für Verfassungsschutz das „Nachrichtendienstliche Informations- und Verbundsystem" errichtet, das die Verfassungsschutzbehörden bis 1974 im Dialogverkehr verbindet. Ein weiterer Ausbau ist im Interesse einer verbesserten Kommunikation notwendig".

Quelle: Programm für die Innere Sicherheit in der Bundesrepublik Deutschland, Februar 1974, S. 23.

Literatur zu Baustein 6

1.) Funke, Manfred (Hrsg): Extremismus im demokratischen Rechtsstaat; Ausgewählte Texte und Materialien zur aktuellen Diskussion; Bonn 1978
Diese umfangreiche und grundlegende Arbeit, die als Band 122 in der Schriftenreihe der Bundeszentrale für politische Bildung erschienen ist, stellt den sorgfältigsten Überblick über die Problematik des Extremismus dar und dürfte für den Erwachsenenbildner bei dieser Thematik unverzichtbar sein.
In dem 612 Seiten starken Band wird im ersten Kapitel der Extremismus, und in einem weiteren Schritt wird dann das Thema in besonderer Weise bezüglich unserer Verfassungsnormen in ihrem Verhältnis zu bestimmten Erscheinungsformen des Extremismus (Öffentlicher Dienst !) problematisiert. In einem letzten Kapitel wird die Abwehr des Extremismus kontrovers diskutiert.

2.) Ders., Frank S. Rödiger und Hartmut Weyer (Hrsg.)
Demokratische Verantwortung, Bonn 1979, Bd. 1: Neonazismus in der Bundesrepublik (Verfasser: Hein Stommeln)
Bd. 2, 1980: Die Deutsche Kommunistische Partei
(Verfasser: Hartmut Weyer)
In diesem unregelmäßigen Periodikum werden u.a. extremistische Gruppen in der Bundesrepublik vorgestellt. Der Vorteil dieser

Schrift für die Bildungsarbeit im Erwachsenenbereich liegt darin, daß neben einer sehr sachlichen und objektiven Darstellung der Gruppen ein didaktischer Anhang mit integriert ist, der sich am vorliegenden Text orientiert und eine Umsetzung in vermittelbaren Stoff schnell ermöglicht.
Darüber hinaus sind stets Grundsatzdokumente im Originaltext wiedergegeben.

3.) Ders. (Hrsg.): Terrorismus. – Untersuchungen zur Strategie und Struktur revolutionärer Gewaltpolitik; Bonn 1977.
Auch dieser 391 Seiten starke Sammelband ist eine unverzichtbare Hilfe für das vorliegende Thema. Es werden Strukturen und Strategien des Terrorismus untersucht, seine Bekämpfung diskutiert und gesondert der Terrorismus in der Bundesrepublik beschrieben. Am Schluß finden sich Materialien und eine ausführliche Chronik. Diese Arbeit ist Band 123 der Schriftenreihe der Bundeszentrale für politische Bildung.

4.) Hacker, Friedrich: Terror-Mythos, Realität, Analyse; Hamburg 1975
In diesem 330 Seiten starken Taschenbuch sind von Hacker die Grundlagen der gesamten Terrorismusproblematik erarbeitet worden. Dabei wählt der Verfasser trotz des hohen theoretischen Anspruchs den induktiven Weg und geht vom „Beispiel München" aus. Dieser Band ist beim Thema „Terrorismus" eine grundlegende und wichtige Arbeitsunterlage.

5.) Bundesministerium des Innern (Hrsg.): Dokumentation über Aktivitäten anarchistischer Gewalttäter in der Bundesrepublik; Bonn (ohne Datum, vermutlich 1974)
In dieser Dokumentation finden sich 29 Dokumente, die im Original wiedergegeben wurden. Dabei handelt es sich hauptsächlich um Zellenzirkulare inhaftierter Terroristen. An diesen Schriftstücken läßt sich sehr gut die Haltung und Einstellung der Terroristen erkennen. Dieser Band ist eine hilfreiche Unterstützung bei der Frage nach den Motiven und der seelischen Verfassung der Terroristen.

Arbeitsmaterialien zu Baustein 6 (Übersicht)

1.) Zur Bestimmung von Extremismus
(aus: Funke, Manfred: Extremismus und offene Gesellschaft; in: „Extremismus im demokratischen Rechtsstaat", a.a.O.)
2.) Auszug aus dem BMI-Informationsdienst „Innere Sicherheit" vom 8.12.1978 zu den Themen:
– Rechtsextremismus
– Westarbeit oder SED
– Extremistische Parteien bei Landtagswahlen

3.) Linksextremistische Bestrebungen 1978
(aus dem Verfassungsschutzbericht 1978 des BMI)
4.) Der letzte Brief von Holger Meins
(aus BMI-Dokumentation)
5.) Jeder Bürger hat Anspruch auf innere Sicherheit
(Bundesjustizminister Vogel zu den Anti-Terror-Gesetzen, in „Bulletin", 3.8.1976)
6.) Drei goldene Regeln
(Polizei-Psychologe Georg Sieber über Terroristen)
7.) Ulrike Meinhof über die Baader-Aktion
(Quelle: „Der Spiegel", 25/1970)
8.) „Kriminalbeamte sollen wie Agenten arbeiten"
(Interview mit dem SPD-Sicherheitsexperten Heinz Pensky, „Der Spiegel", 7/1977)

Zur Bestimmung von Extremismus

Aus: Funke, Manfred: Extremismus und offene Gesellschaft
in Funke, Manfred (Hrsg.): Extremismus im demokratischen Rechtsstaat, Bonn 1978

Anmerkungen zur Gefährdung und Selbstgefährdung des demokratischen Rechtsstaates

Die Politik kann Einem überhaupt verleiden, nur hat sie die Macht, uns an's Fenster zu klopfen, auch wenn wir nicht hören wollen.
Jacob Burckhardt, 3.10.1872

I. Extremismus als Gefährdung offener Gesellschaft

Falsche Pflege

Demokratie ist uns nicht gegeben, sondern aufgegeben. Dieser Aufgabenstellung wurde bisher in der materiellen Wohlstandsmehrung als Hauptsymbol demokratisch legitimierter Freiheit die falsche Pflege zuteil. Steigende Prosperität als Überlegenheitsausweis den geschlossenen sozialistischen Systemen entgegenzuhalten, deutet auf eine bedenkliche Trübung des Selbstwert-Bewußtseins einer offenen Gesellschaft[1] Gegen diese Verkümmerung der geistigen Offensivkraft des Demokratischen taten unsere führenden Parteien als die Kanäle politischer Willensbildung zu wenig. Zumeist erkannten unsere Politiker die Gefahren von Schlagwort-Argumenten, Schwarz-Weiß-Malerei und Profit-Seelsorge durchaus, doch die Sicherung der Wählergunst ließ die Gebote der Nüchternheit, des Augenmaßes, der konfliktfähigen Solidarität zu oft zurücktreten. Dem allgemeinen Trend der politischen Abstinenz und Zuwachs-Euphorie entgegenkommend, unterbanden die Parteien mit ihrem gemeinsamen Drang zur Mitte häufig das Aufkom-

---

1) „Offene Gesellschaft" ist hier zu verstehen in Anlehnung an Karl R. Popper, Offene Gesellschaft und ihre Feinde, 2 Bde., Ausgabe München 1975/4 (UTB 472/473).

men und Austragen ideologischer Streitfragen grundsätzlicher Natur[2]. Die im Schatten der Mächtigen agierenden kleinen Parteien beunruhigten nach dem NPD-Zwischenakt nicht weiter[3]. Sie ließ man rechts und links liegen. Die Gefährdungspotentiale für unsere Demokratie wurden nicht klar herausgestellt, die Wirksamkeit der Abwehrmaßnahmen nicht ständig überprüft.

So traf die Außerparlamentarische Opposition unsere Gesellschaft ohne Vorgewöhnungsphase. Der Protestaktionismus, Gewalttaten, dann der Sprung in den Terrorismus als letzte Seinsform linkstotalitärer Ausweglosigkeit führten zum Schock. Politische Apathie wurde nicht mehr respektiert, Aufmerksamkeit für die gesellschaftliche Herausforderung erzwungen. Intellektuellen-Schelte, Spießer-Entrüstung und Verängstigung vieler Bürger ramponierten zusätzlich den sozialen Frieden. Fast jeder Appell zur Besonnenheit konnte vom Vorwurf des Sympathisantentums beliebig umstellt werden. Statt Lösungen suchte man Schuldige. Die Heftigkeit des Meinungskampfes rückte die Fabrikation von Parolen an die Stelle des Nachdenkens. Die Hoffnung, bei zunehmenden Schwierigkeiten würde auch das Bedürfnis nach dem Wesentlichen wachsen, unterlag vielfach der Angst-Entstauung in Sündenbock-Philosophie. Die Polarisierung der Auffassung verengte den Weg zum zwangsfreien Dialog. Versteckte Panik erschwert weiterhin das Suchen nach Konsens.

Statt Lösung Suche nach Schuldigen

Diese gespannte und irritierende Situation gilt es zu klären, die pathologische Anfälligkeit politischer Kommunikation zu verringern. Logik und Erfahrung als Prüfinstrumente der utopistischen Verstiegenheit in den extremistischen Gegenbildern zu unserer unvollkommenen Gesellschaft müssen zum Einsatz gelangen. Nur so ist die gebotene Stärkung des Vertrauens zu den Institutionen und Wertbindungen unserer Demokratie einzuleiten. Einer offenen Gesellschaft gemäß können diese Einsichten nicht durch die pädagogische Gewaltsamkeit von Demokratie-Propaganda vermittelt werden. Die Elemente der nachfolgenden Extremismus-Analyse sollen deshalb bestimmt sein für eine bildungspolitische Umsetzung im Geist Charles E. Merriams: „Wenn die Macht Gewalt anwendet, ist sie nicht am stärksten, sondern am schwächsten. Sie ist dann am stärksten, wenn sie eher die Mittel der Stellvertretung und der Anziehung, des Anreizes und der Teilnahme anwendet als das des Ausschlusses, eher das der Erziehung als das der Vernichtung"[4].

1. Versuch einer Begriffsanalyse dex Extremismus

---

[2] Vgl. Wolfgang Gibowski, Die Bedeutung der Links-Rechts-Dimension als Bezugsrahmen für politische Präferenzen, in: Max Kaase (Hrsg.), Wahlsoziologie heute. Analysen aus Anlaß der Bundestagswahl 1976, in: Politische Vierteljahresschrift, 19. Jg., 1977, H. 2/3.
[3] Manfred Rowold, Im Schatten der Macht. Zur Oppositionsrolle der nicht-etablierten Parteien in der Bundesrepublik, Düsseldorf 1974.
[4] Zitiert nach Carl J. Friedrich, Die politische Wissenschaft, Freiburg i.Br., München 1961, S. 411.

Terminologische Not

„Extremismus" bringt den Analytiker in nicht geringe terminologische Not. Eine Annäherung an den Begriff über die Brücke seiner formalen Aussagequalität sollte jedoch gelingen: Als Extreme bezeichnet man die von der Mitte einer Linie oder Ebene am weitesten entfernt gelegenen Punkte. Ihre extreme Position ist also durch ihr Verhältnis zum Meß- oder Bezugspunkt bestimmt. Übertragen auf den sozialen Bereich könnte von Extremisten als den Inhabern extremer Positionen dann gesprochen werden, wenn Abweichungen vom Gruppenverhalten oder von der allgemeinen vorherrschenden Ansicht auffällig ausgeprägt sind. Steht jemand in einem Meinungsbild mit 1:10 allein, so befindet er sich in einer extremen Position gegenüber dem „Feld". Ist der Abweichler damit bereits Extremist? Oder ist er nur Nonkonformist? Als politischer Extremist wäre der „Außenseiter" nach Maßgabe des Bundesverfassungsgerichts erst dann anzusehen, wenn ihm als zentrales Handlungsziel zuzueignen ist, die Verfahrensregeln der staatlichen Gemeinschaft zu ihrer Beseitigung und sozialen Neuformierung mißbrauchen zu wollen.[5]. Der politische Extremist macht das soziale Paradigma, in dem er lebt, bis zur Vernichtung hin verächtlich. Im Gegensatz zum Nonkomformisten, der nicht auf Herrschaftsumsturz aus ist, verkörpert der Extremist keine Flügelposition mehr, keine Variable des konkreten Systems. Er steht bereits in der Randzone zum revolutionären, zum gewaltsamen Umsturz, wenngleich noch nicht statisch fixiert. Damit ist zunächst beim begrifflichen Umfeld von „Extremismus" zu verhalten, um durch Vergleich seinen genuinen Merkmals-Konstanten näher zu kommen.

Genuinen Merkmals-konstanten näherkommen

Das Verständnis von Extremismus ist vielschichtig, die Vermischung mit Radikalismus, Terrorismus u.ä. im Sprachgebrauch auffällig. „Wider den Radikalismus extremer Alternativen" formulierte Kurt Biedenkopf die Zielrichtung christlich-demokratischer Politik[6]. Rechte und Linke diffamieren sich heute gegenseitig als die wahren Extremisten. Die Faschismus-Forschung zentriert den Extremismus in die kommerzialisierte Bürgermitte. Was bei uns schon als extremistisch gilt, würde in Südamerika, Frankreich oder Italien oft eher als gemäßigt eingestuft. Die Wandelbarkeit des Begriffs bestätigt gleichfalls ein Blick in die Geschichte.

Bezichtigte man einst die Göttinger Sieben des Verrats an ihrem Souverän, so werden sie heute als Beispiele von Mut vor Königsthronen, von Verfassungstreue und Freiheitsliebe gefeiert. Denunzierte man früher August Bebel als Feind der den Deutschen gemäßen Gesellschaftsordnung, so steht Bebel heute neben Heuss als Repräsentant de-

---

5) Vgl. generell Beschluß des Bundesverfassungsgerichts vom 22. Mai 1975, in: Entscheidungen des Bundesverfassungsgerichts, Bd. 39, S. 334 ff., Tübingen 1975, in diesem Band im vollständigen Wortlaut abgedruckt.
6) In: Demokratie und Gesellschaft, Konsens und Konflikt, 2 Teile, hrsg. von der Landeszentrale für politische Bildung NRW, München–Wien 1975 (Geschichte und Staat 192/193). Siehe auch Dieter Portner, Bundeswehr und Linksextremismus, München 1976, S. 21.

mokratischer Traditionen. Unbedenklich konnte einst ein preußisches Oberverwaltungsgericht der Kaiserzeit „sozialdemokratisch" mit „staatsfeindlich" gleichsetzen. Die Begründer der ersten deutschen Republik mußten sich als Verbrecher beschimpfen lassen[7].

Ist folglich „Extremismus" ins Interpretations-Belieben gestellt? Handelt es sich um einen Begriff ohne konstanten Sinngehalt? Dies zu verneinen, setzt voraus, im „Extremismus" einen Schlüsselbegriff zu sehen, d.h. einen Begriff, der nicht nur mit einer unveränderlichen Eigenschaft und Erscheinungsform ausgestattet ist, sondern stets seine Existenz auch erhält durch die Intensität seiner Rezeption[8]. Aus dem Reflex der Aneignung, der Leidenschaft des analytischen Engagements konstituiert sich Extremismus jeweils. Im Bemühen um seine Definition spiegeln sich Kraft und Einfallswinkel des Lichts, das erkundend auf ihn gerichtet ist. Extremismus als zu bestimmendes spezifisches Maß hochlabiler Distanz zwischen einer Norm und dem Verlangen ihrer Vernichtung tritt auf als verbale Setzung unmittelbar zum wertenden Subjekt, ist folglich nicht losgelöst von Zeit und Raum zu klassifizieren. ...

Extremismus ins Interpretationsbelieben gestellt?

... Der Extremist dringt auf die Abschaffung der gegebenen Verhältnisse unter prinzipieller Bejahung des Gewalteinsatzes zur Durchsetzung der neuen Wertvorstellungen. Auf sie verweist der Extremist die Öffentlichkeit durch unterschiedlich dosierten, gewöhnungsunfähigen Druck. Die dem Extremisten attestierte Selbstgewißheit setzt ihn dem Verdacht aus, sofort — wenn er die Macht dazu hätte — jene Werte und Spielregeln als nichtig zu erklären, die er als gegenwärtig noch unterlegener Oppositioneller lautstark für sich reklamiert. Der Extremist würde nach der Machtergreifung kraft seiner Heilsgewißheit legale oder illegale Opposition nicht dulden können. Das Fortbestehen von Wahlrechten, die ihm prinzipiell Herrschaftsverzicht durch Abwahl zumuten, wäre für den Extremisten indiskutabel. ...

Lebensphilosopie leitet er nicht die Tugend des Offenhaltens für gegenwärtig nicht beantwortbare Fragen ab. Er will nicht wahrhaben, daß alle vom Menschen bislang entworfenen Systeme letztlich lückenhaft sind, eine widerspruchsbefreite Denkstruktur als Lebenslehre ver-

Politische Radikalität vordergründig

---

[7] Literaturbelege dieses Abschnitts: Jakob Grimm „Über seine Entlassung", in: Über Politik. Deutsche Texte aus zwei Jahrhunderten, hrsg. von Martin Greiffenhagen u.a., Stuttgart 1968, S. 148 ff.; Friedrich Andrac — Sybill Gräfin Schönfeld (Hrsg.), Deutsche Demokratie von Bebel bis Heuss. Geschichte in Lebensbildern, Frankfurt/M. 1968 (Fischer TB 936); Walter Jens, Wider die Isolation, in: Republikanische Reden, München 1976, S. 144; Carl von Ossietzky, Rechenschaft. Publizistik aus den Jahren 1913 — 1933, Frankfurt/M. 1972 (Fischer TB 1315), S. 99 f. Vgl. Axel Kuhn. Der schwierige Weg zu den demokratischen Traditionen, in: Neue Politische Literatur, 1973, S. 430; Hans Fenske, Radikale im öffentlichen Dienst. Drei Kapitel zur Geschichte des Problems in Deutschland, in: Civitas, Bd. 14, 1976.

[8] Vgl. jetzt Karl Dietrich Bracher, Schlüsselwörter in der Geschichte. Mit einer Betrachtung zum Totalitarismusproblem, Düsseldorf 1978, bes. S. 15 ff., S. 49 ff.

borgen blieb. Die politische „Radikalität" der vom Extremisten geübten Kritik ist nur vordergründig, ist aufgesetzt. Das heimliche Wissen davon, ohne Mut zum offenen Eingeständnis, die Angst vor Irritation durch rationale Argumente mögen der Grund sein für die eigentümliche Neurotisierung der Extremisten. Ihr autoritätssüchtiges Gerangel untereinander, die Schurigelei von Abweichlern, die Ordensstrenge als Gruppenmerkmal sollen offenbar die mangelnde Tragkraft und schwache Ausstrahlung der extremistischen Ideologien verbergen. Tiefe Heilsgewißheit und deren Unvermittelbarkeit gegenüber dem Klassenfeind sollen wohl signalisiert werden durch Schweigen und Rüpelei in Gerichtssälen. Sie werden zumeist nicht als Gelegenheit für flammende, Anhänger werbende Plädoyers benutzt, wie es der ultrarechte Hitler und der ultralinke Dimitroff einst „vorbildlich" taten.

Während der Revolutionär *ist* in der Tateinheit von Denken und Handeln gegen den Feind, hat die revolutionäre Ideologie als Beherrscherin des Bewußtseins im Extremisten noch nicht ihren reinen Funktionär geschaffen. Er ist aus der Verpuppungsphase zur Feindschaft auf Dauer gegen die zu revolutionierende Umwelt noch nicht entschieden herausgetreten. Der Extremist existiert vor allem in der Möglichkeit auf revolutionäre Tateinheit hin. In Scharmützeln mit der Gesellschaft testet er, wie weit er gehen kann, übt sich nicht im Kampf auf Leben und Tod. Seine rigiden, ja exzeßhaften Verstöße gegen bürgerlichen Geist und bürgerliche Etikette rücken den Extremisten zwar in den sicheren Verdacht, Systemsprengung betreiben zu wollen, aber ohne in der Praxis den Solitär-Charakter des Revolutionärs zu erringen. Der Extremist ist insgeheim ein Minderheits-Massenmensch, verstrickt in Skrupeln, die Umkehr und Kompromiß nicht ausschließen. Er bleibt zur vorsorglichen Mißbrauchsverhütung von bestimmten gesellschaftlichen Institutionen (Richter-, Lehramt) ausgesperrt, ist aber nicht der Verfolgung ausgesetzt. Seine persönliche politische Bewegungsfreiheit bleibt solange uneingeschränkt, bis er sich durch Gewalt gegen Personen bzw. Sachen kriminalisiert.

Ein solches Handeln wird dann als radikal, eben nicht mehr als extremistisch, bezeichnet, wenn die Intensität der Anspruchsdurchsetzung nicht als Sieg über den Gegner, sondern als geistige und physische Vernichtung des Feindes erscheint. Das Bild kompromißlos-mechanischer Härte und erbarmungsloser Besorgtheit um den Triumph der neuen Idee stellt sich beim Stichwort des radikal Handelnden ein. Damit ist aber der Typus des Radikalen selbst nicht repräsentiert; es fehlt eine gewisse geistige Komponente.

Ist das radikale Handeln (Ausrottung des Gegners mit Stumpf und Stiel, die Erklärung der Gewaltsamkeit gegen Personen als Gewalt gegen Sachen) von einer Leidenschaft bestimmt, die die letztlich unzureichende Begründbarkeit solchen Tuns verbergen soll, so ist der Radikale des Denkens gerade durch das gezeichnet, was dem Extremisten fehlt und was den radikalen Theoretiker letztlich unfähig zur Gewaltpraxis gegen die Gesellschaft macht: Der Radikale des Denkens und

Verpuppungsphase

Verfechter seiner Denkergebnisse erhält zunächst das Stigma des Radikalen durch das Sensationelle, das „Unerhörte" seiner Theorien, die die Gesellschaft abstoßen und zugleich faszinieren. Es wird ihm von jenen „Gebildeten" zugesprochen, aus deren Kreisen der Radikale zumeist kommt bzw. auf deren Urteil und deren Protest er wert legt. Der Radikale wirkt in der Gesellschafr gegen dieselbe, vitalisiert sie durch Infragestellung, verletzt, aber verläßt letztlich nicht den elitären Komment. Den Radikalen des Denkens ängstigt die Vulgarisierung seiner Gedanken, die es nicht nötig haben sollen, mit Faustschlägen durchgesetzt zu werden. Er steht im Odium der Formulierung Joseph Roths, es sei leichter, für die Massen zu sterben als mit ihnen zu leben. Die Radikalität eines F. Nietzsche, K. Marx, H. Marcuse, J.P. Sartre, E. Bloch führte und führt Prankenhiebe gegen die Gesellschaft durch das Gitter eines Theoriekäfigs hindurch, der letztlich nicht verlassen wird zum Beuteschlag direkter Gewalt. Man lebt frei in geächteter Honorigkeit von der Bewunderung der angegriffenen Gesellschaft.

Dies geschieht nicht mangels persönlichen Mutes, der sich in den Fallstricken von Salons und Akademien durchaus beweist. Vielmehr erhält wohl eine Art instinktiver Redlichkeit die Scheu aufrecht vor der Akzeptierung von Erkenntnissen, deren Durchsetzung zwecks Gewaltverminderung in der Welt selber Gewalt benötigt.

Extremisten mit Heilsgewißheit

**Aus: Innere Sicherheit
Informationen des Bundesministers des Innern
(Auszug)**

vom 8. Dezember 1978

Rechtsextremismus — Entwicklung und gegenwärtige Situation

Anläßlich der 2. Jugend- und Kulturtagung des Zentralrates der Juden in Deutschland am 10. November 1978 in Dortmund hielt der Parlamentarische Staatssekretär beim Bundesminister des Innern, Andreas von Schoeler, nachfolende Ansprache:

Vorbemerkung

Der Rechtsextremismus steht für uns noch immer in unlösbarer Verbindung mit den Ereignissen im Dritten Reich.
Gerade die Erfahrungen mit dem Naziregime und seine Folgen verpflichten uns alle, dem Rechtsextremismus energisch entgegenzutreten und alle Anstrengungen zu unternehmen, ihn zu überwinden.
Die Bewältigung dieser Aufgabe verfolgen gerade Sie, angesichts der unvorstellbaren Leiden, die der Nationalsozialismus den Juden zugefügt hat, mit ganz besonderer Aufmerksamkeit.
Ich begrüße es daher, hier an dieser Stelle Gelegenheit zu haben, auf die Bedeutung dieser politischen Aufgabe hinzuweisen und unsere Bemühungen zu ihrer Bewältigung darzustellen.

Rechtsextremismus =Naziregime?

Entwicklung des Rechtsextremismus

Gestatten Sie mir, daß ich zunächst einen kurzen Rückblick auf die bisherige Entwicklung des Rechtsextremismus in der Bundesrepublik Deutschland geben.

Nach dem Zusammenbruch des Dritten Reiches schien es undenkbar, daß sich nach den bekannten und belegten Schrecknissen der NS-Herrschaft einzelne oder politische Gruppen wieder dazu bereit finden würden, die Geschehnisse und die Verantwortlichen zu entschuldigen oder gar zu verherrlichen.

Obwohl die nun voll aufgedeckten Schrecken das untergegangene Regime entlarvten, war die Annahme unrealistisch, daß der Rechtsextremismus – die Ideologie und die Personen, die sie getragen haben – mit einem Schlag ausgetilgt seien.

Rechtsextremismus seit 1945

Die rechtsextremistischen Kräfte tauchten nur kurzfristig unter. Die durch die Korea-Krise und die Entstehung des Kalten Krieges gekennzeichnete weltpolitische Lage begünstigten alsbald das Wiedervordringen des organisierten Rechtsextremismus.

Die Weltöffentlichkeit war von den deutschen Verhältnissen abgelenkt. Die Kriegsverbrecherprozesse wurden beendet, viele Verurteilte begnadigt. Die ohnehin nur bürokratisch und mehr oberflächlich als materiell gerecht durchgeführte Entnazifizierung wurde eingestellt. Der Kalte Krieg und die aufkommende Diskussion um eine neue deutsche Armee gaben Gelegenheit, die alten Ideen des nationalen Sozialismus und des Führerstaats wieder zu artikulieren.

In der Wahl zum 1. Deutschen Bundestag am 14. August 1949 zeigte sich, daß die rechtsextremistischen Organisationen, zu denen die „Wirtschaftliche Aufbauvereinigung" und die „Deutsche Konservative Partei" und die „Deutsche Rechtspartei" (die spätere „Deutsche Reichspartei") gehörten, etwa 5% der Wähler zu ihrer Anhängerschaft zählen konnten.

Die stärkste dieser Parteien, die DRP, hatte sich zunächst einen deutsch-nationalkonservativen Anstrich gegeben, den sie nach der Bundestagswahl fallen ließ, als die Funktionäre der DRP die „Sozialistische Reichspartei" gründeten. In dieser Partei, in der sich – wie das Bundesverfassungsgericht später feststellte – die „alten und aktiven Nationalsozialisten" sammelten, um noch einmal zu politischem Einfluß zu kommen, traten der Geist und das Bild des Nazismus offen zutage. Die SRP kandidierte bei mehreren Landtagswahlen und Nachwahlen zum Bundestag, ihre größten Wahlerfolge erzielte sie 1951 bei den Wahlen zum Niedersächsischen Landtag mit 11% der Stimmen.

Diese Partei ging nach ihren Zielen und dem Verhalten ihrer Anhänger, die versuchten, die Wähler zu terrorisieren, eindeutig darauf aus, die demokratische Grundordnung zu beseitigen. Auf Antrag der Bundesregierung wurde sie im Oktober 1952 durch Urteil des Bundesverfassungsgerichts aufgelöst. Dieses Verbot beendete die erste Phase des

Vordringens des organisierten Rechtsextremismus, dessen Entwicklung in den 11 Jahren danach stagnierte.

Die Bevölkerung war voll und ganz mit dem wirtschaftlichen Wiederaufbau beschäftigt und von den ersten sich einstellenden Erfolgen fasziniert. Der wirtschaftliche Aufschwung ermöglichte es auch, die Not und Unzufriedenheit der von den Folgen des Krieges besonders hart betroffenen Bevölkerungsteile zu lindern. Damit war der politischen Entwicklung des Rechtsextremismus weitgehend der Boden entzogen. Schon in der Bundestagswahl von 1953 erhielten die rechtsextremistischen Parteien eine empfindliche Niederlage. Nur die DRP erhielt knapp mehr als 1% der Stimmen. In den folgenden Bundestagswahlen konnte sie dieses Ergebnis nicht halten.

NPD, DRP und SRP

Neben den rechtsextremistischen Parteien gab es eine Anzahl anderer Gruppen, z.B. Jugend- und Studentenorganisationen und Traditionsvereinigungen, in denen sich Rechtsextremisten zusammenfanden. Die ständig steigende Zahl dieser Vereinigungen mit einem ebenso beständig abnehmenden Mitgliederbestand kennzeichnete diese Zersplitterung des organisierten Rechtsextremismus.

Die Gründung der NPD 1964 leitete für den Rechtsextremismus eine zweite Phase des Aufschwungs ein. Die NPD erreichte 1968 mit etwa 28.000 Mitgliedern ihren höchsten Mitgliederbestand. Wir alle haben noch in Erinnerung, daß diese Partei in einigen Wahlen beängstigende Erfolge erzielen konnte und es ihr sogar gelang, in mehreren Landtagen durch Abgeordnete vertreten zu sein. Die höchsten Wahlergebnisse erreichte die NPD 1966/67. In dieser Entwicklung, die 1969 ihren Höhepunkt hatte, zeigte sich überdeutlich ein Wiederaufleben des Rechtsextremismus an.

Sucht man nach den Ursachen dieser Entwicklung, so fällt zuerst der zeitliche Zusammenhang mit der wirtschaftlichen Rezession von 1966/67 ins Auge. Hiermit war die ökonomische Existenzgefährdung für ganze Gruppen von Arbeitnehmern und des Mittelstandes verbunden. Hinzu kam eine Veränderung der weltpolitischen Lage, die desillusionierend wirkte und auf die gewohnten Denkklischees nicht mehr paßten: Die Amerikaner begannen, den Ausgleich mit der Sowjetunion zu suchen. Das alte Feindbild war erschüttert. Mit dem Bau der Mauer hatte sich die von vielen Bürgern noch gehegte Hoffnung auf eine Wiedervereinigung zerschlagen. Die Entwicklung der EWG stagnierte, Frankreich verließ die NATO, die Integration Europas geriet ins Stocken. Ein Klima des Pessimismus und der Unzufriedenheit machte sich breit.

Anfälligkeit für Parolen

In dieser Situation stieg die Anfälligkeit der Bürger für die Parolen der Rechtsextremisten, die an Ressentiments appellierten und sich gegen die ausländischen Arbeitnehmer, ausländische Investitionen, gegen die Entwicklungshilfe und gegen die EWG richteten, und damit sogleich simple Erklärungen für die Misere anboten.

Die Richtigkeit dieser Überlegungen zu den Ursachen des Aufschwungs der NPD wird durch die Weiterentwicklung bestätigt.

Ende der 60er Jahre konsolidierte sich die wirtschaftliche Lage. Konsequenterweise erhielt die NPD 1969 eine vernichtende Wahlniederlage, die ihren Niedergang einleitete. Krisenhafte interne Auseinandersetzungen, permanenter Mitgliederschwund und Abspaltungen waren die Folge. Die Aussicht, mit Unterstützung der Bürger politischen Einfluß zu erreichen, schwand. Gleichzeitig wurden die Stimmen derer, die spektakuläre Aktionen verlangten, lauter. Ein letzter Versuch, die Aktivisten der NPD mit der „Aktion Widerstand" zu kanalisieren, mißlang. Es kam zur Gründung zahlreicher neuer Organisationen mit z.T. aktionistischem Charakter. Dieser Prozeß der Zersplitterung hielt bis heute an.

Gegenwärtiger Rechtsextremismus

Seit einigen Jahren machen die Rechtsextremisten erneut von sich reden. Diese neuere Entwicklung möchte ich hier einmal als 3. Phase des Rechtsextremismus bezeichnen. Sie trägt deutlich andere Merkmale als die beiden vorangegangenen Phasen.

Schlug sich in der Vergangenheit der Aufschwung des Rechtsextremismus in ansteigenden Wahlergebnissen der rechtsextremistischen Parteien nieder, so kann davon heute keine Rede sein. Im Gegenteil: die Wahlergebnisse der NPD haben gegenwärtig einen Tiefstand erreicht. Das hat sich in den letzten Landtagstagswahlen bestätigt.

3. Phase des Rechtsextremismus

In Hessen ist der Stimmenanteil der NPD gegenüber der 74er Landtagswahl auf fast 1/3, in Bayern auf fast die Hälfte zurückgegangen. Die Wahlergebnisse beweisen, daß die rechtsextremistischen Ideen bei der ganz überwiegenden Mehrheit der Bevölkerung keinerlei Anklang finden.

Es ist auch nicht die Zahl der rechtsextremistischen Organisationen und ihrer Mitglieder, die uns beunruhigt. Die Gesamtzahlen weisen vielmehr — trotz eines geringen Zuwachses bei einigen Gruppen — eine rückläufige Tendenz auf. Der organisierte Rechtsextremismus ist nach wie vor in Klein- und Kleinstorganisationen zersplittert. Im Jahre 1977 hatten von insgesamt 83 Organisationen 71 lediglich 100 oder weniger Mitglieder. Nur 12 Organisationen hatten mehr als 250 Mitglieder. Lediglich die NPD und die unter der Bezeichnung „Nationalfreiheitliche Rechte" auftretenden Gruppierungen um den Münchner Zeitungsverleger Dr. Gerhard Frey können sich auf eine größere Anhängerschaft stützen. Neben der „Nationalfreiheitlichen Rechten" konnten die Neonazistischen Gruppen einen geringen Zuwachs verzeichnen. Den 17 Organisationen mit 900 Mitgliedern von 1976 standen Mitte 1978 etwa 20 Organisationen mit rd. 1.000 Mitgliedern gegenüber.

Anders als in den vorangegangenen Phasen sind es also nicht bessere Wahlergebnisse, größerer Anklang bei der Bevölkerung, oder die zahlenmäßige Entwicklung im organisatorischen Bereich, sondern ganz andere Entscheidungen, die unsere Besorgnis erregen:

a) Hier muß zunächst die sich abzeichnende Tendenz zur zunehmenden Aggressivität erwähnt werden. Zwar haben Mitgliederschwund, Finanznot, Resignation und Disziplinlosigkeit der Mitglieder die Parteiarbeit der NPD erlahmen lassen. Versuchte die NPD jedoch noch in den vorangegangenen Jahren mit verbalen Bekenntnissen zum Grundgesetz ihre Anhängerschaft zu vergrößern, so werden jetzt in ihren Reihen die Stimmen immer lauter, die die Umwandlung der Partei in eine „Kaderpartei" und „Kampfgemeinschaft" fordern.

Die Jungen Nationaldemokraten, die Jugendorganisation der NPD, waren der eigentliche Träger, der in den letzten Monaten unter dem Namen der NPD veranstalteten Aktionen. Die Jungen Nationaldemokraten steuern einen aggressiven Kurs an. Sie suchen die Konfrontation mit dem politischen Gegner.

Aggressive Tendenzen zeigen sich besonders bei den Neonazistischen Organisationen, die die freiheitlich demokratische Grundordnung durch ein der NS-Diktatur vergleichbares System ersetzen wollen und die in letzter Zeit durch spektakuläre, z.B. gewalttätige Aktionen erhebliches Aufsehen erregt haben.

Bis September 1978 sind 29 Fälle von Gewaltanwendung durch neonazistische Gruppen bekanntgeworden, 1977 waren es insgesamt 40 Fälle. Die Aktivitäten dienten z.T. der Beschaffung von Geld und Waffen. So werden neonazistischen Täterkreisen ein Banküberfall, mehrere Raubüberfälle sowie Diebstähle von Waffen und Munition zugerechnet.

Aggressive Tendenzen

b) Auch außerhalb des Bereiches der Gewaltkriminalität ist eine deutliche Zunahme der Ausschreitungen aus rechtsextremistischen Beweggründen zu verzeichnen. 1976 wurden 319 Ausschreitungen erfaßt, 1977 waren es schon 616. Im ersten Halbjahr 1978 bereits 379. Die Zunahme dieser Ausschreitungen ist überwiegend auf verstärkte Neonazistische Klebeaktionen und Schmierereien mit NS-Parolen, Hakenkreuzen und sonstigen NS-Emblemen sowie auf Friedhofsschändungen und sonstige Sachbeschädigungen zurückzuführen.

c) Besonders betroffen macht uns, daß ein erheblicher Teil dieser Aktivitäten eine ausgeprägt antisemitische Zielrichtung aufweist. Hier sei nur erwähnt, daß sich 1977 53 Ausschreitungen gegen einzelne jüdische Mitbürger und Einrichtungen richteten. Immer wieder kam es zu Schändungen jüdischer Friedhöfe und Gedenkstätten.

Die National-Freiheitliche Rechte, die weitgehend in Konkurrenz zur NPD steht, agitiert mit offenen antisemitischen Parolen.

Die seit 1974 auftretenden Neonazistischen Gruppen belebten die antisemitische Agitation. In ihrer Aggressivität übertreffen sie die Parolen in den Publikationen der „National-Freiheitlichen Rechten" bei weitem und verbreiten aggressive Hetzparolen, die einen unverhohlenen Rassenhaß offenbaren.

d) Ein Merkmal der neueren Entwicklung im Bereich des Rechtsextremismus ist auch die steigende Verbreitung von NS-Literatur, NS-Kennzeichen und Ausrüstungsgegenständen. Ein großer Teil dieser Gegenstände, besonders Hakenkreuzplaketten mit NS-Parolen und

Verbreitung von NS-Literatur

rechtsextremistische Schriften werden von der NSDAP-AO, die sich jetzt NSDAP-Aufbau- und -Auslandsorganisation nennt, in das Bundesgebiet eingeführt und überwiegend durch konspirativ arbeitende deutsche Neonazis verteilt.

Daneben spielen auch kommerzielle Motive eine Rolle. Vor allem ausländische Hersteller verbreiten Kopien und Nachdrucke von Original-NS-Propagandamitteln und mit NS-Kennzeichen versehenen Gegenständen.

Im Zuge der sog. „Hitler-Welle", deren Anfänge im Ausland mit Sorge beobachtet wurden, erscheinen nicht nur Schriften, die sich kritisch mit den Vorgängen im Dritten Reich auseinandersetzen, sondern auch solche, die die Ereignisse ohne kritische Distanz unkommentiert schildern.

e) Ein besonderes Merkmal dieser 3. Phase des Rechtsextremismus ist, daß sie nicht nur von den alten unverbesserlichen Nazis getragen wird, sondern auch Jugendliche beteiligen und gerade sie sich als besonders aktiv erweisen. Auf die Rolle der Jugendlichen im Rechtsextremismus wird in der Öffentlichkeit immer wieder hingewiesen. Man sollte sich hier vor Übertreibungen hüten. Aber auch nüchtern betrachtet stimmt dieser Aspekt der Entwicklung nachdenklich. Unter den 1977 festgestellten 83 rechtsextremistischen Organisationen gab es immerhin 13 Jugendorganisationen mit 2.200 Mitgliedern. Gegenüber dem Jahre 1976 war die Tendenz leicht rückläufig. Bemerkenswert ist aber, daß der Anteil Jugendlicher in rechtsextremistischen Vereinigungen mit der Intensität des Aktionismus, den diese Gruppen entwickeln, steigt. Z.B. ist er relativ groß in den Neonazistischen Aktivistenzirkeln, obwohl auch dort die Altersgruppe von 21 – 30 Jahren weit überwiegt. Unter den etwa 100 besonders engagierten Angehörigen Neonazistischer Gruppen ist die Altersgruppe unter 20 Jahren mit 11%, die Altersgruppe von 21 – 30 Jahren mit 44% vertreten.

Unter den 1977 ermittelten 172 rechtsextremistischen Straftätern waren 46 unter 21 Jahre alt, 38 gehörten der Altersgruppe von 21 – 30 Jahren an.

Sind Ausschreitungen Jugendlicher ernstzunehmen?

Weitere Vorkommnisse rechtsextremistischen Charakters unter nichtorganisierten Jugendlichen wie symbolische Judenverbrennungen, das Singen von NS-Liedern, das Erzählen von sog. Judenwitzen, eingeritzte Hakenkreuze in Schulbänken usw., die zugegebenermaßen längst nicht mehr Einzelfälle sind, haben zu Spekulationen über das tatsächliche Ausmaß rechtsextremistischer Tendenzen unter den Jugendlichen Anlaß gegeben.

Ich bin aber der Ansicht, daß diese Vorfälle und die vorerwähnten Zahlen – so sehr sie uns auch betroffen machen – nur wenig über die tatsächliche Bereitschaft der Jugend, dem Rechtsextremismus als politische Kraft Folgschaft zu leisten, aussagen.

Die Zahl von 2.200 organisierten rechtsextremistischen Jugendlichen ist, gemessen an der Gesamtzahl der organisierten Rechtsextremisten von 17.800 beachtlich, aber im Verhältnis zur Zahl der Jugendlichen in der Bundesrepublik Deutschland überhaupt verschwindend gering. Auch das Singen von NS-Liedern, das Einritzen von Hakenkreuzen usw. muß nicht unbedingt Ausdruck einer rechtsextremistischen Gesinnung sein. Es ist durchaus möglich, daß ganz andere Motive, wie z.B. das Bestreben der Jugend, die Verbote und Tabus der Gesellschaft bzw. der älteren Generation zu brechen, eine Rolle spielen. Möglicherweise bestehen auch Zusammenhänge zu dem allgemeinen Anstieg der Jugendkriminalität, so daß sich die Vorkommnisse z.T. als Ausdruck der allgemeinen Desorientierung unter den Jugendlichen und nicht einer besonderen politischen Überzeugung erweisen können.

Verläßliche Angaben über die tatsächliche Verbreitung des Rechtsextremismus unter den Jugendlichen und dessen Ursachen gibt es noch nicht. Dieses Thema ist jedoch zu wichtig, um es Spekulationen zu überlassen. Ich meine, es ist an der Zeit, daß hier Klarheit geschaffen wird. Ich halte es daher für zweckmäßig, eine Studie in Auftrag zu geben, die die genannten Erscheinungen gründlich untersucht und uns über die tatsächliche Verbreitung rechtsextremistischen Gedankenguts unter Jugendlichen und die möglichen Ursachen gesicherte Aufschlüsse geben kann.

Politische Bedeutung des Rechtsextremismus

Die Aufzählung neuerer und gewiß beunruhigender Erscheinungen im Rechtsextremismus könnte für sich allein betrachtet leicht einen falschen Eindruck erwecken. Um der tatsächlichen politischen Bedeutung des Rechtsextremismus in der Bundesrepublik Deutschland gerecht zu werden, sollten auch folgende Punkte Beachtung finden.

Die Wahlergebnisse — und das wird zu Recht immer wieder betont — beweisen, daß der Rechtsextremismus bei der ganz überwiegenden Mehrheit unserer Mitbürger auf absolutes Unverständnis und entschiedene Ablehnung stößt und daß er keine politische Kraft darstellt, die den Bestand unseres Staates und der freiheitlich-demokratischen Grundordnung gefährden könnte.

Rechtsextremismus keine politische Kraft

Ferner ist das Kräfteverhältnis zwischen dem Rechts- und dem Linksextremismus in Rechnung zu stellen. Den 83 rechtsextremistischen Organisationen mit 17.800 Mitgliedern stehen 225 linksextremistische Organisationen mit 72.500 Mitgliedern gegenüber. Die Gewalttaten rechtsextremistisch motivierter Täter zeigen zwar erste Ansätze von Terrorismus, bleiben aber sowohl in der Häufigkeit wie in der Intensität hinter den Aktionen linksextremistischer Terroristen weit zurück.

Schließlich darf der Rechtsextremismus in Deutschland nicht isoliert betrachtet werden. In fast ganz Europa und darüber hinaus gibt es rechtsextremistische Organisationen, die z.T. mit ihren deutschen Gesinnungsgenossen in Verbindung stehen.

Die British National Front konnte in der englischen Kommunalwahl im Mai 1977 z.T. beachtliche Stimmenerfolge erzielen, z.B. im Gebiet von Groß-London 5%. In einigen Londoner Stadtteilen sogar fast 20%.

Im Ausland ist die Haltung gegenüber den Rechtsextremisten jedoch gelassen. In England, wo es eine neue Welle antisemitischer Ausschreitungen gibt, sind viele auch unter den jüdischen Bürgern der Ansicht, daß es nicht gut sei, die Vorfälle öffentlich hochzuspielen.

In Deutschland können und wollen wir uns allerdings auf Grund unserer Vergangenheit diese Gelassenheit gegenüber dem Rechtsextremismus nicht leisten. Es gilt vielmehr, den Anfängen zu wehren.

Ursachen rechtsextremistischer Erscheinungen

Geeignete Maßnahmen setzen die genaue Kenntnis der möglichen Ursachen rechtsextremistischer Erscheinungen und Tendenzen in der Bevölkerung voraus. Gesicherte, auf wissenschaftlicher Basis erarbeitete Erkenntnisse, die uns hier eine Antwort geben könnten, liegen nicht vor. Aber die Zusammenhänge lassen einige vorläufige Schlüsse zu:

„Starker Mann" gewünscht

a) Auffällig ist der bereits angesprochene Zusammenhang zwischen dem Anstieg des Rechtsextremismus und wirtschaftlichen Abschwungs- und Stagnationserscheinungen. Hieraus wird der Schluß gezogen, daß die Anhängerschaft des Rechtsextremismus offenbar den „starken Mann" wünscht, der durchgreifend „Ordnung" schafft, ohne daß dabei die gesellschaftlichen Strukturen einschließlich der bestehenden Besitzverhältnisse revolutionär umgewälzt werden. Die Gefährdung der wirtschaftlichen Existenz und die Angst vor einer totalen sozial-revolutionären Infragestellung, wie sie der Kommunismus aufwirft, spielen hier zusammen. Diese Deutung deckt sich mit der Situation von 1932. Auch damals war es insbesondere der Mittelstand, der in der Bedrohung durch die Weltwirtschaftskrise die NSDAP wählte, weil er den Kommunismus als noch größere Bedrohung empfand.

In der gegenwärtigen Situation gibt es rein äußerlich gesehen einen spezifischen Bezug zwischen der wirtschaftlichen Lage und dem Rechtsextremismus unter den Jugendlichen, denn sie sind von der schlechten Lage auf dem Arbeitsmarkt besonders hart betroffen. Ob hier auch ein innerer Zusammenhang besteht, bedarf noch der Klärung.

b) Eine weitere Ursache mag darin liegen, daß unsere pluralistische Gesellschaft, die Komplexität des politischen Systems und insbesondere die Kompliziertheit des demokratischen Staatsapparates für viele Menschen nicht mehr überschaubar ist. Die Fähigkeit mancher Bürger zum Selbstnachdenken und Selbsturteilen wird überfordert. Die Orientierung in der politischen Landschaft ist erschwert. In dieser Lage kann der Rechtsextremismus mit seiner grob vereinfachenden und der Propagierung eines „Führerstaates" als vermeintlich entlastende Alternative an Attraktivität gewinnen.

c) Es ist auch nicht zu verkennen, daß die ansteigende Aktivität im Bereich des Linksextremismus übersteigerte Gegenreaktionen bedingt. Linksextremismus und Linksterrorismus werden häufig in einen Topf geworfen und die Bedrohung von Links wird daher von vielen stärker empfunden als es der Wirklichkeit entspricht. Die Erfolge des Rechtsstaates bei der Terrorismusbekämpfung werden übersehen. Der Ruf nach einem „starken Mann" und einem „hart durchgreifenden Staat" wird lauter.

d) Signifikantes Merkmal dieser 3. Phase des Rechtsextremismus ist die zunehmende Intensität der Aktionen bei gleichzeitiger Verringerung der Anhängerschaft. Die Wahlerfolge bleiben aus. Die Aussichtslosigkeit, auf politischem Wege Einfluß und Macht zu erlangen, treibt einen kleinen Teil der organisierten Rechtsextremisten in blinden Aktionismus. Gewalt erscheint ihnen als das einzig geeignete Mittel, um ihre Ziele zu erreichen. Da die Öffentlichkeit den Gewalttaten rechtsextremistischer Täter verständlicherweise besondere Aufmerksamkeit schenkt, sehen sie in der Gewalt eine willkommene Möglichkeit, ihre Publizität zu erhöhen.

Publizität durch Gewalt erhöhen

e) Eine Ursache für die erneute Ausbreitung rechtsextremistischer Erscheinungen, insbesondere unter jungen Leuten, wird vielfach darin gesehen, daß Geschichts- und Sozialkundeunterricht es bisher nicht zu Wege gebracht hätten, über die Entstehung und das Herrschaftssystem des NS-Regimes hinlänglich zu informieren und so Schüler davor zu schützen, neofaschistische Argumente attraktiv zu finden bzw. in ihrem Wesensgehalt gar nicht zu erkennen. Es kann dahingestellt bleiben, ob diese Kritik so pauschal zutreffend ist. In der Tat kann aber nicht von der Hand gewiesen werden, daß es hier besonders in den 50er und 60er Jahren eklatante Versäumnisse gab.

Noch schwerer wiegt in meinen Augen die nach meiner Einschätzung bis heute andauernde Tabuisierung des Nationalismus in den Elternhäusern. Die Eltern haben es versäumt, die Kinder über ihre Erfahrungen mit dem NS-Regime aufzuklären und sich mit ihnen auseinanderzusetzen, sei es aus Scham über die eigenen Fehler oder aus Angst vor bohrenden Fragen.

Es ist verständlich, daß diese Tabuisierung besonders die Jugend zum Widerspruch reizt und sich in einer unreflektierten Übernahme nazistischen Gedankenguts und einem gedankenlosen Gebrauch von NS-Symbolen auswirkt, wenn die kritische Auseinandersetzung mit den Inhalten und ideengeschichtlichen Wurzeln des Nationalsozialismus, die ihn überdauert haben und noch heute weiter leben, ausbleibt und obrigkeitsstaatliche Anschauungen in den Denktraditionen fortbestehen können.

Reaktion des Staates auf den Rechtsextremismus

Dieser kurze Überblick über die möglichen Ursachen des Rechtsextremismus deutet schon an, wo die Gegenmaßnahmen schwerpunktmäßig ansetzen müssen.

Lassen Sie mich zunächst die staatlichen Bemühungen darstellen, die Gefahren des Rechtsextremismus einzudämmen:

a) Der Staat sieht der Entwicklung im Bereich des Rechtsextremismus nicht untätig zu. Wenn gelegentlich behauptet wird, daß einzelne

Gegenmaßnahmen schwerpunktmäßig ansetzen

Aktionen sogar unter den Augen der Polizei geschehen, ohne daß diese eingreife, so muß ich dem energisch widersprechen.

Der in den letzten Jahren zu beobachtenden Zunahme von Straftaten aus rechtsextremistischen Beweggründen sind Gerichte und Staatsanwaltschaften durch konsequente Anwendung der entsprechenden Strafbestimmungen entgegengetreten. Dies wird durch steigende Zahl der Ermittlungs- und Strafverfahren belegt. 1977 wurden wegen Delikten in Zusammenhang mit rechtsextremistischen Aktivitäten 46 rechtskräftige Verurteilungen (1976 33) und 45 nichtrechtskräftige Verurteilungen (1976 38) ausgesprochen. 317 Ermittlungsverfahren wurden geführt, demgegenüber waren es 1976 noch 80. Allein wegen des Verbreitens von Propagandamitteln und der Verwendung von Kennzeichen verfassungswidriger Organisationen (§§ 86 und 86a des Strafgesetzbuchs) wurden in den Jahren 1975 bis 1978 750 Ermittlungs- und Strafverfahren durchgeführt. Es wurden Freiheitsstrafen bis zu 1 Jahr und 3 Monaten und Geldstrafen bis zu 5.400 DM verhängt. Im übrigen wurde nicht nur auf eine Verurteilung der Schuldigen, sondern — auch bei Einstellung des Verfahrens — auf eine Einziehung der sichergestellten Propagandamittel und Kennzeichen hingewirkt.

Strafrechtliche Maßnahmen ungenügend

Der Generalbundesanwalt führt gegenwärtig vier Verfahren nach § 129a des Strafgesetzbuches gegen rechtsextremistische Täter.

So wichtig strafrechtliche Maßnahmen im Kampf gegen den Rechtsextremismus sind, sie können das Übel jedoch nicht an der Wurzel beseitigen. Außerdem kommen sie naturgemäß erst im Nachhinein, nach Begehung der Straftaten, zur Anwendung.

Wichtiger ist es, mit präventiven Maßnahmen die Begehung von Straftaten von vornherein zu verhindern und der Entwicklung des Rechtsextremismus den Boden zu entziehen.

b) Daher ist der geistig-politischen Auseinandersetzung als Mittel zur Bekämpfung des politischen Extremismus größte Bedeutung beizumessen. Die Bundeszentrale für politische Bildung hat es seit ihrer Errichtung als eine ihrer wesentlichen Aufgaben betrachtet, die Ursachen des Nationalsozialismus darzustellen. Sie ist dieser Aufgabe nachgekommen durch entsprechende Veröffentlichungen in ihren Publikationen, durch die Förderung des politischen Buches, durch die Produktion bzw. durch Ankauf von Filmen sowie durch die Förderung und Durchführung von Tagungen. Diese Bemühungen müssen verstärkt fortgesetzt werden.

Der Staat kann hier jedoch nur Anstöße geben. Die Bemühungen um eine Verbesserung der politischen Bildung und eine Vertiefung der geistig-politischen Auseinandersetzung mit dem Extremismus können keinen Erfolg haben, wenn sie nicht von allen Kräften, die sich zur freiheitlich demokratischen Grundordnung bekennen, in alle Bereiche des Gesellschaft hineingetragen werden. Hier fällt den Parteien und den Medien, aber auch den Jugendgruppen und anderen politisch interessierten Vereinigungen, eine besondere Aufgabe und Verantwortung zu.

Die politische Bildung, insbesondere in den Schulen, muß verstärkt bemüht sein, den Jugendlichen die Fähigkeit zu vermitteln, die aus politisch-extremistischen Bestrebungen resultierenden Gefahren zu erkennen.

Politische Bildung verstärken

Darüber hinaus ist es wichtig, daß die politische Bildung die Orientierung in der politischen Landschaft erleichtert und den einzelnen zum Zurechtfinden, zum Selbstdenken und zum Selbsthandeln befähigt. So verstanden hat die politische Bildung die Einführung und Einübung in die politische Welt unserer freiheitlich rechtsstaatlichen und sozialstaatlichen Demokratie zu leisten.

Ich habe schon darauf hingewiesen, daß es an einer kritischen Auseinandersetzung mit obrigkeitsstaatlichen Denktraditionen mangelt. Eine der wichtigsten Aufgaben der politischen Bildung ist es, staatsautoritären Einstellungen entgegenzuwirken.

Für diese notwendige Erziehung zum mündigen, der Obrigkeit kritisch gegenüberstehenden Staatsbürger, für die Befähigung zur Wahrnehmung der Grundrechte im politischen und gesellschaftlichen Leben und für die Exemplifizierung von Bewährungsproben, vor die die freiheitlich demokratische Gesinnung der Bürger gestellt werden kann, gibt der deutsche Widerstand gegen das NS-Regime wertvolle Beispiele menschlicher Bewährung.

Es ist mir daher ein besonderes Anliegen, den Widerstand gegen die national-sozialistische Gewaltherrschaft im öffentlichen, d.h. im politischen und gesellschaftlichen Leben der Bundesrepublik Deutschland stärker herauszustellen. In der deutschen Geschichte hat es verschiedene Beispiele für den aktiven Widerstand des Volkes gegen autoritäre Systeme gegeben. Ich nenne hier nur die Bauernkriege im 16ten Jahrhundert, die Freiheitsbewegungen von 1848/49 und die Revolution 1918. Aber diese Freiheitsbewegungen sind weitgehend in Vergessenheit geraten. Jede Republik bekennt sich zum Widerstand gegen Gewaltherrschaft als eine ihrer moralischen Grundlagen. In Deutschland dagegen war der Widerstand ein Ideal. Das mag eine Ursache dafür gewesen sein, daß der Widerstand gegen die national-sozialistische Gewaltherrschaft nicht von der Volksmasse, sondern nur von einzelnen oder kleinen Gruppen getragen wurde. Ich halte es daher für notwendig, den Gedanken des Widerstandes im Bewußtsein unseres Volkes mehr Geltung zu verschaffen. Mit der Einfügung des Art. 20 Abs. 4 in das GG ist nur ein Anfang gemacht. In diesem Zusammenhang werden gegenwärtig in meinem Hause Überlegungen angestellt, ein Informationszentrum über den Widerstand gegen das NS-Regime zu errichten. Dieses Informationszentrum soll dazu beitragen, daß im Rahmen der politischen Bildung der Gedanke des Widerstandes stärker herausgestellt wird. Der Widerstandsgedanke gewinnt gerade heute, anläßlich des 40. Jahrestages der Progrome vom 9. November, die verharmlosend „Reichskristallnacht" genannt werden, seine Bedeu-

Aktiver Widerstand des Volkes

Bei Gleich-gültigkeit Sieg der Angst

tung. Das besondere an jenen Verbrechen war ihre Öffentlichkeit. In der „Reichskristallnacht" hatte man die Synagogen brennen sehen und die Verschleppung jüdischer Mitbürger beobachtet. Niemand konnte sich mehr darauf berufen, von den Greueln keine Kenntnis zu haben. Aber niemand wagte es, sich zu erheben und sich gegen das Unrecht aufzulehnen. Es gab vereinzelte Unmutsäußerungen, aber wo nicht ohnehin die Gleichgültigkeit herrschte, siegte die Angst. Dies darf sich nicht wiederholen. Nur wenn die Idee des Widerstandes gegen Gewalt und Unrecht und ein unbeugsamer Wille zur Freiheit und Gerechtigkeit im Bewußtsein des Volkes fundamentiert ist, hat in einer solchen Situation der Mut eine Chance, die Angst zu besiegen.

Die Sache, um die es den Widerstandskämpfern im Dritten Reich ging, war die Wiederherstellung der geistigen und politischen Freiheit, der Menschenwürde und des Rechts. Diese Werte sind jedoch keineswegs für alle Zeiten gesichert, sondern ständig gefährdet. Der Sinn des Widerstandes gegen den Nationalsozialismus liegt für uns in der Mahnung, es nie mehr so weit kommen zu lassen, uns nie mehr einem Unrechtssystem zu beugen.

Rechtsextremismus ist keine Gefahr für die Sicherheit in der Bundesrepublik Deutschland

Der Bundesminister des Innern — I S 2 — 612000/6 — hat mit Schreiben vom 12. Oktober 1978 die Kleine Anfrage der Fraktionen der SPD und FDP — Drucksache 8/2040 — namens der Bundesregierung wie folgt beantwortet:

Vorbemerkung

Rechtsextremistische Ideologie und auf ihr fußende politische Bestrebungen treffen, wie die Wahlergebnisse immer wieder zeigen, bei der ganz überwiegenden Mehrheit unserer Mitbürger auf absolutes Unverständnis und entschiedene Ablehnung.

Lediglich einzelne Fanatiker oder kleine Gruppen vertreten rechtsextremistisches Gedankengut und erregen Aufsehen dadurch, daß sie die Verantwortlichen des NS-Regimes zu entschuldigen oder gar zu verherrlichen suchen.

Die Bundesregierung beobachtet solche rechtsextremistischen Aktivitäten mit großer Aufmerksamkeit. Sie ist sich bewußt, daß im In- und Ausland angesichts der Leiden, die der Nationalsozialismus verursacht hat, auf solche Manifestationen mit besonderer Empfindlichkeit reagiert wird.

Aufklärung der Öffentlichkeit

Die Aufklärung der Öffentlichkeit, vor allem der Jugend über die NS-Vergangenheit und die heute daran anknüpfenden rechtsextremistischen Gruppierungen und Aktivitäten in objektiver und umfassender Weise ist deshalb notwendig. Die Bundesregierung begrüßt daher die Kleine Anfrage, deren Beantwortung ihr die Gelegenheit gibt, zu dieser notwendigen Information unserer Öffentlichkeit beizutragen. Sie beantwortet die einzelnen Fragen wie folgt:

1. Ist die Bundesregierung auf Grund ihrer Erkenntnisse über rechtsextremistische Aktivitäten der Ansicht, daß die vom Rechtsextremismus ausgehenden Gefahren für die Innere Sicherheit der Bundesrepublik Deutschland zugenommen haben?

Welche Erkenntnisse über Mitgliederzahl, Struktur und Strategie rechtsextremistischer Gruppen liegen der Bundesregierung vor?

Welche Erkenntnisse liegen der Bundesregierung über die Finanzierungsquellen rechtsextremistischer Gruppen vor?

Liegen der Bundesregierung insbesondere Erkenntnisse darüber vor, in welchem Umfang rechtsextremistische Gruppen über ihre Mitgliedschaft hinaus Anhänger bei bestimmten Anlässen (z.B. Demonstration) mobilisieren konnten?

Der organisierte Rechtsextremismus stellt wegen scharfer Ablehnung durch die ganz überwiegende Mehrheit der Bürger, bisher niedrigsten Mitgliederstandes, Gruppenstreitigkeiten und Aufspaltung keine Gefahr für die Sicherheit in der Bundesrepublik Deutschland dar. Andererseits geben die im Vergleich zum Vorjahr nahezu verdoppelte Anzahl rechtsextremistischer Ausschreitungen und die zunehmende Bereitschaft zu bewaffneter Gewaltanwendung Anlaß zu Besorgnis. Das gilt insbesondere für erste Ansätze terroristischer Gewalt, die Anfang 1978 festgestellt wurden, auch wenn sie in Art und Ausmaß hinter dem Terrorismus linksextremistischer Prägung deutlich zurückbleiben. Im ganzen gesehen hat die Bedrohung unserer inneren Sicherheit durch den Rechtsextremismus quantitativ und qualitativ nicht das gleiche Gewicht wie die durch den Linksextremismus. Die gegenseitige Bedingtheit extremistischer Haltungen und Handlungen muß jedoch stets im Auge behalten werden.

Die Mitgliederzahl aller rechtsextremistischen Organisationen insgesamt war im Jahr 1977 mit etwa 17.000 gegenüber dem Vorjahr (18.200) leicht rückläufig. Der geringe Zuwachs bei einzelnen rechtsextremistischen Organisationen, insbesondere Jugendorganisationen und neonazistischen Gruppen, konnte die Mitgliederverluste bei der NPD und anderen Organisationen nicht ausgleichen.

Für den Rechtsextremismus ist eine Zersplitterung in Klein- und Kleinstorganisationen kennzeichnend. Im Jahre 1977 hatten von insgesamt 83 Organisationen 71 lediglich 100 oder weniger Mitglieder, davon 26 sogar weniger als 20. Nur zwölf Organisationen hatten mehr als 250 Mitglieder. Lediglich die NPD und die unter der Bezeichnung „Nationalfreiheitliche Rechte" auftretende Gruppierungen um den Münchener Zeitungsverleger Dr. Gerhard Frey verfügten über eine größere Anhängerschaft. Während der Mitgliederbestand der NPD sich in den letzten acht Jahren um zwei Drittel verringert hat und nunmehr etwa 9.000 Mitglieder umfaßt, konnte die Nationalfreiheitliche Rechte im letzten Jahr ihre Mitgliederzahl um 600 auf 5.400 erhöhen. Auch neonazistische Gruppen konnten einen Zuwachs verzeich-

Keine Gefahr für Sicherheit

nen. Waren es 1976 noch 17 Organisationen mit 900 Mitgliedern, so gibt es zur Zeit etwa 20 Organisationen mit rund 1.000 Mitgliedern, von denen 150 bis 200 zum „Harten neonazistischen Kern" zählen.

Keine einheitliche Strategie

Eine einheitliche Strategie verfolgen die rechtsextremistischen Gruppierungen nicht. Sie haben keine geschlossene Ideologie und keine Führungspersönlichkeiten, die zu politischen Aussagen und zur Überwindung der Gruppenstreitigkeiten fähig wären. Gemeinsam ist ihnen nur die Bekämpfung oder Diffamierung der bestehenden Staatsform in unterschiedlicher Intensität. Ihre politische Agitation ist vielfach durch eine Überbewertung des „Volksganzen" und der Volksgemeinschaft auf Kosten der Interessen des einzelnen und die Verherrlichung des NS-Regimes bei gleichzeitiger Verharmlosung nationalsozialistischen Unrechts gekennzeichnet.

Die „Strategiekommission" der NPD forderte eine „Umschichtung der Partei von einer Partei der Wähler, einer auf den Erlöser wartenden Partei zur Kaderpartei, einer Kampfgemeinschaft". Die NOD konzentrierte ihre Anstrengungen jedoch auf die Überwindung der durch erheblichen Mitgliederschwund, Verknappung der finanziellen Mittel und die Resignation der Mitgliederschaft gekennzeichneten Krise der Partei, die zu einer Erlahmung der Parteiarbeit führte. Die Jungen Nationaldemokraten (JN), die Jugendorganisation der NPD, waren der eigentliche Träger der in den letzten Monaten unter dem Namen der NPD veranstalteten Aktionen. Sie strebten einen kämpferischen Kurs an und suchten zunehmend die Konfrontation mit dem politischen Gegner.

Gleiches Ziel

Die „Nationalfreiheitliche Rechte" steht weitgehend in Konkurrenz zur NPD. Ihr Führer, Dr. Gerhard Frey, verfügt mit der „Deutschen Volksunion" über eine organisatorische Basis für eine breite publizistische Tätigkeit. Anders als bei der NPD hat die Agitation der „Nationalfreiheitlichen Rechten" mehr tagespolitischen Bezug und beinhaltet offen antisemitische Parolen; diese Organisation führt eine anhaltende Verleumdungskampagne gegen die Repräsentanten des demokratischen Lebens.

Alle neonazistischen Gruppen wollen die freiheitlich demokratische Grundordnung durch ein der NS-Diktatur vergleichbares System ersetzen. Sie haben in letzter Zeit durch spektakuläre, z.T. gewalttätige Aktionen erhebliches Aufsehen erregt.

Die Finanzierung rechtsextremistischer Gruppen erfolgt im wesentlichen durch Spenden ihrer Mitglieder und Anhänger. Die „Deutsche Volksunion" hat ein relativ großes Spendenaufkommen, das vor allem durch ständige Aufrufe ihres Leiters Dr. Gerhard Frey in den von ihm herausgegebenen Zeitungen gefördert wird.

In Einzelfällen wurde auch eine finanzielle Unterstützung durch entsprechende Gruppen und Anhänger im Ausland bekannt; nach Erkenntnissen der Bundesregierung liegt aber eine Fremdfinanzierung durch Dritte in nennenswertem Umfang nicht vor.

Über die Anhängerschaft des Rechtsextremismus geben die Wahlergebnisse Auskunft, da hier wie bei anderen extremistischen Organisationen die Wählerschaft in etwa der Anhängerschaft entspricht. Die Wahlergebnisse der NPD zeigen, daß der Rechtsextremismus über die organisierten Mitglieder der rechtsextremistischen Organisationen hinaus über Anhänger verfügt, auch wenn das Stimmenergebnis nicht ins Gewicht fällt und ständig abnimmt. Bei der Bundestagswahl 1976 konnte die NPD 136.000 Erststimmen (122.661 = 0,3 v.H. der Zweitstimmen) verbuchen, während die Zahl der organisierten Mitglieder Ende 1977 bei ca. 17.800 lag. Auch die Verbreitung der Publikationen des Dr. Frey, „Deutsche Nationalzeitung" und „Deutscher Anzeiger", die zusammen eine wöchentliche Auflage von annähernd 100.000 Exemplaren erreichen, deutet auf eine die organisierte Mitgliederschaft übersteigende Zahl von Personen, die durch derartige Publikationen ansprechbar sind. Bei Kundgebungen, Aufmärschen und anderen aktuellen Anlässen sind die organisierten Mitglieder jedoch fast ausschließlich unter sich.

2. *Welche Erkenntnisse hat die Bundesregierung über die Verbindung rechtsextremistischer, insbesondere neonazistischer Gruppen in der Bundesrepublik Deutschland mit entsprechenden Gruppen im Ausland?*

Die neonazistischen Gruppen und teilweise auch die NPD und die JN unterhalten Kontakte zu gleichgesinnten ausländischen Gruppen, vor allem in Belgien, Brasilien, Dänemark, Frankreich, Großbritannien, Österreich, Schweiz, Spanien und den USA. Enge Kontakte bestehen insbesondere zum belgischen „Vlaamse Militante Orde".

Eine Gruppe der neonazistischen „Aktionsfront nationaler Sozialisten" (ANS) unter Führung ihres z.Zt. inhaftierten Leiters Michael Kühnen nahm vom 15. - 18. Juni an einem Treffen ausländischer Rechtsextremisten in Blandy-Les-Tours bei Paris teil.

Anfang des Jahres 1977 wurde zwischen dem JN-Landesverband Rheinland-Pfalz und der rechtsextremistischen französischen „Front de la Jeunesse" ein Partnerschaftsvertrag geschlossen. Ferner bestehen Verbindungen der JN zur rechtsextremistischen spanischen Jugendorganisation „Fuerza Nueva".

Die Wiking-Jugend arbeitet mit kleinen Gruppen gleichen Namens in Belgien, Frankreich, Spanien und den Niederlanden zusammen.

Verantwortlich für die Herausgabe und Versendung zahlreicher Hakenkreuzplaketten und -aufkleber u.a. mit den Texten „Deutschland erwache" und „Jetzt NSDAP" sowie rechtsextremistischer Schriften, die illegal in das Bundesgebiet eingeführt und überwiegend durch konspirativ arbeitende deutsche Neonazis verteilt werden, ist die von den Vereinigten Staaten aus agierende „NSDAP-Auslandsorganisation" (NSDAP-AO) des Amerikaners Gary Rex Lauck (Lincoln/Nebraska/USA). Die Organisation hat sich seit Anfang des Jahres in „NSDAP-Aufbau und -Auslandsorganisation" umbenannt, um damit auch eine Verlagerung des Schwerpunkts der Aktivitäten auf die Bundesrepu-

Enge Kontakte ins Ausland

blik Deutschland deutlich zu machen. Lauck ist auch für die Herstellung und den Vertrieb der NSDAP-AO-Zeitung „NS-Kampfruf" verantwortlich. Er zeichnet auch als Herausgeber des „Völkischen Beobachters". Ein großer Teil der Auflage dieses im April 1978 erschienenen Blattes konnte durch exekutive Maßnahmen sichergestellt werden.

Die Tätigkeit der NSDAP-AO im Bundesgebiet ist seit einiger Zeit infolge weiterer exekutiver Zugriffe zurückgegangen. So ermitteln die Staatsanwaltschaften seit Juni/Juli 1978 gegen NSDAP-AO-Aktivisten aus Köln und aus Weyer (Pfalz). Ein weiterer NSDAP-AO-Aktivist, der den NSDAP-„Gau" München und Oberbayern aufbauen wollte, wurde am 11. September wegen Hakenkreuzschmierereien und Verbreitung von NS-Propagandamaterial vom Landgericht München zu zehn Monaten Freiheitsstrafe mit Bewährung verurteilt.

3. Welche Erkenntnisse liegen der Bundesregierung insbesondere über die zunehmende Bereitschaft von neonazistischen Gruppen zu militanter Gewaltanwendung bis hin zu terroristischen Aktivitäten vor?

Haben in den letzten Jahren rechtsextremistische Ausschreitungen (Hakenkreuzschmiereien etc.) zugenommen? Wenn ja, in welchem Umfang?

Trifft es insbesondere zu, daß Rechtsextremisten an Überfällen auf Banken, Munitionsdepots beteiligt waren und andere Gewaltakte begangen oder vorbereitet haben?

Tendenz zur Gewaltanwendung hält an

Die bereits für 1977 verzeichnete Tendenz neonazistischer Gruppen, verstärkt zur Gewaltanwendung überzugehen, hält weiter an. Der Bundesregierung sind 1978 bisher 29 Fälle von Gewaltanwendung durch neonazistische Aktivitäten bekanntgeworden (Gesamtzahl 1977: 40 Fälle). In 23 Fällen wurde Gewalt angedroht (Gesamtzahl 1977: 34 Fälle). Die Aktivitäten dienen zum Teil der Beschaffung von Geld und Waffen. So werden neonazistischen Täterkreisen ein Banküberfall, mehrere Raubüberfälle sowie Diebstähle von Waffen und Munition zugerechnet. Im Mai 1978 hat die Polizei in Kiel durch die frühzeitige Festnahme einiger NS-Aktivisten einen geplanten Sprengstoffanschlag auf das KBW-Büro verhindert. Anläßlich von ca. 120 Hausdurchsuchungen im Jahre 1977 und im ersten Halbjahr 1978 bei Angehörigen rechtsextremistischer Organisationen wurden in 15 Fällen Waffen, Munition oder Sprengstoff gefunden, die zum Teil bei den erwähnten Überfällen erbeutet worden waren. Die mutmaßlichen Täter konnten festgenommen werden. Der Generalbundesanwalt führt gegen zwei norddeutsche neonazistische Gruppen Ermittlungsverfahren durch.

Insgesamt ist die Zahl der Rechtsextremisten zuzurechnenden Ausschreitungen — zumeist Hakenkreuzschmierereien, Friedhofsschändungen und sonstige Sachbeschädigungen — angestiegen. Während im Jahr 1977 607 Ausschreitungen aus rechtsextremistischen Beweggründen erfaßt wurden, beläuft sich die Zahl der Ausschreitungen im 1. Halbjahr 1978 auf 379. Davon sind allein 280 Ausschreitungen auf neonazistische Aktivitäten zurückzuführen, darunter 223 neonazistische Plakat- und Schmieraktionen.

4. Welche Maßnahmen hält die Bundesregierung für erforderlich, um die aus rechtsextremistischen Bestrebungen für die Innere Sicherheit der Bundesrepublik Deutschland erwachsenden Gefahren wirkungsvoll zu bekämpfen?

Die Bundesregierung hält eine sorgfältige Beobachtung rechtsextremistischer Bestrebungen durch die Sicherheitsbehörden weiterhin für erforderlich. Insbesondere kommt den Sicherheitsbehörden die wichtige Aufgabe zu, im Vorfeld strafprozessualer Ermittlungen die in der Vergangenheit bereits erfolgreichen Bemühungen fortzusetzen, geplante Ausschreitungen oder Gewalttaten frühzeitig zu erkennen und ihre Ausführung zu verhindern.

Einer Eindämmung der aus dem Rechtsextremismus erwachsenden Gefahren dient auch das Strafrecht. 1977 wurden wegen Delikten im Zusammenhang mit rechtsextremistischen Aktivitäten besonders viele Ermittlungsverfahren geführt und Verurteilungen ausgesprochen (46 rechtskräftige Verurteilungen, Vorjahr: 33; 45 nichtrechtskräftige Verurteilungen, Vorjahr 38; 317 Ermittlungsverfahren, Vorjahr: 80). Die Verfassungsschutzbehörden werden diese strafrechtlichen Maßnahmen weiterhin durch intensive Beobachtungstätigkeit und unverzügliche Weitergabe gerichtsverwertbarer Erkenntnisse unterstützen. Darüber hinaus wird die beobachtende Tätigkeit der Verfassungsschutzbehörden auch in Zukunft darauf gerichtet sein, ein aktuelles Lagebild über alle rechtsextremistischen Bestrebungen zu gewährleisten.

Intensive Beobachtungstätigkeit

Die geltenden Strafgesetze bieten nach dem derzeitigen Erkenntnisstand geeignete Handhaben, den genannten Aktivitäten entgegenzutreten. Jedoch wird die Frage etwa notwendiger Änderungen oder Ergänzungen des geltenden Rechts geprüft.

Im übrigen wird auf die Beantwortung der Fragen 5 und 7 Bezug genommen.

5. Hält die Bundesregierung eine vorbeugende geistig-politische Auseinandersetzung mit dem Rechtsextremismus für erforderlich, und teilt sie die Ansicht, daß insbesondere Anstrengungen unternommen bzw. verstärkt werden sollten, um auf die Gefahren des Neonazismus bzw. Rechtsextremismus hinzuweisen?

Die Bundesregierung mißt der geistig-politischen Auseinandersetzung als Mittel zur Bekämpfung des politischen Extremismus große Bedeutung bei. Die Bundeszentrale für politische Bildung hat es seit ihrer Errichtung als eine ihrer wesentlichen Aufgaben betrachtet, die Ursachen des Nationalsozialismus darzustellen. Sie ist dieser Aufgabe nachgekommen durch entsprechende Veröffentlichungen in ihren Publikationen, durch die Förderung des politischen Buches, durch die Produktion bzw. durch Ankauf von Filmen sowie durch die Förderung und Durchführung von Tagungen. Die Bundesregierung ist der Auf-

Ursachen des Nationalsozialismus

fassung, daß diese Bemühungen verstärkt fortgesetzt werden müssen und daß insbesondere in den Schulen vermehrte Anstrengungen unternommen werden sollten, um den Schülern die Fähigkeit zu vermitteln, die aus politisch-extremistischen Bestrebungen resultierenden Gefahren zu erkennen.

Auch in diesem Zusammenhang muß wiederum betont werden, daß die geistig-politische Auseinandersetzung mit extremistischen Bestrebungen nicht den staatlichen Stellen allein überlassen bleiben kann. Ein dauerhafter Erfolg wird sich nur dann einstellen, wenn diese Auseinandersetzung von allen gesellschaftlichen Kräften geführt wird, die sich zur freiheitlich-demokratischen Grundordnung bekennen. Hier fällt vor allem den Parteien und den Medien eine besondere Aufgabe und Verantwortung zu.

Besondere Aufgabe für Parteien und Medien

6. Haben die Strafverfolgungsbehörden des Bundes und der Länder angesichts der steigenden Verbreitung von NS-Literatur, NS-Kennzeichen und Ausrüstungsgegenständen die notwendigen Maßnahmen getroffen, um diesen Erscheinungen, soweit sie den Straftatbestand des § 86 Abs. 1 StGB erfüllen, nachdrücklich entgegenzutreten?

Der in den letzten Jahren zu beobachtenden Zunahme der Verbreitung von Propagandamitteln und der Verwendung von Kennzeichen verfassungswidriger Organisationen sind Gerichte und Staatsanwaltschaften durch konsequente Anwendung der entsprechenden Strafbestimmungen entgegengetreten. Das zeigt u.a. die Zahl von 750 Ermittlungs- und Strafverfahren in den Jahren 1975 bis 1978 wegen Straftaten nach den §§ 86 und 86a des Strafgesetzbuches. Im Rahmen der Strafverfahren sind Freiheitsstrafen bis zu einem Jahr und drei Monaten und Geldstrafen bis zu 5.400 DM verhängt worden. Im übrigen wurde nicht nur auf eine Verurteilung der Schuldigen, sondern — auch bei Einstellung des Verfahrens — auf eine Einziehung der sichergestellten Propagandamittel und Kennzeichen hingewirkt. Es ist sichergestellt, daß die Strafverfolgungsbehörden auch weiterhin Zuwiderhandlungen gegen die genannten Strafbestimmungen nachdrücklich verfolgen.

7. Ist der Bundesregierung bekannt, daß zur Zeit etwa 14 rechtsextremistische Buchverlage und 15 solche Vertriebsdienste existieren, die eine gesteigerte Nachfrage nach NS-Literatur, Tonbandträgern, Filmen und sonstigen Artikeln zu verzeichnen haben, und welche Schritte hält sie insbesondere unter dem Gesichtspunkt jugendgefährdender Schriften für erforderlich, um derartige Aktivitäten einzudämmen?

Gesteigerte Nachfrage

Den Sicherheitsbehörden sind 44 selbständige — d.h. von Organisationen unabhängige — Verlags- und Vertriebsunternehmen bekannt. Während die Produktion der 15 selbständigen Zeitungs- und Zeitschriftenreihenverlage leicht rückläufig war, verzeichneten die 14 Buchverlage und die 15 Vertriebsdienste eine gesteigerte Nachfrage nach NS-Literatur, -Tonträgern, -Filmen und sonstigen -Artikeln.

Auf Antrag des Bundesministers für Jugend, Familie und Gesundheit wurden in den letzten Monaten von der Bundesprüfstelle für jugendgefährdende Schriften 14 Langspielplatten und fünf Bildbände mit NS-Dokumenten wegen ihrer kriegsverherrlichenden und verfassungsfeindlichen Tendenzen indiziert. Diese Schallplatten und Bildbände dürfen demnach Kindern und Jugendlichen nicht mehr zugänglich gemacht werden; die geschäftliche Werbung für sie ist weitgehend untersagt.

Um der Bundesprüfstelle für jugendgefährdende Schriften zu größerer Wirksamkeit auch bei der Abwehr jugendgefährdenden NS-Materials zu verhelfen, hat der Bundesminister für Jugend, Familie und Gesundheit außerdem eine Verordnung erlassen, durch die alle Jugendämter und Landesjugendämter bei der Bundesprüfstelle antragsberechtigt wurden. Hauptziel dieser Verordnung ist es, günstigere Voraussetzungen für eine Beobachtung zu schaffen, bei der die Aufmerksamkeit in erster Linie auf „verrohend wirkende, zu Gewalttätigkeit, Verbrechen und Rassenhaß anreizende sowie den Krieg verherrlichende Schriften" und solche mit verfassungsfeindlichen Tendenzen gerichtet ist. Der Bundesminister für Jugend, Familie und Gesundheit hat in einem Schreiben an die obersten Jugendbehörden der Länder die Erwartung zum Ausdruck gebracht, daß von den neuen Antragsberechtigungen in einer Weise Gebrauch gemacht wird, die dazu beiträgt, die Verbreitung von jugendgefährdenden NS-Schriften und Tondokumenten noch wirksamer einzudämmen.

Die Indizierung durch die Bundesprüfstelle für jugendgefährdende Schriften ist nach Auffassung der Bundesregierung jedoch nur eines der Mittel, um Schaden durch die Verbreitung von NS-Schriften zu verhindern. Vorrangig bedarf es einer intensiven geistigen Auseinandersetzung mit dem Nationalsozialismus insbesondere auch in den Schulen. Hierzu wird auf die Beantwortung der Frage 5 Bezug genommen.

Intensive geistige Auseinandersetzung fördern

8. *Ist der Bundesregierung bekannt, ob ein großer Teil der in der Bundesrepublik Deutschland auftauchenden „NS-Souvenirs" im Ausland hergestellt wird? Welche Richtlinien gelten gegebenenfalls für die Einfuhr solcher Artikel?*

Ein großer Teil insbesondere der aus kommerziellen Motiven in der Bundesrepublik verbreiteten NS-Propagandamittel und -Kennzeichen stammt von ausländischen Herstellern. So sind beispielsweise Hitler-Gedenkmedaillen in Italien hergestellt worden. Spielzeug mit nationalsozialistischen Emblemen kommt aus Japan, photomechanische Nachdrucke von „Mein Kampf" sind aus Spanien und T-Shirts mit aufgedruckten Hakenkreuzen aus England eingeführt worden. Die Einfuhr derartiger Gegenstände unterliegt dem Gesetz zur Überwachung strafrechtlicher und anderer Verbringungsverbote vom 24. Mai 1961. Die Post- und Zollverwaltung sind im März 1978 angewiesen worden, dem illegalen Verbringen von nationalsozialistischem Propagandamaterial aus den USA auf der Grundlage dieses Gesetzes verstärkt entgegenzuwirken. Im Hinblick auf eingeführte Druckerzeugnisse rechtsextremistischen Inhalts, die im Ausland, vor allem in den USA, hergestellt und periodisch vertrieben werden, ist gegebenenfalls auch eine Überprüfung des Artikels 296 des Einführungsgesetzes zum Strafgesetzbuch angezeigt.

„NSDAP-Auslands- und Aufbauorganisation" (NSDAP-AO) propagiert „bewaffneten Untergrundkampf"

In der aus den USA verbreiteten neonazistischen Zweimonatsschrift „NS-Kampfruf" (Ausgabe Nr. 28) kritisiert der NSDAP-AO-Leiter Gary Rex Lauck, Lincoln/Nebraska /USA, die anderen NS-Gruppen im Bundesgebiet. Sie setzten sich durch ihre publizitätsheischende offene Tätigkeit, durch Bildung „zu großer Einheiten", durch „politische Selbstbefriedigungsspiele" und durch „Tragen von verbotenen Emblemen und Uniformen" zu sehr die Gefahr der Zerschlagung durch Verbote und durch „Verurteilung der zentralen Figuren" aus. Sie beeinträchtigten durch „Besessenheit" und durch „bewußt absurdes Benehmen" das „Ansehen des Nationalsozialismus". Eine „Untergrundorganisation" müsse sich in „kleineren, voneinander unabhängig arbeitenden Zellen organisieren" und neben dem „bewaffneten" auch den „propagandistischen Untergrundkampf" entwickeln. Dieser „neue strategische Begriff" des NS-Untergrundkampfes im besetzten Nachkriegsdeutschland" finde „seine Verkörperung in der NSDAP-AO".

Propagandistischen Untergrundkampf entwickeln

In einem weiteren Artikel über den Majdanek-Prozeß wird angedroht, die belastenden „falschen" Aussagen der „befreiten KZ'ler, die bereits „viele alte Kämpfer hinter Gitter brachten" und das Geschichtsbild verfälscht hätten, würden „noch Konsequenzen nach sich ziehen, deren Radikalität noch gar nicht abzumessen" sei. „Wir sind entschlossen, diesem Spuk ein ganz radikales Ende zu bereiten".

Anmerkung:
Die NSDAP-AO hat im Bundesgebiet mehrere Stützpunkte mit einigen Dutzend Aktivisten und Anhängern. Exekutivmaßnahmen und Urteile gegen eine Reihe von maßgebenden NSDAP-AO-Aktivisten haben zu einer starken Verunsicherung der Anhänger geführt und einen Rückgang ihrer Aktivitäten bewirkt.

„Deutsche National-Zeitung" (DNZ) fordert Generalamnestie für Kriegsverbrechen

Die DNZ veröffentlicht in ihrer Ausgabe Nr. 45 vom 3. November eine Entschließung des rechtsextremistischen „Freiheitlichen Rates", in dem die Parteien des Deutschen Bundestages aufgefordert werden, „weitere Manipulationen für angebliche oder tatsächliche deutsche Kriegsverbrechen nicht vorzunehmen, sondern eine Generalamnestie für alle bis 1945 geschehenen, direkt oder indirekt politisch bedingten Delikte jeder Art zu erlassen". Gleichzeitig werden die Namen von „250 Persönlichkeiten des öffentlichen Lebens, aus Wissen-

schaft und Forschung" aufgeführt, die diese Entschließung unterzeichnet haben sollen. Bei einem Teil der genannten Personen handelt es sich um bekannte Rechtsextremisten.
Anmerkung:
Der von dem DNZ-Herausgeber Dr. Gerhard Frey 1972 gegründete „Freiheitliche Rat" ist ein Koordinierungsgremium, das Dr. Frey für seine politischen Ziele einsetzt. Er umfaßt Einzelpersonen und Vertreter einiger rechtsextremistischer Organisationen, von denen nur die von Dr. Frey geleitete „Deutsche Volksunion" von den Mitgliederzahlen her einige Bedeutung hat.

Die Beteiligung extremistischer Parteien an den Landtagswahlen in Hessen und Bayern.

1. Deutsche Kommunistische Partei (DKP)

Zu den Landtagswahlen in Hessen (8. Oktober) kandidierte die DKP in allen 55 Wahlkreisen sowie mit einer 60 Bewerber zählenden Landesliste. In Bayern (15. Oktober) beteiligte sie sich an den Landtagswahlen mit insgesamt 204 Kandidaten in allen sieben Wahlkreisen, die mit den Regierungsbezirken identisch sind, und 101 von 105 Stimmbezirken. {Wahl-Stimmanteil der KPD sinkt}

Nach den amtlichen Endergebnissen entfielen in Hessen 14.531 = 0,4% (1974: 28.966) und in Bayern 33.182 = 0,3% (1974: 45.890 = 0,4%) der abgegebenen gültigen Stimmen auf die KPD.

Die auf die DKP in Hessen entfallenen absoluten und prozentualen Stimmenanteile sind in allen 55 Wahlkreisen gesunken. Ihr bestes Ergebnis erzielte die DKP in Hessen im Wahlkreis Marburg-Biedenkopf Ost mit 1,6% (1974: 2,7%). (In der Stadt Marburg ist die DKP seit Jahren mit mehreren, gegenwärtig mit sechs Abgeordneten in der Stadtverordnetenversammlung vertreten.)

In Bayern sind die absoluten Stimmanteile in allen sieben, die prozentualen in sechs Wahlkreisen gesunken. Bestes Stimmkreisergebnis erzielte die DKP im Stimmkreis Fürth-Stadt mit 0,9% (1974: 1,1%). (Dem Stadtrat in Fürth gehört ein DKP-Funktionär an.)

In Erklärungen zum Ausgang der Wahlen stellten die Vorstände der beteiligten DKP-Bezirksorganisationen Hessens sowie Nord- und Südbayerns fest, im Vergleich zu den Landtagswahlen 1974 habe die DKP Stimmverluste hinnehmen müssen. Sie räumten ein, trotz erheblicher Anstrengungen sei es der Partei noch nicht gelungen, sich größeren Teilen der arbeitenden Bevölkerung als wählbare Alternative darzustellen.

Als wesentliche Gründe für den Stimmenrückgang der Partei werden der „massive Antikommunismus", die „undemokratische Fünf-Prozent-Klausel" sowie der „totale Boykott der DKP durch die Massenmedien" angeführt. Außerdem hätten die sogenannten „grünen Listen" trotz der Warnungen der Partei vor allem junge Protestwähler hinter sich bringen können. In Hessen komme hinzu, daß sich nicht {Massiver Antikommunismus} wenige „potentielle" DKP-Wähler wegen des angeblichen Kopf-an-Kopf-Rennens von CDU und SPD entschieden hätten, „auch diesmal wieder der SPD ihre Stimme zu geben."

Als Schlußfolgerung aus den für die DKP bei den beiden Landtagswahlen erzielten Ergebnissen kündigten die drei Bezirksvorstände an, sich weiterhin „mit aller Kraft beharrlich" für die Ausweitung des Einflusses der Partei bei den Arbeitern — vor allem der Großbetriebe — und der jungen Generation einzusetzen sowie für die Festigung der Zusammenarbeit mit allen demokratischen Kräften im außerparlamentarischen und parlamentarischen Kampf zu wirken.

2. Kommunistischer Bund Westdeutschland (KBW)

Der KBW beteiligte sich an den Landtagswahlen in Hessen und Bayern mit eigenen Kandidaten.

In Hessen kandidierte er in allen 55 Wahlkreisen und erhielt insgesamt 2.710 (0,1%) Stimmen. Bei den Landtagswahlen im Oktober 1974, bei denen der KBW in 19 von 55 Wahlkreisen kandidierte, erhielt er 2.732 (0,1%) der Stimmen.

In Bayern kandidierte der KBW in allen sieben Wahlkreisen und erhielt insgesamt 3.042 (0,0%) (394 Erst- und 2.648 Zweit-) Stimmen. In Bayern hat sich der KBW erstmals an Wahlen beteiligt.

KBW: Experiment mit den „Grünen" gescheitert

Die Wahlen in Hessen und Bayern haben nach Ansicht des KBW erfreuliche Ergebnisse gebracht: Das Experiment, der Bourgeoisie mit Hilfe „grüner Listen" den Ausbau der kommunistischen Partei zu verhindern und unter grünem Markenzeichen eine opportunistische Sammelbewegung zustandezubringen, sei gescheitert. die DKP habe Stimmen an den grünen Opportunismus und an die SPD verloren. Die KPD, die zu einer Eigenkandidatur nicht in der Lage gewesen sei und aufgefordert habe, grüne Listen zu wählen, habe die Quittung für ihr opportunistisches Verhalten bekommen. Für Revolutionäre zahle sich Opportunismus nicht aus.

Der KBW habe in Hessen gegenüber den Landtagswahlen 1974 nur 22 Stimmen eingebüßt. In den Städten habe der KBW zwei Stimmen verloren, auf dem Lande und in den industrialisierten Gebieten jedoch habe er Stimmen gewonnen. Im Vergleich mit den hessischen Landtagswahlen 1974 zeige sich erneut, daß es der Bourgeoisie gelungen sei, den KBW teilweise von der revolutionären Intelligenz zu isolieren. Der KBW will mit Unterstützung der „Kämpfe der Arbeiterbewegung und der demokratischen Bewegung"... „als revolutionäre Arbeiterorganisation" diese Schwächen Schritt für Schritt überwinden (KVZ v. 16.10.78).

In Bayern wurden vom KBW vor allem die 2.648 Zweitstimmen hervorgehoben, die sich auf die Wohnorte der Arbeiterbevölkerung konzentrierten. Jetzt müsse der KBW die strategische Schwäche überwinden und die Partei in Bayern aufbauen. Die Kräfte dafür seien vorhanden (KVZ v. 22.10.78).

3. Nationaldemokratische Partei Deutschlands (NPD)

Die NPD verlor bei den Landtagswahlen im Oktober 1978 in Hessen und Bayern etwa die Hälfte ihrer Wähler, obwohl sie auch diesmal in allen Wahlkreisen zur Wahl angetreten war. Im einzelnen erzielte die NPD folgende Ergebnisse:

Bei der Landtagswahl in Hessen erreichte die NPD nach dem amtlichen Endergebnis 12.499 Stimmen (0,4%). Bei der Landtagswahl 1974 hatte sie noch 1,0% erzielt; bei der Bundestagswahl 1976 erreichte sie mit 0,3% ihr bisher schlechtestes Wahlergebnis in Hessen.

Ihre besten Ergebnisse erzielte die NPD in vier Frankfurter Wahlkreisen mit je 0,7% der Stimmen. In einem dieser Wahlkreise mußte sie jedoch auch gleichzeitig ihren höchsten Stimmenverlust hinnehmen: 1974 konnte sie dort noch 2% der Wählerstimmen verbuchen.

NPD: Stimmverluste

Unterdurchschnittliche Ergebnisse erzielte die NPD fast ausschließlich in den Wahlkreisen Nordhessens, vor allem in den Räumen Kassel-Hersfeld und Limburg-Lahn. Sie verfügt hier kaum noch über arbeitsfähige Kreisverbände.

Bei der Landtagswahl in Bayern erhielt die NPD nach dem amtlichen Endergebnis 66.828 Stimmen (0,6%). Bei der Landtagswahl 1974 hatte sie noch 121.754 Stimmen (1,1%; letzte Bundestagswahl: 0,4%) erreicht. In allen Stimmkreisen verlor die NPD an Stimmen, und zwar zwischen 0,1 und 1,5%.

In dem Regierungsbezirk Oberbayern erreichte sie mit 0,5% unterdurchschnittliche und in den Regierungsbezirken Mittelfranken und Schwaben mit je 0,7% überdurchschnittliche Ergebnisse. Die besten Ergebnisse hatte die NPD in den Stimmkreisen Kaufbeuren (2,0%) und Kitzingen (1,4%), die höchsten Stimmverluste hatte sie in ihren ehemaligen mittelfränkischen Hochburgen Neustadt a.d. Aich (1,5% weniger als 1974), Fürth (Stadt: 1,0%; Land: 1,3%) und Nürnberg-West (1%).

Die NPD wertet trotz ihrer Stimmverluste gegenüber den Landtagswahlen 1974 die jetzigen Ergebnisse als Erfolg, da sie heute mehr Stimmen erhalten habe als bei den Bundestagswahlen 1976 und sich damit eine Konsolidierung abzeichne.

Westarbeit der SED

Bundesinnenminister Gerhart Rudolf Baum hat die Kleine Anfrage der Fraktion der CDU/CSU betr. Westarbeit der SED am 31. Oktober 1978 namens der Bundesregierung wie folgt beantwortet:

1. Wie beurteilt die Bundesregierung die gegen die Bundesrepublik Deutschland — trotz des Grundlagenvertrages und der vertraglich zugesagten sog. „Politik der guten Nachbarschaft" — gerichteten Aktivitäten der DDR, insbesondere durch Führung und Unterstützung der DKP, durch Steuerung politischer Tarnorganisationen, durch vielfältige Formen der Infiltration und Spionage?

Die Deutschlandpolitik der Bundesregierung geht von der Tatsache aus, daß einerseits das deutsche Volk in zwei Staaten mit unterschiedlichen Gesellschaftsordnungen lebt, andererseits aber die Bewahrung des Friedens in Europa sowie die aus der Teilung Deutschlands für das Zusammenleben der Menschen in Deutschland entstandenen Probleme eine Fortentwicklung der Beziehungen zwischen beiden deutschen Staaten mit dem Ziel einer weiteren Entspannung und Normalisierung erforderlich machen.

In der DDR haben die Parteiführung der SED und ihre Institutionen systembedingt unserem Staatsverständnis nicht entsprechende umfassende innen- und außenpolitische, gesellschaftliche und wissenschaftliche Funktionen. Die Verträge mit der DDR sind unter Berücksichtigung der prinzipiellen Unterschiede zwischen beiden Staaten geschlossen worden, wie der Präambel des Vertrages über die Grundlagen der Beziehungen zwischen der Bundesrepublik Deutschland und der Deutschen Demokratischen Republik vom 21. Dezember 1972 zu entnehmen ist.

Deutschlandpolitik und SED

Im Interesse der Beziehungen und der Zusammenarbeit ist nach Ansicht der Bundesregierung auch die Anknüpfung und Pflege von Kontakten auf den verschiedensten Ebenen und Organisationen und Institutionen in der DDR erforderlich. Die Bundesregierung begrüßt daher grundsätzlich alle Bemühungen, die geeignet sind, die Zusammenarbeit zwischen den beiden deutschen Staaten zu fördern und mehr Möglichkeiten zu Kontakten zu eröffnen.

Bei der Bewertung der Kontakte, die den Gegenstand einiger Einzelfragen der Kleinen Anfrage bilden, sollte nicht übersehen werden, daß nach dem Staatsaufbau der DDR die SED und ihre Institutionen die Aufgabe und die Möglichkeit haben, für die Entwicklung des Verhältnisses zwischen der Bundesrepublik Deutschland und der DDR bedeutsame Entscheidungen zu beeinflussen. Eine Einzelbewertung der Kontakte, die mit Organisationen in der DDR unsererseits frei von staatlicher Einflußnahme vereinbart werden, hält die Bundesregierung nicht für ihre Aufgabe. Der Auftrag zum Schutz der freiheitlichen demokratischen Grundordnung beinhaltet nicht die Reglementierung derartiger Kontakte. Dies schließt nicht aus, daß die Bundesregierung in vielen Fällen die Betreffenden über Erkenntnisse informiert, die bei der Unterhaltung von Kontakten mit Organisationen in der DDR von Bedeutung sind. Eine generelle Verdächtigung politischer und fachlicher Diskussionen mit Vertretern der DDR wäre nicht nur ungerechtfertigt, sondern würde der angestrebten weiteren Entspannung und Normalisierung der Beziehungen zwischen beiden deutschen Staaten Schaden zufügen.

Kontakte

Von den genannten Kontakten sind zu unterscheiden die enge Zusammenarbeit zwischen SED und DKP und die Kontakte zwischen den Nebenorganisationen der DKP sowie der von ihr beeinflußten Organisationen mit verschiedenen Institutionen und Organisationen in der DDR. Hier ist Aufmerksamkeit auch unter dem Gesichtspunkt des Schutzes unserer freiheitlichen und demokratischen Grundordnung geboten. Der Bundesregierung ist bewußt, daß die SED nicht nachläßt, die politische Entwicklung in unserem Lande in ihrem Sinne zu beeinflussen und sich dabei insbesondere auf die DKP und ihre Nebenorganisationen stützt. Die Bundesregierung hat die Öffentlichkeit regelmäßig — insbesondere in den jährlichen Verfassungsschutzberichten — über diese Bestrebungen informiert, gleichzeitig aber auch ihre Überzeugung zum Ausdruck gebracht, daß hiervon gegenwärtig eine ernsthafte Gefahr für den Bestand unserer freiheitlichen demokratischen Grundordnung nicht ausgeht. Diese Beurteilung wird vor allem auch durch die Ergebnisse der Wahlen in Bund und Ländern, bei denen kommunistische Gruppen nie nennenswerte Erfolge erzielen konnten, bestätigt. Die Bundesregierung vertraut auch weiterhin auf die kritische Urteilsfähigkeit unserer Bevölkerung, propagandistische Klischees von DKP und SED an der Wirklichkeit zu messen.

C

II.

1. Trifft es zu, daß das Ost-Berliner „Institut für internationale Politik und Wirtschaft engstens mit dem Ministerium für Staatssicherheit (MfS) der DDR zusammenarbeitet und vom ZK der SED maßgeblich gesteuert wird? Welche Aktivitäten entwickelt dieses Institut zur Unterstützung der Westarbeit der SED in der Bundesrepublik Deutschland?

DDR: Westabteilung

Beim „Institut für internationale Politik und Wirtschaft" (IPW) handelt es sich um eine Einrichtung, die dem Ministerrat der DDR unterstellt ist. Die Zusammenarbeit mit anderen staatlichen Stellen und Parteiorganisationen ist nach den üblichen Strukturen des politischen Systems der DDR geregelt. Das IPW hat die Aufgabe, für die DDR-Staatsführung, das Politbüro, die „Westabteilung" und andere Abteilungen des Zentralkomitees (ZK) der SED, die gesellschaftlichen, politischen und wirtschaftlichen Entwicklungen im „kapitalistischen Ausland", insbesondere aber in der Bundesrepublik Deutschland zu beobachten und zu analysieren.

Das Institut dient auch ideologisch-propagandistischen Zwecken. Darüber hinaus ist davon auszugehen, daß das Ministerium für Staatssicherheit (MfS) Informationen und Kontakte des Instituts auch für seine Zwecke nutzt.

2. In welchem Umfang wurden im Jahre 1977 wissenschaftliche Gespräche des „Instituts für Internationale Politik und Wirtschaft" mit Teilnehmern aus der Bundesrepublik Deutschland durchgeführt und um welchen Personenkreis handelt es sich hierbei?

Wissenschaftliche Gespräche

Es gab auch im Jahre 1977 eine Reihe von wissenschaftlichen Veranstaltungen in der Bundesrepublik Deutschland und in der DDR mit Vertretern des IPW — vorwiegend Historikern und Politikwissenschaftlern. Gesprächspartner aus der Bundesrepublik Deutschland waren vornehmlich Wissenschaftler, die in der „Ost- und DDR-Forschung" tätig sind.

3. Welche gezielten über die Herausgabe des Verfassungsschutzberichtes hinausgehenden Maßnahmen hat die Bundesregierung ergriffen, um vor allem Wissenschaftler über Aufgabe und Zielsetzung des „Instituts für internationale Politik und Wirtschaft" der DDR aufzuklären und ihnen die wirklichen Ziele etwaiger Gesprächspartner aus diesem Institut zu verdeutlichen?

Wissenschaftler und auch andere Personen, die in Kontakt mit Vertretern des IPW stehen, sind im notwendigen Umfang über Erkenntnisse der Bundesregierung informiert worden. Über diese Unterrichtung im Einzelfall hinaus hat der BMI wiederholt mit Rundschreiben alle der Bundesregierung bekannten, in der DDR-Forschung tätigen Einrichtungen, die vorrangig als Gesprächspartner des IPW in Betracht kommen, auf die in den Verfassungsschutzberichten 1975 und 1976 niedergelegte Einschätzung der Tätigkeit des IPW hingewiesen.

III.

1. Wie entwickelte sich die Reisetätigkeit von Vertretern kommunistischer und kommunistisch beeinflußter Organisationen aus der Bundesrepublik Deutschland in die DDR seit 1975 und welche Organisationen traten hierbei besonders hervor?

Reisetätigkeit

Die Zahl der von orthodox-kommunistischen und kommunistisch beeinflußten Organisationen aus der Bundesrepublik Deutschland in die DDR entsandten Studiendelegationen ist seit 1975 ständig gestiegen. Zugenommen hat auch die Zahl von Mitgliedern der genannten Organisationen, die die DDR aufsuchten, um sich als Pioniergruppenleiter und Kinderbetreuer schulen zu lassen. Bei dieser Reisetätigkeit treten besonders die DKP, ihre Nebenorganisationen (z.B. „Marxistischer Studentenbund Spartakus" (MSB), Sozialistische Deutsche Arbeiterjugend (SDAJ) sowie kommunistisch beeinflußte Organisationen hervor. Mitglieder der DKP und ihrer Nebenorganisationen nehmen an mehrmonatigen Lehrgängen an der SED-Parteischule „Franz Mehring" und der Jugendhochschule „Wilhelm Pieck" des Zentralrates der FDJ sowie an kurzfristigen Funktionärsschulungen teil.

2. Welche politischen und gesellschaftlichen Organisationen der Bundesrepublik Deutschland haben insbesondere seit 1972 Freundschaftsverträge oder sonstige Abmachungen über eine regelmäßige Zusammenarbeit mit Organisationen der DDR — so z.B. mit der FDJ — abgeschlossen?

Die Führungen von DKP und SED treffen alljährlich Vereinbarungen über die Zusammenarbeit ihrer Parteien, die durch entsprechende Absprachen auf der Bezirksebene ergänzt werden.

Ende 1973 unterzeichneten die „Sozialitische Deutsche Arbeiterjugend" (SDAJ), der „Marxistische Studentenbund Sparakus" (MSB) und der „Sozialistische Hochschulbund" (SHB) „Freundschaftsverträge" mit der „Freien Deutschen Jugend" (FDJ) der DDR. Davor existierten bereits Vereinbarungen zwischen der FDJ und zumindest der SDAJ und dem MSB. Die genannten Freundschaftsverträge wurden in den folgenden Jahren erneuert. Anfang 1975 unterzeichneten die „Jungen Pioniere – Sozialisitische Kinderorganisation" einen „Freundschaftsvertrag" mit der Pionierorganisation „Ernst Thälmann" in der DDR. Auch dieser Vertrag wurde erneuert. „Freundschaftsverträge" sind ferner zwischen der FDJ und der „Freien Deutschen Jugend-West-Berlin" (FDJW) geschlossen worden.

Hiervon zu unterscheiden sind Vereinbarungen über Kontakte zwischen demokratischen Organisationen in der Bundesrepublik Deutschland mit Organisationen in der DDR, wie z.B. der FDJ. Hierzu wird auf die Ausführungen zur Frage I Bezug genommen.

3. Welche Erkenntnisse hat die Bundesregierung in Bezug auf Infiltrationsbemühungen der DDR im gewerkschaftlichen Bereich?

Für die Bemühungen, Einfluß auf den „Deutschen Gewerkschaftsbund" (DGB) und seine Einzelgewerkschaften zu gewinnen, waren zunächst die „Westabteilung" beim Bundesvorstand des „Freien Deutschen Gewerkschaftsbundes" (FDGB) und die Westkommissionen bei den nachgeordneten FDGB-Gliederungen zuständig. Mit der 1970 eingeleiteten Umstellung der „Westarbeit" wurde diese Aufgabe weitgehend der DKP übertragen.

Einflußnahme auf DGB der DKP übertragen

Im Auftrag der DKP verstärkte die SDAJ ihre Bemühungen, Einfluß auf die Gewerkschaftsjugend zu gewinnen. Der DKP blieb jedoch ein nennenswerter Erfolg, d.h. die Übernahme wichtiger Gewerkschaftsfunktionen, versagt.

Mit den erwähnten Bemühungen um eine kommunistische Beeinflussung des DGB und seiner Einzelgewerkschaften haben die Gespräche zwischen den Vorständen des FDGB und des DGB sowie der Einzelgewerkschaften nichts zu tun. Diese Gespräche werden aus den in der Beantwortung der Frage I genannten Gründen begrüßt.

4. Wie gestalteten sich seit 1977 insbesondere die im Verfassungsschutzbericht 1976 erwähnten Beziehungen der Deutschen Jungdemokraten zur FDJ, z.B. auch hinsichtlich der Teilnahme von „Jungdemokraten"-Funktionären an Veranstaltungen in der DDR?

Die Presse hat über verschiedene Kontakte der DJD zur FDJ berichtet, z.B. über die Teilnahme einer DJD-Delegation am Sommerlager der FDJ im August 1977 in Potsdam sowie in neuerer Zeit über die Teilnahme einer FDJ-Delegation an der Bundesdelegiertenkonferenz der DJD im Februar 1978 in Braunschweig, den Besuch einer Delegation der FDJ beim Bundesvorstand der DJD im April 1978, eine Begegnung der FDJ und der DJD anläßlich der XI. Weltfestspiele der Jugend und Studenten vom 28. Juli bis 5. August 1978 in Kuba sowie den Besuch des Bundesvorsitzenden der DJD und seines Stellvertreters beim Zentralrat der FDJ am 12./13. September 1978.

Beziehungen

Zur Bewertung dieser Kontakte wird auf die entsprechenden Ausführungen zur Frage I Bezug genommen.

5. *Wie haben sich die ebenfalls im Verfassungsschutzbericht 1976 erwähnten Kontakte der Naturfreundejugend Deutschlands (NFJD) zur FDJ weiterentwickelt?*
Pressemeldungen aus der DDR konnten z.B. folgende Kontakte entnommen werden:
Im März 1977 besuchte eine Delegation des Zentralrats der FDJ die Bundesjugendleitung der NFJD.
Im August 1977 nahm eine Delegation der NFJD am Sommerlager der FDJ im Potsdam teil.
Ende Juli/Anfang August 1978 fand eine Begegnung zwischen den Delegationen der FDJ und der NFJD bei den Weltjugendspielen in Kuba statt.
Zur Bewertung dieser Kontakte wird auf die entsprechenden Ausführungen zur Frage I Bezug genommen.

6. *Sieht die Bundesregierung überzeugende Gründe, die Richtigkeit der öffentlichen Erklärung des ehemaligen Mitarbeiters der FDJ-Abteilung „Westarbeit", Norbert Stein, anzuzweifeln, großen Einfluß habe die FDJ vor allen Dingen auf die Jungdemokraten und die Naturfreunde? Was hält die Bundesregierung davon ab, ihre weitergehenden Kenntnisse über diesen Einfluß öffentlich zu machen und damit die genannten Gruppen vor die Herausforderung zu stellen, ihr Verhältnis zu Kommunisten selbstkritisch zu überprüfen und demokratischer Diskussion auszusetzen?*

Falsche Überbewertung

Die Bundesregierung sieht keine Veranlassung, die hier in Frage stehende öffentliche Erklärung überzubewerten, vielmehr ist darauf hinzuweisen, daß die DDR traditionell dazu neigt, Kontakte mit demokratischen Organisationen in der Bundesrepublik Deutschland in der Verfolgung ihrer propagandistischen und agitatorischen Interessen stärker als durch die Wirklichkeit belegt werden kann in ihrer Bedeutung herauszustellen, um so wenigstens den Anschein einer vielfältigen Unterstützung ihrer Ziele durch diese demokratischen Organisationen in der Bundesrepublik Deutschland zu erwecken und die tatsächliche Beschränkung dieser Unterstützung auf die sogenannten „Bruderorganisationen" (worunter die DKP und ihre Nebenorganisationen zu verstehen sind) zu kaschieren. Überdies fordert die laufende öffentliche Diskussion solcher Kontakte und ihrer Ergebnisse die betroffenen Organisationen in hinreichendem Umfang dazu heraus, ihre Bedeutung und Wirkung richtig einzuschätzen, als daß es der zusätzlichen Veröffentlichung von – in der Frage unterstellten – weitergehenden Kenntnissen der Bundesregierung bedürfte. Auf die Ausführungen zu Frage I wird Bezug genommen.

7. *Hat die Bundesregierung das z.T. einseitig östlichen Zielen und Sprachregelungen folgende Kommunique des Zentralrates der FDJ und des Deutschen Bundesjugendrings, in dem*
– *die „gegenseitige Verminderung von Streitkräften und Rüstungen" ohne den entscheidenden Zusatz „ausgewogene" gefordert wird,*

— zwar der Faschismus, aber nicht der Totalitarismus anderer Prägungen verurteilt wird,
— bei der Verurteilung von Menschenrechtsverletzungen jeder auch nur angedeutete Hinweis auf sozialistische Länder weggelassen wurde,
— dem von einer Frontorganisation des Weltkommunismus veranstalteten sogenannten „Weltjugendfestival" ausdrücklich Unterstützung zugesagt wird.
zum Anlaß aufklärender Gespräche mit Vertretern des DBJR genommen— Hat insbesondere die Bundesministerin für Jugend, Familie und Gesundheit den Empfang der Vertreter der DBJR und des Ersten Sekretärs der FDJ am 27. Januar dazu benutzt, auf die eindeutige Haltung aller verantwortungsbewußten demokratischen Kräfte gegenüber solchen Einseitigkeiten hinzuweisen?

Nach Auffassung der Bundesregierung ist es nicht auf Aufgabe staatlicher Jugendpolitik, in die Autonomie der Jugendverbände einzugreifen und deren Äußerungen einer — wenn auch nachträglichen — Zensur zu unterwerfen. Ihr ist das hohe politische Problembewußtsein der gewählten Vertreter der demokratischen Jugendverbände bekannt. „Aufklärende Gespräche" sind daher entbehrlich, zumal die Bundesregierung in einem ständigen partnerschaftlichen Dialog mit den Jugendverbänden steht. Die Bundesregierung begrüßt die Kontakte zwischen der freien deutschen Jugend und dem Deutschen Bundesjugendring. Für sie ist es selbstverständlich, daß derartige Kommuniques politisch und ideologisch weit voneinander entfernter Organisationen Kompromisse darstellen.

Im übrigen hat der Hauptausschuß des Deutschen Bundesjugendringes, in dem alle Mitgliedsverbände vertreten sind, das Kommunique ohne Gegenstimme gebilligt.

Die Fragesteller können weiter davon ausgehen, daß Frau Bundesminister Huber beim Empfang der Vertreter des Deutschen Bundesjugendringes und des Ersten Sekretärs der FDJ am 27. Januar 1978 die Haltung der Bundesregierung verdeutlicht hat.

C

Partnerschaftlicher Dialog mit Jugendverbänden

IV.

1. Welche Informationen gibt es über die von dem Funktionär Herbert Häber geleitete Westabteilung des Zentralkomitees der SED? Wie viele Mitarbeiter mit welchen Funktionen gehören dieser „Westabteilung" an? Was kann die Bundesregierung über deren gegen das freiheitliche Deutschland gerichtete Arbeit mitteilen?
2. Trifft es zu, daß die SED vor allem über die Westabteilung ihres Zentralkomitees die DKP nicht nur „ideell" und politisch-ideologisch sondern auch materiell kräftig unterstützt und operativ anleitet?

Die Fragen IV. 1. und 2. werden wegen ihres inhaltlichen Zusammenhangs wie folgt zusammen beantwortet:

Die Unterstützung und Anleitung kommunistischer Organisationen im Bundesgebiet und Berlin (West) ist in den jährlichen Verfassungsschutzberichten, zuletzt in dem Bericht für 1977, dargelegt worden.

Die „Westabteilung" beim ZK der SED konzipiert und kontrolliert die „Westarbeit" der SED gegenüber der Bundesrepublik Deutschland und die Zusammenarbeit mit DKP und SEW. Das politische Gewicht, das diese Abteilung des ZK der SED für Verhandlungen und Verträge mit der DDR sowie für die Bemühungen der Bundesregierung um weitere menschliche Erleichterungen besitzt, darf nicht übersehen werden. Die Bundesregierung hält es für nicht angebracht, sich über Einzelheiten des Aufbaus und der Arbeit der „Westabteilung" zu äußern.

Einzelheiten über Westabteilung nicht angebracht

3. Trifft es zu, daß der DKP-Vorsitzende und zahlreiche Spitzenfunktionäre der DKP sich regelmäßig beim Generalsekretär der SED und führenden, für die Westarbeit zuständigen Mitarbeitern des SED-Zentralkomitees aufhalten und von solchen Mitarbeitern in der Bundesrepublik Deutschland aufgesucht werden?

Die unverändert enge Zusammenarbeit der SED mit ihrer „Bruderpartei" DKP äußert sich auch darin, daß häufig Gespräche zwischen Funktionären beider Parteien in Berlin (Ost) und der DDR stattfinden. Dabei sind Treffen von „Spitzenfunktionären", d.h. Mitgliedern der vom ZK der SED und der vom Parteivorstand der DKP gewählten Gremien seltener als Besprechungen von Funktionären der Arbeitsebene. Solche Anleitungs- und „Arbeitsgespräche" zwischen SED- und DKP-Funktionären finden auch — allerdings seltener — im Bundesgebiet statt.

4. Trifft es zu, daß solche „Arbeitsbesprechungen" von Spitzenfunktionären der DKP–Nebenorganisationen mit den Führungsgremien entsprechender DDR-Organisationen wie der FDJ ebenfalls regelmäßig stattfinden?

Intensität der Beziehungen

Besprechungen von Funktionären der DKP-Nebenorganisationen mit Funktionären entsprechender DDR-Organisationen finden ebenfalls statt. Allerdings ist der Umfang und die Intensität der Beziehungen zwischen den kommunistischen Nebenorganisationen beider Staaten nicht so groß wie zwischen DKP und SED.

5. Wie beurteilt die Bundesregierung solche „Arbeitsbesprechungen" unter dem Gesichtspunkt der Stärkung der gegen unsere freiheitlich-demokratische Ordnung gerichteten Subversionspolitik der SED?

Die Bundesregierung beobachtet — wie sie immer wieder erklärt hat — die gegen die freiheitliche demokratische Grundordnung gerichteten Bestrebungen sehr sorgfältig. Sie ist jedoch der Überzeugung, daß hiervon keine akute ernsthafte Gefahr für den Bestand unserer freiheitlichen demokratischen Grundordnung ausgeht.

6. In welchem Umfang werden durch die Westabteilung der SED die politischen Kontakte der DDR auch zu demokratischen Institutionen und Organisationen in der Bundesrepublik Deutschland koordiniert?

Die „Westabteilung" beim ZK der SED, die die „Westarbeit" der gesellschaftlichen und staatlichen Einrichtungen der DDR konzipiert und kontrolliert, koordiniert auch die im Rahmen dieser „Westarbeit" bestehenden oder angestrebten Kontakte zu demokratischen Institutionen und Organisationen in der Bundesrepublik Deutschland.

V.

1. Kann die Bundesregierung, unter Beachtung des notwendigen Schutzes der Nachrichtengewinnung, Angaben darüber machen, ob und inwieweit die DKP über Finanzierungsmöglichkeiten wie Handelsunternehmen, Druckereien, Verlage und das Messe-Magazin „International" mittelbar Geldmittel von der SED erhält?

Im Bundesgebiet und Berlin (West) bestehen etwa 25 Wirtschaftsunternehmen, die im Auftrag und mit Finanzmitteln der DDR gegründet oder erworben, vom Wirtschaftsapparat des ZK der SED kontrolliert werden, bei den Gesellschaftern, Geschäftsführern und Prokuristen handelt es sich meist um zuverlässige Kommunisten.

SED finanzierte Wirtschaftsunternehmen in der BRD

Diese Wirtschaftsunternehmen arbeiten als Handelsfirmen verschiedener Branchen, Speditionen, Reisebüros und Druckereien, sind überwiegend im Ost-West-Handel tätig und haben den Auftrag, Geschäfte mit größtmöglichem Nutzen für die DDR zu tätigen. Sie tragen u.a. direkt zur Finanzierung der DKP dadurch bei, daß sie in ihrem oder den Namen von Anteilseignern oder Geschäftsführern der DKP Geld- oder Sachspenden übermitteln.

Mit einem Bericht im Informationsdienst des BMI „Innere Sicherheit" Nr. 41 vom Dezember 1977 wurde die Öffentlichkeit ausführlich informiert.

2. In welcher Höhe fallen Geldmittel jährlich ungefähr an?

Die Bundesregierung sieht sich nicht in der Lage, Angaben über Höhe und Häufigkeit der der DKP aus dem Bereich der kommunistischen Wirtschaftsunternehmen zufließenden Finanzmittel zu machen. In Einzelfällen hat jedoch die DKP Spenden von Anteilseignern und Geschäftsführern sowie den Wirtschaftsunternehmen selbst in Höhe von 20.000.– DM bekannt gegeben.

3. Ist gewährleistet, daß außerordentlich hohe Geldspenden an die DKP, wie sie z.B. die DKP-Tageszeitung „UZ" vom 25. April 1978 zum Spender „Ludwig Becker, Trosendorf: 165.000.– DM" ausweist, steuer- und finanzrechtlich, aber auch daraufhin überprüft werden, ob sie tatsächlich von den von der DKP genannten Personen stammen und unter welchen Umständen sie gegeben wurden?

Spenden an die DKP

Die DKP hat wiederholt in ihren Rechenschaftsberichten (gem. §§ 23, 25 Parteiengesetz) und in ihrem Zentralorgan „Unsere Zeit" (UZ) hohe Geldspenden – z.T. Erbschaften – mit den Namen der Spender bekanntgegeben.

Die Frage, ob Spenden tatsächlich von den von der Partei genannten Personen stammen, prüft die Finanzverwaltung, wenn dies für die Besteuerung erheblich ist.

4. Trifft es zu, daß die Werber für Messekataloge der „UZ", z.B. im Zusammenhang mit der Leipziger Messe, die Schaltung von Werbungen zu DM-Preisen mit Spendenaufforderungen verbinden und geschäftliche Abschlüsse von der Bereitschaft zur Inserierung und Spendengaben verbinden. Ist es richtig, daß Vertreter von Außenwirt-

schaftsorganisationen der DDR offen bekennen, erst dann Abschlüsse mit Firmen aus der Bundesrepublik Deutschland zu tätigen, wenn diese für den weiteren Aufbau des Kommunismus durch Spenden und Inserierung in DDR-Organen sich bekannt haben?

Geschäftsabschlüsse erst nach Spenden

Es ist der Bundesregierung nicht bekannt, daß Inserentenwerbung für die Messemagazine mit der Aufforderung verbunden worden ist, für kommunistische Einrichtungen zu spenden. Andererseits kann davon ausgegangen werden, daß zumindest ein Teil der Erlöse aus dem Anzeigengeschäft (Preis für eine Anzeigenseite im Vierfarbendruck der Leipziger Messe etwa 30.000.— DM ohne Mengenrabatt) indirekt der DKP zufließt.

Die Bundesregierung hat keine Informationen darüber, daß Geschäftsabschlüsse zwischen Firmen aus der Bundesrepublik Deutschland und den staatlichen Im- und Exportgesellschaften der DDR erst dann zustande kommen, wenn die westdeutschen Firmen Spenden für den „Aufbau des Kommunismus" entrichtet oder sich dazu durch Inserate in DDR-Organen bekannt haben.

5. Gibt es Erkenntnisse darüber, daß die DKP und ihre Hilfsorganisationen über die jährlichen direkten Geldzuwendungen aus Ost-Berlin in Höhe von ca. 20 Mio DM und über die jährlichen indirekten Subventionen wie z.B. durch Schulung von Kadern in der DDR noch weitere finanzielle Beiträge von der SED bzw. DDR-Organen für die Durchführung von Sonderaktionen erhalten? Wenn ja, wie hoch sind die Zuwendungen und für welche Zwecke werden sie gegeben?

Geld für Sonderaktionen

6. Trifft es zu, daß die SED im Rahmen des gegen die Bundesrepublik Deutschland geführten sogenannten antiimperialistischen Kampfes die DKP und deren Hilfsorganisationen in zahlreichen Aktionen und Kampagnen anleiten und aktiv unterstützen?

Die Fragen V. 5. und 6. werden wegen ihres inhaltlichen Zusammenhangs zusammen wie folgt beantwortet:

Wie u.a. bereits im Verfassungsschutzbericht 1977 mitgeteilt, liegen Anhaltspunkte dafür vor, daß die DKP 1977 für die Finanzierung ihrer Parteiarbeit, für ihre Nebenorganisationen (MSB Spartakus, SDAJ, Junge Pioniere) und für die von ihr geförderten Verlage, Publikationen usw. Zuschüsse von mehr als 50 Mio DM aus der DDR erhalten hat.

Auch die an der eigens für die DKP und ihre Nebenorganisationen eingerichteten „SED-Parteischule Franz Mehring" in Berlin (Ost) für etwa 240 Funktionäre der DKP und SDAJ durchgeführten, mehrere Wochen oder Monate dauernden Lehrgänge und die Versorgung mit Agitationsmaterial in Form von Dia-Ton-Serien, Broschüren und Plakaten sind Beispiele materieller Unterstützung und politisch ideologischer Anleitung.

7. Zählen zu diesen Aktionen auch Kampagnen, wie diejenigen
— *gegen die Einführung der Neutronenwaffe,*
— *gegen die Bundeswehr und das atlantische Bündnis,*
— *gegen die „neofaschistische Gefahr" in der Bundesrepublik Deutschland,*

– *für das Russel-Tribunal,*
– *gegen führende Persönlichkeiten der CDU/CSU?*

Der Bundesregierung ist nicht im einzelnen bekannt, inwieweit die SED auf einzelne Kampagnen der DKP Einfluß nimmt. Es ist allerdings davon auszugehen, daß sich die bekannte Zusammenarbeit von SED und DKP auch auf Kampagnen der genannten Art erstreckt. In Übereinstimmung mit der SED haben jedoch die DKP und ihre Nebenorganisationen das „III. Internationale Russel-Tribunal zur Situation der Menschenrechte in der BRD" nicht unterstützt und es ihren Mitgliedern untersagt, sich am Tribunal zu beteiligen.

8. Wieweit wurden diese Aktionen finanziell und organisatorisch und durch gezielte und gesteuerte Kampagnen in deutschen und internationalen Massenmedien oder durch Entsendung von Propagandisten unterstützt?

Unterordnung der DKP unter die SED

Soweit kommunistisch initiierte Kampagnen internationalen Charakter haben, werden sie von den nationalen kommunistischen Parteien und ihren Nebenorganisationen sowie den von ihnen beeinflußten Vereinigungen getragen; koordiniert werden sie durch Absprachen zwischen den einzelnen Parteien und über die kommunistisch gelenkten internationalen „Frontorganisationen". Bei der Unterordnung der DKP unter die SED ist davon auszugehen, daß die Beteiligung der DKP an solchen Kampagnen sorgfältig mit der SED abgestimmt wird; eine Entsendung von Propagandisten erfolgt in der Regel nicht. Internationale kommunistische Kampagnen greifen entweder ein Problem auf, das mehrere Staaten unmittelbar berührt (z.B. Abrüstung, Lagerung von Neutronenwaffen), oder stellen die „Solidarität" mit Kommunisten und „fortschrittlichen Kräften" eines Landes in den Mittelpunkt (z.B. „Freiheit für CORVALAN", gegen angebliche „Berufsverbote" in der Bundesrepublik Deutschland). Es kann davon ausgegangen werden, daß die Kommunisten bei ihren Kampagnen jede Möglichkeit der Einflußnahme auf Massenmedien zu nutzen versuchen.

9. Gibt es Anhaltspunkte dafür, daß auch rechtsradikale Organisationen von der SED unterwandert und bestimmte Aktivitäten solcher Gruppen durch die Westabteilung der SED angeleitet und gefördert werden?

Aus den letzten Jahren liegen keine Erkenntnis darüber vor, daß die SED und die DKP rechtsextremistische Gruppen in der Bundesrepublik Deutschland „unterwandern" oder daß Aktivitäten solcher Gruppen durch die „Westabteilung" beim ZK der SED gesteuert werden.

Keine Unterwanderung

10. Trifft es zu, daß die zum Bereich der DKP gehörende Organisation der Marxistischen Arbeiterbildung (MAB) vielfach als Forum für SED-Propagandisten dient? Ist nach Kenntnis der Bundesregierung sichergestellt, daß diese Tätigkeit der MAB in der Bundesrepublik Deutschland weder unmittelbar, noch mittelbar, insbesondere nicht durch Einbeziehung in die Tätigkeit von Volkshochschulen oder durch Bereitstellung von Räumen der öffentlichen Hand, öffentliche Unterstützung erfährt? Wenn nein, was ist die Bundesregierung gemeinsam mit Ländern und Kommunen zu tun bereit, um solche Unterstützung auszuschließen?

Die „Marxistische Arbeiterbildung-Vereinigung zur Verbreitung des wissenschaftlichen Sozialismus" (MAB) ist eine Nebenorganisation der DKP. Als Dachorganisation von etwa 90 z.Z. im Bundesgebiet bestehenden örtlich tätigen Bildungsgemeinschaften will die MAB „sozialistische Ideen" vermitteln, um an die marxistische d.h. kommunistische Arbeiterbewegung heranzuführen.

DKP/SED-Veranstaltungen in öffentlichen Räumen

Bei den Vortragsveranstaltungen der MAB-Gemeinschaften treten häufig Referenten aus der DDR auf, die meist als Vertreter der „URANIA-Gesellschaft zur Verbreitung wissenschaftlicher Kenntnisse" der DDR einreisen.

Solche Vortragsveranstaltungen finden bisweilen auch in Räumen öffentlicher Gebäude (Schulen, städtische Zentren) statt. Die Verfügungsberechtigten haben in der Regel schon rechtlich keine Möglichkeit, ihre Räume für derartige Veranstaltungen zu verweigern. Von einer Unterstützung derartiger Propaganda-Veranstaltungen der DKP oder SED durch Körperschaften des öffentlichen Rechts oder mit öffentlichen Haushaltsmitteln ist der Bundesregierung nichts bekannt.

11. Hat die Bundesregierung Informationen darüber, wie von den öffentlichen Rentenversicherungsträgern die Zeiten behandelt werden, in denen sich — oft für mehrere Monate — Mitglieder der DKP und ihrer Hilfsorganisationen zur Schulung in kommunistischen Einrichtungen außerhalb der Bundesrepublik Deutschland aufhalten?

12. Ist der Bundesregierung bekannt, ob in solchen Fällen Rentenversicherungsbeiträge weiter entrichtet werden?

Die Fragen 11. und 12. werden wegen ihres inhaltlichen Zusammenhangs wie folgt beantwortet:

Rentenversicherungsbeiträge

Der Bundesregierung ist nicht bekannt, ob für Zeiten der Teilnahme an Schulungsveranstaltungen der genannten Art Beiträge zur gesetzlichen Rentenversicherung entrichtet werden. Auszuschließen ist dies jedoch nicht. So sind nach geltendem Recht Pflichtbeiträge zu entrichten, wenn während der Teilnahme an der Schulungsveranstaltung das Beschäftigungsverhältnis unter Weiterzahlung des Lohnes oder Gehaltes fortbesteht. Anderenfalls können freiwillige Beiträge entrichtet werden. Sind Beiträge entrichtet, werden diese Zeiten bei der späteren Leistungsberechnung wie andere Beitragszeiten behandelt. Sind dagegen keine Beiträge entrichtet, bleiben die Zeiten der Teilnahme an den Schulungsveranstaltungen in der Rentenversicherung unberücksichtigt.

VI.

1. Ist es weiterhin Praxis der DDR, im Rahmen der kulturellen Westarbeit der SED namhafte Orchester und Künstlergruppen der DDR, die teilweise auch im Zusammenhang mit kulturellem Austausch zwischen Bundesrepublik Deutschland und der DDR auftreten, bei Parteiveranstaltungen der DKP, also zu Propagandaveranstaltungen in der Bundesrepublik einzusetzen? **DDR-Künstler in der BRD**

Es reisen zum Teil namhafte Künstler und Ensembles der DDR in das Bundesgebiet und nach Berlin (West); gelegentlich auch, um auf kommunistischen Parteiveranstaltungen aufzutreten (z.B. zum „Internationalen Frauentag", „Tag des Kindes", zu Maifeiern, zu Pressefesten der UZ). Die Zahl dieser Auftritte ist insgesamt gering, lediglich um den 1. Mai gastiert eine größere Anzahl von DDR-Ensembles bei Maiveranstaltungen der DKP.

2. In welchem Umfang veranstaltete auch 1977 „INTERNATIONAL" – Informations- und Bildungszentrum e.V." im Zusammenhang mit der DKP „Studienreisen in die DDR" und auf welchen Personenkreis konzentrieren sich die Bemühungen dieses Zentrums? Welche Studien werden bei diesen Reisen betrieben? Werden damit auch Urlaubsaufenthalte zur politischen Schulung und zur Anleitung für infiltrierende, agitatorische und konspirative Aktivitäten verbunden?

„INTERNATIONAL – Informations- und Bildungszentrum e.V." ist eine dem FDGB der DDR nachstehende Einrichtung. Sie veranstaltet für verschiedene Gruppen Studienreisen, nicht nur für DKP-nahe Gruppen. Das Programm umfaßt im wesentlichen **Studienreisen in die DDR**

– Vorträge und Informationsgespräche über die Wirtschafts- und Sozialpolitik sowie über die Gewerkschaften in der DDR;
– Besichtigungen von ausgesuchten volkseigenen Betrieben;
– Besuche von Kultur- und Erholungseinrichtungen sowie Besichtigungen von Sehenswürdigkeiten in der DDR.

Erkenntnisse zum letzten Teil der Frage liegen der Bundesregierung nicht vor.

Linksextremistische Bestrebungen 1978

Aus: Verfassungsschutz 1978 des BMI

I. Allgemeine Erfahrungen

Während die Aktivitäten der orthodoxen Kommunisten unvermindert, und die der undogmatischen „Neuen Linken" in weiteren Bereichen anhielten, zeigten die dogmatischen kommunistischen Gruppen der „Neuen Linken" („K-Gruppen") erstmals deutlich Abnutzungserscheinungen.

Der Linksextremismus fand 1978 in der Bevölkerung weiterhin nur geringe, teilweise weniger Resonanz als im Vorjahr.

Nach wie vor war der linksextremistische Einfluß auf die Jugend – vor allem an Hochschulen – erheblich stärker als auf die Gesamtbevölkerung.

1. Orthodoxe Kommunisten

Die „Deutsche Kommunistische Partei" (DKP), die sich weiterhin der SED und der KPdSU politisch unterordnet, blieb mit ihren Nebenorganisationen — „Sozialistische Deutsche Arbeiterjugend" (SDAJ), „Junge Pioniere — Sozialistische Kinderorganisation" (JP), „Marxistischer Studentenbund Spartakus" (MSB) — die stärkste linksextremistische Kraft. Sie konnte jedoch ihren Mitgliederstand nicht erhöhen. Es gelang ihr in den vier Landtagswahlen nicht, die früheren Wahlergebnisse zu halten. In den Betrieben stagnierte ihr Einfluß ebenfalls. Wie im Vorjahr gelang es ihr, mit ihrer Bündnispolitik auch demokratische Kräfte für gemeinsame Aktionen zu gewinnen, so bei der Kampagne gegen sogenannte „Berufsverbote".

Abnutzungserscheinungen

Die SED setzte ihre subversive Tätigkeit gegen die Bundesrepublik Deutschland unvermindert fort und unterstützte massiv DKP, „Sozialistische Einheitspartei Westberlins" (SEW) und deren Nebenorganisationen, die ohne diese politische und materielle Unterstützung weitgehend bedeutungslos wären.

2. „Neue Linke"

Innerhalb der „Neuen Linken" — d.h. derjenigen Linksextremisten, die nicht dem Kommunismus sowjetischer Prägung (orthodoxer Kommunismus) zuzurechnen sind — blieben die dogmatischen kommunistischen Gruppen („K-Gruppen") zwar stärkster Faktor, jedoch verringerte sich ihre Bedeutung gegenüber früheren Jahren. Sie verloren eine erhebliche Zahl von Mitgliedern und gerieten in eine Krise. Dazu hatten die Enttäuschung über ihre politische Erfolglosigkeit und die Entwicklung in China und Indochina beigetragen. An den Hochschulen blieb ihr Einfluß unbedeutend. In Einzelfällen erzielten sie allerdings Überraschungserfolge bei Betriebsratswahlen.

Organisationen	1976 Zahl	1976 Mitglieder	1977 Zahl	1977 Mitglieder	1978 Zahl	1978 Mitglieder
orthodox-kommunstische						
– Kernorganisationen	2	47.500	2	49.000	2	49.000
– Nebenorganisationen	10	24.100	11	28.400	11	29.100
Beeinflußte Organisationen	72	53.900	58	52.600	50	50.400
dogmatische „Neue Linke"						
– Kernorganisationen	12	6.000	15	6.600	11	5.500
– Nebenorganisationen	28	7.000	28	9.700	27	6.800
Beeinflußte Organisationen	7	3.000	12	3.900	15	2.780
Trotzkistische Organisationen	10	1.200	12	900	11	880
sonstige Organisationen der „Neuen Linken" einschl. anarchistische Organisationen	102	5.100	87	5.700	81	4.750
Summe	243	90.900 56.900	225	100.300 56.500	208	96.030 53.180
Nach Abzug von Mehrfachmitgliedschaften		68.000 42.000		75.200 42.400		72.000 39.900

Die undogmatische „Neue Linke" war unverändert aktiv, ihr Einfluß an den Hochschulen nahm zu.

Die Zahl gewalttätiger Aktionen ging zurück; dies ist vor allem auf den starken Rückgang der Gewaltaktionen an den Hochschulen zurückzuführen. Trotzdem ist die Bereitschaft der „Neuen Linken", Gewalt als Mittel im politischen Kampf anzuwenden, weiter vorhanden.

II. Übersicht in Zahlen

1. Organisationen

„Neue Linke": erheblicher Rückgang

Die Gesamtzahl der Mitglieder in orthodox-kommunistischen Organisationen und in von ihnen beeinflußten Vereinigungen ist nahezu gleichgeblieben. Dagegen ging der Mitgliederbestand der dogmatischen „Neuen Linken" („K-Gruppen") erheblich zurück: er fiel um ein Viertel.

Die nachstehende Übersicht beschränkt sich auf die Bildung weniger Kategorien linksextremistischer Zusammenschlüsse in der Bundesrepublik Deutschland. Die nach Hunderten zählenden Sekundärorganisationen (Arbeitskreise, Initiativen, Komitees, Basis- und ad-hoc-Gruppen usw.) und nur örtlich tätigen Kleingruppen sind hier nicht aufgeführt, weil sie nicht zuverlässig erfaßt werden können und die in ihnen mitwirkenden Personen häufig auch in anderen hier berücksichtigten Organisationen mitarbeiten. Dies gilt vor allem für zahlreiche Gruppen der undogmatischen „Neuen Linken", die oft kleine, lose und kurzlebige Zusammenschlüsse sind.

2. Öffentlicher Dienst

Ende 1978 waren — soweit bekannt — insgesamt 2.309 Linksextremisten im Bundes-, Landes- oder Kommunaldienst sowie bei anderen öffentlich-rechtlichen Körperschaften oder Anstalten beschäftigt. Einzelheiten ergeben sich aus der folgenden Darstellung (Zahlen für 1977 in Klammern):

	Personen		DKP u. SEW		Nebenorganisationen von DKP u. SEW		von DKP u.SEW beeinflußte Org.*)		„Neue Linke"	
Bundesdienst	271	(288)	178	(193)	17	(17)	11	(10)	65	(68)
Landesdienst	1560	(1550)	733	(686)	69	(98)	112	(148)	646	(616)
Kommunaldienst	436	(398)	242	(252)	11	(12)	26	(12)	157	(122)
Dienst in anderen öffentlichen Einrichtungen	42	(45)	33	(37)	—	(—)	—	(1)	9	(7)
	2309	(2281)	1186	(1168)	97	(127)	149	(171)	877	(815)

*) Anmerkung: In dieser Rubrik sind Personen, die einer beeinflußten Organisation angehören, nur erfaßt, wenn sie sich linksextremistisch betätigt haben.

Von den 271 Linksextremisten im Bundesdienst sind 150 (= 55,4%) bei der Bundespost und 71 (= 26,2%) bei der Bundesbahn beschäftigt, 20 (= 7,4%) sind Angehörige der Streitkräfte (Zeitsoldaten) oder der Bundeswehrverwaltung (Wehrpflichtige sind in der Übersicht nicht erfaßt).

Von den 1.560 Linksextremisten im Landesdienst sind beschäftigt:

Linksextremisten im öffentlichen Dienst

885 (= 56,7%) als Lehrer,
207 (= 13,3%) als wissenschaftliches Personal an Hochschulen,
129 (= 8,3%) als sonstiges Personal an Schulen und Hochschulen,
283 (= 18,1%) in sonstigen Verwaltungszweigen,
56 (= 3,6%) in der Justiz.

Zur Gruppe der Lehrer im Landesdienst kommen noch 61 bei den Kommunen beschäftigte Lehrer hinzu.

Linksextremisten im Bundesgrenzschutz und in den Polizeien der Länder sind nicht bekannt geworden.

Von den 2.309 Linksextremisten sind 1.159 (= 50,2%) Beamte, 962 (= 41,7%) Angestellte und 178 (= 7,7%) Arbeiter sowie 10 (= 0,4%) Soldaten auf Zeit.

Die 1.159 Beamten verteilen sich auf die einzelnen Laufbahngruppen:
höherer Dienst   619 (= 53,4%)
gehobener Dienst   426 (= 36,8%)
mittlerer Dienst   86 (= 7,4%)
einfacher Dienst   28 (= 2,4%)

3. Studentenvertretungen

3.1 Hochschulen mit verfaßter Studentenschaft

Diese Darstellung berücksichtigt 52 Studentenparlamente und 53 Allgemeine Studentenausschüsse an 44 Hochschulen (Universitäten, Gesamthochschulen, Technische und Medizinische Hochschulen, Sporthochschulen, Pädagogische Hochschulen, ohne Fachhochschulen) mit z.T. eigenen studentischen Vertretungen in mehreren Abteilungen, die im Dezember 1978 verfaßte Studentenschaften hatten. (Die Hochschulen Baden-Württembergs und Bayerns sowie die Technische Universität und die Freie Universität Berlin haben keine verfaßten Studentenschaften.)

Hochschulbereich

3.1.1 Studentenparlamente

Im Dezember 1978 waren in 47 (1977: 46)*) der 52 (1977: 52)*) berücksichtigten Studentenparlamente (SP) Linksextremisten vertreten. In 15 (1977: 17)*) SP besaßen Linksextremisten mehr als 50% der Mandate. Der Anteil der Linksextremisten an den Sitzen in den 52 (1977: 52)*) erfaßten SP betrug insgesamt 39,8% (1977: 39,2%)*). Gewinne konnten insbesondere die Gruppen der undogmatischen „Neuen Linken" erzielen, während der „Sozialistische Hochschulbund" (SHB) Verluste hinnehmen mußte und der „Marxistische Studentenbund Spartakus" (MSB) seinen Anteil halten konnte. Weitere Einzelheiten ergeben sich auf der folgenden Übersicht.

	Gruppen	Zahl der Sitze Dezember		Anteil Dezember		Vertreten in (Zahl der Parlamente) Dezember	
		1977*)	1978	1977*)	1978	1977*)	1978
	„Neue Linke"	296	342	16,6%	19,9%	33	40
	MSB Spartakus/ ADS-SEW	191	185	10,8%	10,8%	38	36
	SHB	210	157	11,8%	9,1%	30	33
Linksextremisten über 50% in Studentenausschüssen	Linksextremisten zusammen	697	684	39,2%	39,8%	46	47
	Sonstige	1082	1035	60,8%	60,2%		
	Insgesamt:	1779	1719	100,0%	100,0%	52	52

3.1.2 Allgemeine Studentenausschüsse

Im Dezember 1978 waren in 36 (1977: 34*) von 53 (1977: 52)*) berücksichtigten Allgemeinen Studentenausschüssen (ASten) Linksextremisten vertreten. In diesen 36 (1977: 34)*) ASten entfielen insgesamt 64,3% (1977: 57,5%)*) aller Sitze auf Linksextremisten. 9 (1977: 10)*) ASten bestanden ausschließlich aus Linksextremisten, in weiteren 17 (1977: 11) ASten verfügten Linksextremisten über mehr als 50% der Sitze.

In den berücksichtigten 52 (1977: 52)*) ASten hat der Anteil der Linksextremisten an den Mandaten von 37,5% auf 40,9% zugenommen. Während Anhänger der „Neuen Linken" — insbesondere die Gruppe der undogmatischen „Neuen Linken" — ihren Anteil erheblich steigern konnten, mußten der MSB und der SHG Verluste hinnehmen. Weitere Einzelheiten sind der folgenden Übersicht zu entnehmen:

---

*) Zahlenangaben im Gegensatz zu denen im Verfassungsschutzbericht 1977 ohne die Hochschulen Baden-Württembergs

Gruppen	Zahl der Sitze Dezember		Anteil Dezember		Vertreten in (Zahl der ASten) Dezember	
	1977*)	1978	1977*)	1978	1977*)	1978
„Neue Linke	41	58	11,8%	17,3%	10	15
MSB Spartakus	44	38	12,7%	11,4%	20	18
SHB	45	41	13,0%	12,2%	20	21
Linksextremisten zusammen	130	137	37,5%	40,9%	34	36
Sonstige	217	198	62,5%	59,1%		
Insgesamt	347	335	100,0%	100,0%	52	53

Linksextremisten in Studentenparlamenten (SP) und Allgemeinen Studentenausschüssen (ASten)

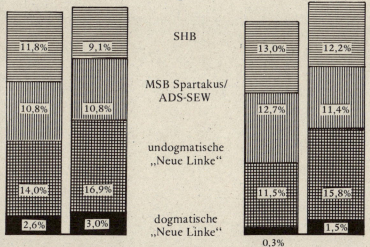

*) Zahlenangaben im Gegensatz zu denen im Verfassungsschutzbericht 1977 ohne die Hochschulen Baden-Württembergs

3.2 Hochschulen ohne verfaßte Studentenschaft
3.2.1 Hochschulen in Baden-Württemberg
Bei den Wahlen der studentischen Vertreter in die „Großen Senate" an den neun Universitäten des Landes entfielen ca. 25% der Sitze in den Allgemeinen Studentenausschüssen auf Linksextremisten, davon ein Viertel auf Vertreter der „Neuen Linken" sowie drei Viertel auf den MSB Spartakus und den SHB.**)

3.2.2 Hochschulen in Bayern
An den auch 1977 berücksichtigten neun bayerischen Universitäten und Gesamthochschulen waren im Dezember 1978 wie im Vorjahr in fünf Konventen Linksextremisten vertreten. In zwei weitere Konvente wurden Kandidaten linksextremistisch beeinflußter Wahlbündnisse gewählt. An 6 (1977: 5) dieser bayerischen Hochschulen gelangten Linksextremisten bzw. Kandidaten linksextremistischer beeinflußter Listen in die Sprecherräte.

Linksextremisten vertreten

3.2.3 Hochschulen in Berlin
Lediglich an der Freien Universität (FU) fanden 1978 Wahlen der studentischen Vertreter zu den Fachbereichs- und Institutionsräten statt. Die Wahlergebnisse der linksextremistischen Listen gingen erheblich zurück, sie konnten – bei 67 zu vergebenden Mandaten – nur 26 Sitze, d.h. 38,8% (1977: ca. 20 Prozentpunkte mehr) erringen. Die SEW-beeinflußten „Aktionsgemeinschaften von Demokraten und Sozialisten" (ADS) konnten ihren Anteil von 14 auf 17 Mandate erhöhen.

An der Technischen Universität (TU) stellten – wie im Vorjahr – die Linksextremisten zumindest 12 von 59 studentischen Mandaten.

III. Schwerpunkte der Agitation
In ihrer Agitation kritisierten Linksextremisten auch 1978 die bestehende Staats- und Gesellschaftsordnung vom Boden ihrer Ideologie aus und setzten dabei folgende Schwerpunkte:

1. Außen- und Verteidigungspolitik
Die DKP behauptete wiederholt, die Sowjetunion und die anderen Staaten des Warschauer Vertrages verfolgten eine „Friedenspolitik" und zeigten stets den Willen zur Verständigung und Abrüstung. Dagegen unterstütze die Bundesregierung das „Hochrüstungsprogramm der NATO", wobei „reaktionäre Kreise" „riesige Profite erzielten". Durch den Ausbau der Bundesrepublik Deutschland zum „NATO-Aufmarschplatz gegen die sozialistischen Länder" werde der Frieden gefährdet. Die Bundesregierung solle auf die sowjetischen Angebote zur „politischen und militärischen Entspannung" eingehen (vgl. u.a. Pro-

Kritik der bestehenden Ordnung

**) Entsprechend dem am 1. Januar 1978 in Kraft getretenen Universitätsgesetz des Landes wird der Allgemeine Studentenausschuß von höchstens sieben in den „Großen Senat" gewählten Studenten und einer gleichen Anzahl von Stellvertretern gebildet.

gramm der DKP, hrsg. vom Parteivorstand der DKP, 1978, 1. Aufl., S. 14 f, 22 f, 30, 54 ff; „Unsere Zeit" vom 20.6.).

Viele Gruppen der „Neuen Linken" griffen die „Supermächte", die „USA-Imperialisten und die russischen Sozialimperialisten" als die "Hauptkriegstreiber" an. Während die prochinesische „Kommunistische Partei Deutschlands" (KPD) für eine „effektive Verteidigung" im Falle eines Angriffs durch die Sowjetunion eintrat, forderte der prochinesische „Kommunistische Bund Westdeutschland" (KBW), im Kriegsfall zunächst mit Hilfe eines „revolutionären Defätismus" die eigene Bourgeoisie zu stürzen, um dann einen „nationalen Befreiungskrieg zu führen (vgl. u.a. „Kommunismus und Klassenkampf" 4/78, S. 151 ff, „Roter Morgen" vom 8.9.78, „Theorie und Praxis des Marxismus-Leninismus" 2/78, S. 53 ff).

2. Innen- und Sicherheitspolitik

Ziele der Agitation

Erneut waren Maßnahmen zum Schutz der inneren Sicherheit Ziel linksextremistischer Agitation. Die DKP sprach vom „permanenten und vorsätzlichen Verfassungsbruch durch Bundesbehörden", vom „Abbau elementarster Rechte und Freiheiten", von „antidemokratischen Verfassungs- und Gesetzesänderungen", von der Schaffung des „perfektesten Schnüffel- und Spitzelapparates" zur „Verfolgung und zur Einschränkung der Rechte von Demokraten"; sie behauptete, „Kräfte" im Bundeskriminalamt hielten ihre „schützende Hand über die Terroristen", weil diese als Alibi für die Bespitzelung der Jungsozialisten und demonstrierenden Jugendlichen gebraucht würden (vgl. u.a. UZ vom 28.1.78, 18.2.78, 24.7.78, 31.8.78, DKP-Programm S. 28 f und 52).

Ebenso agitierten Gruppen der „Neuen Linken": der „polizeistaatliche Terror" werde stetig verstärkt, um die „demokratischen Rechte des Volkes" abzubauen; „Polizeistaatgesetze" würden beschlossen, eine „Killertruppe", eine „neue GeStaPo" zügig aufgebaut und eine „planmäßige, schrittweise Faschisierung des Staatsapparates" betrieben; dies sei eine „präventive Konterrevolution mit Hilfe des Instruments ,Staat' "; die Bundesrepublik Deutschland sei ein „Unrechtsstaat" (vgl. u.a. „Roter Morgen" vom 20.1.78, 24.2.78, 7.4.78; „Kommunismus und Klassenkampf" 1/78, S. 10 f; Russelreihe Nr. 5, S. 14; BG Stadtindianer Köln).

3. Wirtschafts- und Sozialpolitik

Krisen an die Wand gemalt

Die Verschärfung der Krise des Kapitalismus – so die DKP – sei unausweichlich; sie werde begleitet von „massenhafter Dauerarbeitslosigkeit", tiefgehendem Abbau sozialer Leistungen bei zunehmendem „Klassenkampf ‚von oben'", einer „maßlosen Subventionierung der Großkonzerne" und Unterwerfung der Wirtschaftspolitik der Bundesrepublik unter die „Machtpolitik der USA-Monopole". Dagegen müßten gemeinsame Aktionen der Arbeiterklasse und ihrer Parteien geführt werden; eine wirkliche Sicherheit für alle werde es jedoch erst im Sozialismus geben (vgl. u.a. DKP-Programm S. 24 ff u. 61; DKP-Pressedienst vom 26.4.78, 14.7.78, 12.10.78; UZ v. 28.10.78).

Ähnlich agitierten „Neue Linke": Gegen die „Wirtschaftskrise", gegen „Massenarbeitslosigkeit", bei der die Betroffenen „vollständig der Profitgier" der Unternehmer ausgeliefert und zu einem „restlos verfügbaren, immer mobilen Heer entrechteter Lohnsklaven erniedrigt werden", gegen „Steuergeschenke für Kapitalisten", den „Sumpf der Korruption" und den Bonner Staat, das „Instrument der kapitalistischen Klasse", der den Werktätigen Milliarden raube, helfe nur eins — der „revolutionäre Klassenkampf" (vgl. u.a. „Kommunismus und Klassenkampf" 6/78, S 245 ff; „Roter Morgen" vom 6.1.78, 28.7.78 und 24.11.78", „Rote Fahne" vom 18.1.78, 12.7.78).

4. Umweltschutz

Linksextremisten machten erneut für „Vergiftung und Verseuchung" der Umwelt die „Profitgier der Kapitalisten" verantwortlich. Die Bundesregierung decke dieses „verbrecherische Treiben", weil in diesem Staate letztlich die „Monopolkapitalisten" diktierten. Die DKP beteiligte sich an der Kampagne gegen Atomkraftwerke — offensichtlich wegen der Existenz von Kernkraftwerken in den Ostblockstaaten — im Vergleich zu Gruppen der „Neuen Linken" zurückhaltend. Sie machte die Zustimmung zum Bau von Kernkraftwerken vor allem von der Durchsetzung einer „wirksamen demokratischen Kontrolle" abhängig (vgl. u.a. DKP-Programm S. 43 f; „Kommunismus und Klassenkampf" 6/78, S. 245 f; „Arbeiterkampf" vom 21.8.78, „Roter Morgen" vom 15.9.78; „Rote Fahne" vom 20.9.78).

DKP zurückhaltend in Sachen Atomkraftwerke

5. Internationale Solidarität

Orthodoxe Kommunisten und „Neue Linke" warben im Namen der „anti-imperialistischen Solidarität" für politische und materielle Unterstützung ihnen politisch nahestehender Bewegungen, vor allem in Lateinamerika, im Südlichen Afrika und im Nahen Osten. Sie warfen der Bundesregierung vor, „rassistische" und „reaktionäre" Regime in der Dritten Welt wirtschaftlich und teilweise militärisch zu unterstützen.

Besonders heftig griffen Linksextremisten den Staat Israel an. Die DKP erklärte zwar, sie bekämpfe den „Antisemitismus", bezeichnete jedoch Israel als „zionistischen" Staat, dessen „antionalistische" und „rassistische, reaktionäre bürgerliche Ideologie" das Fundament für „die Aggressionen, die Gewaltakte und den Terror" gegenüber der arabischen Bevölkerung sei (vgl. u.a. DKP-Pressebericht vom 21.3.78, 3.5.78, 10.10.78; UZ v. 21.10.78, 10.11.78).

Ebenso sprachen „Neue Linke" vom „zionistischen Terror", vom „nackten Völkermord" und „Ausrottungsfeldzug" gegen das palästinensische Volk, den Israel mit der gleichen „Brutalität wie einst die SS-Truppen Hitlers" betreibe („Internationale Solidarität" 4/78).

Diffamierungen

Der letzte Brief von Holger Meins († 9.11.74) vom 31.10.1974
Aus: BMI-Dokumentation

Das einzige was zählt ist der Kampf — jetzt, heute, morgen, gefressen oder nicht. Was interessiert, ist, was Du draus machst: 'n Sprung nach vorn. Besser werden. Aus den Erfahrungen lernen. Genau das muß man daraus machen. Alles andere ist Dreck. Der Kampf geht weiter. Jeder neue Fight, jede Aktion, jedes Gefecht bringt neue unbekannte Erfahrungen, und das ist die Entwicklung des Kampfes. Entwickelt sich überhaupt nur so. Die subjektive Seite der Dialektik von Revolution und Konterrevolution: ,,Das Entscheidende ist, daß man zu lernen versteht".

Durch den Kampf für den Kampf. Aus den Siegen, aber mehr noch aus den Fehlern, aus den Flipps, aus den Niederlagen. Das ist ein Gesetz des Marxismus.

Kämpfen, unterliegen, nochmals kämpfen, wieder unterliegen, erneut kämpfen und so weiter bis zum endgültigen Sieg — das ist die Logik des Volkes. Sagt der Alte.

,,Durch den Kampf für den Kampf"

Allerdings: ,,Materie": Der Mensch ist nichts als Materie wie alles. Der ganze Mensch. Körper und Bewußtsein ist ,,materielle" Materie und was den Mensch ausmacht, was er ist, seine Freiheit — ist, daß das Bewußtsein die Materie beherrscht — sich selbst und die äußere Natur und vor allem: das eigene Sein. Die eine Seite Engels: glasklar. Der Guerilla aber materialisiert sich im Kampf — in der revolutionären Aktion, und zwar: ohne Ende — eben: Kampf bis zum Tod und natürlich: kollektiv.

Das ist keine Sache der Materie, sondern eine der Politik. Der Praxis. Wie Du sagst. Nach wie vor Sache. Heute morgen und so weiter. Gestern ist gewesen. Kriterium auch, aber vor allem Sache. Was ist — jetzt — liegt als erstes bei Dir, der HS* ist noch lange nicht zu Ende.

Und der Kampf hört nie auf.

Aber

Gibt da natürlich nen Punkt: Wenn Du weißt, daß mit jedem Schweinesieg die konkrete Mordabsicht konkreter wird — und Du machst nicht mehr weiter mit, bringst Dich in Sicherheit, gibst den Schweinen damit einen Sieg, heißt lieferst uns aus, bis Du das Schwein, das spaltet und einkreist, um selbst zu überleben und dann halt die Fresse von ,,wie gesagt: die Praxis. Es lebe die RAF, Tod dem Schweinesystem". Dann — also wenn Du nicht weiter mithungerst — sagste besser, ehrlicher (wenn Du noch weißt, was das ist: Ehre): ,,Wie gesagt: ich lebe. Nieder mit der RAF. Sieg dem Schweinesystem" — .

Entweder Schwein oder Mensch
Entweder überleben um jeden
Preis oder Kampf bis zum Tod

---

*) HS = Hungerstreik

Entweder Problem oder Lösung
Dazwischen gibt es nichts.

Sieg oder Tod — sagen die Typen überall und das ist die Sprache der Guerilla — auch in der winzigen Dimension hier: mit dem Leben ist es nämlich wie mit dem Sterben: "Menschen (also: wir), die sich weigern, den Kampf zu beenden — sie gewinnen entweder oder sie sterben, anstatt zu verlieren und zu sterben."

Ziemlich traurig, Dir so was noch mal schreiben zu müssen. Weiß natürlich auch nicht wie das ist, wenn man stirbt oder wenn sie einen killen. Woher auch? In einem Augenblick der Wahrheit da morgens ist mir als erstes durch den Kopf geschossen: Also soo ist das (wußte ich ja auch noch nicht) und dann (vor dem Lauf, genau zwischen die Augen gezielt): Na egal, das war's. Jedenfalls auf der richtigen Seite.

Du müßtest da eigentlich auch was wissen. Naja. Es stirbt allerdings ein jeder. Frage ist nur wie und wie Du gelebt hast und die Sache ist ja ganz klar: Kämpfend gegen die Schweine als Mensch für die Befreiung des Menschen: Revolutionär, im Kampf — bei aller Liebe zum Leben: den Tod verachtend. Das ist für mich: dem Volk dienen — RAF.

„"...jedenfalls auf der richtigen Seite..."

Aus: „Bulletin", 3.8.1976

Jeder Bürger hat Anspruch auf Innere Sicherheit

Nach der Sitzung des Bundesrates über die Anti-Terror-Gesetze gab Bundesjustizminister Dr. Hans Jochen Vogel folgende Erklärung zur Inneren Sicherheit ab:

Innere Sicherheit ist ein elementares Bürgerrecht. Die Bundesregierung sorgt für seine Verwirklichung. Sicherheit ist für sie kein notwendiges Übel, sondern rechtsstaatlicher Auftrag. Bei unserem Einsatz für die Innere Sicherheit geht es nicht um einen abstrakten Staat, sondern darum, die konkreten politischen und sozialen Freiheitsrechte jedes einzelnen Bürgers gegen unbefugte Eingriffe Dritter zu schützen. Innere Sicherheit ist somit notwendige Voraussetzung unserer sozialen und rechtsstaatlichen Demokratie sowie der friedlichen Fortentwicklung unserer Rechts- und Gesellschaftsordnung.

Wird der Begriff „Innere Sicherheit" genannt, so geschieht dies zumeist im Zusammenhang mit der Kriminalität im allgemeinen und mit dem Terrorismus im besonderen. Wie sehr diese Fragen die Bürger unseres Landes berühren, wird einem immer wieder deutlich, wenn man die Ergebnisse von Meinungsumfragen betrachtet. Dennoch meine ich: es besteht kein Anlaß zur Sorge, denn wir haben das Sicherheitssystem energischer und zielstrebiger ausgebaut als jede andere Bundesregierung zuvor und haben auf neue Herausforderungen für die Gemeinschaft entschlossen, angemessen und auf rechtsstaatliche Weise reagiert.

Sicherheitssystem ausgebaut

Auch denen, die unsere Gesellschaftsordnung mit Terror bekämpfen, kann und darf nur mit den Mitteln entgegentreten werden, die unser Grundgesetz, das Strafgesetzbuch und die Strafprozeßordnung zulassen.

Der neue Paragraph 138a der Strafprozeßordnung ermöglicht den Ausschluß eines Verteidigers, der mit einem nicht auf freiem Fuß befindlichen Mandanten konspirativ zusammenwirkt. Der neue Paragraph 231a StPO gestattet es, ein Strafverfahren auch dann durchzuführen, wenn sich der Angeklagte bewußt verhandlungsunfähig gemacht hat. Beide Vorschriften haben inzwischen ihre Feuerprobe bestanden. Ihnen ist es zu danken, daß selbst die schwierigen Verfahren trotz aller Manöver rechtsstaatlich vorankommen.

Neue Vorschriften: Feuerprobe bestanden

Die Regierungs-Koalition hat aber noch weitere Vorschriften ins Gesetzblatt gebracht, die Lehren aus der neuen Erfahrung mit politischem Terrorismus ziehen: Sie stellen u.a. die Anleitung zu einzelnen, im Gesetz genau genannten besonders schweren Gewalttaten unter Strafe, sofern sie bestimmt und geeignet ist, die Tatbereitschaft anderer zu fördern. Außerdem wird die verfassungsfeindliche Befürwortung von Gewalt mit Strafe bedroht, wenn dadurch die Bereitschaft anderer gefördert werden soll, sich gewaltsam für Bestrebungen gegen den Bestand oder die Sicherheit der Bundesrepublik oder gegen Verfassungsgrundsätze einzusetzen. Wenn wir verhindern wollen, daß sich in der zweiten deutschen Republik ein Klima von Gewalttätigkeit und Gewalthetze breitmacht, so muß die Gewalt in der innenpolitischen Auseinandersetzung eingedämmt werden.

Aber das ist nicht alles: die SPD-F.D.P.-Mehrheit hat im Bundestag einen neuen Straftatbestand zur Bekämpfung terroristischer Vereinigungen mit besonders gefährlichen Zielsetzungen geschaffen. Die Opposition hat das Inkrafttreten dieser Gesetze mit allerlei Einwänden hinausgezögert. Heute hat sie jedoch ihren Widerstand aufgegeben und **dem Gesetz mit Ausnahme Bayerns im Bundesrat zugestimmt.**

Das neue Gesetz verlangt, daß bevorstehende Straftaten terroristischer Vereinigungen angezeigt werden. Um ein schnelles und durchgreifendes Ermittlungsverfahren zu ermöglichen, soll der Generalbundesanwalt die erste Zuständigkeit zur Verfolgung solcher Vereinigungen erhalten. Außerdem wird künftig der schriftliche Verkehr des Strafverteidigers mit einem Beschuldigten, der sich wegen Verdachts der Zugehörigkeit zu einer schwerkriminellen Vereinigung in Haft befindet, überwacht.

Die Erfolge im Kampf gegen den Terrorismus sind bisher schon eindrucksvoll genug: 106 Personen wurden rechtskräftig, 47 Personen noch nicht rechtskräftig verurteilt, gegen 79 Personen wurde Anklage erhoben, gegen weitere etwa 260 Personen werden Ermittlungsverfahren geführt. 115 Personen befinden sich in Haft, sei es in Straf-, sei es in Untersuchungshaft. Drei Rechtsanwälte sind rechtskräftig ausgeschlossen worden.

Da aber der Terrorismus nicht allein ein nationales, sondern ein internationales Übel ist, greifen nationale Maßnahmen allein nicht wirkungsvoll genug. Die Länder des Europarates haben deshalb vor kurzem beschlossen, die Auslieferung von Terroristen zu erleichtern. Darüber hinaus wird die Bundesregierung in den Vereinten Nationen die Initiative ergreifen und sich für den Abschluß einer weltweiten Konvention gegen Geiselnahme einsetzen.

Internationales Übel

Drei goldene Regeln
Polizei-Psychologe Georg Sieber über Terroristen

Aus: DBwV-Archiv

Sie nennen sich Söldner, Berufskämpfer oder Terroristen. Sie behaupten, sie seien Soldaten, Hohepriester der Gewalt, Missionare der Gerechtigkeit.

Raub, Entführung und Tötung sind ihre Leistungssparten. Ihre bevorzugten Gewaltmittel sind Schußwaffen und Explosivmittel. Sie sind Mitarbeiter der fünf oder sechs nichtstaatlichen Organisationen, die national oder international erfolgreich operieren. Ihre Auftraggeber können wohlhabende Privatpersonen sein, politische Gruppierungen und möglicherweise auch Staaten.

Die Anerkennung der Guerilla als militärische Taktik und der zunehmende Einsatz sogenannter militärischer Sonderkommandos hat das Unterscheidungsvermögen der Öffentlichkeit und nicht weniger Politiker getrübt, wenn es um die Beurteilung terroristischer Aktivitäten geht. Ob eine private oder eine staatliche Organisation verantwortlich zeichnet, bleibt für den Betroffenen gleichgültig.

Zuschauer oder Opfer sollten als Regel beachten:
1. Moralische Appelle oder Bestechungsversuche, Proteste oder Vorhaltungen sind sinnlos, weil der Akteur auftragsgebunden ist. Die Verpflichtung gegenüber dem Auftraggeber ist normalerweise stärker als individuelle Motive — stärker sogar als das Motiv der Selbsterhaltung.
2. Jede Verzögerung oder Gefährdung des Auftragszieles reizt zu persönlicher Aggression, Kooperation ist die einzig mögliche Versicherung.
3. Die Verfolgung der Akteure — auch im Ausland — wird durch möglichst umfassende und genaue Beobachtungen der Beteiligten erleichtert. Selbst unscheinbare Details können später nützlich sein. Statt heldenmütigen Widerstandes empfiehlt sich darum konzentriertes Beobachten und Lernen.

Wesen des Terrorismus erkennen

Der Erfolg von Terror-Organisationen beruht wesentlich auf der rigorosen und richtigen Auswahl der „Außendienst"-Mitarbeiter. Begeisterungsfähigkeit, Selbstvertrauen, Streßstabilität und Rigidität werden dabei offensichtlich höher eingeschätzt als Intelligenz oder Flexibilität. Es sind die gleichen Merkmale, die in vielen Dienstleistungsberufen den Erfolg des Unternehmers sichern.

"Natürlich kann geschossen werden"
Ulrike Meinhof über die Baader-Aktion („Der Spiegel" 25/1970)

Den Aufbau einer „Roten Armee" will die linksextreme Gruppe um Ulrike Meinhof betreiben, die an der Baader-Befreiung beteiligt war. Ihre Überlegungen hat die steckbrieflich gesuchte Journalistin auf Tonband gesprochen. Der SPIEGEL veröffentlicht nachstehend unredigierte Auszüge, die mit der Antwort auf die Frage beginnen, warum Baader befreit worden sei:

Man kann sagen: aus drei Gründen. Erst mal natürlich deswegen, weil Andreas Baader ein Kader ist. Und weil wir bei denjenigen, die jetzt kapiert haben, was zu machen ist und was richtig ist, nicht davon ausgehen können — auf irgendeine luxuriöse Art und Weise —, daß einzelne dabei entbehrlich seien.

Ulrike Meinhof: klarmachen, daß wir es ernst meinen

Das zweite ist, daß wir als erste Aktion eine Gefangenenbefreiung gemacht haben, weil wir glauben, daß diejenigen, denen wir klarmachen wollen, worum es politisch heute geht, welche sind, die bei einer Gefangenenbefreiung überhaupt keine Probleme haben, sich mit dieser Sache selbst zu identifizieren — insofern diejenigen proletarischen Familien oder der Teil des Proletariats, von dem wir glauben, daß er potentiell revolutionär ist, daß diese Leute gar keine Schwierigkeiten haben, sich mit einer Gefangenenbefreiung zu identifizieren.....

Das dritte ist, wenn wir mit einer Gefangenenbefreiung anfangen, dann auch deswegen, um wirklich klarzumachen, daß wir es ernst meinen. Das heißt, daß diejenigen, die jetzt angefangen haben, zu arbeiten und solche Aktionen machen zu wollen, natürlich Leute sind, die sich in gar keinem Fall gegenseitig draufgehen lassen: für die es eben kein Spiel ist und wo natürlich das Moment von Solidarität von vornherein klar sein muß: Weil die Bedingungen, unter denen diese Auseinandersetzungen nur geführt werden können, natürlich sehr schwierig sind...

Die intellektuelle Linke hat die Aktion im großen und ganzen abgelehnt. Wir gehen davon aus, daß die Intellektuellen natürlich als Initiatoren von politischen Auseinandersetzungen gar nicht zu entbehren sind. Es ist ja auch eine Tatsache, daß es die Intellektuellen gewesen sind, die die politischen Auseinandersetzungen zu dem Punkt gebracht haben, wo wir jetzt sind. Wir sehen aber auch, daß eben diese Intellektuellen mit ihren theoretischen Konzepten soweit sind, zu wissen, daß Bewaffnung notwendig ist und daß die Revolution nicht gemacht werden wird, ohne daß sich die Revolutionäre bewaffnen; daß sie aber gleichzeitig Leute sind, die den nächsten Schritt, der jetzt zu machen ist — nämlich das, wovon sie reden, auch zu tun —, nicht machen werden.

Weil alle Erfahrungen dafür sprechen, daß sie die Situation zwar zu erkennen in der Lage sind, aber auf Grund ihrer eigenen Klassenlage nicht imstande sind, den nächsten Schritt selber zu machen, ganz sicher deswegen, weil sie auf Grund ihrer eigenen Klassenlage immer noch sehr viel zu verlieren haben, sehr viel vom Leben zu verlieren haben; daß jeder einzelne von ihnen innerhalb seiner bürgerlichen Existenz sehr viel zu verlieren haben, sehr viel vom Leben zu verlieren haben; daß jeder einzelne von ihnen innerhalb seiner bürgerlichen Existenz natürlich eine Perspektive zu leben hat, so daß es für sie keinen objektiven Grund gibt, den Schritt zu machen — außer dem, daß sie die Erkenntnis haben, daß er gemacht werden muß.

Womit natürlich auch implizit gesagt werden muß, daß es natürlich einzelne gibt, die den Schritt machen, denn unsere eigene Herkunft ist ja auch die Herkunft bürgerlicher Intellektueller. Wir glauben aber, daß es jetzt auch richtig ist, sich in dieser Situation von den Autoritäten der linken Intellektuellen zu trennen, sich nicht mehr von ihnen bestimmen zu lassen, sondern jetzt die politische Arbeit wirklich auf diejenigen Gruppen zu richten oder darauf hinzuarbeiten, diejenigen Teile des Proletariats zu organisieren, die nicht nur in der Lage sind, die politischen Notwendigkeiten zu erkennen, sondern auch ihrer Klassenlage nach in der Lage sind, daraus Konsequenzen zu ziehen und zu Handlungen zu kommen.

Herkunft bürgerlicher Intellektueller

Der Hauptvorwurf, und sicherlich nicht zufällig ebenso der linken Intellektuellen wie der bürgerlichen Zeitungen, ist die Behauptung, wir seien Anarchisten, womit bezweckt wird, uns in eine Reihe zu stellen mit denjenigen Intellektuellen, die auch früher schon bestimmte Auseinandersetzungen zu provozieren versucht haben, aber dabei nicht aus der Isolation herausgekommen sind. Wenn man uns Anarchisten nennt, dann ist es der Versuch, die Aktion zu isolieren, uns zu isolieren, diese Form der politischen Auseinandersetzung zu isolieren ...

Wir sind also der Meinung, die intellektuelle linke Kritik an der Aktion ignorieren zu können, weil wir uns an ganz andere Gruppen wenden. Wir glauben, daß man zu einer politischen Zusammenarbeit kommen muß, organisierend und im Bezug auf Aktionen mit dem Teil des Proletariats, der keine Gratifikationen dafür erhält in dieser Gesellschaft, daß er sich ausbeuten läßt.

Das sind also die kinderreichen Familien, das sind die Frauen, die Haushalt und Kinder haben und gleichzeitig in der Fabrik arbeiten müssen. Das sind die proletarischen Jugendlichen, die keine Perspektive haben, aber auch noch nicht Familie haben, womit sie gezwungen werden, angepaßt zu leben. Das sind die Leute in den Neubau-Gegenden der Großstädte....

Nicht die Intellektuellen, sondern das Proletariat

Wovon wir ausgehen und was ja auch die Linken, die intellektuellen Linken begriffen haben, das ist, daß die Revolution nicht von ihnen gemacht werden wird, sondern vom Proletariat; das ist, daß man also in die Fabriken zu gehen hat und in die Stadtteile und daß die Organisierung stattzufinden hat. Nur sind wir der Auffassung, daß die Organisierung des Proletariats ein Popanz dann ist, wenn man nicht gleichzeitig anfängt, das zu machen, was wir jetzt tun, nämlich die Rote

Armee aufzubauen; ... wenn man sich nicht gleichzeitig darauf vorbereitet und gleichzeitig die Voraussetzungen schafft, bei solchen Auseinandersetzungen bestehen zu können — mit anderen Worten, jede politische Arbeit einfach perspektivlos ist und über einige Reformen nicht hinauskommen kann, also genau das nicht erreichen kann, was notwendig ist zu erreichen, wenn nicht die Form der Ausbeutung und die Form der Unterdrückung nur verändert werden sollen; daß man das überhaupt nicht erreichen kann, wenn man nicht gleichzeitig mit der Organisierung des Proletariats, mit der Arbeit im Betrieb und den Stadtteilen auch die Bewaffnung betreibt, das heißt, die Möglichkeiten schafft, Auseinandersetzungen durchzustehen: die Auseinandersetzungen, die kommen werden in dem Moment, wo ein Konzern eben nicht mehr in der Lage ist, einen Streik auf seine Art, durch Aussperrung kaputtzumachen; wo natürlich die Staatsgewalt einsetzen wird, wo natürlich die Bullen kommen, und daß es von vornherein revisionistisch ist und reiner Reformismus, wenn man glaubt, erst das Proletariat organisieren zu können und erst später die Bewaffnung machen zu sollen....

Es gibt ein Problem bei uns, wo man eigentlich immer wieder staunt, wenn man darauf stößt. Das ist ganz klar, daß, wenn über Black Panthers berichtet wird, die Polizei Pigs genannt werden, mit dem englischen Wort „pigs", daß man das übernimmt und daß man es richtig findet. Wohingegen immer wieder das Problem auftaucht, daß, wenn man es hier mit den Bullen zu tun hat, argumentiert wird, die sind ihrer Funktion nach natürlich brutal, ihrer Funktion nach müssen sie prügeln und schießen, und ihrer Funktion nach müssen sie Unterdrückung betreiben, aber das ist ja auch nur die Uniform, und es ist nur die Funktion, und der Mann, der sie trägt, ist vielleicht zu Hause ein ganz angenehmer Zeitgenosse.

Vielleicht nur die Uniform...

So daß in der Auseinandersetzung, wenn es zur Auseinandersetzung mit den Bullen kommt, immer wieder die Leute unsicher sind und daß, wo sie gar keine Schwierigkeiten haben, bei den Panthers, deren Wort für Bullen, nämlich das Wort Schweine zu übernehmen, nicht anwenden auf die Polizei, die ihnen selber auf der Straße begegnet, mit der sie es zu tun kriegen, die sie einsperrt und die sie zusammenknüppelt und die in Berlin ja auch schon geschossen hat.

Das ist ein Problem, und wir sagen, natürlich, die Bullen sind Schweine, wir sagen, der Typ in der Uniform ist ein Schwein, das ist kein Mensch, und so haben wir uns mit ihm auseinanderzusetzen. Das heißt, wir haben nicht mit ihm zu reden, und es ist falsch überhaupt mit diesen Leuten zu reden, und natürlich kann geschossen werden.

Denn wir haben nicht das Problem, daß das Menschen sind, insofern es ihre Funktion ist, beziehungsweise ihre Arbeit ist, das Verbrechen des Systems zu schützen, die Kriminalität des Systems zu verteidigen und zu repräsentieren. Und wenn wir es mit ihnen zu tun haben, dann sind das eben Verbrecher, dann sind das eben Schweine, und das ist eine ganz klare Front. Diejenigen, die sagen, nicht die Bullen sind schuld, die Bullen sind auch irgendwie Menschen, sie haben nur diese beschissene Funktion, diejenigen, die sagen, wir wollen den Kapitalismus abschaffen und den Imperialismus bekämpfen, aber wir machen einen Unterschied zwischen dem System, das wir bekämpfen und den Bullen, die uns bekämpfen – die kommen natürlich überhaupt nicht dazu, das System da zu bekämpfen, wo das System uns bekämpft. Das heißt eben: Sie kommen nicht darüber hinweg, ihre Theorie und Praxis zu machen, ihre Theorie, die richtig ist. Aber die Praxis hat natürlich zu sein, davon auszugehen, daß die Polizei als Repräsentant des Systems zu bekämpfen ist, und natürlich rücksichtslos zu bekämpfen, und natürlich skrupellos und bedenkenlos zu bekämpfen ist ...

Ein Unterschied

Was wir machen und gleichzeitig zeigen wollen, das ist: daß bewaffnete Auseinandersetzungen durchführbar sind, daß es möglich ist, Aktionen zu machen, wo wir siegen und nicht wo die andere Seite siegt. Und wo natürlich wichtig ist, daß sie uns nicht kriegen, das gehört sozusagen zum Erfolg der Geschichte.

C

Aus: „Der Spiegel", 37/1977

„Kriminalbeamte sollen wie Agenten arbeiten"

Spiegel-Interview mit dem SPD-Sicherheitsexperten Heinz Pensky über Mängel bei der Terrorfahndung.

SPIEGEL: Herr Pensky, Sie sind Obmann für innere Sicherheit der sozialdemokratischen Fraktion im Bundestag und von Hause aus gelernter Kriminalist ...
PENSKY: ... ja, ich bin noch selbst hinter der Hecke gelegen, wie man so sagt.
SPIEGEL: Und wissen also, was einen Kripo-Mann von der Front, der seit Jahren nach Terroristen fahndet, an seinen Polizei-Oberen und Innenpolitikern verzweifeln läßt. Was läuft falsch bei der Bekämpfung des Untergrunds?
PENSKY: Zunächst einmal: Das Gelaber um immer neue Gesetze, das Theoretisieren muß aufhören. Jetzt geht es darum, die Dinge endlich praktisch anzupacken. Bisher ist doch versäumt worden, die Logistik der Terroristen zu zerschlagen.
SPIEGEL: Logistik bedeutet Ausweise, Waffen, Autos, Wohnungen, Geldbeschaffung ...
PENSKY: Ja, nehmen wir das Beispiel Geld: Die Terroristen können nur operieren, weil sie über Millionen aus Banküberfällen verfügen. Und das wird ihnen verdammt leicht gemacht. Der Bundesverband der Banken hatte seinen Mitgliedern bereits 1972 dringend empfohlen, in allen Schalterhallen Kamera- und Fernsehüberwachungs-Anlagen zu installieren. Aber das läuft einfach nicht. Da kann jetzt nur noch gesetz-

Was läuft falsch?

licher Zwang helfen. Man müßte das Versicherungsrecht so ändern, daß den Banken der Schaden nicht ersetzt wird, wenn keine drastischen Vorkehrungen gegen Überfälle getroffen werden.
SPIEGEL: Also doch noch 'n Gesetz?
PENSKY: Ja, aber diesmal nicht ein Gesetz, das die Bürgerrechte einschränkt.
SPIEGEL: Wie kann man verhindern, daß Terroristen nahezu nach Belieben Waffenarsenale einrichten?
PENSKY: Wir haben ja schon ein sehr restriktives Waffengesetz. Weil man aber weiß, daß die Terroristen ihre Waffen entweder im Ausland kaufen, so die Buback-Mordwaffe in der Schweiz, oder bei Einbrüchen in in- und ausländische Militärdepots erbeuten, dringen wir auch auf eine Harmonisierung der europäischen Waffengesetze. Wenn ein Deutscher in Mailand eine Baretta kauft, müßte Italien unverzüglich deutsche Behörden darüber unterrichten. Zusätzlich brauchen wir endlich mal wirksame Grenzkontrollen, denn nur so können wir die Schleusen schließen.

Waffen-arsenale

SPIEGEL: Wohl zweifelhaft, ob mit Waffengesetzen der Waffenhandel, mit Grenzkontrollen Länderwechsel vermieden werden können. Welchen Wert räumen Sie fälschungssicheren Auto-Kennzeichen ein? Kürzlich wurde eine Nummernschild-Folie entwickelt, die einfach aufs Auto aufgeklebt wird und die sich selbst zerstört, wenn man sie ablösen will.
PENSKY: Wir von der SPD wollen die gesetzlichen Voraussetzungen zur Einführung der Folie unmittelbar nach der Sommerpause im Bundestag schaffen. Entweder gibt es eine Regierungsvorlage oder eine Initiative meiner Fraktion.
SPIEGEL: Und dann werden 25 Millionen Kraftfahrzeuge umgerüstet?
PENSKY: Dafür bin ich, ja.
SPIEGEL: Neuerdings mieten Terroristen immer häufiger ihre späteren Fluchtfahrzeuge bei Autoverleihern an. Da hilft dann auch die fälschungssichere Folie nichts.
PENSKY: Ich sehe gar nicht ein, warum wir nicht erreichen können, daß das Kraftfahrzeug-Verleihgewerbe eine Personen-Identifizierung bei der Anmietung von Autos macht. Es ist zumutbar, daß der Verleiher die Personalien einschließlich der Paßnummer des Kunden notiert.

Sicherheits-maßnahmen lasch gehandhabt?

SPIEGEL: Und automatisch an die Polizei weitergibt?
PENSKY: Und auch weitergibt, zur laufenden Kontrolle.
SPIEGEL: Das alles sind schön klingende Pläne zur Prävention, die seit Jahren kursieren. Unterdessen knallt es Monat für Monat aufs neue. Generalbundesanwalt Buback hatte keinen ausreichenden Begleitschutz. Die Gefahr, daß man von einem Nachbargebäude der Bundesanwaltschaft aus den Mitarbeitern des Nachfolgers Rebmann ins Fenster schießen kann, war nicht bedacht worden. Warum werden selbst vordergründige Sicherheitsmaßnahmen so lasch gehandhabt?

PENSKY: Es gibt keinen absoluten Schutz, aber ich gebe Ihnen recht: In Karlsruhe war zu wenig getan worden. Die Bundesanwaltschaft hatte schon lange vom Land Baden-Württemberg eine bessere Sicherung des Gebäudes und den Ankauf des Nachbargrundstückes verlangt.
SPIEGEL: Also schuld ist der Innenminister Schiess?
PENSKY: Ich würde sagen: das Land Baden-Württemberg.
SPIEGEL: Die Attentate auf Buback und Ponto sowie die Installation der „Stalin-Orgel" in Karlsruhe waren möglich, weil die Täter abgeschattet in kleinen Gruppen operieren, in die V-Leute vom Verfassungsschutz nicht mehr eindringen können; „Verräter" werden hingerichtet. Ein Umfeld skeptisch-distanzierter Linker, so in der Frankfurter Sponti-Szene, verfügt aber offensichtlich über allerhand interne Informationen. Die Verfassungsschützer scheinen hier allzu ahnungslos.
PENSKY: Natürlich könnte der Verfassungsschutz mehr Möglichkeiten nutzen. In den Ländern, wo er diese Aufgabe vor Ort zu leisten hat, ist er aber personell zu schwach ausgestattet. Ob und wie man V-Leute in den Untergrund einschleust, ist freilich nicht nur eine Frage des Verteidigungsschutzes, sondern auch ein Problem der Polizei. Ich habe deshalb den Vorschlag gemacht, den Paragraphen 163 der Strafprozeßordnung, der einem Polizisten den sogenannten Verfolgungszwang auferlegt, für bestimmte Bereiche zu lockern; Kriminalbeamte sollen ähnlich wie Agenten arbeiten können.

Personalmangel

SPIEGEL: Auch bis zu einem gewissen Grade kriminell werden können?
PENSKY: Auch das, ja, um dem Hauptkriminellen auf die Spur zu kommen.
SPIEGEL: Bei der verdeckten Fahndung ist es den Sicherheitsbehörden heute schon wegen Personalmangels nur möglich, einen Bruchteil der Szene rund um die Uhr zu observieren.
PENSKY: Richtig. Zwar haben die Innenminister sich in ihrem Konzept auf eine Polizeistärke von 1:400, das heißt, ein Polizist pro 400 Bürger, geeinigt; aber es gibt kaum ein Land außer den Stadtstaaten, das dieser Forderung nachgekommen ist. Baden-Württemberg, wo mit den Herren Filbinger und Schiess die Supergralshüter der Demokratie sitzen, bildet in der Skala der Polizeidichte das Schlußlicht.
SPIEGEL: Parteipolitik verstellt da ohnehin bisweilen die Optik. Endlose Debatten in den Innenministerkonferenzen haben bisland keine einheitliche Strategie zustande gebracht.
PENSKY: Die Tatsache, daß wir ein gemeinsames Sicherheitskonzept geschaffen haben, spricht eigentlich dagegen. Das Schlimme ist nur, daß sich die Länder nicht daran halten. Im Terrorismus-Bereich haben wir zwar die Ober-Regie des Bundeskriminalamtes, doch trotz dieser Steuerungsbefugnisse ist ein ungeheurer Reibungsverlust zu verzeichnen, der von den Ländern verantwortet werden muß. Wegen skandalöser Eigenbrötelei in den Landeshauptstädten kann das Bundeskriminalamt seiner Aufgabe, Informations- und Kommunikationszentrale der Polizei zu sein, nicht gerecht werden.

SPIEGEL: Bund und Länder haben sich beim Auf- und Ausbau der Computergesetze für die Fahndung gravierende Fehlentwicklungen geleistet und -zig Millionen verplempert. Das BKA und die Landeskriminalämter unterhalten Systeme verschiedener Hersteller. Die einen haben Siemens, die anderen IBM, kein Land hat denselben Datensatz wie das andere. Man leistet sich unterschiedliche Bildschirmgrößen, unterschiedliche Programme, und das erfordert aufwendige Umschlüsselungsprozeduren. Wann bringt die Polizei ihre eigene Logistik in Ordnung?

PENSKY: Die unterschiedlichen Entwicklungen waren möglich, weil der Bund da jahrelang geschlafen hat.

SPIEGEL: Die Ringfahndung nach der mutmaßlichen Ponto-Attentäterin Susanne Albrecht und ihren Komplicen lief stundenlang ins Leere, weil dem hessischen LKA-Computer das Geburtsdatum der von Zeugen erkannten Mittäterin Albrecht fehlte. Zwei Kilometer entfernt, im BKA-Computer in Wiesbaden, der auch ohne Angabe des Geburtsdatums alle Fahndungsansätze über die Attentäterin herausgerückt hätte, ging indessen zunächst überhaupt keine Anfrage ein. BKA-Leute erfuhren von dem Attentat erst aus den ZDF-Nachrichten.

Fehlentwicklungen

PENSKY: Da haben Sie ein gutes Beispiel für das Gewurstel und Nebeneinander im EDV-Sektor der Sicherheitsorgane. Wir brauchten dringend „Dispol", ein digitales Sondernetz der Polizei, das vom Bund unterhalten wird und dessen sich die Länder bedienen. Das bedeutet aber, daß die Systeme in Bund und Ländern strikt vereinheitlicht werden, daß gewisse Landespolitiker endlich die psychologischen Barrieren überwinden. Jede Eigenentwicklung auf Landesebene ist eine Fehlinvestition mit der Folge, daß sich die Arbeitsinseln der Polizei noch weiter auseinanderentwickeln.

SPIEGEL: Das Bundeskabinett hat neue Mittel für diesen Informationsverbund bewilligt. Und Ihre Fraktion hat einen Maßnahmen-Katalog aufgestellt, der nach der Sommerpause beraten werden soll. Warum erst jetzt?

PENSKY: Vielleicht hat es bisher mit der Kommunikation zwischen Bundeskriminalamt und Parlament nicht genug geklappt. Aber andererseits sind die meisten Fragen der polizeilichen Taktik, Strategie und Organisation Dinge, die in der Innenministerkonferenz der Länder administrativ behandelt werden müssen.

SPIEGEL: Also, wer schläft? Die Länderinnenminister?

PENSKY: Ja, die Innenminister, die nicht einmal bereit sind, ihre eigenen Beschlüsse zu befolgen und die Kommunikation zu fördern und die nur dann mobil werden, wenn sie sich in Szene setzen und polemisieren wollen.

Literatur und Materialien zu Baustein 7

Da auch dieser Baustein nicht als isolierte Institutionenkunde abgehandelt werden soll, ist keine gesonderte Darstellung der Institutionen und Organisationen zu empfehlen.

Es wird stattdessen verwiesen auf die bereits genannten Arbeiten von
- Schreiber/Birkl
- Merk
- Bilstein/Binder.

In diesen Arbeiten werden die staatlichen Organe mit abgehandelt.

Beispielhaft für die Art und Weise, die Institutionenkunde im Sinne der „Betroffenheit" des Bürgers in eine realistische Problemdarstellung einzubetten, ist als Material ein Auszug aus Bilstein/Binder, „Innere Sicherheit", a.a.O., beigefügt. Dort folgt der Beschreibung der für die Innere Sicherheit zuständigen Behörden eine engagierte Betrachtung zum Thema „Demokratische Gesellschaft und Innere Sicherheit" mit Zitaten führender Politiker der im Bundestag vertretenen Parteien.

Gut brauchbar ist auch hier das Heft „Streitbare Demokratie" aus der Reihe „Informationen" der Bundeszentrale für politische Bildung. Außerdem sollte stets bei den Innenministerien des Bundes und der Länder nach den neuesten Eigenveröffentlichungen gefragt werden (z.B. Reihe „Betrifft" des BMI).

Aus: Bilstein/Binder: Innere Sicherheit, a.a.O.

IV. Die Grundlagen für die Innere Sicherheit

1. Kompetenzverteilung Bund — Länder

Das Grundgesetz der Bundesrepublik Deutschland hat die Zuständigkeiten für den Schutz des Bürgers und des Staates klar gegeneinander abgegrenzt: der Bund ist zuständig für das Bundeskriminalamt, den Bundesgrenzschutz und das Bundesamt für Verfassungsschutz. Alle übrigen Behörden unterstehen den Ländern. Sie sind kompetent für die Polizei und tragen die Hauptverantwortung im Kampf gegen Kriminalität, für die vorbeugende Verbrechensbekämpfung und die Wahrung der öffentlichen Ordnung.

Abgegrenzte Zuständigkeiten

Zu den Grundlagen für den Aufbau und den Einsatz der Sicherheitsorgane von Bund und Ländern gehören:

Das „Sofortprogramm zur Modernisierung und Intensivierung der Verbrechensbekämpfung", verabschiedet von der Bundesregierung am 29. Oktober 1970.

Das „Schwerpunktprogramm Innere Sicherheit" der Innenminister und -senatoren des Bundes und der Länder vom April 1972, als „Programm für Innere Sicherheit in der Bundesrepublik Deutschland" 1974 fortgeschrieben.

Diese Programme umfassen legislative und administrative Maßnahmen; sie wurden zum großen Teil realisiert.

2. Maßnahmen des Bundes

a) Bundeskriminalamt

Dem Bundeskriminalamt (BKA) kommt die Aufgabe zu, als Informations- und Kommunikationszentrale für die Verbrechensbekämpfung zu arbeiten. Das Schwergewicht seiner Tätigkeit liegt in der Unterstützung der Länder durch Spezialisten und Spezialeinrichtungen. In besonderen Fällen betreibt es entsprechend dem BKA-Gesetz auch eigene Ermittlungsarbeit.

Unterstützung der Länder durch das BKA

Einige der zentralen Aufgaben sind:
— Nachrichtensammlung und -auswertung (das BKA muß alle Unterlagen und Nachrichten für die polizeiliche Verbrechensbekämpfung und die Verfolgung strafbarer Handlungen sammeln und auswerten)
— Zentralstelle für den Erkennungsdienst
— Zentralstelle für den elektronischen Datenverbund
— Kriminalstatistik
— Nationales Zentralbüro der Interpol.

Seit 1969 ist das BKA mit seinen wachsenden Aufgaben sehr stark ausgebaut worden. Die Zahl der Stellen hat sich von rund 930 (1969) auf über 2200 (1975) erhöht.

b) Bundesgrenzschutz

Der Bundesgrenzschutz (BGS) wurde in den vergangenen Jahren zu einer leistungsstarken Polizeireserve des Bundes ausgebildet. Neben der herkömmlichen Grenzfahndungsaufgabe hat sich der BGS als ein hochmobiles, schnell einsetzbares Sicherheitspotential erwiesen. Sein Einsatz für Sicherungsaufgaben auf Flughäfen, die Sicherung der Auslandsvertretungen und Bundesbehörden sowie seine Unterstützung der elektronischen Datenverarbeitung im BKA haben die Verbrechensbekämpfung verbessert und zugleich ermöglicht, daß Polizeibeamte der Länder wieder verstärkt ihre unmittelbaren Aufgaben erfüllen können.

Voraussetzung dazu war eine Verbesserung der bestehenden Rechtsgrundlagen:

BGS: leistungsstarke Polizeireserve

— Das BGS-Gesetz vom 1. April 1973 hat ausdrücklich den polizeilichen Charakter des BGS klargestellt; es läßt keinerlei Mißdeutungen als paramilitärische Truppe mehr zu.
— Das Dienstrecht des BGS wurde an das Polizeibeamtenrecht der Länder angepaßt.
— Die polizeiliche Ausbildung wurde an die der Länderpolizisten angeglichen.
— Wehrdienstpflichtige werden zum BGS nicht mehr herangezogen.

Zugleich ist die Umorganisation des BGS zu einer leistungsfähigen Polizei erfolgt:
— die Grenzschutztruppe 9 wurde als Spezialeinheit gebildet, um die Länder bei der Bekämpfung der Gewaltkriminalität zu unterstützen;
— im Bonner Raum wurde die Bundespolizei für Sicherheitsaufgaben verstärkt;

- die Grenzdienststellen sind an das polizeiliche Informationssystem INPOL angeschlossen.

c) Verfassungsschutz [9]

Der Verfassungsschutz nimmt im Vorfeld von Strafverfolgung und polizeilicher Gefahrenabwehr Aufgaben wahr, die legitimer und unverzichtbarer Bestandteil der Inneren Sicherheit sind. Die Verfassungsschutzbehörden erhielten 1972 neue, erweiterte Aufgaben. Aufgebaut und ausgebaut wurden:
- eine neue Abteilung zur Überwachung extremistischer Ausländer;
- die Kapazität zur Beobachtung anarchistischer Gewalttäter.

3. Die Polizei der Länder [10]

Die administrativen und legislativen Maßnahmen der Länder orientieren sich ganz entscheidend an dem 1974 „fortgeschriebenen" „Schwerpunktprogramm Innere Sicherheit" vom April 1972. Das in diesem Programm sehr ausführlich beschriebene Schema ist die Grundlage für die heutige Polizeiarbeit.

a) Aufgaben und Verwendung

Schutz- und Kriminalpolizei arbeiten bei der Verbrechensverhütung, der Verbrechensbekämpfung und der Strafverfolgung zusammen und sind weitgehend organisatorisch integriert. Die Schutzpolizei bearbeitet in der Regel die Mehrzahl der „kleinen" und „mittleren" Kriminalität selbständig. Dazu kommen Ordnungswidrigkeiten und Verkehrsdelikte. Die Kriminalpolizei ermittelt aufgrund ihrer besonderen Möglichkeiten und Kenntnisse in den übrigen Verbrechenskategorien — vor allem bei nichtnatürlichen Todesfällen, Staatsschutzdelikten, Rauschgiftdelikten, Falschgelddelikten, schwerwiegenden Sittlichkeitsverbrechen, Brandstiftung einschließlich Explosionen und Sprengstoffdelikten, Raub und Erpressung, Wirtschaftsstraftaten, Waffenhandel, schwerem Diebstahl und Glücksspiel.

Zusammenarbeit

Die Landeskriminalämter haben nicht nur Weisungs- und Koordinierungsbefugnisse, sie lenken auch überörtliche Ermittlungen, sorgen für Fortbildung und Spezialausbildung und haben originäre Zuständigkeiten bei bestimmten Verbrechen. Dazu gehören überörtlicher Rauschgifthandel, Falschgeldherstellung, Staatsschutzdelikte und illegaler Waffenhandel. Außerdem können diese Ämter auf Verlangen des Innenministeriums, der Gerichte oder Staatsanwaltschaften auch in anderen Fällen tätig werden. Jedes Landeskriminalamt ist gleichzeitig zentrale Stelle für das Sammeln und die Auswertung von Nachrichten, für die Kriminalstatistik, für Kriminaltechnik und Erkennungsdienst sowie für den Einsatz elektronischer Datenverabeitung.

---

9) Vgl. auch die Ausgabe 3/1976 vom 17. Januar 1976 der Wochenzeitung Das Parlament: 25 Jahre Verfassungsschutz.
10) Für das folgende Kapitel vgl. dpa Hintergrund; Die Polizei in Bund und Ländern, Hamburg, 29. Mai 1975.

b) Organisation[11])

Schutz- und Kriminalpolizei stehen schon auf der unteren Integrationsebene unter einheitlicher Führung. Die kommunale Polizei ist aufgelöst. Auf der sogenannten unteren Integrationsebene ist das Polizeipräsidium bzw. die Polizeidirektion die oberste Dienststelle. Sie wird eingerichtet in Städten mit etwa 300 000 Einwohnern; im ländlichen Bereich ist sie zuständig innerhalb eines Aktionsradiusses von 30 Kilometern.

Der Aufbau:

Wünsches-   Polizeidirektion/Polizeipräsidium
wertes   Schutzpolizei   Kriminalpolizei
Ziel   Schutzpolizei-Inspektion   Kriminalpolizei-Inspektion
                 Polizeiposten   Kriminalkommissariat

Auf der sogenannten oberen Integrationsebene sind mehrere Polizeipräsidien beziehungsweise Polizeidirektionen in einem Landespolizeipräsidium oder Regierungspräsidium zusammengefaßt. Dort können gewisse Polizeifunktionen zentralisiert werden. Die höheren Dienststellen sind auch für die Autobahnpolizei zuständig.

Diese einheitliche Organisationsform ist teilweise bereits verwirklicht oder wird zur Zeit eingeführt.

c) Personal, Etats in den Ländern

Es ist das Ziel, für das Zahlenverhältnis eines Polizeibeamten zur Bevölkerung die Relation 1:400 zu erreichen. Im Jahre 1973 betrug der Länderdurchschnitt 1:413. Mehrere Länder — Bayern (1:391), Saarland (1:350), Bremen (1:216) und Hamburg (1:218) sowie Berlin (1:134) — hatten dieses angestrebte Zahlenverhältnis bereits 1973 erzielt bzw. unterschritten.

---

11) Zur Organisation der Polizei im Bundesland Hamburg: s. Materialien, S. 44/45.

Mannschaftsstärken und Polizei-Etats

		Personalstärke der Polizei	Etat in Mill. DM
Baden-Württemberg	1969	14.900	277,7
	1975	17.300	705,0
Bayern	1969	23.800	344,9
	1975	33.000	991,5
Berlin	1969	11.100	353,5
	1975	14.200	650,0
Bremen	1969	3.000	12,8
	1975	3.400	124,6
Hamburg	1969	7.800	225,3
	1975	8.000	350,0
Hessen	1969	10.900	187,6
	1975	12.800	541,0
Niedersachsen	1969	12.400	245,7
	1975	14.600	561,0
Nordrhein-Westfalen	1969	30.400	646,8
	1975	35.000	1.378,0
Rheinland-Pfalz	1969	6.600	111,7
	1975	8.000	293,5
Saarland	1969	2.700	48,4
	1975	3.400	125,0
Schleswig Holstein	1969	5.300	102,5
	1975	6.200	257,0
Länder insgesamt	1969	128.900	2.556,9
	1975	155.900	5.976,6

Steigende Anstrengungen zur Erhöhung der Sicherheit

Die obenstehenden Zahlen sind abgerundet und enthalten teilweise nicht zusätzliche Etat-Ausgaben für Baumaßnahmen. Aufgrund uneinheitlicher Angaben handelt es sich bei den Angaben der Personalstärke teilweise um ist- und teilweise um Soll-Stärken (also der Planstellen, die nicht immer besetzt sind). Die Etats sind teilweise gebilligt, zum anderen Teil müssen sie noch durch den jeweiligen Landtag genehmigt werden. Insgesamt vermitteln die Zahlen jedoch einen prägnanten Eindruck von den steigenden Anstrengungen der Länder zur Erhöhung der inneren Sicherheit.

d) Spezielle polizeiliche Sicherheitseinheiten

Für besondere polizeiliche Maßnahmen — Auflösung von Demonstrationen, Schutz von Staatsbesuchern, Überwachung von Großveranstaltungen – gab es schon immer die Bereitschaftspolizei. Die Bereitschaftspolizei hat eine Doppelfunktion: Sie ist gleichzeitig Ausbildungseinheit und Einsatzinstrument bei besonderen Anlässen. An dieser Doppelfunktion hat sich in der Vergangenheit oft Kritik entzündet, weil sich häufig junge und relativ unerfahrene Beamte Anforderungen gegenübersahen, die teilweise ihre Kräfte und Fähigkeiten überstiegen. Ein Beispiel: Bei der Verfolgung des gefährlichen Kölner Geisel-Bankräubers Kurt Vicenik im Dezember 1971 waren Polizisten unter 18 Jahren eingesetzt.

Novum: Allround-Spezialeinheiten

Ein Novum in der deutschen Polizei-Nachkriegsgeschichte sind die Allround-Spezialeinheiten, deren Schaffung die Innenminister der Länder angesichts neuer Verbrechensformen – wie Geiselnahme, Flugzeugentführungen etc. – in ihrem „Sicherheitsprogramm" beschlossen haben. Sie werden in Fällen schwerer Kriminalität und bei Terroraktionen eingesetzt, wenn die „normale" Polizei mit ihren Mitteln am Ende ist. Sie heißen „Mobiles Einsatzkommando" (Hamburg, Niedersachsen, Baden-Württemberg), „Spezial-Einsatzkommando" (Nordrhein-Westfalen) oder „Spezialeinheit gegen Schwerstkriminalität". Ihre Angehörigen sind Freiwillige, die ein besonderes Training absolvieren: Kraft, waffenloser Kampf, Fitneß, Präzisions-Schießen etc. sind die Ausbildungsziele.

Unter die speziellen polizeilichen Sicherheitsprobleme fallen auch Wirtschaftsdelikte. Zur Bekämpfung der Wirtschaftskriminalität wurden und werden in den Ländern Zentralstellen eingerichtet. Ihre besonders geschulten Mitarbeiter werden vor allem in Fällen von Großbetrug, Untreue, Konkursdelikten und passiver Bestechung tätig. Die besondere Art dieser Kriminalität bedingt ein besonders enges Zusammenwirken mit den zuständigen Abteilungen der Staatsanwaltschaften.

V. Demokratische Gesellschaft und Innere Sicherheit

1. Die staatliche Ordnungs- und Schutzfunktion im Rechtssystem der Bundesrepublik Deutschland

Der demokratische Staat der Gegenwart ist nicht mehr wie der des 19. Jahrhunderts von der Gesellschaft als obrigkeitsstaatlicher Herrschaftsverband abgehoben, vielmehr ist er Teil der Gesellschaft und durch die Verfassung zur politischen Machtausübung aufgerufen. Dem Staat kommt u.a. die Aufgabe zu, Sicherheit im Sinne einer gesicherten Ordnung nach innen zwischen den Bürgern und nach außen zu anderen Staaten zu gewährleisten. Nach innen ist der Staat geradezu durch ein „Monopol legitimer Gewaltanwendung" definiert worden, d.h. durch die alleinige Berechtigung, Gewalt anzuwenden, um beispielsweise die Einhaltung der Gesetze zu erzwingen. Zu dieser Ordnungsgewalt des Staates schreibt Herbert Weichmann[12]:

Berechtigung, Gewalt anzuwenden

---

12) Herbert Weichmann; Gefährdete Freiheit, Aufruf zur streitbaren Demokratie, Hamburg 1974, S. 17.

„Der demokratische Staat ... muß auf dem Recht basiert sein. Der Staat muß ein Rechtsstaat sein. Ordnung kann nur Ordnung durch eine demokratisch legitimierte Rechtsordnung sein; mit ihrer Bindung der Freiheit des einzelnen und der Bindung des Staates, das heißt der Versicherung gegen Willkür, in beiderseitigem Bewegungsspielraum."

Eine der wichtigsten Voraussetzungen für die Fähigkeit des Staates, sein Gewaltmonopol auch wirklich durchzusetzen, ist die Gerechtigkeit der staatlichen Ordnung. Nur dann werden die Bürger bereit sein, diese Ordnung auch anzuerkennen und sie zu stützen. In Diktaturen, in denen keine anderen Instrumente der politischen Veränderung verfügbar sind, kann Gewalt als letztes Verteidigungsmittel der Unterdrückten nicht ausgeschlossen werden. Terror ist aber keinesfalls als politisches Instrument gerechtfertigt in demokratischen Systemen, die gewaltfreie Formen des politischen Konfliktaustrags und Veränderung ermöglichen, die geradezu durch diese als demokratisch qualifiziert werden.

Gerechtigkeit der Staatlichen Ordnung

Das Vertrauen in die Schutzfunktionen des demokratischen Verfassungsstaates, der berechtigte Anspruch auf ausreichenden staatlichen Schutz vor Gewaltkriminalität und Terrorismus stehen im Mittelpunkt der Diskussion um die Innere Sicherheit. Dabei heben sich zwei Positionen deutlich voneinander ab:

— Einerseits ergeht ein verstärkter Ruf nach mehr staatlicher Macht bei der Verbrechensbekämpfung. Der demokratische Verfassungsstaat soll, so fordern extreme Anhänger dieser Position, die rechtsstaatlichen Garantien zumindest zeitweise, beschränkt auf die kriminellen Täter, zugunsten eines höheren Maßes an Innerer Sicherheit einschränken. So gipfeln etwa die Forderungen des XY-Fahnders Eduard Zimmermann in der Behauptung, „daß nur das Kriegsrecht unseren demokratischen Staat aus der schier unerträglichen Ohnmacht gegenüber dem Terror befreit". Er plädiert dafür, „den selbsternannten Partisanen auch mit den Mitteln des Krieges entgegenzutreten", und daß politische Gewalttäter „bei Antreffen mit der Waffe standrechtlich erschossen werden können"[13])

Unterschiedliche Positionen

— Andererseits sehen manche in der konsequenten Anwendung der geltenden Gesetze durch die staatlichen Sicherheitsorgane den Bestand der rechtsstaatlichen Demokratie bedroht. Die fortdauernde Debatte um eine bessere Abschottung des demokratischen Verfassungsstaates in den strafrechtlichen und strafprozessualen Bereichen, in denen der Rechtsstaat sich mit neuen Formen der Kriminalität (z.B. Luftpiraterie, Propagierung von Gewalt, politische Geiselnahme) oder der Prozeßgefährdung (z.B. Hungerstreik, mißbräuchliche Anwaltstätigkeit) konfrontiert sieht, hat deutlich gemacht: Von Gegnern der Inneren Sicherheit wird diese als Instrument zur Herrschaftssicherung der Regie-

---

13) Eduard Zimmermann: Revolutionäre müssen wie Partisanen behandelt werden. In: Kölnische Rundschau vom 6. März 1975.

renden verstanden, die Polizei als „ein Zwangsinstrument in der Hand (der)... Produktionsmittelbesitzer" denunziert.[14])

Die einen werfen dem Staat „Schlappheit", die anderen „übertriebene Härte" vor. Das Handeln der Verantwortlichen bewegt sich jedoch stets auf dem schmalen Grat zwischen staatlicher Würde und erzwungener Souveränitätsbeschränkung, zwischen Stabilität und Erschütterung unseres Rechtssystems. Das Nachgeben etwa im Entführungsfall Lorenz war weder das Ende aller Innerer Sicherheit noch ein Freibrief für Terroristen, die Entschiedenheit während des Stockholmer Anschlags keine Garantie für künftig absolute Unbeugsamkeit gegenüber krimineller Erpressung. Jede Situation will für sich beurteilt sein. Die Rangfolge der zu schützenden Werte ist nur in gleichgelagerten Fällen durchzusetzen. Der Versuch, die mit dem Terrorismus verbundene Vielzahl von Problemen zu lösen, ist äußerst kompliziert.[15]) Soll man z.B. verurteilte Straftäter gegen Geiseln austauschen? Hat in jedem Fall menschliches Leben Vorrang, oder hat der Staat sich gegenüber der Herausforderung als hart und unnachgiebig zu erweisen? Diese Fragestellungen u.a.m. sind nicht lediglich theoretischer Natur, die Aktivitäten der Terrorgruppen und die Reaktionen der staatlichen Stellen zeigen, daß die Humanität des Rechtstaates um den Preis der Erpreßbarkeit erkauft werden kann. Die Drohung mit der Vernichtung menschlichen Lebens vermag auch rechtsstaatliche Spielregeln zu durchbrechen und einen Konflikt zwischen Ethik und Gesetz herbeizuführen.

Preis der Erpreßbarkeit

Probleme des Rechtsstaates zeigen sich auch in den Terroristenprozessen. Nicht wenige Bürger äußern z.B. ihr Unverständnis gegenüber der oft demonstrierten Hilflosigkeit von Richtern, Staatsanwälten und Behörden angesichts der auf Prozeßverschleppung abstellenden Taktik der Angeklagten und Anwälte. Aber gerade hier ist die Einhaltung rechtsstaatlicher Spielregeln absolutes Gebot. Der Preis für das Willkürangebot ist, daß auch da nach Recht und Gesetz verfahren wird, wo dies weniger effektiv ist als Lösungen, die totalitäre Systeme anwenden.

Die politisch Verantwortlichen versuchen, der Verschleppungstaktik und der Verfahrenssabotage durch Änderungen im Strafprozeßrecht zu begegnen. Die Möglichkeit des Verteidigerausschlusses und der Verhandlung in Abwesenheit der Angeklagten, falls diese sich selbst handlungsunfähig machen, sind bereits Gesetz.

Andere Punkte, wie die Überwachung der Kontakte von Angeklagten und Verteidigern, die Einführung von Straffreiheit oder Strafmilde-

---

14) Autorenkollektiv Polizei Hessen/Universität Bremen: Aufstand der Ordnungshüter oder Was wird aus der Polizei? Reinbek bei Hamburg 1972. S. 19 f.
15) Zum folgenden Hans Kremendahl: Demokratie–Rechtsstaat–Sozialstaat. Strukturprinzipien der deutschen Demokratie. Reihe: Informationen zur politischen Bildung Nr. 165, hrsg. von der Bundeszentrale für politische Bildung. Bonn 1975, S. 17.

rung für einen freiwilligen „Kronzeugen" sind in der – z.T. streitigen- parlamentarischen Diskussion. Dabei halten die einen die Gesetzesnovellen zur Verteidigerüberwachung oder zum „Kronzeugen" für notwendig. Der Rechtsstaat dürfe nicht durch Mißbrauch seiner eigenen Spielregeln handlungsunfähig werden. Gegenüber Gruppen, die sich nicht den Regeln fügen, gebietet es, nach besseren staatlichen Instrumenten zu suchen. Andere wiederum warnen davor, für Terroristenprozesse Spezialgesetze zu schaffen. Ein Abgehen von den hergebrachten Grundsätzen rechtsstaatlicher Prozeßführung sei eine größere Gefahr als der Terrorismus selbst, da ein Mißbrauch nie auszuschließen sei.

Innere Sicherheit kann nur auf den Grundrechten und dem Verfassungsstaat verwirklicht werden.[16] Menschenrechte und Verfassungsstaat bedingen sich dabei wechselseitig. Die institutionalisierte Rechtssicherung setzt ein gewaltenteilendes Verfassungssystem voraus:

Keine Spezialgesetze für Terroristen

– Grundrechte sind keine widerrufbaren Formeln, sondern Bestandteile der Verfassung;
– Grundrechte sind so formuliert, daß sie auch zur Opposition berechtigen, nicht aber zur Gefährdung der Mitbürger;
– Grundrechte sind durch Verfassung und richterliche Interpretation so ausgestaltet, daß sie eine gewisse Verläßlichkeit gewähren;
– Grundrechte werden durch unabhängige richterliche Kontrolle beachtet; dies setzt jedoch Tradition und Stabilität der Rechtskultur im Verfassungssystem voraus.

Die in der Praxis sich immer wieder ergebenden Probleme der Abgrenzung von richterlicher und gesetzgebender Gewalt und den Herausforderungen des Terrorismus umschreiben das Spannungsverhältnis des Rechtsstaates in der Demokratie. Einerseits ist das Recht selbst Ausfluß gesellschaftlicher Kräfte und politisch-sozialer Machtverteilung; so weit ist es „gesetzt", vorläufig im Prinzip auch revidierbar. Andererseits verlangt der Rechtsstaat die „Herrschaft des Rechts", spricht ihm einen hohen Eigenwert zu und hebt es über politische Zweckmäßigkeitsüberlegungen hinaus. Aus diesem Hintergrund ist festzustellen, daß das Recht weder zum bloßen Spielball der Politik werden darf, noch darf das politische Leben derart „verrechtlicht" werden, daß zu sinnvollem, koordiniertem Handeln kein Spielraum mehr bleibt: „Diese Abgrenzung in jedem konkreten Fall zu treffen, bleibt eine dauernde Aufgabe von Exekutive, Legislative und Justiz, aber auch eine an die politische Öffentlichkeit gerichtete Streitfrage" (Hans Kremendahl).

Herrschaft des Rechts

---

16) Das Grundgesetz betont in Anknüpfung an historische Erfahrungen das rechtsstaatliche Element (Freiheitssicherung, Rechtsgleichheit, Rechtssicherheit, Gewaltenteilung) sehr stark und hat es in einer Fülle von Bestimmungen verankert. Herausragend sind hierbei der Grundrechtsschutz und die Verfassungsgerichtsbarkeit.

2. Reform gesetzlicher Grundlagen (Strafrecht, Strafverfahrensrecht), Strafvollzug

Jede gesetzliche Strafandrohung enthält eine Mißbilligung der Tat. Der Sinn der Strafe überhaupt wird gesehen im Spannungsfeld zwischen „Vergeltung und Sühne" und „Abschreckung und Sicherung der Gesellschaft". Zu den Gestaltungsprogrammen des Bundes und der Länder zur Inneren Sicherheit traten als „flankierende Maßnahmen" eine Reihe von Gesetzesänderungen insbesondere zur Reform des Straf- und Strafverfahrensrechts. Ein Gesetzentwurf zum Strafvollzug ist vom Deutschen Bundestag mit breiter Mehrheit verabschiedet worden.

a) Strafrecht, Strafverfahrensrecht

Ergänzungsgesetz

Wo Straftatbestände überholt waren, wurden sie abgebaut; dort, wo neue Formen der Kriminalität sich entwickelt haben, wurden im Zuge der Strafrechtsreform neue Straftatbestände geschaffen bzw. bestehende Strafandrohungen verschärft. So wird seit 1971 Luftpiraterie als neues Delikt mit einer Freiheitsstrafe zwischen fünf und fünfzehn Jahren bedroht. Die Verherrlichung und Verharmlosung von Gewalt in Schrift und Bild ist seit 1973 strafrechtlich verboten. Im Juni 1972 verabschiedete der Bundestag ein Gesetz zur Änderung des Strafrechts, das eine Verschärfung des Haftrechts für Serien- und Wiederholungstäter sowie bei bestimmten Straftaten vorsieht.

Das am 1. Januar 1975 in Kraft getretene Gesetz zur Ergänzung des ersten Gesetzes zur Reform des Strafverfahrensrechtes hat die Möglichkeit geschaffen, in schwerwiegenden Fällen Strafverteidiger von der zweiten Mitwirkung im Verfahren auszuschließen, um einem konspirativen Zusammenwirken zwischen Anwalt und Angeklagten zu begegnen. Das Gesetz beschränkt auch die Zahl der Anwälte, die in einem Verfahren nebeneinander wirken können, und eröffnet den Gerichten die Möglichkeit, auch ohne einen — etwa im Hungerstreik befindlichen — Agenklagten die Hauptverhandlung stattfinden zu lassen. Weiterhin gibt das Gesetz die rechtliche Basis dafür, wirkungsvoller gegen Störungen des Prozesses vorzugehen. Diese Reform des Strafverfahrensrechts bedeutet — entgegen der Meinung einiger Kritiker — weder eine Einengung der rechtsstaatlich gesicherten Verteidigung, noch werden dadurch liberale Grundsätze aufgegeben. Mit dieser Reform, mit der u.a. einer Forderung des Bundesverfassungsgerichts entsprochen wurde, sollen Strafprozesse beschleunigt und dem Mißbrauch der Verteidigerrechte entgegengewirkt werden.

b) Strafvollzug

Es ist unbestritten eine Tatsache, daß die überwiegende Mehrheit der Bürger an der Strafverfolgung und Aburteilung mehr interessiert ist als am Strafvollzug. Was hinter den Gefängnismauern vorgeht, findet breiteres öffentliches Interesse vor allem dann, wenn wieder „etwas passiert" ist; sicher trägt auch ein Teil der Massenmedien zur Halbinformation der Bürger bei. Dabei gehört zur Verbesserung der Inneren Sicherheit ganz entscheidend die weitere Reform des Strafvollzugs.

Primär geht es darum, den Vollzug effektiver zu machen, nicht aber darum, ihn „angenehmer" zu gestalten. Effektiv ist der Vollzug dann, wenn die Zahl der Rückfalltäter abnimmt, wenn in möglichst vielen Fällen eine Eingliederung in die Gesellschaft gelingt. So ist die Reform des Strafvollzugs ein Gebot kriminalpolitischer und sozialpolitischer Vernunft.

Tatsachen sind nämlich:
Rund 74 Prozent aller Strafgefangenen in der Bundesrepublik waren zuvor schon einmal zu Haftstrafen verurteilt worden. Der heutige Strafvollzug, von Ausnahmen abgesehen, hält sie nicht von Straftaten ab. Senkt sich indes die Rückfallquote nur um fünf bis sieben Prozent, so unterbleiben jährlich über zehntausend Verbrechen und Vergehen. Ein verbesserter Strafvollzug würde also der wirksamste Verbrechensschutz sein.

Rückfallquote

Über die Hälfte der Anstaltsinsassen verläßt nach weniger als einem Jahr Freiheitsstrafe wieder die Vollzugsanstalt. Nur rund dreitausend der jährlich Verurteilten erwartet eine Strafe von mehr als fünf Jahren, nur rund 60 Verurteilte im Jahre treten eine lebenslange Haftstrafe an. Das zeigt: Die Probleme lassen sich nicht durch die Freiheitsstrafe allein lösen. Die Gemeinschaft wird regelmäßig und schon nach kurzer Zeit mit der Aufgabe konfrontiert, den Straffälligen wieder in normale Lebensverhältnisse einzugliedern. Wo dies nicht gelingt, beginnt zumeist der Teufelskreis von Arbeitslosigkeit, vergeblicher Wohnungssuche, erneuter Straftat und Haft.

3. Innere Sicherheit im Widerstreit: vier widerlegbare Vorwürfe
Gegen das von Bund und Ländern praktizierte Konzept der Inneren Sicherheit werden — unterschiedlich motiviert — vor allem vier Vorwürfe vorgetragen.

a) Pro und kontra Strafrechtsreform
Die Strafrechtsreform habe ein Klima geschaffen, in dem Kriminalität besser gedeihen könne.

In der Tat hat die Strafrechtsreform den Gedanken der Sozialschädlichkeit als Kriterium für die Strafbarkeit einer Tat sowie den Gedanken der Resozialisierung stärker in den Vordergrund gerückt.[17] Die Möglichkeiten der Strafaussetzung sind erweitert, die kurzfristige Freiheitsstrafe zugunsten der Geldstrafe zurückgedrängt worden.

Sozialschädlichkeit

In anderen demokratischen Ländern sind diese Zielsetzungen schon vor Jahrzehnten verwirklicht worden. Überdies haben alle im Bundestag vertretenen Parteien zugestimmt, daß
— die Zuchthausstrafe wegfällt,
— kurze und mittlere Freiheitsstrafen zurückgedrängt werden,
— das Arbeitshaus abgeschafft wurde,
— die Sicherheitsverwahrung auf gefährliche Rückfalltäter beschränkt wurde,
— die Diebstahlsvorschriften umgestaltet wurden.

[17] Hans-Jochen Vogel; Rede vor dem Deutschen Bundestag, 6. November 1975.

Haftrecht

Das 1964 — entsprechend der internationalen Entwicklung — veränderte Haftrecht ist 1972 auf Grund der praktischen Erfahrungen wieder verschärft worden. Damals wurde klargestellt, daß ein fester Wohnsitz allein den Haftgrund der Fluchtgefahr nicht ausräumen kann. Andererseits wiederum wurden die strengen Voraussetzungen des Haftgrundes „Verdunkelungsgefahr" gelockert, der Haftgrund Wiederholungsgefahr hingegen auf eine Reihe weiterer Straftaten ausgedehnt. Seither können die Gerichte die Bürger durchaus vor Serien- und Wiederholungstätern ausreichend schützen.

b) Pro und kontra Resozialisierung
Abschreckung greife stärker als Resozialisierung.
Dazu ist zu sagen: Der Ruf z.B. nach der Todesstrafe taugt nicht, wenn es Innere Sicherheit zu schaffen gilt. Dies zeigen sowohl die Erfahrungen wie die kriminologische Forschung. Gewalttäter lassen sich durch die Androhung der Todesstrafe nicht abschrecken: sie entwickeln höchstens noch größere kriminelle Energie. Der Verzicht auf die Todesstrafe ist ein Bestandteil der Grundüberzeugung aller demokratischen Kräfte. Wer an diesem elementaren Grundsatz unseres demokratischen Verfassungsstaates bei jeder kriminellen Herausforderung rüttelt, zeigt kümmerliche Schwäche und arge Verzagtheit.

c) Pro und kontra Demonstrationsrecht

Demonstrationsrecht

Das Demonstrationsrecht sei aufgeweicht worden. Wer in einer verbotenen Menschenmenge verbleiben, müsse bestraft werden. Eine solche Regelung bringt nichts. Schon nach geltendem Recht macht sich wegen Landfriedensbruch strafbar, wer sich an Gewalttätigkeiten einer Menschenmenge beteiligt; strafbar macht sich auch, wer solche Gewalttaten fördert oder als „Anheizer" die Menschenmenge zu Gewalttätigkeit aufstachelt. Auch kann derjenige eine hohe Geldbuße erhalten, der sich trotz polizeilicher Aufforderung nicht aus der Menschenmenge entfernt. Würde jedoch anstelle der Geldbuße eine Freiheitsstrafe angedroht, so hätte es die Polizei nicht leichter, in einer oft hundert- oder tausendköpfigen Menge Gewalttäter festzunehmen. Im Gegenteil: Die Polizei würde gewiß überfordert, wenn sie gegen jeden passiv Anwesenden strafrechtlich ermitteln müßte; sie könnte nur einzelne Personen herausgreifen. Dies wiederum trüge ihr den Vorwurf der Willkür ein, ohne zugleich die Rechtssicherheit für den Bürger entscheidend zu erhöhen. Schon heute kann die Polizei mit den erforderlichen Mitteln (Wasserwerfer, Tränengas) einschreiten, wenn sie unerlaubte Demonstrationen auflösen will.

d) Pro und kontra rechtsstaatliches Verfahren
Die Verfahren gegen die Terroristen (Stammheim, Kaiserslautern) dauerten zu lange.
Das Verfahren etwa in Stammheim ist seit 1972 anhängig. Die lange teilweise über drei Jahre dauernde Untersuchungshaft erklärt sich jedoch aus den besonderen Schwierigkeiten und dem Umfang der notwendigen Ermittlungen:

— den Angeklagten werden nicht weniger als sechs Morde, 59 Mordversuche, vier Sprengstoffanschläge und zahlreiche Banküberfälle zur Last gelegt;
— die Angeklagten haben jede Einlassung zur Sache verweigert; jedes einzelne Indiz muß durch Zeugen und Sachverständige bewiesen werden;
— die Verteidigung trägt durch alleräußerste Ausschöpfung der strafprozessualen Möglichkeiten, durch häufige und wiederholte Ablehnungsanträge dazu bei, daß die Untersuchungshaft so lange andauert.

Nach der Europäischen Menschenrechtskommission hat jede festgenommene Person Anspruch darauf, innerhalb einer angemessenen Frist verurteilt oder aus der Haft entlassen zu werden. Eine Beschwerde wurde von der Europäischen Menschenrechtskommission jedoch als unbegründet abgelehnt (29. April 1974):

Verfahrensfristen

— die Haftdauer sei berechtigt,
— es läge keine unsachgemäße Behandlung durch die Justiz vor,
— Angeklagte und Verteidiger hätten selbst dazu beigetragen, daß sich die Prozeßentscheidung verzögert habe.

4. Die Polizei in der freiheitlichen Gesellschaft

Die Bundesrepublik Deutschland gehört zu den freiheitlichen demokratischen Systemen, durch das Grundgesetz ist ihre freiheitliche demokratische Grundordnung festgelegt. Diese läßt sich nach der Aussage des Bundesverfassungsgerichts bestimmen als eine Ordnung, die[18] „unter Ausschluß jeglicher Gewalt- und Willkürherrschaft eine rechtsstaatliche Herrschaftsordnung auf der Grundlage der Selbstbestimmung des Volkes nach dem Willen der jeweiligen Mehrheit und der Freiheit und Gleichheit darstellt".

In der so eindeutig definierten freiheitlich-demokratischen Gesellschaft ist die Polizei eine Organisation des Gemeinwesens zum Schutz von Individualrechten und Gemeinschaftsrechten.

Der polizeiliche Auftrag ist die Aufrechterhaltung von Sicherheit und Ordnung durch die Abwehr von Gefahren und Störungen. In das Erwartungsfeld der Bürger gerückt, bedeutet dies die Gewährleistung von Geborgenheit und Frieden: „Das ist — wie z.B. der Wunsch nach Gesundheit — eine der Ursehnsüchte des Menschen"; 80 Prozent der Bevölkerung sehen sehr zu Recht Geborgenheit und Friede als primäre Leitwerte ihrer Erwartungen an. Die politischen Wertentscheidungen, von denen die Polizei im Vollzug ihres Auftrages ausgeht, sind von den Wertentscheidungen unserer Rechtsordnung bestimmt. Der einzelne Polizeibeamte trifft diese Wertentscheidungen nicht selbst, er hat die Aufgabe, die von der Gemeinschaft getroffenen Wertentscheidungen zu verteidigen und die von ihr festgelegten Wege einzuschlagen. Bei der täglichen Konfliktbewältigung sind die vom Staat (Parlament, Regierungen) sanktionierten Spielregeln das Fundament des polizeili-

Polizeilicher Auftrag

18) Entscheidungen des Bundesverfassungsgerichts (BVerGE) 2. Band, S. 1 ff.

chen Verhaltens, also die auf den Normen des Grundgesetzes aufbauenden Gesetze, Verordnungen etc. Das heißt: Die Gemeinschaft gibt sich durch ihre verfassungsmäßigen Institutionen die Regeln, die Polizei hat sie durchzusetzen. Die Zielrichtung wird für die Polizei – und das ist zuletzt 1974 geschehen – durch die Sicherheitsprogramme des Bundes und der Länder gegeben.

In der freiheitlichen Gesellschaft ist das Polizeibild von einer Vielzahl von Faktoren bestimmt. Dazu hat Münchens Polizeipräsident Schreiber ein Modell entworfen, dessen Elemente von der Ausbildung des Polizeibeamten bis zu seiner persönlichen Standfestigkeit in Konfliktsituationen des polizeilichen Alltags reichen.

5. Die politischen Parteien in der Auseinandersetzung mit dem Terrorismus

Bei der Bekämpfung der Kriminalität bestehen zwischen den politisch verantwortlichen Kräften sehr selten Differenzen – ein vielleicht wahltaktisch motivierter Vergleich zwischen Verbrechens- und Verbrechensaufklärungsstatistiken in den einzelnen Bundesländern brächte wohl auch nichts ein. Die Beratungen der Innenminister und -senatoren, die Konkretisierung ihrer Beratungsergebnisse sind hinreichender Beleg sowohl für prinzipiell gemeinsame Positionen als auch für das Funktionieren des kooperativen Föderalismus auf dem Gebiet der Inneren Sicherheit.

Gemeinsame Positionen

In der Konfrontation mit dem Terrorismus hat sich die überwiegende Mehrzahl der verantwortlichen Politiker bislang ebenfalls um eine weitgehende Übereinstimmung bemüht, wenngleich hier vereinzelt doch auch unangemessene (d.h. nicht zur Sache gehörende) Anmerkungen zu notieren sind. Die Gemeinsamkeit der Demokraten, so der oft zitierte Begriff bei der Bundestagsdebatte am 13. März 1975, wird praktiziert: sie fand z.B. konkret ihren Ausdruck in dem gemeinsamen Krisenstab, der anläßlich der Entführung des Berliner CDU-Politikers Peter Lorenz gebildet wurde und dem Spitzenpolitiker der demokratischen Parteien angehörten. Die Grundpositionen der demokratischen Parteien wurden in der Bundestagsdebatte zur Inneren Sicherheit am 13. März 1975 u.a. von Helmut Schmidt (SPD), Helmut Kohl (CDU) und Werner Maihofer (FDP) verdeutlicht.

a) SPD: Bundeskanzler Helmut Schmidt:

Totalitätsanspruch

„Dabei sind wir uns sicherlich einig, daß die grundlegende, die grundsätzliche Fehlhaltung dieser Staatsverneiner, dieser Terroristen darin besteht, daß sie einen totalitären Anspruch erheben und dann auch noch glauben, daß Terror das geeignete Mittel zur Durchsetzung ihres totalitären Anspruchs wäre. Sie stellen sich damit als Gewaltkriminelle selbst außerhalb der Spielregeln, die unser demokratischer Rechtsstaat setzt. Meinungen können nicht durch Terror in politische Willensbildung umgesetzt werden.

Und wer an die Stelle von Kritik und von politischer Agitation nunmehr Drohung und Gewalt setzt, der hat die Grenze überschritten, die politisches Handeln von Kriminalität scheidet.

Der freiheitliche Rechtsstaat und nur der freiheitliche Rechtsstaat ist und bleibt das Bollwerk der offenen, der demokratischen Gesellschaft. Dieses Bollwerk müssen wir mit aller Härte verteidigen. Härte bedeutet hier nicht Rücksichtslosigkeit gegenüber den Bürgern, Härte bedeutet Konsequenz in der Anwendung der Machtmittel, die der Staat denen gibt, die seine Bürger nach Verfassung und Gesetz vertreten sollen.

Verteidigungswürdig

Wir müssen ständig daran arbeiten, daß jeder Bürger sich mit diesem Staat identifizieren kann, daß jeder Bürger die reale Chance bekommt, sich in diesem Staat frei zu entwickeln, sich darin wohlzufühlen, sich mit ihm zu identifizieren. Wir müssen dafür sorgen, daß zwischen Bürger und Staat keine Gräben entstehen können. Der Staat muß die Bedürfnisse und Interessen der Bürger zu einem gerechten Ausgleich bringen, damit sie sich mit ihm identifizieren können."

b) CDU: Ministerpräsident Helmut Kohl:
„Sicherheit in unserem Sinne, meine Damen und Herren, ist kein eindimensionales Problem. Die Sicherheit des freiheitlichen Rechtsstaates hat viele Dimensionen. Deswegen genügt es nicht — obwohl wir für alles dies dankbar sind und es unterstützen —, wenn wir die Polizei im Technischen, im Finanziellen, im Organisatorischen so ausstatten, damit es besser läuft. Sicherheit, wie wir sie verstehen, setzt voraus, daß wir in diesem Lande eine Regierung haben, die regierungsfähig ist und die auch fähig ist, die notwendigen Veränderungen von Staat und Gesellschaft tatkräftig und mit Vernunft und Augenmaß durchzusetzen.

Wir bekennen uns zu der Pflicht der Demokraten, junge Bürger, die sich verirrt haben, für die Zukunft dieses Landes wieder zur demokratischen Mitte zurückzuführen.

Das setzt voraus, daß wir eine Regierung, daß wir staatliche Organe und Institutionen haben, die entscheidungswillig und -fähig sind, und — ich nehme das Wort unseres Freundes Alfred Dregger auf — daß wir einen starken Staat haben, meine Damen und Herren, einen Staat mit Autorität. Das ist das Gegenteil eines autoritären Staates. Wir wollen nicht in den Obrigkeitsstaat von gestern zurück, wir wollen nicht den Staat, der den Bürger in seinem Freiheitsrecht einschränkt. Wir wollen diesen unseren freiheitlichen Rechtsstaat mit Kraft, Entschlossenheit und Autorität versehen, damit er für alle unsere Bürger nach innen und außen im besten Sinne des Wortes Schutz und Schirm in diesem Land ist."

Starker Staat

c) FDP: Bundesinnenminister Werner Maihofer:
„Der Kampf gegen Gewalt kann in einem freiheitlichen Rechtsstaat nicht allein durch die Sicherheitsorgane geführt werden. Voraussetzung für eine nachhaltige Bekämpfung der Kriminalität und des Terrorismus sind — hier finde ich durchaus gewisse Berührungen und Ausführungen meines Vorredners — die geistige Auseinandersetzung

mit den Ursachen dieser Erscheinungen und das bewußte Eintreten jedes Bürgers für seinen Staat. Das ist ja die, glaube ich, alle Parteien hier verbindende Vorstellung vom Aktivbürger in einer freiheitlichen Demokratie. Die Bundesregierung wird diese Voraussetzung solcher geistiger Auseinandersetzung durch planmäßige Aufklärungsarbeit weiter stärken, wie sie das schon bisher in ihren Berichten und Dokumentationen getan hat."

6. Sicherheitspolitik ist Gesellschaftspolitik

Ausbalanciert

Verbrechen und Kriminalität lassen sich nicht allein mit polizeilichen Mitteln, mit den Mitteln des Straf-, des Strafverfahrensrechts, mit verbessertem Strafvollzug bekämpfen. Innere Sicherheit beruht nicht nur auf einem ausbalancierten System gewährter gesicherter Freiheit und angedrohter Sanktionen. Die politisch Verantwortlichen haben zur Problembewältigung stets auch nach den Ursachen zu fragen. Denn: Kriminalität ist ein soziales Phänomen, d.h. persönliche und gesellschaftliche Faktoren können den einzelnen straffällig werden lassen. Innere Sicherheit ist deshalb nicht schon dadurch gewährt, daß Straftaten aufgeklärt werden, daß die verschiedenen Maßnahmen der repressiven Verbrechensbekämpfung greifen. Tatsächlich sind hier — an der Kriminalstatistik erkennbar — Erfolge zu verzeichnen. Über die repressive Verbrechensbekämpfung hinaus ist die präventive Verbrechensbekämpfung von hoher Bedeutung. Ziel ist, „eine auf gesicherten Erkenntnissen beruhende Therapie. Hierzu bedarf es einer kriminologischen Diagnose der sozialen und ökonomischen Ursachen der Kriminalität".[19] Ein langfristig auf Erfolg abstellendes Konzept der Inneren Sicherheit muß versuchen, strafbare Handlungen möglichst von vornherein auszuschließen. Innere Sicherheit beruht deshalb auf Verbrechensverhütung und ist somit im Kern Gesellschaftspolitik.[20]

Verbrechensverhütung

Verbrechensverhütung erstreckt sich somit auf den gesamten Bereich des sozialen Lebens. Sie ist ebenso umfangreich und differenziert. Verbrechensverhütung als Gesellschaftspolitik erfordert deshalb, daß
— materielle Not beseitigt wird,
— Erziehung und Bildung dem einzelnen die Rechte seiner Mitmenschen verständlich, die vielfältigen Möglichkeiten und Verfahren friedlicher Konfliktlösung bewußt macht,
— in akuten Krisensituationen mitmenschliche, solidarische Hilfe bereitsteht.

Dabei sind viele Bereiche miteinander verbunden: Familienpolitik und Sozialpolitik, Bildungspolitik und Maßnahmen, um Jugendar-

---

19) So Bundesminister Werner Maihofer in: Polizeiliche Kriminalstatistik 1974, Pressedienst des Bundesministeriums des Innern, Bonn 2, Juni 1975, S. 6
20) Münchens Polizeipräsident stellt in diesem Zusammenhang fest, „daß eine gute Sozialpolitik zugleich auch die wirksamste Kriminalpolitik ist": Manfred Schreiber: Konflikt, Gesetz und Ordnung konkretisiert am Beispiel polizeilicher Arbeit. In: Der Mensch in den Konfliktfeldern der Gegenwart, Köln 1975, S. 295.

beitslosigkeit zu beseitigen. Die Verweigerung einer Lehrstelle kann dazu beitragen, daß ein junger Mensch auf die schiefe Bahn gerät.

Die Bundesrepublik Deutschland ist eine sozial stabile Gesellschaft. Die Herausforderungen auf dem Gebiet der Inneren Sicherheit werden mit rechtsstaatlichen, sozialen, politischen Mitteln gelöst. Ein System sozialer Sicherheit und die Loyalität der Bürger zum demokratischen Verfassungsstaat sind dafür Voraussetzung. Hysterische Reaktionen oder die Suche eines verordneten Heils in Lösungen von gestern, würden die Aufklärungsrate von Straftaten nicht verbessern, die Rückfallquote von Straftätern nicht verringern. Im Gegenteil: Das im internationalen Vergleich hohe Maß an Innerer Sicherheit würde dadurch aufs höchste gefährdet. Wer Konflikt- und Reformstau zum Mittel der Politik erheben will, zielt auf den Abbau des sozialen Rechtsstaates. Voraussetzung für die Innere Sicherheit ist deshalb: Die gemeinsame Verantwortung aller demokratischen Kräfte für den demokratischen Verfassungsstaat hat stärker zu sein als alle parteipolitischen Gegensätze!

Über die Parteigrenzen

Literatur zu Baustein 8

1. Außer der Arbeit von Schreiber/Birkl, in der im Kapitel 3 unter der Überschrift Innere Sicherheit — Äußere Sicherheit die Interdependenz von Innerer und Äußerer Sicherheit behandelt wird, gibt es nur noch eine Reihe von Einzelbeiträgen, von denen einige auszugsweise als Materialien beigefügt sind.
2. Für das Verhältnis von Sicherheit und Freiheit gelten die zu den Bausteinen 1 und 2 angegebenen Literaturvorschläge.

Arbeitsmaterialien zu Baustein 8 (Übersicht)

1. Verteidigung der Freiheit — Auftrag an alle Bürger
(aus einer Rede von Bundesinnenminister Baum, 11.9.1978)
2. Sicherheit — komplexes politisches Problem
(Paul W. Kolb in „Sicherheitspolitik heute", 1/1975)
3. Innere Sicherheit als Bestandteil der Sicherheitspolitik
(Heinz Schwarz in „Sicherheitspolitik heute", 1/1975)
4. Politische und wirtschaftliche Aspekte der westlichen Sicherheit
(Bundeskanzler Schmidt am 28.10.1977 in London)

Aus: BMI-Informationsdienst „Innere Sicherheit" 1978

Verteidigung der Freiheit, Auftrag an alle Bürger

Anläßlich der Eröffnungsveranstaltung der Internationalen Sicherheitsfachmesse „Security 78" am 11. September 1978 führte Bundesinnenminister Gerhart Rudolf Baum u.a. aus:

Wir alle haben, so noch in den letzten Tagen, immer wieder gespürt, mit welcher Aufmerksamkeit die Bürger die Ereignisse auf dem Gebiet der öffentlichen Sicherheit beobachten.

Wir haben Fehlschläge zu verzeichnen, aber die Erfolge sind beachtlich. 13 der Täter des schrecklichen Jahres 1977 sind in der Haft oder tot — 9 der Schleyer Täter. Seit September 1977 gab es über 40 Festnahmen im Terror-Bereich. Wir sollten ein abgewogenes Urteil bewahren gegenüber der Tätigkeit unserer Polizei — ein gerechtes Urteil im Hinblick auf die großen Anstrengungen, die unternommen werden.

Öffentliches Interesse — Die Polizei arbeitet bei der Terrorbekämpfung unter dem harten Scheinwerferlicht eines starken öffentlichen Interesses.

Hohes Lob, vernichtende Kritik liegen hier eng beieinander. Ich plädiere dafür, der deutschen Polizei die Wechselbäder extremer Beurteilung zu ersparen und zu einer ruhigen abgewogeneren Beurteilung zu gelangen.

Auch was Fehlschläge angeht, hat der einzelne Beamte — und um ihn geht es ja letztlich — Anspruch auf eine gerechte Beurteilung, wie alle anderen Berufsgruppen auch.

Vorverurteilungen in der öffentlichen Meinung, das öffentliche Hochspielen von operativen polizeitaktischen Einzelheiten ohne gründliche Sachaufklärung — dies führt zur Verunsicherung.

Dies alles bedeutet nicht, daß die Polizei im kritikfreien Raum arbeitet.

Ich selbst habe über den Hubschrauberfall dem Deutschen Bundestag einen ungeschminkten Bericht gegeben.

Die Kritik muß nur gerecht sein und muß von der Erkenntnis ausgehen, daß zur Beurteilung polizeilicher Maßnahmen polizeilicher Sachverstand erforderlich ist.

Wir, die Innenminister des Bundes und der Länder, haben Ende August die Zusammenarbeit auf dem Gebiet der terroristischen Gewaltkriminalität neu geordnet.

Höcherl-Bericht — Die Vorschläge des sogenannten Höcherl-Berichts sind damit nahezu vollständig umgesetzt worden.

Die in der letzten Innenministerkonferenz einstimmig beschlossenen Richtlinien für die Abgrenzung zwischen dem Bundeskriminalamt und den Polizeien der Länder schaffen klarere Verantwortungsbereiche. Ohne Rücksicht auf Prestigegesichtspunkte ist einem schlicht klingenden aber oft schwer durchsetzbaren Grundsatz zum Durchbruch verholfen worden:

Jeder soll das machen, was er am besten kann.

Das läßt sich mit einer Kurzformel ausdrücken:

Zentralisierung der Information und der Steuerung, Dezentralisierung der Aktion.

Für die polizeilichen Ermittlungen vor Ort ist in der Regel die Polizeibehörde des Landes zuständig, in hoch technisierten Spezialbereichen das Bundeskriminalamt.

Seine Stellung als Informations- und Kommunikationszentrale wird noch weiter gestärkt werden.

In naher Zukunft werden wir noch ein einheitliches Kommunikationssystem im Bereich der deutschen Polizei haben. Das Bundeskriminalamt wird damit aber nicht zur Datenverarbeitungszentrale, sondern bleibt auch im Ermittlungsbereich tätig bis zur Selbstvornahme vor Ort, allerdings nur, wenn die Kräfteverhältnisse dies zulassen und der Fall es erfordert.

Kommunikationssystem

Es sollte auch nicht allein die terroristische Gewaltkriminalität im Vordergrund der öffentlichen Diskussion stehen — auch die anderen Kriminalitätsfelder bedürfen der Aufmerksamkeit.

Ich nenne nur den Kampf gegen die angestiegene Rauschgiftkriminalität durch Bundeskriminalamt und Länder (Zunahme der Rauschgiftdelikte 1977 um 11,7%).

Notwendig erscheint mir auch immer wieder, insbesondere nach Erfolgen, nachdrücklich darauf hinzuweisen, daß wir mit unseren Anstrengungen nicht nachlassen dürfen.

Wir können nicht damit rechnen, daß wir den Terrorismus, der ein internationales Phänomen ist, kurzfristig überwinden werden.

Die terroristische Bedrohung hält an!

Ich komme heute von einem Gespräch mit meinen österreichischen, schweizer, italienischen und französischen Kollegen aus Wien.

Wir waren uns einig, daß höchste Wachsamkeit geboten ist. Wir haben Entscheidungen getroffen mit dem Ziele, die internationale Zusammenarbeit noch zu verstärken.

Oberste Pflicht eines demokratischen Staates ist es, Sicherheit und Freiheit seiner Bürger zu garantieren.

Wie soll der Bürger sein Leben freiheitlich gestalten können, wenn er dieser Freiheit nicht sicher sein kann.

Dabei gilt es, den schmalen Grad zwischen Sicherheit und Freiheit nicht zu verlassen.

Freiheit ohne Sicherheit ist nicht denkbar — Sicherheit ohne Freiheit ist menschenunwürdig.

Spannungsfeld

Der Konflikt, der sich hieraus ergibt, ist eine Herausforderung, in der sich die Politik in einem demokratischen Staatswesen Tag für Tag neu bewähren muß — ein Staat, der auf Toleranz und Humanität gegründet ist.

Der freiheitliche Staat muß sich selber treu bleiben, auch dann, wenn er sich verteidigen muß gegen Gegner, die ihn beseitigen wollen.

Die Verteidigung unserer Freiheit ist Auftrag an uns alle. Es ist mir unverständlich, daß es in unserem Lande immer noch einzelne Bürger gibt und Gruppen, die terroristische Gewalttäter unterstützen.

Der Staat bedarf der Unterstützung aller seiner Bürger. Fahndungserfolge gehen in vielen Fällen auf die Aufmerksamkeit der Bürger zurück.

Die auf dem Gebiet der Sicherheitstechnik und der Sicherheitseinrichtungen Tätigen leisten einen wertvollen Beitrag zur Kriminalitätsbekämpfung.

Wir brauchen dabei das freie Unternehmertum mit seinen Initiativen zur Forschungs- und Entwicklungsarbeit, mit seiner Bereitschaft, auch Risiken einzugehen.

Ich bitte um Nachsicht, wenn ich in diesem Zusammenhang eine kritische Anmerkung mache.

Sicherheits-
bedürfnis

Das Sicherheitsbedürfnis der Bevölkerung schlägt sich in einer Ausweitung der Nachfrage nach den hier präsentierten Einrichtungen und Dienstleistungen nieder.

Wer Sicherheit produziert, will sie auch verkaufen.

Er muß dann auch über Gefährdungslagen sprechen.

Geschieht dies unter Aufzeigen der bei realistischer Betrachtungsweise tatsächlich bestehenden Risiken, erfolgt die Beratung über mögliche Schutzvorkehrungen mit Fachwissen, so ist dies ein Gewinn nicht nur für den Kunden, sondern für unsere gesamte Sicherheitslage.

Dem Bürger wird nämlich durch diese — mit durchaus anzuerkennendem geschäftlichem Interesse — geführte Diskussion seine Verantwortung verdeutlicht, nämlich seine individuelle Verantwortung für die Sicherung seiner persönlichen Unversehrtheit und seines Vermögens.

Ich muß aber auch vor der Erzeugung einer übersteigerten Psychose im Bereich der Inneren Sicherheit warnen.

Tatsächliche Sicherheitslage und Sicherheitsgefühl der Bevölkerung beeinflussen sich gegenseitig.

Eine spekulative Verunsicherung des Bürgers zur Erzeugung eines „Angstmarktes" — gleichgültig, ob dies unter politischen oder wirtschaftlichen Zielsetzungen erfolgt — darf nicht erfolgen.

Ich begrüße es ganz besonders, daß diese Sicherheitsmesse nicht nur der Präsentation von Waren und Dienstleistungen dient, sondern von einem Fachkongreß begleitet wird, der sich — unter dem Motto „Mehr Prävention — mehr Sicherheit" — die Behandlung verschiedener

Sicherheits-
messe

Aspekte der vorbeugenden Bekämpfung von Gewaltkriminalität zum Ziel gesetzt hat. Hierzu ist es den Veranstaltern gelungen, eine große Anzahl namhafter Fachleute als Referenten zu gewinnen, die sich in den folgenden Tagen zu Themenkreisen äußern werden, die von der Phänomenologie der Straftaten, über Schutz- und Sicherungsmöglichkeiten im privaten und gewerblichen Bereich bis hin zu der uns alle bewegenden Frage der Bekämpfung des Terrorismus reichen.

Mit besonderer Genugtuung stelle ich fest, daß der internationale Charakter dieser Fachmesse „Security 78" nicht nur in der Anwesenheit von Ausstellern aus 18 Nationen — die damit rd. 1/3 oder 250 hier vertretenen Direktaussteller stellen —, sondern auch in der gemeinsamen Trägerschaft der Königlich Niederländischen Messe aus

Utrecht und der Essener Ausstellungs- und Messegesellschaft zum Ausdruck kommt.

Die verstärkte Internationalisierung des Verbrechens läßt nationale Bezüge immer weiter zurücktreten und zwingt — gerade im Bereich der Verbrechensvorbeugung und Verbrechensverhütung — zu verstärkter multinationaler Zusammenarbeit.

Lassen sie uns alle, privates Bewachungsgewerbe, Konstrukteure und Hersteller sicherheitstechnischer Einrichtungen oder Vertreter staatlicher Institutionen, jeder in seinem Bereich, alle notwendigen Anstrengungen zu einer dauerhaft wirksamen Verbrechensbekämpfung unternehmen!

Der Messe und dem Fachkongreß wünsche ich einen erfolgreichen Verlauf und allen Besuchern und Teilnehmern wertvolle Anregungen.

Ich erkläre die Internationale Sicherheitsfachmesse „Security 78" für eröffnet.

Aus: Sicherheitspolitik heute, Nr. 1/1975

Paul Wilhelm Kolb: Sicherheit — ein komplexes politisches Problem (leicht gekürzt)

Das Bedürfnis nach Sicherheit und seine Umsetzung in formale und begriffliche Strukturen

Zunächst ist daran zu erinnern, daß der Mensch als Teil einer Gattung in keiner geschichtlichen Phase als vereinzeltes Individuum vorgefunden worden ist. Man wird ihn daher folgerichtig als ein soziales und damit auch politisches Wesen zu verstehen haben, das sich seinen Anlagen gemäß nur in gesellschaftlichen Gebilden unterschiedlicher Größe und Form zu verwirklichen vermag.

Gesellschaftswesen

Sein Sicherungsstreben vollzieht sich dehalb in Formen, die vielseitige Beziehungen und Wagnisse zu berücksichtigen haben. Die Gesellschaftswissenschaften tragen dem Rechnung, indem sie zutreffend feststellen, daß der Mensch in der Gesellschaft stets mehrere Rollen, und zwar in den unterschiedlichsten Gruppen spiele, wodurch eine Person auf Grund ihrer naturgegebenen mehrfachen Gruppenzugehörigkeit Träger vielfältiger, sich zum Teil durchschneidender oder gar ausschließender Interessen und Wagnisse werden kann.

Wenn man sich nun vergegenwärtigt, was sich sprachlich hinter dem Begriff „Sicherheit" verbirgt, wird man feststellen, daß das Wort „Sicherheit" als germanisches Lehnwort aus dem Lateinischen „securus" in die deutsche Sprache Eingang gefunden hat.

Seiner ursprünglichen Bedeutung wird die Umsetzung des Wortes „Sicherheit" in die Synonyma „ohne Sorge", „geschützt", „zuverlässig" am meisten gerecht.

Psychologisch gesehen geht demnach eine starke gefühlsmäßige, ein bestimmtes Wunschbild hervorrufende Reizwirkung von diesem Wort und dem von ihm verdeutlichten Begriff aus.

Rechtsordnung und Sicherheit

Geschichtlich betrachtet hat die im Staat rechtlich verfaßte Gesellschaft schon relativ früh durch Rechtsinstitute (Normen) dem Bedürfnis der Menschen nach persönlicher Sicherheit entgegenzukommen versucht.

Rechtsinstitute

Aus dem mittelalterlichen System standesgebundener Rechte und Pflichten, die unter anderem in der Form von Schutzbriefen ihren Niederschlag fanden, erwuchs dann im Zeitalter der Aufklärung die Forderung nach eindeutig umschriebenen individuellen Schutzrechten. Sie fanden im Rahmen des neuzeitlichen Rechtsstaates ihre Verwirklichung.

Artikel 1 des Grundgesetzes der Bundesrepublik Deutschland bekennt sich deshalb unter anderem ausdrücklich zu den unverletzlichen und unveräußerlichen Menschenrechten als Grundlage jeder menschlichen Gemeinschaft. Im Artikel 2 wird das Recht zur freien Entfaltung der Persönlichkeit und das Recht auf Leben und körperliche Unversehrtheit ausdrücklich garantiert.

Insoweit wird man ohne Übertreibung festhalten können, daß die Rechtsordnung als ein System von Normen aufzufassen ist, das dazu bestimmt ist, nicht nur den individuellen, sondern auch den gruppenbezogenen Lebensabläufen ein hohes Maß an Bestimmbarkeit und damit Funktionssicherheit zu geben.

Welche Bewertung dem Element der Sicherheit als Ausdruck des Geschütztseins durch allgemeine, als verbindlich anerkannte Regeln zuteil wird, zeigt sich nicht zuletzt in dem starken Gewicht, welches in unserem Rechtssystem den Gerichten als Rechtsschutzorganen zukommt.

Soziale Sicherheit

Die soziale Sicherheit, die dem einzelnen wie bestimmten Gruppen als Gut zusteht, wird am Ende des 18. Jahrhunderts im Zusammenhang mit dem Heraufkommen der industriellen Revolution als komplexes Problem erkannt. Aus den daraus herrührenden, weltanschaulich nicht zuletzt auf den Forderungen der französischen Revolution fußenden faktischen und theoretischen Auseinandersetzungen entsteht das, was wir heute umfassend als „Sozialpolitik" verstehen:

Sozialpolitik

Aktivitäten, die sich zum Ziele setzen, auf allen Gebieten menschlicher Betätigung zum Wohle aller einen Ausgleich zwischen den verschiedenen Gruppen und Ständen der Bevölkerung herbeizuführen und damit soziale Konflikte lösen. Einen besonderen Stellenwert erhält dabei die Frage der gerechten Einkommensverteilung zur Sicherung der menschenwürdigen Existenz.

Bei der pragmatischen Verwirklichung sind zwei grundsätzliche Ausgangspositionen zu erkennen. In Deutschland: die im Staat organisierte Gesellschaft ist zur Sozialpolitik verpflichtet (Sozialpflichtigkeit). In der angelsächsischen Welt: das Recht des einzelnen auf „social security" (Sozialanspruch) ist der Gemeinschaft gegenüber verbrieft.

Die letztgenannte Auffassung hat übrigens unter der Schlagzeile „Freiheit von Not" ihren Niederschlag in der Atlantic-Charta und — als Anleihe hieraus — im Katalog der Menschenrechte der Vereinten Nationen gefunden.

Sozialpolitik als Lebenssicherung muß ihrer Zielsetzung nach auf ein Programm allgemeiner Sozialhilfe unter Einbeziehung öffentlicher und privater Hilfsquellen festgelegt sein. Als Hauptgebiete der Lebenssicherung wird man, wenn man davon absieht, die von der International Survey of Social Security schon 1950 in Genf aufgestellten neuen Kategorien aufzuzählen, folgende vier in Betracht zu ziehen haben:

**Lebens-
sicherung**

1. Allgemeine Gesundheitspflege
2. Sozialer Versicherungsschutz
3. Soziale Betreuung
4. Öffentliche Fürsorge und Wohlfahrtspflege.

Die Grundrichtungen der individuellen Sicherungsbedürfnisse

Versteht man den Menschen sonach als ein Individuum, das im Spannungsbereich zwischen der Erhaltung seiner Eigenständigkeit und der sozialen Zuwendung zum anderen hin sein Leben verwirklichen muß, lassen sich folgende Grundrichtungen von subjektiven Sicherungsüberlegungen erkennen.

Vorkehrungen gegen Gefährdung

**Persönliche
Sicherung**

1. der individuellen Existenz
   zum Beispiel durch Bedrohung
   des Lebens
   der Gesundheit
   des Vermögens
   der persönlichen Freiheit
2. der sozialen Existenz
   zum Beispiel durch
   Absinken des Lebensstandards
   Verlust des Arbeitsplatzes
   Krankheit
   Alter
3. der individuellen und der sozialen Existenz
   zum Beispiel durch
   Gemeingefahren wie Kriegs- und Naturkatastrophen,
   Umweltbedrohung, Gewaltkriminalität.

Sicherheit als politische Aufgabe

Die Lebenssicherung im Sinne der menschenwürdigen Existenz ist demgemäß nicht allein durch sozial- und wirtschaftspolitische Vorkehrungen möglich. Sie sind zu ergänzen durch Maßnahmen, die herkömmlicherweise unter die Oberbegriffe der Inneren und Äußeren Sicherheit subsumiert werden.

Mit „Innerer Sicherheit" ist dabei jener Bereich der staatlichen Vorsorge für seine Bürger gemeint, der die Rechtsordnung und die öffentlichen Einrichtungen gegen Angriffe von innen schützen soll. Dazu gehören sowohl die für die allgemeine Gefahrenabwehr zuständigen Verwaltungsstellen, insbesondere die Polizei, als auch die Organe der Rechtspflege.

Äußere Sicherung

Der Äußeren Sicherheit dienen demgegenüber Bestrebungen, Staat und Volk vor Gewaltanwendung von außen zu sichern. Die schon klassischen Mittel dazu sind vor allem:
— Aufrechterhaltung ernstzunehmender militärischer Streitkräfte
— Eintritt in Bündnissysteme (NATO, Warschauer Pakt usw.) zur Erlangung gegenseitiger Bestandszusagen gegen Angriffe Dritter.
— Beitritt zu Organisationen (Völkerbund, UNO), die unter anderem um den friedlichen Ausgleich von Spannungen zwischen Staaten bemüht sind.
— Allgemeine Anstrengungen zum Abbau von Konfrontationen, zur Rüstungsbegrenzung und Abrüstung sowie zur Schaffung kriegsächtender oder die Folgen von Kriegen mildernden Konventionen (zum Beispiel Haager und Genfer Konventionen; Kernwaffensperrvertrag, SALT-Verträge), insbesondere Teilnahme an Konferenzen.

Faßt man das bisher Dargelegte zusammen, so läßt sich folgendes feststellen:

Der Mensch im Zeitalter der technischen Zivilisation ist bestrebt, eine Existenz, die er weithin materialistisch begreift, gegen Gefahren zu sichern. Er hat erkannt, daß er als politisches Wesen auch Risiken ausgesetzt ist, die aus der Teilnahme an der Gesellschaft herrühren. Für die Absicherung von Risiken kommen demgemäß sowohl individual - als auch gemeinschaftsbezogene, auf unterschiedlichen Rechtsinstituten beruhende sicherheitspolitische Vorkehrungen in Frage.

Ist Sicherheit meßbar?

Wenn Daseinssicherung als eine Zusammenfassung weithin berechenbarer Einzelereignisse verstanden werden kann, stellt sich die Frage, ob und wie hierzu, individuell oder kollektiv gesehen, im weitesten Sinne quantifizier- und qualifizierbare Aussagen gemacht werden können.

Es ist deshalb unerläßlich, methodische Überlegungen zur Findung von in sich vergleichbaren Bezugsgrößen anzustellen. Im Vordergrund der Aufmerksamkeit müssen dabei statistische und ökonomische Daten stehen, durch die konkrete Tatsachen reflektiert werden. Bei der Bewertung und Gewichtung dieser Ergebnisse sind außerdem jene unsichtbaren Fakten zu berücksichtigen, die sich aus der inneren Struktur der menschlichen Gesellschaft, insbesondere aus den Beweggründen für bestimmte Verhaltensweisen, ergeben; insoweit werden sie in der Regel die entscheidenden Erkenntnisse für die qualitativen Urteile liefern.

Im folgenden wird nun der Versuch unternommen, an Hand von statistischen Daten aus den für diese Ausarbeitung so abgegrenzten Bezugsfeldern der äußeren, inneren und sozialen Sicherheit der Bundesrepublik Deutschland Schlüsse auf die reale Verwirklichung von Sicherungsbedürfnissen im gesellschaftlichen und staatlichen, also im politischen Bereich zu ziehen.

Statistische Auswertung

Dies geschieht durch eine Zusammenfassung von einschlägigen Daten aus öffentlichen Drucksachen, die in ein Bezugsverhältnis zum Bruttosozialprodukt als der Summe der von der Volkswirtschaft erzeugten Güter und Dienstleistungen gesetzt werden. Daraus soll auf die Bedeutung von Sicherungs- und Daseinsvorsorgemaßnahmen im Aktionsbereich staatlichen und politischen Handels geschlossen werden.

Danach wird an Hand von signifikanten Relationen einzelner Daten zum Bruttosozialprodukt und mit Hilfe von Vergleichen zu anderen Ausgabenblöcken der öffentlichen Hände versucht, auf den Stellenwert der einzelnen Maßnahmen zu schließen.

C

Was kostet unsere Sicherheit

Ausgewählte statistische Daten aus den Haushalten des Bundes und der Länder sowie der Sozialversicherungsträger im Vergleich zum Bruttosozialprodukt[1)]

a) Äußere Sicherheit

Einzelpositionen	Ausgaben 1974 (Soll) in Mrd. DM[2]	Anteil am Bruttosozial-produkt in %	Ausgaben pro Kopf der Bevölkerung[3] in DM[3]
Verteidigung[4]	28,9	3,0	466
Militärruhegehälter	2,3 (geschätzt)	0,2	39
Stationierungs-streitkräfte	0,8	0,1	13
Verteidigungshilfe für andere Länder	0,08	0,0	1
NATO-Zivilhaushalt	0,01	0,0	0
Personalverstärkungs-mittel, Devisenaus-gleich EDIP usw.	1,6 (1973)	0,2	26
Wehrbeauftragter	0,003	0,0	0
Berlin-Hilfe	6,6 (1973)	0,6	106
zusammen:	40,29	4,1	651

---

1 Bruttosozialprodukt für 1974 = 995 Mrd. DM (erstes vorläufiges Ergebnis; Wirtschaft und Statistik, Heft 1, 1973, S. 11)
2 Bundeshaushaltsplan 1974
3 Bevölkerung 1974 = 62 Mio.
4 Von den Ausgaben für Verteidigung entfielen nach Bundeshaushaltsplan 1974 auf nichtinvestive Ausgaben ca. 60%, darunter ca. 41% für Personal und ca. 10 % für Materialhaltung; die investiven Ausgaben lagen bei ca. 32 %, darunter ca. 19 % für die militärische Beschaffung und ca. 5% für Wehrforschung, Entwicklung, Erprobung.

b) Zivile Verteidigung / Humanitäre Sicherheit[5]

Einzelposition	Ausgaben 1974 (Soll) in Mrd. DM[2]	Anteil am Bruttosozialprodukt in %	Ausgaben pro Kopf der Bevölkerung in DM[3]
Schutzbaumaßnahmen	0,04	0,004	0,70
Hilfsdienste (KatS, THW, Zuschüsse an Org.)	0,17	0,017	2,80
Warn- u. Alarmdienst	0,07	0,006	1,00
Ärztl. Versorgung	0,02	0,002	0,40
Bundesamt für Zivilschutz (BZS)	0,07	0,007	1,10
Bundesverband für den Selbstschutz	0,04	0,004	0,70
Akademie für zivile Verteidigung	0,001	–	–
Wasserwirtschaftl. Maßnahmen	0,02	0,001	0,30
Schutz von Kulturgut, Erwerb von Fernmeldegeräten	0,003	–	0,10
Maßnahmen auf dem Gebiet der Wirtschaft	0,005	–	0,10
Maßnahmen auf dem Gebiet der Ernährung	0,06	0,006	1,00
Maßnahmen auf dem Gebiet des Verkehrs	0,04	0,004	0,70
Maßnahmen auf dem Gebiet des Nachrichtenwesens	0,04	0,003	0,60
Maßnahmen auf dem Gebiet des baulichen Zivilschutzes	0,002	–	–
Maßnahmen auf dem Gebiet des Arbeitssicherstellungsgesetzes	0,0	–	–
ZV zusammen	0,57	0,06	9

Fortsetzung auf der nächsten Seite.

Einzelposition	Ausgaben 1974 (Soll) in Mrd. DM[2]	Anteil am Bruttosozialprodukt in %	Ausgaben pro Kopf der Bevölkerung in DM[3]
Feuerwehren und allgemeines Rettungswesen[7]	1,00 (geschätzt)[6]	0,1	16
zusammen:	1,57	0,16	25

5 Die ZV ist Bindeglied zwischen Innerer und Äußerer Sicherheit
6 Berechnet und geschätzt nach Statist. Jb. dt. Gemeinden 60 (1973), S. 331-338, Jahresbericht der AGBF 1973, Duisburg 1974, sowie auf der Grundlage von Daten des Kreises Plön (Freiwillige Feuerwehren) aus 1972 und hochgerechnet für das Bundesgebiet auf 1974 sowie Haushaltspläne der Bundesländer 1974.
7 Ohne Werksfeuerwehren

c) Innere Sicherheit

Einzelposition	Ausgaben 1974 (Soll) in Mrd. DM[2]	Anteil am Bruttosozialprodukt in %	Ausgaben pro Kopf der Bevölkerung in DM[3]
Bundesgrenzschutz	0,61	0,1	10
Innere Sicherheit und öffentliche Ordnung (Länder)	4,38[8]	0,4	71
Rechtspflege, Rechtsschutz (Länder)	7,13[8]	0,7	115
Rechtspflege, Rechtsschutz (Bund)	0,62	0,1	10
zusammen:	12,74	1,3	206

2 Bundeshaushaltsplan 1974
8 Haushaltspläne der Bundesländer 1974

d) Soziale Sicherheit (Sozialbudget) / Umweltschutz

Einzelposition	Ausgaben 1974 (Soll) in Mrd. DM[2]	Anteil am Bruttosozialprodukt in %	Ausgaben pro Kopf der Bevölkerung in DM[3]
Krankenversicherung	50,4	5,1	813
Lohnfortzahlung bei Krankheit	20,8	2,1	335
Beihilfen im öffentlichen Dienst	2,2	0,2	35
Unfallversicherung	6,5	0,7	105
Gesundheit zusammen	79,9[9]	8,1	1288
Rentenversicherung	88,5	8,9	1429
Pensionen u.ä.	27,2	2,7	439
Altershilfe für Landwirte	1,7	0,2	27
Alterssicherung zus.	117,4	11,8	1895
Familienzuschläge im öffentl. Dienst	11,7	1,2	189
Kriegsopferversorgung	10,6	1,1	171
Arbeits- und Ausbildungsförderung	12,3	1,2	198
Vermögensbildung	15,2	1,5	245
Sonstige Leistungen	9,8	1,0	158
zusammen:	59,6[9]	6,0	961
Sozialbudget zus.	256,9	25,9	4144
Umweltschutz (öffentl. u. priv. Haushalte)	10,10[10] (geschätzt)	1,0	160
zusammen	267,0	26,9	4304
Sicherheit insgesamt	321,6	32,5	5186

---

9 Schätzung aus Bonner Rundschau v. 21.1.1975 und Zeitschrift „Das Parlament", Nr. 5, v. 1.2.1975
10 Schätzungen nach Marktinformation für die Vorbereitung der IFAT 1975

	Bruttosozialprodukt 995 Mrd. DM 1974 = 100 %	

	Ausgaben für Sicherheit insgesamt 321,6 Mrd. DM = 32,5 %	

Äußere Sicherheit 40,3 Mrd. DM = 4,1 %	Innere Sicherheit 12,7 Mrd. DM = 1,3 %	Soziale Sicherheit (Sozialbudget) 257,0 Mrd. DM = 25,9 %

Humanitäre Sicherheit 1,6 Mrd. DM = 0,16 %		Umweltschutz 10 Mrd. DM = 1,0 %
Zivile Verteidigung	Feuerwehren und allg. Rettungswesen	
0,6 Mrd. DM = 0,06 %	1,0 Mrd. DM = 0,1 %	

Der Stellenwert und die Grenzen des Sicherungsvermögens

Die Zusammenschau der vorstehenden Daten erlaubt die Feststellung, daß in einem technisch hochzivilisierten Gemeinwesen, wie es die Bundesrepublik Deutschland darstellt, der Sicherung der Lebensgrundlagen im sozialen wie im staatlichen Bereich bedürfnisgerecht ein außerordentlich hoher Stellenwert beigemessen wird.

Die Schlußfolgerungen, die sich aus dem Zahlenwerk ergeben: für die individuelle wie kollektive Sicherheit seien verläßliche Grundlagen geschaffen, können so für sich allein aber nicht stehen.

Soziales Netz

Denn so bewunderungswürdig dieses Netz von Sicherungen auf Grund ergänzender privater, unternehmerischer und öffentlicher Leistungen ist, so relativ empfindlich ist dieses System in sich.

Das Prinzip der neuzeitlichen Versicherungswirtschaft, eigene Risiken ganz oder teilweise wieder „rückzuversichern", müßte zum Zwecke der Verlustsicherung demgemäß auch in diesem Zusammenhang zur Geltung kommen. Und hier zeichnen sich die Grenzen des Sicherungsvermögens ab.

Allgemeine Bemerkungen zur Finanzierung des Sicherungsaufwandes

Bei einer näheren Untersuchung, deren Gang aufzuzeigen den Rahmen dieser Darlegungen sprengen würde, zeigt sich, daß der Anteil der direkt oder indirekt aus Steuergeldern finanzierten Maßnahmen hoch ist. Die klassischen Bereiche der staatlichen Sicherheitsvorkehrungen (äußere, innere, humanitäre Hilfe, soziale Fürsorge) sind deshalb in hohem Maße von politischen Entscheidungen abhängig und aus diesem Grunde im Sinne einer effektiv gleichbleibenden Leistungserhaltung nur bedingt stabilisierbar.

Finanzierung

Aber auch über jene Bereiche, in denen die Beiträge der Versicherten und Beiträge der Arbeitgeber überwiegen, können, was deren Ertragsfähigkeit und Leistungsvermögen angeht, langfristig zuverlässige Aussagen nicht gemacht werden. Bekanntlich ist die Höhe des Beitragsaufkommens prozentual von der der einzelnen Einkommen abhängig. Eine Verminderung der Leistungskraft der Volkswirtschaft würde also neben reduzierten Steuereinnahmen auch zu einem geringeren Beitragsaufkommen führen, wenn man eine Anhebung der Beitragssätze und der Steuertarife ausschließt.

Zur gleichen Zeit würde demnach zum Beispiel sowohl die Fähigkeit des Staates zur Aufrechterhaltung angemessener Streitkräfte als auch die Leistungshöhe der sozialen Versicherungen in Frage gestellt.

Dieser kurze Hinweis dürfte genügen, um die unauflösbare gegenseitige Abhängigkeit staatlicher, ökonomischer und gesellschaftsbezogener Tätigkeit und die ihr innewohnende Problematik aufzuzeigen.

Über diese Grundsatzfragen hinaus zeigen sich aber in den einzelnen Bereichen der Sicherheit im Sinne dieser Darstellung spezielle Probleme, die zu Effektivitäts- und dadurch zu Gleichgewichtsstörungen im Gesamtsystem führen können.

Exemplarische Bemerkungen zu den Aufgaben in den Teilbereichen „Äußere", „Innere" und „Soziale" Sicherheit

Bezugsfeld „Äußere Sicherheit"

Die Gefahr der „negativen Dynamisierung"
der Ausgaben für die militärische Verteidigung.

Im Verteidigungshaushalt erreicht der Anteil der nicht investiven Ausgaben eine Quote von ungefähr 70 Prozent. Die darin enthaltenen, im Haushalts-Entwurf 1974 mit 11,2 Mrd. DM veranschlagten Personalkosten unterliegen ebenso wie die mit insgesamt 6,977 Mrd. DM zu Buche stehenden Ausgaben für Materialerhaltung und Betriebskosten einer inflatorisch bedingten, und damit in der Auswirkung negativen Dynamisierung. Dadurch wird der ebenfalls mit Kostensteigerungen belastete Bereich der verteidigungsinvestiven Ausgaben weiter eingeengt. Von diesen Aufwendungen jedoch hängt es letztlich ab,

Nichtinvestive Ausgaben

wie neuzeitlich die Streitkräfte ausgerüstet sind, und damit auch welche Kampfkraft sie repräsentieren.

Verschiebungen innerhalb der nichtinvestiven und investiven Ausgabenblöcke im Verteidigungshaushalt können sonach den Abschreckungswert der Bundeswehr, und somit die Stellung der Bundesrepublik im Verteidigungsbündnis schwächen. Zunehmende Instabilität der Äußeren Sicherheit wäre die Folge.

Bezugsfeld „Zivile Verteidigung / Humanitäre Sicherung"

Das Mißverhältnis der Ausgaben für die militärische Verteidigung zu denen der zivilen Verteidigung und humanitären Sicherung

Mißverhältnis Bei der Bewertung des Teilabschnittes Zivile Verteidigung/Humanitäre Sicherung fällt das deutliche numerische Mißverhältnis dieser Ausgabepositionen zu jener der militärischen Verteidigung auf. Die Relation hat sich seit 1962 von einem Bezugsverhältnis von 1:19 auf ein solches von 1:49 im Jahre 1974 verschlechtert und wird im Jahre 1975 voraussichtlich das Verhältnis 1:50 zu Lasten der Zivilverteidigung überschreiten.

Für die zivile Verteidigung wurden demgemäß im Jahre 1974 nur zwei Prozent des Betrages aufgewendet, der für die militärische Verteidigung zur Verfügung stand. Dieser Betrag kann aber nicht ausreichen, um die zum Schutze einer 60-Millionen-Bevölkerung notwendigen, einmaligen und fortlaufenden, öffentlichen und privaten Maßnahmen zu treffen.

Besonders kraß wird dies im Ansatz für Schutzbau sichtbar; mit den dort ausgebrachten Mitteln können unter günstigsten Voraussetzungen höchstens 27 500 Schutzplätze geschaffen werden. Unter solchen Bedingungen würde es also Jahrzehnte dauern, um ein für einen Ernstfall

Schutzbau ausreichendes System von Schutzräumen zu schaffen.

Die zivile Bevölkerung der Bundesrepublik wäre deshalb nach dem Stand der unbestreitbaren wissenschaftlichen Erkenntnisse in einem Verteidigungsfall nahezu ungeschützt der Wirkung neuzeitlicher Massenvernichtungswaffen ausgeliefert.

Die militärische Verteidigung könnte sich unter diesen Umständen als Schwachstelle des Sicherungssystems erweisen. Denn die Operationsfreiheit und der Einsatzwille der Streitkräfte wird nur aufrechtzuerhalten sein, wenn die Menschen, Güter und Werte, zu deren Schutz sie kämpfen, der Vernichtung oder Verletzung durch den Feind weitgehend entzogen bleiben.

Bezugsfeld „Innere Sicherheit"

Der Staat muß zur Sicherung der Bürger
mit Vorrang den Gesetzesvollzug garantieren

Zum Block Innere Sicherheit unter Einschluß des Brandschutz- und Rettungswesens sei die lakonische Aussage gestattet, daß hier weniger die Angemessenheit der zur Verteidigung des Bürgers vor Rechtsbrechern bereitgestellten Finanzmittel den Ausschlag gibt, als die Bereitschaft des Staates und seiner Organe, energisch den im Rahmen der Gesetze zu erbringenden Schutz der individuellen und gemeinschaftlichen Rechte zu sichern.

Bezugsfeld „Soziale Sicherheit"

Gefahren für die soziale Sicherheit
durch Gruppenegoismen und wirtschaftliche Rezession

Was den in seinen Ausmaßen überwältigenden Block der Ausgaben zur sozialen Sicherheit betrifft, so wird man dazu feststellen dürfen, daß durch die in nahezu allen Einzelbereichen erfolgte Optimierung der materiellen Vorsorge die Bürger eher zum Konsum als zur Produktion von Sicherheit angeregt werden. Das vorzügliche Verfahren, eigene, gemeinschaftliche, betriebliche und staatliche Leistungen zu einem nahezu perfekten System sozialer Sicherungen auszubauen, verleitet also dazu, die persönliche Vorsorge für Notzeiten verkümmern zu lassen. *Persönliche Vorsorge*

Dem Netz der Sozialen Sicherung drohen die größten Gefahren im übrigen, wie schon in den allgemeinen Betrachtungen erwähnt, durch Rückgang von Beitrags- und Steueraufkommen, die von inflationsbedingten Wertverlusten flankiert werden. Nachteilig wirken sich ausserdem unangemessene Kostensteigerungen für Nutzungen und Dienstleistungen im Bereich der Gesundheit aus. So sind zum Beispiel die Ausgaben der Krankenkassen für die Behandlung ihrer Mitglieder von 1960 bis 1973 von 1,9 Mrd. DM auf 8,8 Mrd. DM, also um 6,6 Mrd. DM gestiegen. Für die Mehrausgaben = 100 sind ursächlich:
— mehr an Versicherten: 12 Prozent
— mehr Krankheiten: 18 Prozent
— höhere Arzthonorare: 21 Prozent
— intensivere Behandlung: 49 Prozent.

Ist Sicherheit sicherer zu machen?

Die an der Fülle der Daten gemessen verhältnismäßig geringe, dennoch aber im Grundsätzlichen wohl repräsentative Würdigung des vom System als Ganzem wie von seinen Einzelkomponenten in Teilen erzeugten Produktes Sicherheit zeigt, daß es angesichts der vielfältigen, in unterschiedlichen kausalen Bezugsverhältnissen zueinander stehenden Einzelkomponenten nie möglich sein wird, einen Zustand absoluter Sicherheit herbeizuführen. Insoweit steht dieses Ergebnis auch im Einklang mit den Erkenntnissen der im Versicherungswesen angewandten Mathematik, die den Eintritt bestimmter Ereignisse auch unter günstigsten Umständen nur in Kategorien der Wahrscheinlichkeit, nicht aber deren letzten Sicherheit zu berechnen vermag. *Absolute Sicherheit?*

Der Mensch bleibt gefährdet

Die Existenz des Menschen bleibt also weiter gefährdet. Denn er hat es nicht vermocht, die von ihm erzeugten und freigesetzten, zum Teil ungeheuren technischen und wirtschaftlichen Wirkungen auf ihre Folgen hin zu kontrollieren. Wirtschaftliche, soziale und politische Strukturkrisen werden deshalb unser Leben wohl noch lange begleiten. Darf uns die Einsicht, daß Sicherheit — in historischer Dimension gemessen — kurzfristig nicht sicherer zu machen sein wird, davon abhalten, weiter zu versuchen, die existentielle Sicherheit des Menschen zu vervollkommnen?

Mit Bestimmtheit „Nein"! Denn es gibt in allen Wissenschaftsbereichen Ansätze, die erkennen lassen, daß auch im Bereich unserer Betrachtungen Fortschritte denkbar sind, wenn Umorientierungsprozesse jenseits des Materiell-Ökonomischen stattfinden. Zu diesem Zwecke wird, unter Verzicht auf eine zu enge Bindung an Einzelwissenschaften, Leistung und Zustand der Menschheit zunächst unter dem Begriff „Menschliche Kultur" ganzheitlich erfaßt. Sodann wird ermittelt, welche Gefährdungszustände weltweit konkret, also begrifflichem Streit entzogen, umfassend verifiziert werden können. Danach wird es möglich sein, Folgerungen über denkbare und wünschbare Entwicklungen anzustellen. Auch im Rahmen dieser Ausführungen stellt sich deshalb die Frage nach der säkularen Gefährdung der Menschheit.

Menschliche Kultur

Die globalen Gefährdungen heute und morgen

Professor Steinbuch sieht in seinem Buch „Mensch, Technik, Zukunft" sechs ganzheitliche Bedrohungen der menschlichen Kultur:

1. Die explosive globale Situation
   Gefährliche politische Folgen erwachsen aus der zu raschen Zunahme der Weltbevölkerung, mit der die Nahrungsmittelproduktion nicht Schritt hält, und aus den Ansprüchen der Entwicklungsländer gegen die Industrienationen auf Umverteilung der Wirtschaftsgüter.

2. Die fehlende Konfliktregelung
   Das Mißverständnis zwischen den Möglichkeiten der Vernichtungstechnik (Arsenal an ABC-Waffen reicht statistisch gesehen mehrfach aus, um die Menschheit auszulöschen) und dem nichtkontrollierten Verhalten politischer Gruppen schafft unverhältnismässig hohe Risiken für die menschliche Kultur.

3. Die Zerstörung der Umwelt
   Frische Luft und sauberes Wasser werden zunehmend knapper; die Umwelt wird weithin durch Pflanzenschutzmittel vergiftet. Der Mensch wird insoweit Opfer seiner Errungenschaften.

4. Die Einsamkeit der Menschen
   Zu schwache mitmenschliche Kontakte bei gleichzeitiger Auflösung tradierter Gruppen (Familie, berufsständische Gemeinschaften etc.) erzeugen Bedürfnisse nach „gewaltsamer Kommunikation" im Rahmen autoritärer Herrschaftsverhältnisse.

Ganzheitliche Bedrohungen

5. Die Orientierungslosigkeit des aufgeklärten Menschen
  Der Mensch erkennt sich als ein physikalisch vorstellbares und meßbares System, weiß aber nicht mehr, was „konstitutiv" für ihn ist. Der Aufklärungsoptimismus schlägt deshalb in existentielle Angst um. Daraus erwächst auch in der Staatenwelt Handlungs- und Orientierungsunsicherheit.
6. Die kreative Explosion
  Das Neuartige an der gegenwärtigen Situation ist, daß die innerhalb eines Menschenlebens auftretenden Veränderungen (Innovationen) die Anpassungsfähigkeit des Menschen überfordern und ihn damit schwächen und verunsichern (Zukunftsschock erzeugt Zielkonflikte).

Menschliche Entwicklung und Sicherheit

Das Problem der Sicherheit des Menschen unter dem Aspekt zukünftiger Entwicklungen reduziert sich also auf die Kernaussage, daß es dem Menschen zwar gelungen ist, weithin die unmittelbaren Gefahren der Natur zu beherrschen, nicht aber die mittelbaren. Er hat die Macht über die Dinge, aber nicht die Macht über seine Macht. Die Gefahr des Fehlgebrauches dieser Macht ist deshalb nach wie vor groß. Er muß deshalb lernen, von der Macht rechten Gebrauch zu machen, wenn er nicht in einem Chaos von ungezügelten Egoismen und Sozialkonflikten untergehen will. Er muß erkennen, daß es noch keine richtig durchdachte und exemplarisch vorgelebte Ethik der Macht gibt und daß es deshalb nicht leicht fallen wird, sich auf dem Weg in die Zukunft verläßlich zu orientieren. **Fehlgebrauch der Macht**

Eine, wenn nicht die wichtigste Forderung an die politisch Verantwortlichen muß deshalb sein, im Bereich der Gemeinschaftsbeziehungen, vor allem in Erziehung und Bildung, Verhaltensweisen zu fördern, die zum rechten Gebrauch der Eigen- und der Gruppenmacht befähigen. Dem Konsumenten von Sicherheit muß das Gegenbild des einsichtigen, seinem Mitmenschen tätig verbundenen, in seinen persönlichen Ansprüchen zurückhaltenden Bürgers begreif- und nachvollziehbar vor Augen geführt werden.

Das Bemühen der Lehre wird vermehrt darauf zu richten sein, aufzuzeigen, wie die im staatlichen und politischen Leben dominant relevanten Triebe, nämlich **Dominante Triebe**
— Hunger
— Fortpflanzungstrieb
— Aggression
— Flucht — Angst
— Macht
— Geltungsbedürfnis
so sublimiert werden, daß die daraus freiwerdenden, nahezu unerschöpflichen vitalen Antriebskräfte dem individuellen und kollektiven Friedenbedürfnis nutzbar gemacht werden können. In fernen

Zeiten wird dann eine auch biologisch auf höhere Formen des Menschenseins hin mutierte Menschheit dem Ziele befriedeter und dadurch sicherer Lebensumstände näher sein.

Wir Heutigen müssen uns damit abfinden, daß unsere Welt voll Unwägbarkeiten ist, mit denen es zu leben gilt.

Quellenangaben
Mit dem hier vorgelegten Beitrag werden sowohl in der Form der Datenaufbereitung als auch in der wertenden Aussage teilweise neue Wege beschritten.
Die Fakten und Wertungen fußen auf folgenden Veröffentlichungen:
BODAMER, Joachim: Der gefährdete Mensch, Freiburg i.Br., Basel, Wien 1968
BODAMER, Joachim: Gesundheit und technische Welt. Freiburg i. Br., Basel, Wien 1967
FUESSLEIN, Rudolf-Werner: Mensch und Staat, Grundzüge einer antropologischen Staatslehre, München, 1973.
Gesellschaftliche Daten 1973 in der Bundesrepublik Deutschland. Herausgegeben vom Presse- und Informationsamt der Bundesregierung, Bonn 1973.
GUARDINI, Romano: Das Ende der Neuzeit. Ein Versuch zur Orientierung, Basel 150
Handbuch der Soziologie. Herausgegeben von Werner Ziegenfuß, Stuttgart 1956
Hohe Ausgaben für die soziale Sicherung, in: Das Parlament, Nr. 5 v. 1.2.1975, S. 5 ff.
JOHANSEN, A.: Spiele mit Energiemodellen, in: Frankfurter Allgemeine Zeitung v. 5.2.1975, S. 23
KLUGE, Friedrich und Alfred GÖTZE: Etymologisches Wörterbuch der deutschen Sprache, 16. Auflage, Berlin 1953.
KERNIG, Klaus Dieter: Schutz und Sicherheit. Eine Analyse der Überlebenswilligkeit unserer Gesellschaft, in: Sicherheitspolitik, Nr. 3/1974.
Kommentar zum Bonner Grundgesetz, 20. Lieferung, Hamburg 1963
Kontinuität – Diskontinuität in den Geisteswissenschaften. Herausgegeben und eingeleitet von Hans Trümpy, Darmstadt 1973.
ROEPKE, Wilhelm: Jenseits von Angebot und Nachfrage, 3. Auflage, Erlenbach-Zürich, Stuttgart 1961.
STEINBUCH, Karl: Mensch, Technik, Zukunft, Basiswissen für Probleme von morgen, Stuttgart 1971.
Weißbuch 1973/74: Zur Sicherung der Bundesrepublik Deutschland und zur Entwicklung der Bundeswehr. Im Auftrag der Bundesregierung herausgegeben vom Bundesminister für Verteidigung, Bonn 1974.
Weißbuch zur zivilen Verteidigung der Bundesrepublik Deutschland, Bonn 1972
Wichtige Daten, Zivilschutz und Katastrophenschutz. Herausgegeben vom Bundesamt für Zivilschutz, 2. Auflage, Bonn-Bad Godesberg 1974.

Heinz Schwarz: „Innere Sicherheit als Bestandteil der Sicherheitspolitik (Auszug)

Aus: Sicherheitspolitik heute, Nr. 1/1975

Aspekte der Abhängigkeit der Äußeren von der Inneren Sicherheit

Es ist eine politische Binsenweisheit, daß akute Verletzungen der Äußeren Sicherheit eines Staates auf die Innere Sicherheit durchschlagen. Die mittlere und ältere Generation hat das noch am eigenen Leibe erfahren müssen. Viel unklarer sind dagegen die Vorstellungen darüber, wie der Verlust der Inneren Sicherheit sich auf die Äußere Sicherheit und die Sicherheitspolitik insgesamt auswirkt.

Ich fasse zusammen: Zwei Fehlentwicklungen auf dem Gebiet der Inneren Sicherheit, zu denen sich in den letzten Jahren Ansätze gezeigt haben, wären für die Sicherheitspolitik außerordentlich folgenreich:

1. Die Ohnmacht unseres Staates gegenüber eskalierender Kriminalität und Terrorismus würde das Vertrauen der Bürger in die demokratische Ordnung erschüttern und den Staat möglicherweise in eine Legitimationskrise treiben. Die Folge wäre, daß der Wunsch nach der Autorität des Staates durch den Ruf nach dem autoritären Staat abgelöst würde. Das heißt mit anderen Worten: es würde der Boden für einen neuen Rechtsradikalismus bereitet. *Staatliche Ohnmacht*

2. Eine zweite ernstzunehmende Gefahr besteht dann, wenn es nicht gelingt, revolutionäre Systemüberwinder aus dem öffentlichen Dienst fernzuhalten und ihren „langen Marsch durch die Institutionen" zu stoppen. Die Folge wäre: die Verunsicherung und Lähmung der staatlichen Institutionen und langfristig die Zerstörung des demokratischen Staates von innen heraus. Wesentlicher Teil dieser Strategie ist es, gleichzeitig mit Hilfe der Institutionen gesellschaftlicher „Sinnvermittlung" wie Schulen und Hochschulen das Terrain für die revolutionär-sozialistische Machtergreifung vorzubereiten. *Systemveränderer*

Man wird einwenden, daß beide Gefahren in der Bundesrepublik Deutschland zur Zeit nicht akut sind. Das ist richtig. Nur sollte auch bedacht werden, daß eine langanhaltende schwere Wirtschaftskrise, der Verlust staatlicher Autorität, das Überhandnehmen von Gewaltkriminalität solche gefährlichen Entwicklungen sehr schnell vorantreiben können. Es lassen sich zahlreiche Beispiele aus der Geschichte dafür anführen, daß, wenn das Klima für den Radikalismus erst einmal günstig war, Rechts- und Linksextremisten sich gegenseitig „hochgeschaukelt" und die demokratische Stubstanz der vorhandenen Staats- und Gesellschaftsordnung sehr bald zerstört haben.

Die Folgen für die Sicherheitspolitik

Welches wären die Folgen für die Sicherheitspolitik? Dazu kann ich nur einige Hypothesen skizzieren. Ein Umsichgreifen rechtsradikaler Bestrebungen würde sicherheitspolitisch isolationistische Tendenzen hervorbringen und die Neigung entstehen lassen, aus dem Atlantischen Bündnissystem auszubrechen. Die Stärkung des Linksextremismus würde zunächst den Ruf nach einer sogenannten „Neutralitätspolitik" laut werden lassen. Damit würden aber im Grunde nur Bestrebungen getarnt werden, die Bundesrepublik in den Einflußbereich des östlichen Bündnissystems hineinzuziehen. Angesichts der politischen und militärisch-strategischen Bedeutung der Bundesrepublik Deutschland wären in beiden Fällen die Auswirkungen auf das bestehende internationale Kräftegleichgewicht verheerend.

<small>**Neutralitätspolitik**</small>

Auch wenn wir solche katastrophalen Entwicklungen als bloßen Alptraum ausschließen wollen, wäre es sicherheitspolitisch schlimm genug, wenn die freiheitlich-demokratische Grundordnung in der Bundesrepublik Deutschland durch Rechts- und Linksextremismus ernsthaft gefährdet würde. Helmut Kohl hat kürzlich auf dem Sicherheitspolitischen Kongreß seiner Partei festgestellt: „Die Grundlage der Allianz war seit Anbeginn eine politische: die Gemeinsamkeit einer freiheitlichen und sozialen Ordnung, die es zu sichern und zu entwickeln gilt. Die Partnerschaft wurzelte in der grundsätzlichen Gleichartigkeit der inneren Verfassungs- und Sozialordnung. Daraus ergab sich eine selbstverständliche Interessenparallelität in grundsätzlichen Fragen (...). Wir müssen jetzt aber unsere freiheitliche Staats- und Gesellschaftsordnung weiterentwickeln. Wir dürfen dies nicht länger isoliert, jeder Bündnispartner für sich allein, tun. Das sich ständig verdichtende Netz internationaler Kommunikation läßt keinen Staat mehr von den innerpolitischen Ereignissen des Partners unberührt. Auch die Herausforderung überstaatlicher Ideologien trifft uns alle gemeinsam."

Vor diesem Hintergrund wird deutlich, was die Gefährdung der freiheitlich-demokratischen Grundordnung in der Bundesrepublik Deutschland durch Rechts- oder Linksradikalismus für die Sicherheitspolitik bedeuten würde. Deshalb wäre es wichtig, wenn die Sicherheitspolitik den Gesichtspunkt der Inneren Sicherheit noch stärker in ihre Überlegungen einbeziehen würde.

Hier konnten nur einzelne Aspekte der Abhängigkeit der Äußeren von der Inneren Sicherheit behandelt werden. Diese Fragen wie auch überhaupt die Interdependenz zwischen diesen beiden Bereichen der Politik sollten in einem Dialog zwischen Verantwortlichen für die Äußere und für die Innere Sicherheit weiter vertieft werden. Da unsere Sicherheit unteilbar ist, wäre das sicher bestimmt sehr nützlich.

<small>**Unteilbare Sicherheit**</small>

Aus „Bulletin", Presse- und Informationsamt der Bundesregierung
Bonn 8.11.1977, Nr. 112

Politische und wirtschaftliche Aspekte der westlichen Sicherheit

Bundeskanzler Helmut Schmidt hielt vor dem International Institute for Strategic Studies in London am 28. Oktober 1977 (1977 Alastair Buchan Memorial Lecture) folgenden Vortrag (Auszüge):

Sehr verehrte Mrs. Buchan,
Herr Vorsitzender, meine Damen und Herren!
Den Gedenkvortrag 1977 zu Ehren von Alastair Buchan heute halten zu dürfen, ist mir Ehre und Anspruch zugleich...

I. Alastair Buchan zum Gedenken

Bei der Vorbereitung dieses Vortrags habe ich wieder einmal Alastair Buchans Buch „Power and Equilibrium in the 1970s" zur Hand genommen. In diesem wichtigen und wohldurchdachten Buch hat Alastair noch vor fünf Jahren die Struktur der Weltpolitik analysiert. Er befaßte sich hauptsächlich mit dem Kräftegleichgewicht zwischen den Vereinigten Staaten von Amerika, Westeuropa, Japan, der Sowjetunion und China. Weniger Aufmerksamkeit widmete er, der brillante Denker, damals dagegen den wirtschaftlichen, sozialen und innenpolitischen Aspekten der westlichen Sicherheit, die ich heute als neue Dimensionen der Sicherheit hinzufügen möchte. Sie treten keineswegs an die Stelle der früheren Modelle des Kräftegleichgewichts oder -ungleichgewichts auf weltweiter Ebene. Dennoch meine mich, daß man sie hinzunehmen muß und daß sich dadurch jene Konzeptionen verändern. Ich weiß freilich, daß Walter Bagehot einmal gesagt hat: „Zu den größten Schmerzen der menschlichen Natur gehört der Schmerz, den eine neue Idee verursacht." Trotzdem glaube ich, daß wir der von Alastair Buchan gegründeten und geförderten Tradition am besten dienen, wenn wir heute diese neuen Dimensionen der Sicherheit zu begreifen suchen, anstatt eines Tages entdecken zu müssen, daß unsere Entscheidungen falsch waren, weil wir diese Dimensionen übersehen hatten.

Struktur der Weltpolitik

II. Neue Dimensionen der Sicherheit

Was also sind sie denn, diese neuen Dimensionen?
Da ist einmal die wirtschaftliche Entwicklung. Darunter verstehe ich die Notwendigkeit, das Fundament unseres Wohlstands zu sichern, den Zugang zu Energie und Rohstoffen nach den Bedingungen eines freien Handels zu gewährleisten und uns ein Währungssystem zu geben, das es uns erlaubt, diese Zielsetzungen auch zu erreichen. Vor gar nicht langer Zeit meinte man, in diesem Bereiche gebe es nur ein paar wenige Probleme. Doch Ölkrise, Aushöhlung der Vereinbarung von Bretton Woods, weltweite Inflation, Arbeitslosigkeit und unzureichen-

Wirtschaftsdimension

des Wirtschaftswachstum haben das Bild verändert und weithin Unsicherheit hervorgerufen.

Sozialer Frieden

Da ist zum anderen die soziale Sicherheit. Darunter verstehe ich die Notwendigkeit, den sozialen Frieden im eigenen Land zu erreichen und zu erhalten. Waren und Arbeitsplätze für das Volk zu schaffen und ihm gleichzeitig zu sagen, daß dem, was der Staat tun kann, auch Grenzen gesetzt sind. In diesem Zusammenhang möchte ich meinen Freunden Jim Callaghan und Denis Healey zu ihrem Erfolg bei der Bekämpfung der Inflation und der Wiederherstellung des Vertrauens in das Pfund Sterling gratulieren. Mir will scheinen, daß die Schlacht noch nicht ganz geschlagen ist, aber Sie, das britische Volk, haben seit dem vergangenen Jahr ein großes Stück Weges zurückgelegt, und ich glaube fest, daß es gut aussieht.

Da ist zum dritten die innenpolitische Sicherheit. Darunter verstehe ich die Notwendigkeit, unsere Gesellschaft zu stärken und zu verteidigen gegen Terroristen, die nichts anderes im Sinne haben, als durch brutalen Mord und Entführung unsere Gesellschaftsordnung zu zerstören. Auch in diesem Lande hatten Sie ein gerüttelt Maß von Terrorismus zu bekämpfen und sind mit ihm fertig geworden. Heute stehen wir einer anderen, nicht weniger scheußlichen Form des Terrorismus gegenüber, und mit uns die Niederlande und andere Völker. Wir sind entschlossen, ihm ein Ende zu setzen, ohne die freiheitlichen Qualitäten unserer Gesellschaft zu opfern. In diesem Zusammenhang möchte ich die Arbeit des IISS bei der Analyse des Terrorismus erwähnen und begrüßen, und ich rufe zu engerer internationaler Zusammenarbeit auf, damit dem Terrorismus Einhalt geboten wird...

IV. Weltwirtschaft und Sicherheit

Florierende Wirtschaft

Eine florierende Wirtschaft — und die schließt für mich Vollbeschäftigung ebenso ein wie sozialen Ausgleich — ist jedoch das Fundament aller Sicherheit. Und dies in einem doppelten Sinn: Sie erst ermöglicht, daß wir das militärische Gleichgewicht halten und sie ist die Voraussetzung für die Stabilität unserer freiheitlichen demokratischen Institutionen.

Durch die schwere Rezession im Gefolge von Weltinflation, Zusammenbruch des Weltwährungssystems und Ölkrise wurden die westlichen Volkswirtschaften schwer und nachhaltig erschüttert.

Es ist deshalb heute unsere vordringlichste Aufgabe, die wirtschaftlichen Grundlagen unseres demokratischen Gemeinwesens wieder zu stabilisieren und nicht zuletzt damit auch das Fundament unserer gemeinsamen Sicherheitspolitik. Ich unterstreiche nachdrücklich, was Henry Kissinger im Juni des vergangenen Jahres in seiner Lecture vor diesem Institut gesagt hat:

„Eine Welt, die nach wirtschaftlichem Fortschritt, sozialer Gerechtigkeit, politischer Freiheit und stabilem Frieden schreit, braucht unser aller Engagement und Mitwirkung."

Wie nach dem Zweiten Weltkrieg stehen auch heute die wirtschaftlichen und militärischen Aspekte unserer Sicherheitspolitik erneut gleichrangig nebeneinander.

Was George Marshall 1947 forderte: Eine funktionsfähige Wirtschaft zu schaffen, „um so die politischen und sozialen Bedingungen zu ermöglichen, unter denen freie Institutionen bestehen können" — diese Aufgabe stellt sich heute unter neuen Bedingungen.

Seit Ende des Zweiten Weltkrieges erleben die westlichen Demokratien, begünstigt durch das ständige wirtschaftliche Wachstum, die vollen Auswirkungen der demokratischen Gleichheit: Sie wandelten sich zu offenen, sozial gerechteren Gesellschaften.

Offene Gesellschaft

Für die Bürger ist der Staat heute der Garant für soziale Sicherheit und sozialen Ausgleich.

Niemals war der Anteil der Arbeitnehmer am wirtschaftlichen Wohlstand größer.

Für uns stellt sich die Frage, ob dieser Umverteilungsprozeß zu einer unangemessenen Einschränkung der Gewinne geführt hat und damit für die mangelhafte Investitionstätigkeit in den letzten Jahren verantwortlich ist.

Eine Ursache für unser wirtschaftspolitisches Problem — die mangelnde Investitionstätigkeit — scheint mir in den höheren Investitionsrisiken für die Unternehmen zu liegen:

Investitionsrisiken

— als Folge des beschleunigten Strukturwandels der Weltwirtschaft;
— als Folge der Ölpreis- und Energiekostenentwicklung;
— als Folge partieller Sättigungserscheinungen in wichtigen Märkten der Industrieländer.

Der Ausbau des sozialen Sicherheitsnetzes führte dazu, daß die Sozialausgaben des Staates Jahr für Jahr schneller stiegen als das Sozialprodukt. Inzwischen sind wir wohl in vielen Ländern an eine Belastungsgrenze gestoßen, jedenfalls für den Augenblick.

Hinzu kommt, daß auch die Entwicklungsländer mit erhöhten Ansprüchen gegenüber den westlichen Industriestaaten auftreten: Sie fordern souveränes Verfügungsrecht über ihre Rohstoffe und zugleich höhere Rohstoffpreise; sie fordern mehr Entwicklungshilfe; sie fordern einen möglichst hohen Anteil an den Vorteilen westlicher Investitionen in der Dritten Welt; sie fordern Öffnung unserer Märkte für ihre Industrieprodukte. In ihrer Konsequenz sind diese Forderungen Ansprüche an das Sozialprodukt der westlichen Industriestaaten.

Jahrelang gab es in den westlichen Ländern einen Inflationsdruck, ausgelöst durch die Überanspruchung ihres Sozialprodukts.

Die Währungskrise vom Sommer 1971 zog erstmals den Schleier weg vor den bereits konkreten Herausforderungen. In den Folgejahren wurde die Inflation weiter beschleunigt durch eine beispiellose Rohstoffhausse und schließlich durch die Ölpreispolitik des OPEC-Kartells. Das alles hatte eine strukturelle Verschiebung in den Zahlungsbilanzen, im Welthandel und damit in der Beschäftigung zur Folge. Und die Inflationsgefahren sind auch heute noch nicht gebannt.

Weltweit ist die Zeit der billigen Energie und der billigen Rohstoffe vorüber: Die Preise werden aller Voraussicht nach weiter real steigen, und daß heißt relativ zu den Preisen der Güter, die Industrieländer herstellen und exportieren.

Die Lösung der Probleme, vor denen unsere Staaten stehen, kann nicht darin liegen, soziale Errungenschaften abzubauen, den sozialen Fortschritt zurückzudrehen.

Die Stabilität der freiheitlichen Demokratie hängt ab von dem Ausmaß, in dem es uns gelingt, gerechtere soziale Verhältnisse zu schaffen. Wenn die Stabilität der Bundesrepublik Deutschland heute groß ist, so deshalb, weil sie den sozialen Ausgleich im großen Maße verwirklicht hat.

Ich möchte auf drei Aufgaben zu sprechen kommen, die der Westen wirtschaftspolitisch lösen muß, auch im Interesse seiner gemeinsamen Sicherheit.

Freies Weltwirtschaftssystem

Die erste Aufgabe ist die Sicherung eines freien, flexiblen und auf diese Weise funktionstüchtigen Weltwirtschaftssystems.

Die internationale Wirtschaftsordnung, die wir nach 1945 geschaffen haben, hat den Demokratien des Westens — und auch einigen Entwicklungsländern — eine wirtschaftliche Expansion ermöglicht, die in ihrem Tempo und in ihrer Stetigkeit ohne Beispiel in der Wirtschaftsgeschichte ist.

Durch freien Handel und Kapitalverkehr sind die westlichen Länder mehr und mehr zu einem großen Markt zusammengewachsen. Die zunehmende internationale Arbeitsteilung war und ist die Quelle des Fortschritts und des Wohlstands.

Die Volkswirtschaften sind dadurch andererseits immer stärker voneinander abhängig geworden.

Hatte diese nie zuvor erreichte enge Verflechtung in einer expandierenden Weltwirtschaft die Wachstumsimpulse verstärkt, führte sie jetzt zu einer Verstärkung von Inflation und Rezession...

Handelspolitik

Gerade in dieser Lage müssen wir uns jedoch klarmachen: Handelspolitik darf nicht als nationales Mittel zur Arbeitsbeschaffung eingesetzt werden. Sie könnte dabei auch nur kurzfristig Erfolg haben — so lange nämlich, bis die Handelspartner Gegenmaßnahmen ergreifen. Diese Überlegungen gelten besonders für Europa. Gerade die Europäische Gemeinschaft ist als größter Exporteur und Importeur der Welt auf offene Märkte angewiesen. Protektionistischen Versuchen nachzugeben wäre für Europa selbstmörderisch.

Das Offenhalten der Märkte muß auch für Industriegüter-Exporte der Dritten Welt gelten.

Die westlichen Länder brauchen die vertrauensvolle Zusammenarbeit mit der Dritten Welt und sie haben allergrößtes eigenes Interesse daran, die Entwicklungsländer voll in den Welthandel zu integrieren.

Zudem: Angesichts mancher Sättigungserscheinungen auf unseren eigenen Märkten könnten die Märkte der Entwicklungsländer mit ihrer nahezu unbegrenzten potentiellen Nachfrage zu einer wichtigen Stütze unseres künftigen Wachstums werden.

Wer exportieren will, muß auch importieren. Wir müssen die Entwicklungsländer deshalb durch mehr Importe und durch höheren Kapitaltransfer instandsetzen, mehr bei uns zu kaufen.

Die OECD-Länder haben bisher der Versuchung des Protektionismus im ganzen widerstanden und die Märkte offengehalten. Ein wie entscheidender Erfolg dies ist, zeigt ein Vergleich mit den 30er Jahren, als sich die westlichen Länder durch die Zerstörung des freien Welthandels gegenseitig in eine Dauerdepression und Dauerarbeitslosigkeit hineintrieben.

Mein Land ist entschlossen, die Märkte weiter offenzuhalten. Am 1. Juli 1977 wurde die westeuropäische Freihandelszone Wirklichkeit. Es entstand das größte Freihandelsgebiet der Welt für Industrieprodukte.

Offene Märkte

Von der Sicherung des offenen Welthandelssystems nur zur zweiten großen Aufgabe: der Sicherstellung unserer Rohstoff- und Energieversorgung.

Halten wir uns vor Augen: Während die östlichen Industrieländer als Gruppe zumindest in ihrer Rohstoff- und Energieversorgung auf absehbare Zeit autark sind, verbraucht der Westen — von Nahrungsmitteln abgesehen — mehr Rohstoffe und Öl als er erzeugt. Er ist abhängig von massiven Einfuhren aus der Dritten Welt.

Daraus ergeben sich für unsere Rohstoffversorgung zwei Gefahrenquellen. Rohstofflieferungen können zum einen gefährdet werden, weil es in Regionen der Dritten Welt zum Krieg oder Bürgerkrieg kommt und zum anderen, weil auf Grund ungenügender Investitionen in der Dritten Welt nicht genug produziert wird...

Rohstoffabhängigkeiten

Ich glaube, meine Damen und Herren, wir sind uns alle bewußt: Wenn es für die wirtschaftliche Sicherheit des Westens eine zentrale Frage gibt, dann ist es die Energiefrage.

Über die Hälfte des Energiebedarfs der westlichen Welt wird gegenwärtig durch Erdöl gedeckt. Wir stehen jedoch einer Tatsache gegenüber, die keine Politik ändern kann: Die sich abzeichnende Erschöpfung der Ölreserven der Welt. Jüngste Untersuchungen der OECD, des MIT und der EXXON deuten übereinstimmend darauf hin, daß das Ölangebot den Bedarf bereits in den 80er Jahren nicht mehr decken könnte.

Und ich fürchte, daß sich an dieser Grundtatsache auch durch Ihre Entdeckung neuer Ölquellen in der Nordsee nicht viel ändern wird.

Hieraus ergibt sich für uns vor allem die Konsequenz: Der verschwenderische Umgang mit Energie, den wir uns angewöhnt haben, muß aufhören...

Die dritte große Aufgabe westlicher Sicherheitspolitik unter ökonomischem Aspekt sind ausgewogene und stabile Wirtschaftsbeziehungen mit den planwirtschaftlichen Ländern des Ostens.

Ost-West-Handel

Seit 1970 hat sich der Ost-West-Handel fast vervierfacht. Die Bundesrepublik Deutschland ist für jedes der kommunistischen Länder im Osten der wichtigste westliche Handelspartner.

Die starke Intensivierung der Handels- und Kooperationsbeziehungen ist das Ergebnis der politischen Entspannung, aber auch der wirtschaftlichen Interessen beider Seiten.

Die Volkswirtschaften des kommunistischen Ostens haben ein Entwicklungsstadium erreicht, in dem auch bei ihnen die Wachstumsmöglichkeit mehr und mehr von Produktivitätssteigerungen abhängen. Daher hat der Osten ein starkes und dauerhaftes Interesse am Import westlicher Technologie.

Der Osten bietet durch sein großes Potential an Rohstoffen und Energierohstoffen dem Westen die Möglichkeit, seine Rohstoffversorgung in einem gewissen Ausmaß zu diversifizieren. Der Osten bietet zugleich Absatzmärkte, die für den Westen gerade deshalb besonders attraktiv sind, weil sie in die Synchronisation der westlichen Konjunkturen zumindest nicht voll einbezogen sind. 1975 fielen infolge der Weltrezession z.B. die deutschen Ausfuhren um nominal fast vier Prozent, die Ausfuhren in die Sowjetunion jedoch stiegen um 46 Prozent und leisteten damit einen wertvollen Beitrag zur besseren Kapazitätsnutzung, d.h. zur Verbesserung der Beschäftigungslage in meinem Land.

Wer hat den größeren Nutzen vom Ost-West-Handel?

Kritiker bei uns führen an, der Westen erleichtere durch den Technologie-Export indirekt die sowjetische Rüstung. Kritiker im Osten werden wahrscheinlich einwenden, man stütze das kapitalistische System, indem man dem Westen helfe, Arbeitsplätze zu erhalten. Ich glaube, schon dieses Gegeneinander der Argumente deutet darauf hin, daß der Ost-West-Handel beiden Seiten nützt. Und so soll und muß es ja auch sein.

V. Terrorismus

Internationaler Terrorismus

In den vergangenen vier Wochen haben uns die Gewalttaten der Terroristen tief aufgewühlt. Brennpunkt der Ereignisse als solcher war mein Land, aber den Menschen in allen Teilen der Welt ist Tag für Tag immer deutlicher zum Bewußtsein gekommen, daß der Terrorismus nicht allein die Deutschen angeht, sondern ein Problem weltweiten Ausmaßes ist. Wir haben in meinem Lande erfahren dürfen, was es bedeutet, wenn in einer solchen Lage andere Länder mit Rat und tätiger Hilfe beistehen. Es war dies eine Übung in praktischer Solidarität, die wir dankbar erfahren haben.

In diesen Tagen – denke ich – wurden Zeichen gesetzt für die Zusammenarbeit unter den Völkern und Staaten der Welt und für eine gemeinsame Haltung, für die gemeinsame Überwindung der Geißel des internationalen, lebensverachtenden, gemeinschaftszerstörenden Terrorismus.

Hoffentlich helfen diese schlimmen Erfahrungen, daß die Vereinten Nationen das von uns eingebrachte Übereinkommen gegen Geiselnahme beschleunigt verabschieden. Niemand in der Welt darf terroristische Gewalttaten länger als bloße Abirrung angeblich politisch motivierter Täter verharmlosen und jenen auch noch Unterschlupf gewähren.

Kürzlich schrieb Jonathan Carr in der „Financial Times": „Die deutschen Terroristen lassen sich eigentlich keiner politischen Richtung zuordnen. Wenn man sie überhaupt mit etwas vergleichen kann, so sind es die Dostojewskischen Teufel, Menschen, die nach eigenem Eingeständnis sogar bereit sind, Kindern Säure ins Gesicht zu schleudern, wenn dies nur ihrer Sache hilft. Was aber ist diese Sache? Die Gesellschaft zerstören — aber was darüber hinausgeht, weiß kein Mensch zu sagen." Ich glaube, Jonathan Carr hat recht. Und unter extremen Bedingungen wären die Terroristen sogar imstande, einen internationalen Konflikt auszulösen.

Dostojewskische Teufel

Wir sollten uns deshalb gemeinsam vornehmen, gegen die Verblendung terroristischer Gewalttäter die Unerschütterlichkeit unserer demokratischen Überzeugungen zu setzen. Lassen Sie uns gemeinsam weiter einstehen für die Erhaltung der Würde des Menschen, für die Erhaltung der unverletzlichen und unveräußerlichen Menschenrechte, für das Recht auf Leben und für die Freiheit der Person, zu denen wir uns gemeinsam als unveräußerliche Prinzipien bekennen....

D
Literatur- und Medienhinweise

Literatur

Die nachstehende Literaturliste ist eine nach Autoren alphabetisch geordnete Auflistung sowohl der in dieser Baugruppe verwendeten Literatur wie auch der Versuch eines Überblicks über die wesentlichen Arbeiten im Bereich der Inneren Sicherheit.
Aufsätze und Zeitschriftenartikel sind nur zu einem geringen Teil mit berücksichtigt worden.

Abosch, Heinz	Das Altern der neuen Linken in: Glaser, Hermann (Hrsg.) Fluchtpunkt Jahrhundertwende Bonn 1979
Adam, Robert	Über die Kriminalität in den USA; in: Die Polizei 1975
Ders.	Gefängnisreform in den USA; in: Deutsche Polizei 1975, Heft 11
Agnoli, Johannes	Thesen der Transformation der Demokratie und zur außerparlamentarischen Opposition Darmstadt 1973
Ahlberg, René	Strukturelemente des Linksradikalismus in: Aus Politik und Zeitgeschichte H. 24 Bonn 1972
Altenhoener, Klaus	Die Bewährung der Notstandsgesetzgebung im Konfliktfall, München 1970
Althammer, Walter u. Bert Rombach (Hrsg.)	Gegen den Terror – Texte – Dokumente München 1977
Amery, Jean	Über die Anziehungskraft radikaler Bewegungen Berlin 1973
Arendt, Hannah	**Ideologie und Terror,** eine neue Staatsform in: Wege der Totalitarismus-Forschung Darmstadt 1968
Auerbach, Walter	Klärung um den sozialen Rechtsstaat in: Christman, Alfred et al (Hrsg.) Sozialpolitik Köln 1974
Bachem, Hans	**Radikale Parteien im demokratischen Staat.** Bedingungen für Erfolg oder Mißerfolg in: Aus Politik und Zeitgeschichte, H. 49 Bonn 1967
Bartsch, Günther	Revolution von Rechts Freiburg 1975
Ders.	Anarchismus in Deutschland Bd 1 – 3 Bd 1 : 1945 - 1965, Hannover 1972 Bd 2 - 3 : 1965 - 1973, Hannover 1973
Beaufre, André	Die Revolutionierung des Kriegsbildes Stuttgart 1973
Becker, Jillian	Hitler's children The story of the Baader/Meinhof/Gang London 1977
Benda, Ernst	Der Rechtsstaat in der Krise. Autorität und Glaubwürdigkeit der demokr. Ordnung (Hrsg. v. Hohnstock, Manfred) Stuttgart 1972

Ders.	Industrielle Herrschaft und sozialer Staat Göttingen 1966
Bermbach, Udo	Rätegedanke versus Parlamentarismus Opladen 1971
Bennecke, Heinrich	Wirtschaftliche Depression und politischer Radikalismus. Die Lehre von Weimar in: Geschichte und Staat Bd 134 - 135 München 1968
Bessel-Lorck, Lorenz Heinrich Sippel Wolfgang Gotz	National oder Radikal — Der Rechtsradikalismus in der Bundesrepublik Deutschland Mainz 1966
Besslich, Wolfgang	Fünf Jahre Notstandsgesetzgebung. Eine Zwischenbilanz Bad Honnef 1973
Bialer, Seweryn (Hrsg.)	Radicalism in the Contemporary age in: Studies of the Research Institute on international Change Vol 1 - 3 Boulder, Col. 1977
Bilstein, Helmut u. Sepp Binder	Innere Sicherheit Hamburg 1978
Bilstein, Helmut et al	Organisierter Kommunismus in der Bundesrepublik Deutschland DKP, SDAJ, USB, Spartakus Opladen 1978
Binder, Sepp (Hrsg.)	Terrorismus. Herausforderung und Antwort Bonn 1978
Bockemühl, Christian	Gegen die NPD — Argumente für die Demokratie — Bad Godesberg 1969
Boettcher, Karl-Heinz	Der Aufstand wird vorbereitet. . . . . . Von der Diktatur des Proletariats zur Erziehungsdiktatur der Neuen Linken Köln 1969
Borgs-Maciejewski, Herm.	Radikale im öffentlichen Dienst. — Dokumente, Debatten, Urteile — Bonn-Bad Godesberg 1973
Bogs, Walter et al	Soziale Sicherung in der Bundesrepublik Deutschland Stuttgart/Berlin/Köln 1967
Bracher, Karl-Dietrich	Notstand Stuttgartt 1970
Bradley, Permot	Die historischen Wurzeln der Guerilla und des Terrorismus in Nordirland Koblenz 1976
Brandt, Rudolf H.	Die Militärpolitik der NPD Stuttgart 1969
Bröder, Friedrich	Deutsche Nachrichten. Ein Sprachrohr des Rechtsradikalismus. Mainz 1969
Buck, Hans Robert	Soziale Konflikte im politischen System unter besonderer Berücksichtigung der BRD, Bd 1, München 1976 Bayerische Landeszentrale für politische Bildungsarbeit

Bundeskriminalamt	Der Baader-Meinhof-Report. Aus den Akten des Bundeskriminalamtes, Mainz 1972
Bundesministerium des Innern (Hrsg.)	Hat sich die Republik verändert? Terrorismus im Spiegel der Presse Bonn 1978
Bundesministerium des Innern (Hrsg.)	Verfassungsschutz

1969/70	Melsungen	1971
1971	Bonn	1972
1972	Bonn	1973
1973	Bonn	1974
1975	Bonn	1976
1976	Bonn	1977
1977	Bonn	1978
1978	Bonn	1979

Bundesministerium des Innern (Hrsg.)	Das Bundesministerium des Innern – Geschichte, Aufbau, Aufgaben Bonn 1973
Bundesministerium des Innern (Hrsg.)	Die Studentenunruhen Bergisch-Gladbach 1969
Der Bundesminister der Verteidigung (Hrsg.)	Notstandsrecht. Ein Überblick Bonn 1970
Bundesministerium für Arbeit und Sozialordnung (Hrsg.)	Sozialbericht Stuttgart 1971
Bundeszentrale für politische **Bildung (Hrsg.)**	Extremismus, Terrorismus, Kriminalität Schriftenreihe der Bundeszentrale für politische Bildung Nr. 136 Bonn 1978
Callies, Rolf-Peter	Der Begriff der Gewalt im Systemzusammenhang der Straftatbestände; in: Recht und Staat, Heft 430/431; Tübingen 1975
Clutterbuck, Richard	Kidnap and Ransom The Response London 1978
Ders.	Guerillas and terrorists London 1977
Ders.	Terrorismus ohne Chancen. Aus dem Englischen von F. Rödiger Stuttgart 1977
Christmann, Alfred u. Walter Hesselbach (Hrsg.)	Sozialpolitik Köln 1974
Däniker, Gustav	Anti-Terror-Strategie Konstanz 1978
Dahrendorf, Ralf	Die neue Freiheit. Überleben und Gerechtigkeit in einer veränderten Welt München 1975
Ders.	Eine neue Oberschicht? Notizen über die Eliten der Bundesrepublik in: Röhrich, Wilfried (Hrsg.) Demokratische Elitenschaft Darmstadt 1974
Ders.	Zu einer Theorie des sozialen Konflikts Köln 1971

Davies, James Ch.	Aggression, Violence, Revolution and War. In: Handbook of Politcial Psychology, London 1973
Dunn, John	Moderne Revolutionen. Analyse eines politischen Phänomens Stuttgart 1974
Dedijes, Vladimir	Die Waffe des armen Mannes Guerilla - Kriegsführung München 1969
Delting, Warnfried	Die gelenkte Gesellschaft München 1976
Dollinger, Hans (Hrsg.)	Revolution gegen den Staat? Bern, München, Wien 1968
Ellwein, Thomas	Innenpolitische Voraussetzungen und Schwierigkeiten der Deutschlandpolitik München 1968
Eppler, Erhard	Wer Freiheit will, muß Freiheit riskieren in: Galser, Hermann Fluchtpunkt Jahrhundertwende, Bonn 1979
Ders.	Spannungsfelder Stuttgart 1968
Eucken-Erdsiek, Edith	Unsere Gesellschaftsordnung und die radikale Linke Stuttgart 1971
Faude, Alfred u. Kurt Fritz	Das Bundesministerium des Innern Frankfurt/Bonn 1966
Fetscher, Iring	Die sechs politischen Trugschlüsse des Terrorismus in: Galser, Hermann Fluchtpunkt Jahrhundertwende Bonn 1976
Folz, Hans Ernst	Staatsnotstand und Notstandsrecht Köln 1962
Forster, Werner	Die Zielvorstellung einer Strafreform aus verhaltenswissenschaftlicher Sicht Konstanz 1976
Freytag, Werner	Wohin treibt die Jugend? Revolution oder Evolution München 1968
Frisch, Peter	Extremistenbeschluß Eine Einführung in die Thematik Opladen 1975
Frister, Erich u. Luc Joachimsen	Wie links dürfen Lehrer sein? Unsere Gesellschaft vor einer Grundsatzentscheidung, Reinbek, 1972
Fromkin, David	Die Strategie des Terrorismus in: Aus Politik und Zeitgeschichte. Beilage zu Das Parlament, B 13/1976
Funke, Manfred (Hrsg.)	Extremismus im demokratischen Rechtsstaat Ausgew. Texte und Materialien zur aktuellen Diskussion Bonn 1978 Schriftenreihe der Bundeszentrale für politische Bildung, Bd 122
Ders. (Hrsg.)	Terrorismus. Untersuchungen zur Strategie und Struktur revolutionärer Gewaltpolitik Bonn 1977 Schriftenreihe der Bundeszentrale für politische Bildung, Nr. 123

Ders. (Hrsg.)	Friedensforschung, Entscheidungshilfe gegen Gewalt. Bonn 1975
Galtung, Johan	Gewalt, Frieden, Friedensforschung in: Funke, Manfred (Hrsg.) Friedensforschung, Entscheidungshilfe gegen Gewalt / Schriftenreihe d. Bundeszentr. f. politische Bildung, Bd 103 Bonn 1975
Gebauer, Bernhard	Internationale und nationale Aspekte des Extremismus in der Bundesrepublik Deutschland Mainz 1967
Guardini, Romano	Zur Frage der Wiedereinführung der Todesstrafe in: Geschichte und Wissenschaft und Unterricht, S. 749 – 752 Stuttgart 1970
Gaggenberger, Bernd	Wohin treibt die Protestbewegung? Freiburg 1975
Habermas, Jürgen	Die Scheinrevolte und ihre Kinder Bielefeld 1968
Habermehl, Werner	Sind die Deutschen faschistoid? Hamburg 1979
Hacker, Friedrich	Terror, Mythos, Realität, Analyse Wien 1973
Häggman, Bertil	Sweden's Maoist „Subversives" – A case study in: Conflict Studies, Nr. 58 Mai 1975 London 1975
Haffner, Sebastian	Anmerkungen zu Hitler München 1978
Hahlweg, Werner	**Theoretische Grundlagen der modernen Guerilla und des Terrorismus** in: Guerilla und Terrorismus heute Koblenz 1976
Ders.	Lehrmeister des kleinen Krieges Von Clausewitz bis Mao Tse Temgand Guevara in: Beiträge zur Wehrforschung, Bd. 18.19 Darmstadt 1968
Ders.	Guerilla, Krieg ohne Fronten Berlin 1968
Harich, Wolfgang	Zur Kritik der revolutionären Ungeduld. Eine Abrechnung mit dem alten und dem neuen Anarchismus. Basel 1971
Helmstaedter, Ernst	Die Neomarxisten und die Wirtschaft Stuttgart 1973
Ders.	Die wirtschaftspolitischen Zielvorstellungen der Neuen Linken Wiesbaden 1974
Henting, Hans von	Terror. Zur Psychologie der Machtergreifung. Robespierre, Saint-Just, Fouché. Frankfurt 1970
Herrmann, Birgit	Strafrecht. Probleme der Strafrechtsreform in der Bundesrepublik Deutschland in: Wehling, Hans-Georg; Unterrichtspraktisches Handbuch in politischer Bildung München 1973

D

Hesse, Konrad	Das neue Notstandsrecht der Bundesrepublik Karlsruhe 1968
Hochhuth, Rolf	Der alte Mythos vom neuen Menschen Reinbek 1970
Höffken, Heinz-Werner u. Martin Sauer	Rechtsextremismus in der Bundesrepublik Deutschland. Die „alte", die „neue" Rechte und der National- sozialismus Hamburg 1978
Hoegner, Wilhelm	Der politische Rechtsradikalismus in Deutschland 1919 – 1933 in: Politik und Zeitgeschichte Bd. 118/119 München 1966
Horchem, Hans-Josef	Zum Entwicklungsstand des Rechtsextremismus in der Bundesrepublik in: Funke, Manfred (Hrsg.) Extremismus im demokratischen Rechtsstaat, S. 202 ff. Bonn 1978
Ders.	Der Rechtsextremismus in der Bundesrepublik Deutschland – Stationen, Situationen, Ausblick in: Beiträge zur Konfliktforschung Nr. 2/1975, Bonn 1975 S. 59 ff, Köln
Ders.	Extremisten in einer selbstbewußten Demokratie Freiburg 1975
Ders.	West Germany's Red Army Anarchists in: Conflict Studies, Nr. 46 Juni 1974 London 1974
Horkheimer, Max	Radikalismus in: Schultz, Hans Jürgen (Hrsg.) Politiker für Nichtpolitiker, Bd. 1.2. Stuttgart/Berlin, 1969-1970
Huebner, Siegfried	Sicherheitsprogramm. So schützen Unternehmer und Führungskräfte ihr Leben und Eigentum München 1978
Ipsen, Knut	Artikel 87a GG Die Streitkräfte Hamburg 1969
Jenkins, Brian Michael	High technology terrorism and surrogate war The impact of new technology on low-level Violence Santa Monica 1975
Jüngel, Eberhard	Der Wahrheit zum Recht verhelfen Terrorismus Stuttgart 1977
Kaufmann, Franz-Xaver	Sicherheit als soziologisches und sozialpolitisches Problem Stuttgart 1973 / 2
Karpinski, Peter	Öffentlich-rechtliche Grundsätze für den Einsatz der Streitkräfte im Staatsnotstand Berlin 1974

Kater, Michael H.	Studentenschaft und Rechtsradikalismus in Deutschland 1918 – 1933 Hamburg 1975
Keidel, Dieter	Polizei und Polizeigewalt im Notstandsfall Funktion, rechtliche Stellung und Befugnisse d. Vollzugskräfte v. Polizei, BGS und Bundeswehr Berlin 1973
Keller, Dieter	Die Todesstrafe in kritischer Sicht Berlin 1965
Kepplinger, Hans-Matthias	Rechte Leute von links Gewaltkult und Innerlichkeit Freiburg 1970
Kitson, Frank	Im Vorfeld des Krieges Abwehr von Subversion und Aufruhr Stuttgart 1974
Klein, Jürgen Kurt	Antisemitismus in: Information für die Truppe Nr. 3/1979, S. 57 ff
Klingemann, Hans-Dieter u. Franz Urban Pappi	Politischer Radikalismus. Theoretische und methodische Radikalismusforschung München 1978
Klemperer, Viktor	Die unbewältigte Sprache München 1969
Knirsch, Hanspeter et al (Hrsg.)	Radikale im öffentlichen Dienst Eine Dokumentation Frankfurt 1973
Kogon, Eugen (Hrsg.)	Terror und Gewaltkriminalität – Herausforderung für den Rechtsstaat Kassel 1975
Ders.	Der totale Notstandsstaat Frankfurt 1965
Kolb, Paul Wilhelm	Sicherheit, ein komplexes politisches Problem in: Sicherheitspolitik heute 1/1975
Kool, Fritz (Hrsg.)	Die Linke gegen die Parteiherrschaft in: Dokumente der Weltrevolution, Bd. 3 Freiburg 1970
Kortmann, B.-D.	Verfassungsschutz in Bund und Ländern Grundlagen – Praxis – Grenzen Bonn 1979
Kreis, Karl Markus	Der internationale Terrorismus in: Sicherheitspolitik vor neuen Aufgaben Frankfurt a.M. 1977
Krenzler, Michael	An den Grenzen der Notstandsverfassung. Ausnahmezustand und Staatsnotrecht im Verfassungssystem d. Grundgesetzes Berlin 1974
Kroker, Eduard J.M. (Hrsg.)	Die Gewalt in Politik, Religion und Gesellschaft Stuttgart 1976
Kühnel, Reinhard et al	Die NPD; Frankfurt 1969
Langguth, Gerd	Die Protestbewegung in der Bundesrepublik Deutschland 1968 – 1976 Köln 1976
Ders.	Thesen zur Protestbewegung in: Glaser, Hermann (Hrsg.) Fluchtpunkt Jahrhundertwende Bonn 1979

Ders.	Protestbewegung am Ende
	Die Neue Linke als Vorhut der DKP
	Mainz 1971
Langner, Albrecht	Nationalismus in der BRD
	Köln 1969
Laqueur, Walter (Hrsg.)	Zeugnisse politischer Gewalt
	Dokumente zur Geschichte des Terrorismus
	Aus dem Englischen übers. v. Elfriede Burau
	Kronberg 1978
Lex, Hans Ritter von	Die Innere Sicherheit der BRD
	Bonn 1958
Lieber, Hans-Joachim	Ideologisch-gesellschaftliche Motive studentischer Opposition
	Göttingen 1971
Litten, Jens G.	Eine verpaßte Revolution?
	Nachruf auf den SDS
	Hamburg 1969
Loewenthal, Richard	Die Sicherung unserer Freiheit
	Stuttgart 1972
Lohmar, Ulrich	Deutschland 1975
	Analysen, Prognosen, Perspektiven
	München 1975
Ders.	Die Neue Linke und die Institutionen der Demokratie
	in: Aus Politik und Zeitgeschichte, H. 44
	Bonn 1968
Lorenz, Dieter	Der Rechtsschutz des Bürgers und die Rechtsweggarantie
	München 1973
Lübke, Hermann	Endstation Terror
	Rückblick auf lange Märsche
	Stuttgart 1978
Ders.	Freiheit und Terror
	in: Glaser, Hermann
	Fluchtpunkt Jahrhundertwende
	Bonn 1979
Lüderssen, Klaus u. Fritz Sack (Hrsg.)	Gesellschaftliche Reaktion auf Kriminalität, Bd 1
	Frankfurt 1975
Mann, Golo	Radikalisierung und Mitte
	Stuttgart 1971
Mao Tse Tung	Theorie des Guerillakrieges oder Strategie der Dritten Welt
	Hamburg 1966
Maschke, Guenther	Kritik des Guerillero.
	Zur Theorie des Volkskrieges.
	Frankfurt 1973
Maurach, Reinhart et al	Die Frage der Todesstrafe
	12 Antworten
	München 1962
Mehnert, Klaus	Jugend im Zeitbruch
	Woher – Wohin?
	Stuttgart 1976
Ders.	Moskau und die Neue Linke
	Stuttgart 1973
Ders.	Peking und die Neue Linke
	Stuttgart 1969
Menning, Günther	Die Jugendrevolte, Protest oder reale Utopie
	Zürich 1970

Merk, Hans Günther	Was ist heute Extremismus? **Die Bedrohung des Staates von links nach rechts** in: Funke, Manfred (Hrsg.) Extremismus im demokratischen Rechtsstaat; S. 127 ff Bonn 1978
Meynaud, Jean	Die Exekutive im modernen Staat Freiburg 1971
Meyrowitz, Henri	Die Guerilla im Kriegsrecht Boppard 1975
Middendorff, Wolf	Todesstrafe — ja oder nein? in: Politik. Schriftenreihe zu grundsätzlichen und aktuellen Fragen Freiburg 1962
Moritz, Guenther	Zum Begriff des verdeckten Kampfes in: Neue Zeitschrift für Wehrrecht 10/1968, S. 205 — 217 Berlin 1968
Müller, Ingo	Neue Grenzen anwaltlicher Tätigkeit? Anmerkungen zu den Verfahren gegen BM-Verteidiger und andere Rechtsanwälte. in: Demokratie und Recht, Jg. 5, 1977, H. 3
Mueller-Borchert, Hans-J.	Guerilla im Industriestaat. Ziele, Ansatzpunkte und Erfolgsaussichten
Maegeli, Eduard	Verbrechen und Strafe als Formen der Aggression München 1973
Nolte, Ernst	Studentenbewegung und Linksfaschismus in: Hamburger Jahrbuch für Wirtschafts- und Gesellschaftspolitik, Jahrgang 16 Tübingen 1971
Opp, Karl-Dieter	Kriminalität durch Strafe Hamburg 1972
Paczensky, Susanne von (Hrsg.)	Frauen und Terror Bonn 1978
Das Parlament	Beilage zum Parlament Nr. 9/1974 Programm für die Innere Sicherheit der Bundesrepublik Deutschland
Pross, Helge	Revolution oder Reform Reinbek 1970
Rauball, Reinhard (Hrsg.)	Die Baader-Meinhof-Gruppe Berlin 1973
Rauscher, Anton	**Recht und Gerechtigkeit als Voraussetzung und Grundlage des Friedens** Wien 1973
Recktenwald, Horst KLaus	Effizienz und Innere Sicherheit Tübingen 1970
Rendtorff, Trutz	Politische Ethik und Christentum in: Technologische Existenz heute, Nr. 200 München 1978
Renband, Karl-Heinz	Die Einstellung zur Todesstrafe im Wandel München 1973
Revermann, Klaus Heinrich	Macht und Recht in der deutschen Innenpolitik München 1965
Rich, Arthur	Radikalität und Rechtsstaatlichkeit Drei Beiträge zur politischen Ethik Zürich 1978

Ritter, Gerhard A.	Der Antiparlamentarismus und Antipluralismus der Rechts- und Linksradikalen in: Aus Politik und Zeitgeschehen, H. 34 Bonn 1969
Rock, Martin	Anarchismus und Terror. Ursprünge und Strategien Trier 1977
Rohrmoser, Günter	Die Herausforderung der Radikalen 12 Kolonnen zum Zeitgeschehen Köln 1973
Rückert, Adalbert (Hrsg.)	NS-Prozesse Karlsruhe 1972
Sack, Fritz u. René König (Hrsg.)	Kriminalsoziologie Frankfurt/Main 1974
Salenski, Wolfgang u. Peter Lanz	Die neue Gewalt und wie man ihr begegnet Locarno 1978
Schauer, Helmut (Red.)	Notstand und Demokratie Frankfurt 1967
Schenck, Erwin K.	Gewalt als politisches Kampfmittel in heutigen Industriegesellschaften in: Hamburger Jahrbuch für Wirtschafts- und Gesellschaftspolitik Tübingen 1977
Ders.	Politischer Extremismus in der Bundesrepublik in: Lowenthal, Richard und Hans-Peter Schwarz Die Zweite Republik. 25 Jahre Bundesrepublik Deutschland; Stuttgart 1974
Ders. u. Klingemann	Theorie des Rechtsradikalismus in westlichen Industriegesellschaften in: Ortlieb u.a., Hamburger Jahrbuch Jahrbuch für Wirtschafts- und Gesellschaftspolitik, Jg. 12 Tübingen 1971
Schenck, Erwin Kurt	Radikalismus in Deutschland in: Kuratorium Unteilbares Deutschland (Hrsg.) Nation und Gesellschaft Berlin 1969
Ders.	Die Wiedertäufer der Wohlstandsgesellschaft Köln 1968
Schickel, Joachim (Hrsg.)	Guerilleros, Partisanen. Theorie und Praxis München 1970
Schmidhaeuser, Eberhard	Vom Sinn der Strafe Göttingen 1963
Schmidt, Giselher	Hitlers und Maos Söhne NPD und Neue Linke Frankfurt a.M. 1969
Schmitt, Werner	Die Notstandsgesetzestexte mit Einführung, Überblick und Sachregister Bad Honnef 1969
Schreiber Manfred u. Rudolf Birkl (Hrsg.)	Zwischen Sicherheit und Freiheit München 1977
Schroeder, Friedrich-Chr.	Der Schutz von Staat und Verfassung im Strafrecht München 1970

Schulenburg, Wolfgang (Hrsg.)	Reform in der Demokratie. Theoretische Ansätze — Konkrete Erfahrungen — Politische Konsequenzen; Hamburg 1976
Schweitzer, Carl-Chr.	Eiserne Illusionen Wehr- und Bündnisfragen des extremen Rechten nach 1945 Köln 1969
Schwind, Hans-Dieter (Hrsg.)	Ursachen des Terrorismus Berlin 1978
Seeliger, Rolf	Die außerparlamentarische Opposition München 1968
Seifert, Jürgen	Gefahr im Verzuge. Zur Problematik der Notstandsgesetzgebung Frankfurt 1963
Smoydzin, Werner	Hitler lebt — Vom internationalen Faschismus zur Internationale des Hakenkreuzes Pfaffenhofen 1966
Sontheimer, Kurt et al	Der Überdruß an der Demokratie Neue Linke und alte Rechte Köln 1970
Sozialistisches Büro (Hrsg.)	Für eine neue sozialistische Linke
Spaemann, Robert	Todesstrafe in: Politik für Nichtpolitiker, Bd. 2 Stuttgart 1970
Sterzel, Dieter (Hrsg.)	Kritik der Notstandsgesetze Frankfurt 1968
Stock, Ulrich	Zum Problem der Todesstrafe in: Neue Zeitschrift für Wehrrecht (10 / 1968, S. 121 — 123) Berlin 1968
Tophoven, Rolf (Hrsg.)	Guerilla und Terrorismus heute. Politik durch Gewalt Koblenz 1976
Ders. u. Fedayin	Guerilla ohne Grenzen Frankfurt 1974
Ule, Karl Hermann	Streik und Polizei Köln 1974
Voss, Ruediger von	Die Herausforderung des Terrorismus Geistige und gesellschaftliche Ursachen Bonn 1978
Ders.	Von der Legitimation der Gewalt Widerstand und Terrorismus Stuttgart 1978
Waldmann, Peter	Strategien politischer Gewalt Stuttgart 1977
Wassmund, Hans	Revolutionstheorie München 1978
Weiss, Andreas von	Im Hintergrund die Neue Linke in: Osteuropa, H. 8,9 Stuttgart 1971
Weisser, Gerhard	Politik der sozialen Sicherung und Friedensschutz in: Christman, Alfred et al Sozialpolitik, Bd. 2 Köln 1974

Weyer, Hartmut	MSB Spartakus Von der studentischen Protestbewegung zum Klassenkampf
Ders.	Die DKP und öffentlicher Dienst Bonn 1974
Weyl, Nathaniel	Die Verführten und die Schuldigen Fidel Castro und Kuba Bonn 1962 / 2
Wilkonson, Paul	Terrorismus und the liberal state London 1977
Ders.	Terrorism versus Liberal Democracy – The Problems of Response in: Conflict Studies Nr. 67 Januar 1976 London 1976
Wittkop, Justus Franz	Unter der schwarzen Fahne Aktionen und Gestalten des Anarchismus Frankfurt 1973
Woelke, Gabriele	Wie radikal sind Radikale? Versuch zur historischen und politischen Abgrenzung Köln 1978
Wördermann, Franz	Terrorismus Motive, Täter, Strategie München 1977
Wurzbacher, Gerhard	Familie als Sozialisationsfaktor Stuttgart 1968
Zeidler, Wolfgang	Außerparlamentarische Bewegungen Demonstrationsrecht und Widerstand Bonn 1969

Medien

Wegen der schnellen politischen Entwicklung hat die Projektgruppe darauf verzichtet, konkrete Empfehlungen zu audiovisuellen Medien zu geben. Bei der aktuellen Auswahl sind dem Vorbereiter eines Sicherheitsseminars keine Grenzen gesetzt. Neben den in Band 1 genannten Standard-Quellen (Zentralen für politische Bildung, Parteien bzw. die ihnen zugeordneten Stiftungen, Ministerien etc.) bieten sich je nach technischen Möglichkeiten insbesondere Aufzeichnungen aktueller Fernsehsendungen und Filme (Dokumentationen, Nachrichten, Spielfilme bzw. Fernsehspiele) mit Bezug zur Inneren Sicherheit an.